Nachhaltigkeit und Innovation

Hans J. Harloff · Kees Christiaanse
Hans-Liudger Dienel
Gabriele Wendorf · Klaus Zillich
Herausgeber

Nachhaltiges Wohnen

Befunde und Konzepte für zukunftsfähige Stadtquartiere

Mit 74 Abbildungen
und 43 Tabellen

Physica-Verlag

Ein Unternehmen
des Springer-Verlags

Prof. Dr. Hans J. Harloff
Technische Universität Berlin
Institut für Soziologie, Sekr. HAD 40
Hardenbergstraße 4–5
10623 Berlin
harloff@gp.tu-berlin.de

Prof. ir. Kees Christiaanse
Technische Universität Berlin
Institut für Entwerfen, Baukonstruktion
und Städtebau, Sekr. A 30
Straße des 17. Juni 152
10623 Berlin
a30@mail.a.tu-berlin.de

Dr. Hans-Liudger Dienel
Technische Universität Berlin
Zentrum Technik
und Gesellschaft. HAD 38
Hardenbergstraße 4–5
10623 Berlin
dienel@ztg.tu-berlin.de

Dr. Gabriele Wendorf
Technische Universität Berlin
Institut für Volkswirtschaftslehre,
Sekr. WW3
Uhlandstraße 4–5
10623 Berlin
wendorf@gap-mbn.de

Prof. Dipl.-Ing. Klaus Zillich
Technische Universität Berlin
Institut für Entwerfen, Baukonstruktion
und Städtebau, Sekr. A 30
Straße des 17. Juni 152
10623 Berlin
a30@mail.a.tu-berlin.de

ISSN 1610-1340
ISBN 3-7908-1508-X Physica-Verlag Heidelberg

Die Deutsche Bibliothek – CIP-Einheitsaufnahme
Nachhaltiges Wohnen: Befunde und Konzepte für zukunftsfähige Stadtquartiere / Hrsg.: Hans J. Harloff ...
– Heidelberg: Physica-Verl., 2002
(Nachhaltigkeit und Innovation)
ISBN 3-7908-1508-X

Physica-Verlag Heidelberg
ein Unternehmen der BertelsmannSpringer Science+Business Media GmbH

http://www.springer.de

Layout und Satz: designbüro böing grüthling, Berlin
Umschlaggestaltung: Erich Kirchner, Heidelberg

SPIN 10882323 88/2202-5 4 3 2 1 0 – Gedruckt auf säurefreiem Papier

Vorwort des Projektträgers

Die Umweltpolitik und Umweltforschung der vergangenen dreißig Jahre weisen große Erfolge auf. Es ist gelungen, die Entwicklung der Schadstoffemissionen vom Wirtschaftswachstum abzukoppeln. Dennoch sind die Grenzen der Verfügbarkeit vieler Ressourcen und der Aufnahmefähigkeit der Umwelt für Emissionen absehbar. Notwendig sind heute Lösungen und Konzepte, die sowohl die ökologische als auch die ökonomische und soziale Dimension eines nachhaltigen Wirtschaftens berücksichtigen. Innovationen sind ein Schlüssel für den Erfolg: Neue Produkte und Produktionsverfahren sowie neue Management- und Organisationsformen.

Entscheidend aber sind auch neue, nachhaltige Konsummuster und Lebensstile. Hiermit ist jedoch nicht nur die Nachfrage nach umweltschonenden Produkten und der Wunsch der Konsumenten nach Sicherheit und Qualität gemeint. Nachhaltiger Konsum umfasst vielmehr auch die Aspekte der Sozial- und Wirtschaftsverträglichkeit. Es gilt somit die Bedürfnisbefriedigung der Konsumenten nicht nur mit dem langfristigen Erhalt der natürlichen Ressourcen, sondern auch mit der Funktionsfähigkeit der beteiligten sozialen Gruppen sowie der Wirtschaftlichkeit für die Unternehmen in Einklang zu bringen. Bisher allerdings ist festzustellen, dass die materielle Bedürfnisbefriedigung der Menschen nicht den Anforderungen der nachhaltigen Entwicklung gerecht wird. Neue Wege sind gefragt, die Bedürfnisse der Menschen in einer nachhaltigen Weise zu befriedigen.

Der Aufbau adäquater gesellschaftlicher und wirtschaftlicher Strukturen, welche den Konsumenten Handlungsmöglichkeiten aufzeigen und materielle und immaterielle Anreize geben, können hier helfen. Soziale Innovationen sind wichtig, wie die Schaffung von Infrastrukturen oder Institutionen, aber auch eine Informations-, Aufklärungs- und Motivationsarbeit, bei der alle Akteure, d.h. Kommunen, Hersteller, Handel, Verbände, Vereine und KonsumentInnen gemeinsam eine tragende Rolle spielen. Bislang bestehen jedoch kaum Praxiserfahrungen mit entsprechenden konkreten Schritten und Maßnahmen zur Unterstützung sowie mit möglichen Hemmfaktoren eines nachhaltigen Konsumverhaltens.

Die vorliegende Publikation des vom Bundesministerium für Bildung und Forschung (BMBF) geförderten Projektes „Die Bedeutung von Wohngruppen für die Bildung von nachhaltigen Konsummustern“[1] trägt zur Schließung der bestehenden Erfahrungslücke bei. Es werden sowohl praxiserprobte Möglichkeiten und Strategien zur Beeinflussung von Gruppenprozessen im Wohnbereich beschrieben als auch Erfahrungen zur baulichen und sozialen Gestaltung von Wohnsiedlungsgruppen und Siedlungen erläutert. Beide Maßnahmen unterstützen die Bildung nachhaltiger Konsummuster.
Damit richtet sich die Publikation an Wissenschaftler, Architekten, Städtebauer, Energieplaner, private und öffentliche Investoren, Wohnungsbauunternehmen, Hochbau- und Stadtplanungsämter, Nutzergruppen, Bauherrengemeinschaften. Es ist zu hoffen, dass die Forschungsergebnisse und Erkenntnisse in die Arbeiten dieser Schlüsselakteure einfließen und das Projekt damit einen Beitrag zur Verbesserung des Wohnens in der Stadt leisten wird.

Dr. Jens Hemmelskamp
BMBF Projektträger für Umwelt- und Klimaforschung
GSF-Forschungszentrum für Umwelt und Gesundheit

München, März 2002

Anmerkungen

1 Das Vorhaben wurde vom BMBF im Rahmen der Förderinitiative „Modellprojekte für nachhaltiges Wirtschaften“ im Forschungsschwerpunkt „Wege zu nachhaltigen Konsummustern“ gefördert und vom GSF-Projektträger für Umwelt- und Klimaforschung (PT UKF) in München betreut.

Gefördert vom
bmb+f
Bundesministerium für Bildung und Forschung

Vorwort der Herausgeber

Am Ende eines dreijährigen, multidisziplinären, risikobehafteten Forschungsvorhabens stellt sich bei den beteiligten Forscherinnen und Forschern ein Gefühl ein, wie es Marathonläufer nach dem Passieren der Zielmarke erleben: Erschöpfung, Glück, auch das Gefühl vieler Unzulänglichkeiten, vor allem aber Dankbarkeit. Alle beteiligten Projektleiter hatten in Vorbereitung dieser Veröffentlichung eigene Texte mit Dankesworten an ihre jeweiligen Mitarbeiterinnen und Mitarbeiter sowie an das Gesamt-Team geschrieben. Wir haben uns entschieden, diese nicht abzudrucken und Ihnen liebe Leserin, lieber Leser die Möglichkeit zu überlassen, sich selbst ein Urteil über den Anteil der Mitwirkenden an den Ergebnissen des Projektes zu bilden.

Allen voran sei hier dem Bundesforschungsministerium für die Finanzierung und der GSF – Forschungszentrum für Umwelt und Gesundheit als Projektträger, insbesondere Herrn Dr. Hemmelskamp, für die hervorragende Betreuung des Projektes gedankt. Ein besonderer Dank sei aber an dieser Stelle an die vielen Kooperationspartner gerichtet, ohne die weder Analysen noch Umsetzungen der Forschungsergebnisse in die Praxis möglich gewesen wären. Allen voran sei hier insbesondere Dr. Fiedler von der DEGEWO erwähnt, der sich bereits bei der Präsentation des Projektes beim BMBF beteiligte und hierfür gar seinen Urlaub zu unterbrechen bereit war.

Von den vielen Personen, die uns unterstützt haben, seien hier nur diejenigen genannt, zu denen der Kontakt dauerhaft oder auch phasenweise sehr intensiv war: Herr Richter (DEGEWO), Herr Dr. Bohleber (BBU), Herr Dr. Weber (GSW), Herr Roeckendorf und Frau Vollack (GEWOBAG EB) sowie Frau Geißler (Nachbarschaftszentrum am Nixenkai).

Mitgewirkt haben auch viele „Vor-Ort-Experten", wie Hausmeister, Gewerbetreibende oder Mitarbeitende sozialer Einrichtungen im Wohnumfeld unserer Untersuchungsgebiete. Auch die zahlreichen Studierenden, die sich im Rahmen unterschiedlicher Lehrveranstaltungen in das Projekt einbrachten, sollen nicht unerwähnt bleiben. Nicht zuletzt richtet sich unser Dank an die mehr als 800 Bewohnerinnen und Bewohner, die uns mit viel Ausdauer Rede und Antwort standen und uns damit Einblick in ihre nachbarschaftlichen Beziehungen und Konsummuster gewährten.

Hans Joachim Harloff
Kees Christiaanse
Hans-Luidger Dienel
Gabriele Wendorf
Klaus Zillich

Berlin, März 2002

Inhalt

A

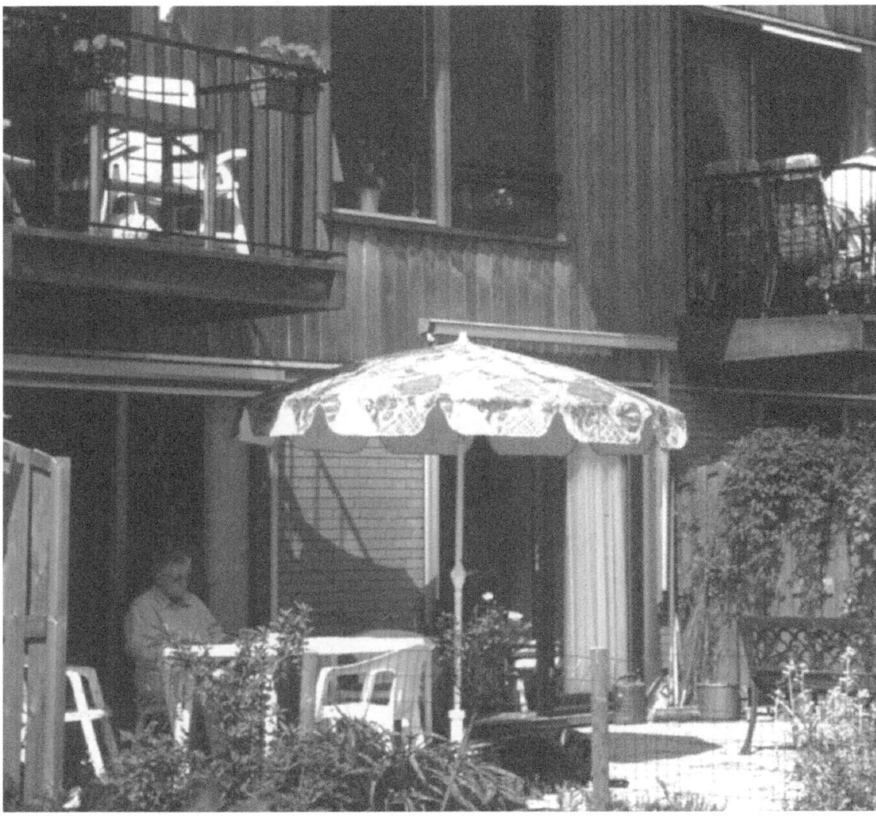

Das Thema: WohNach

A.1

Ziel und Struktur des Projekts

Hans Joachim Harloff

Ziel des nunmehr abgeschlossenen dreijährigen Projekts war es nachzuweisen, (1) ob und wie Nachhaltigkeit des Konsums über die Beeinflussung von Gruppenprozessen im Wohnbereich gefördert werden kann und (2) wie insbesondere Wohnsiedlungsgruppen und Siedlungen baulich und sozial konfiguriert sein müssen, damit sie die genannte motivierende Funktion ausüben können und (3) welche nachhaltigen Konsummuster sich in bestehenden und neuen Strukturen entwickeln können.

Die Arbeit war gegliedert in drei Phasen. In der ersten Phase wurde unser theoretisches Modell zum ersten Mal überprüft[1]. Dies geschah mit Hilfe einer qualitativen Untersuchung in zwölf ausgewählten Berliner Wohnsiedlungen sowie einer Fragebogenerhebung in zwei holländischen Erhebungsgebieten. Diese Daten und ein weiterer Pretest in Berlin führten zu einem modifizierten theoretischen Konzept und zur Entwicklung eines strukturierten Fragebogens für eine große quantitative Erhebung in Berlin. Letzere wurde in der zweiten Projektphase durchgeführt und ausgewertet. Im dritten Projektabschnitt schließlich wurden in Kooperation mit Wohnungsbaugesellschaften Interventionen zur Stärkung nachhaltigen Konsumverhaltens in Nachbarschaften durchgeführt und deren Wirksamkeit anschließend überprüft. Der Begriff der Intervention wurde dabei sehr weit gefasst. Im Minimalfall konnte dies ein Gespräch mit dem Leiter des Kundendienstzentrums einer Wohnungsbaugesellschaft oder dem Sprecher eines Mieterbeirates sein oder, bei physischen Veränderungen, das Aufstellen einer Sitzbank am bzw. in einem Hauseingang. Auf der anderen Seite waren Interventionen langanhaltende Unterstützungen bestimmter Initiativen Dritter durch Mitglieder unseres Forschungsteams oder eigene Eingriffe, die sich bis zu acht Monaten hinzogen (siehe die Berichte C.1, C.2, C.3 und C.5 in diesem Band).

Die Gliederung dieses Buches spiegelt den genannten Phasenaufbau des Forschungsprojektes wider. Im Teil A.2 wird, bewusst kurz, der Ausgangspunkt für das zweite und dritte Projektjahr dargestellt[2]. Teil B berichtet in mehreren Kapiteln die Ergebnisse der quantitativen Erhebung und Teil C schildert die Interventionen sowie die Resulate von deren nachträglicher oder begleitender Evaluation. Teil D schließlich enthält Stellungnahmen zu gewonnen Erkenntnissen, offenen Fragen und Empfehlungen für Akteure aus der Sicht des Koordinators und der vier Projektleiter.

Anmerkungen

1 Das Modell behauptet, dass nachhaltiges Verhalten abhängig ist von Gruppenkohäsion und ökologischer Orientierung, wobei die Gruppenkohäsion ihrerseits als durch soziale Struktur einerseits und räumliche Struktur andererseits determiniert angesehen wird (siehe Harloff et al. (1999) Die Bedeutung von Wohngruppen für die Bildung nachhaltiger Konsummuster. Forschungsbericht aus der Abteilung Psychologie im Institut für Sozialwissenschaften der TUB, Nr. 1-99, S.34 ff und Harloff: Nachhaltiges Konsumverhalten der Bevölkerung – eine Aufgabe für den Psychologen? In: Harloff HJ, Christiaanse K, Wendorf G, Zillich K, Dienel H-L (Hrsg) (2000) Wohnen und Nachhaltigkeit. Interdisziplinäre Forschung vor der Haustür. Technische Universität Berlin, Universitätsbibliothek, Abt. Publikationen, Berlin, S.36).

2 Ergebnisse der ersten eineinhalb Jahre, d.h. der qualitativen Untersuchung, der Erhebung in den holländischen Wohngebieten sowie die Ergebnisse des Pretests zur Entwicklung des Fragebogens für die quantitative Studie sind ausführlich in unserer Veröffentlichung „Wohnen und Nachhaltigkeit – Interdisziplinäre Forschung vor der Haustür" (Harloff et al. (2000) siehe Fußnote 1) nachzulesen.

A.2

Die Ausgangsbasis: Erste Projektphase und interdisziplinäres Hypothesenmodell

Bettina Graf

Wie kann „nachhaltiges" Konsumverhalten in der Nachbarschaft entstehen und wodurch kann es weiter gefördert werden? Wie muss das Wohnumfeld der Menschen gestaltet sein, damit dort soziales Leben stattfinden kann?
Im Rahmen der explorativen Untersuchungsphase des *WohNach-Projektes* wurden erste Konzepte und Theoriebausteine erarbeitet, die uns auf dem Weg zu einer Beantwortung der oben aufgeworfenen Fragen weiter helfen können. Diese sollen im Folgenden, als Einstieg, kurz zusammengefasst dargestellt werden (ausführlich vgl. Harloff et al. 2000). Im Zentrum der ersten Untersuchungsphase unseres Forschungsvorhabens stand eine qualitative Explorationsstudie, in deren Rahmen zunächst in zwölf Berliner Wohngebieten sechs

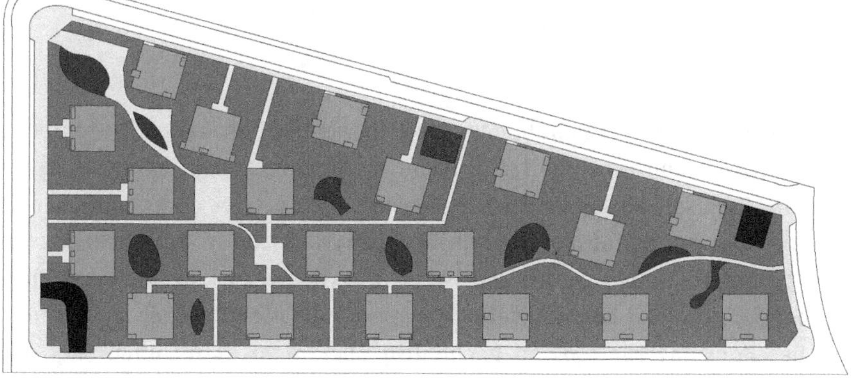

Abb. 2.1: Untersuchungsgebiet Pulvermühle

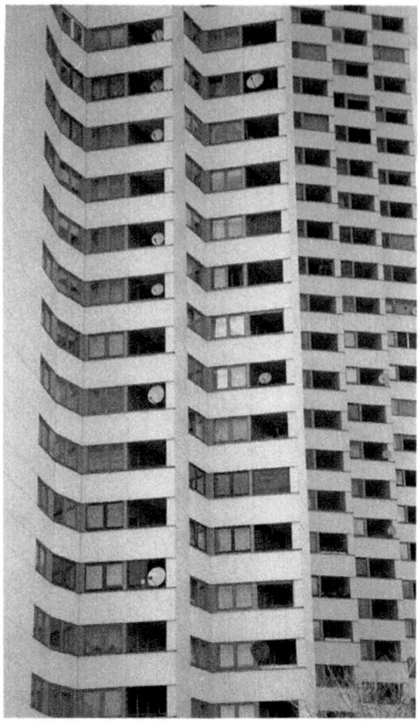

Abb. 2.2: Fassade eines untersuchten Punkthochhauses am Zwickauer Damm

bis acht Interviews durchgeführt und anschließend ausgewertet wurden (vgl. Graf, Gruner, Hinding & Felbinger 2000). Parallel dazu wurden alle untersuchten Nachbarschaften kartiert und einer architektonischen Analyse, die ihr Kohäsionspotenzial herausstellen sollte, unterzogen. Einen Schwerpunkt der Analysen stellten hier die wohnungsbezogenen Freiräume und deren Funktion für die Privatheitsregulation dar (vgl. Saphörster & Römhild 2000).

Die Ökonomie wertete die Interviews mit der Zielsetzung aus, handlungshemmende und handlungsfördernde Faktoren für nachhaltiges Verhalten im Wohnumfeld zu erfassen (vgl. Wendorf & Felbinger 2000).

Begleitend wurden erste quantitative Untersuchungen durchgeführt, die eine Überprüfung der theoretischen Vorannahmen leisten sollten (vgl. Hinding & Klingner 2000). Die wichtigsten Ergebnisse der ersten Projektphase sollen anhand einer ersten Stellungnahme zu unseren Kernfragestellungen nochmals knapp zusammengefasst werden.

2.1 Wie können lebendige Nachbarschaften, in denen es soziale Netze gibt, zu nachhaltigem Konsumverhalten beitragen?

Ziel unserer Forschungsbemühungen soll es schließlich sein, Strategien zu entwickeln, wie Konsumverhalten in Richtung Nachhaltigkeit beeinflusst werden kann. Dies soll vor allem über die Gestaltung sozialer und räumlicher Bezüge und über die Beeinflussung von Gruppenprozessen in der Nachbarschaft erreicht werden. Welchen Einflüssen aber unterliegt das Konsumverhalten im Wohnbereich, und wo können folglich Veränderungsbemühungen ansetzen?

Jegliches Konsumverhalten, ob nachhaltig oder nicht, wird durch sog. *Konsummotive* beeinflusst (vgl. Schultz, Empacher & Götz 1999). Als wirksame Konsummotive zeigten sich die *Orientierung am Preis*, die *Gesundheitsorien-*

tierung, die *ökologische Orientierung*, die *hedonistische Orientierung* und die *Selbstdarstellungsorientierung*. Welche dieser Motive bei einer Konsumentscheidung im Vordergrund stehen, ist in verschiedenen Bereichen unterschiedlich.

Die Konsummotive werden durch unterschiedliche Faktoren beeinflusst. Im Rahmen unserer Erhebung wurde gemäß der Problemstellung der Schwerpunkt auf die Erfassung von Einflussfaktoren aus Nachbarschaft und Wohnumgebung gelegt.

Ein entscheidender Einflussbereich ist hier die *Kommunikation über Konsum*. Direkte und verbale Kommunikation findet nur in solchen Nachbarschaften statt, in denen soziale Netze bestehen. Ob und wieviel nachbarschaftliche Kommunikation stattfindet, hängt wiederum davon ab, wie die bestehenden sozialen Netze gestaltet sind (Funktion und Intensität). Ob ein einzelner Bewohner an dieser Kommunikation teilnimmt, ist wiederum dadurch bestimmt, ob er in die bestehenden sozialen Netze eingebunden ist.

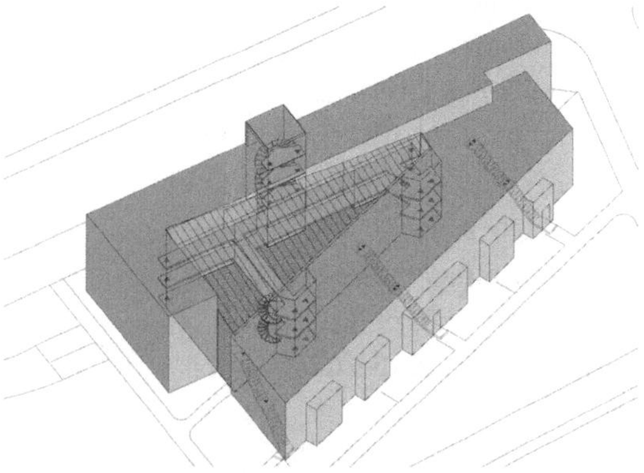

Abb. 2.3: Untersuchungsgebiet Ortolanweg: Kommunikatives Wohnen

Nonverbale Kommunikation findet darüber hinaus über Gestaltungsmerkmale des Wohnumfeldes statt, auch dann, wenn es keine sozialen Netze gibt. Auch die physische Umgebung „spricht" zu uns. Wenn ein Wohnumfeld eine ökologische Orientierung kommunizieren soll, müssen ökologische Maßnahmen im Wohnumfeld nicht nur vorhanden sein, sondern auch wahrgenommen und positiv bewertet werden. Dies ist häufig nicht der Fall. In mehreren Untersuchungsgebieten zeigte sich, dass das Vorhandensein ökologischer Maßnahmen im Wohnumfeld allein nicht ausreichend dafür ist, dass sie wahrgenommen werden oder eine Auseinandersetzung mit ihnen stattfindet. Dieser Prozess muss u.U. von außen angestoßen werden (z.B. durch das Aufstellen von Hinweisschildern). Kommunikation findet aber auch darüber statt, dass das Verhalten anderer Nachbarn und die Spuren, die sie im Wohnumfeld hinterlassen, beobachtet werden können. So werden wir davon beeinflusst, welche Kleidung die Nachbarn tragen, welche Autos sie fahren oder wie ihre Wohnungseinrichtung aussieht.

Auch wenn wir beobachten, wie unsere Nachbarn ihren Müll entsorgen, beeinflusst dies unser Verhalten. Vermittelt über die nachbarschaftliche Kommunikation, verbal und nonverbal, werden soziale Werte und Normen wahrgenommen; diese beeinflussen wiederum die Konsummotive.
Besonders das Müllverhalten scheint stark durch nachbarschaftliche Normen geprägt zu sein (vgl. auch Teil C, Kapitel 5).
Die Konsummotive sagen noch wenig über nachhaltiges Konsumverhalten aus. Selbst eine ökologische Konsumorientierung muss nicht unbedingt mit nachhaltigem Verhalten einhergehen. Ob das Verhalten tatsächlich als nachhaltig bezeichnet werden kann, hängt davon ab, was jeweils unter Umweltschutz verstanden wird (subjektive Theorien) und ob darüber hinaus zutreffendes Wissen vorhanden ist, was getan werden kann.
Konsummotive treten selten ausschließlich auf. Sehr oft findet man die Gesundheitsorientierung gemeinsam mit der ökologischen Orientierung – häufig etwa bei Eltern, die sich Sorgen um die Gesundheit ihrer Kinder machen. Auch gehen Qualitäts- und Preisorientierung häufig gemeinsam in ein individuelles Kosten-Nutzen-Kalkül ein.
In welchem Maße die nachbarschaftliche Kommunikation die Konsummotive der Einzelnen beeinflusst, hängt zum einen von persönlichen Faktoren ab, z.B. der Normorientierung einer Person, zum anderen aber auch davon, welche Bedeutung die Nachbarschaft im Vergleich zu anderen Bezugsgruppen für

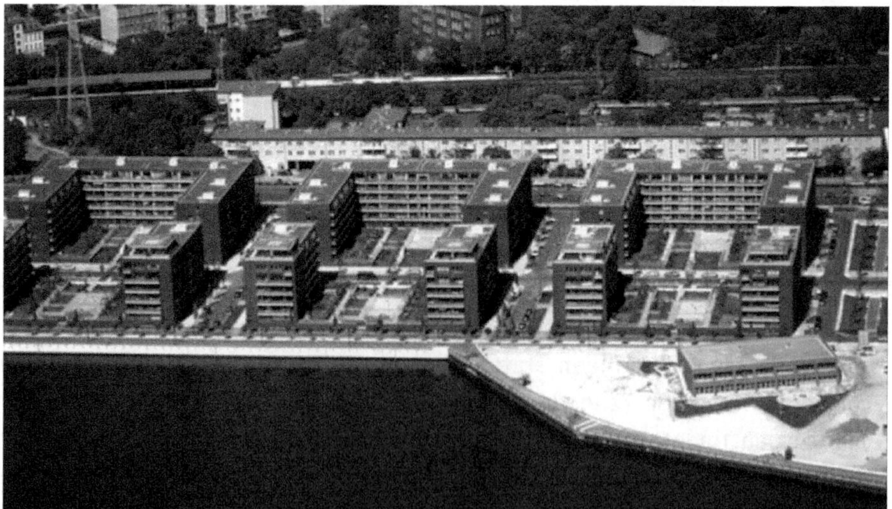

Abb. 2.4: Luftbild des Untersuchungsgebietes Rummelsburger Bucht

ihn hat. Je wichtiger eine Nachbarschaftsgruppe für die Person ist, umso größer wird ihr Einfluss sein.

Ein weiterer wichtiger Einflussfaktor im Wohnumfeld sind die *Transaktionskosten*. Darunter verstehen wir jene persönlichen Kosten, die über den Preis hinaus beim Konsum anfallen, wie Zeitaufwand, Unbequemlichkeit u.ä. Sie wirken in der Regel handlungshemmend (vgl. auch Teil B, Kapitel 4).
Transaktionskosten für Konsumverhalten entstehen im Wohnumfeld aus dem Vorhandensein oder der Entfernung von/zu infrastrukturellen Angeboten.
Die geschilderten Prozesse ergeben das folgende Modell:

*Abb. 2.5: Der Einfluss von sozialen Netzen und Konsummotiven auf das Konsumverhalten, * TAK bezeichnet hier die Transaktionskosten*

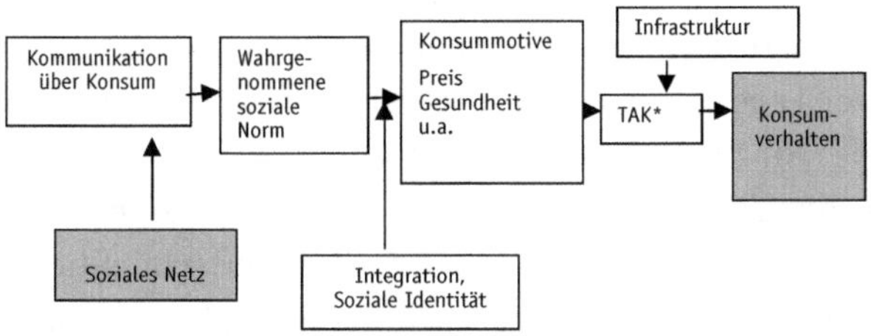

2.2 Wie beeinflussen räumliche und soziale Strukturen die Entstehung von Kohäsion (sozialen Netzen)?

Ob in einer Nachbarschaft soziale Netze entstehen oder nicht, wird stark durch das *soziale Milieu*, welches in einem Wohngebiet zu finden ist, geprägt. Auf die Beziehung zwischen sozialem Milieu und sozialen Netzen haben zwei Bereiche wesentlichen Einfluss: zum einen Merkmale der räumlichen Struktur und zum anderen organisatorische und institutionelle Einflussfaktoren. Beide moderieren die Beziehung zwischen sozialem Milieu und der Entstehung sozialer Netze, indem sie einen Einfluss auf die Transaktionskosten ausüben, welche auch hier wieder in erster Linie Zeit- und Informationskosten darstellen, allerdings solche zur Bildung und Pflege sozialer Kontakte.
Im Vergleich zu unseren Vorannahmen hat sich hier die Gewichtung der Konzepte Baustruktur und Sozialstruktur verschoben. Der Einfluss der Sozial-

struktur scheint stärker und direkter zu sein als jener der Baustruktur. Darüber hinaus ist ein neues Konzept hinzugekommen: der Einfluss organisatorischer und institutioneller Faktoren. Die vier Konzepte sollen im Folgenden kurz erläutert und inhaltlich dargestellt werden.

Das *soziale Milieu* stellt den wichtigsten Einflussbereich für die Entstehung sozialer Netze dar. Hier spielen zunächst soziodemographische Merkmale wie Alter, Bildung, Einkommen usw. eine Rolle. Wichtig sind auch die soziale und die ökonomische Lebenssituation der Bewohner. Verbunden damit sind Merkmale der Lebensgestaltung von Bedeutung. Gemeinsame Lebensrhythmen und Aktivitäten begünstigen, dass in einer Nachbarschaft soziales Leben entsteht. Darüber hinaus ist die Wohndauer wichtig: Ist das soziale Milieu durch einen ständigen Wechsel der Bewohner gekennzeichnet, so entsteht kaum sozialer Kontakt. Homogenität in möglichst vielen der oben genannten Merkmale und vor allem Homogenität der Lebenssituation erleichtert die Entstehung sozialer Netze im Wohnumfeld. Hinzukommen muss ein Minimum an verfügbarer Zeit im Wohngebiet. Bewohner, die sehr stark in eine Erwerbsarbeit außer Haus eingebunden sind, benutzen die Wohnung häufig fast ausschließlich als Schlafstätte und Regenerationsraum. Nachbarschaftliche Kontakte haben hier keinen Platz.
Eine weitere Voraussetzung für die Entstehung sozialen Lebens in der Nachbarschaft sind positive Identifikationsmöglichkeiten mit dem Quartier und mit seinen Bewohnern. Das Wohngebiet und die Nachbarschaft müssen attraktiv genug sein, damit der Einzelne sich dort zugehörig fühlen will. Ist dies nicht der Fall, kann es zu einem der Gruppenbildung entgegengesetzten Prozess kommen: Die einzelnen Bewohner grenzen sich gegeneinander ab, es kommt verstärkt zu Konflikten, keiner möchte zur benachteiligten Gruppe gehören, und wer es sich leisten kann, zieht schließlich weg. Eine solche Dynamik findet sich häufig in Quartieren mit einem hohen Anteil sozial benachteiligter Bewohner/innen.
Auch bei der Entstehung sozialen Lebens spielen Transaktionskosten als handlungshemmende Faktoren für die Bildung sozialer Kontakte eine wichtige Rolle. Sowohl räumliche Strukturen als auch institutionell-organisatorische Faktoren können Transaktionskosten erhöhen oder mindern, indem sie die nachbarschaftliche Kontaktaufnahme und -pflege erleichtern oder schwieriger machen. Aber auch das sich Einlassen auf Nachbarn eines fremden Milieus oder einer anderen Kultur kann eine psychologische Barriere darstellen und so Transaktionskosten verursachen.

Wichtiges baustrukturelles Merkmal, welches dem Bedürfnis nach Privatheitsregulation[1] (vgl. Altman 1975) Rechnung trägt, ist die fließende Gestaltung der Übergangszonen (soft edges). Direkte oder gar fehlende Übergänge zwischen privaten und öffentlichen Räumen (hard edges) vermindern die Kontaktbereitschaft und führen zur Errichtung psychologischer und physischer Barrieren.

Darüber hinaus sind eine attraktive Gestaltung der halböffentlichen Räume, das Vorhandensein sowie vielfältige Nutzungsmöglichkeiten von Gemeinschaftsräumen und Natur bzw. bestimmte bevorzugte Naturelemente wie Wasser von wichtiger Bedeutung. Halböffentliche Räume sollten attraktiv gestaltet sein (z.B. durch Natur, Wasser) und vielfältige Nutzungsangebote (*Affordanzen*[2]) bereit stellen, damit sie zum Aufenthalt einladen. Darüber hinaus sollte es für die Pflege dieser Räume feste Zuständigkeiten geben, die am besten an jene Menschen gegeben werden sollten, die direkt von diesen Räumen profitieren. Das Vorhandensein von Gemeinschaftsräumen ist ebenso wichtig. Sie sollten gut verfügbar sein (vgl. Transaktionskosten) und so gestaltet sein, dass sie den Interessen der unterschiedlichsten Nutzergruppen entgegenkommen, bzw. gesonderte Nutzungsmöglichkeiten für verschiedene Gruppen ermöglichen.

Die Entstehung sozialer Netze kann darüber hinaus auch über organisatorisch/institutionelle Maßnahmen gefördert werden. Hier geht es gerade darum, ob und wie Wohnungsbaugesellschaften die Entstehung sozialen Lebens fördern, z. B. durch die Gestaltung und Vermittlung eines kommunikativen Projektprogramms. Außerdem kann die institutionalisierte Kommunikation so konzipiert sein, dass die Bildung von Gruppen wie z.B. Mieterbeiräten bereits darin vorgesehen ist.

Abb. 2.6: Die Entstehung sozialer Netze beeinflusst durch das soziale Milieu, die räumliche Struktur und die Organisation und Institutionen

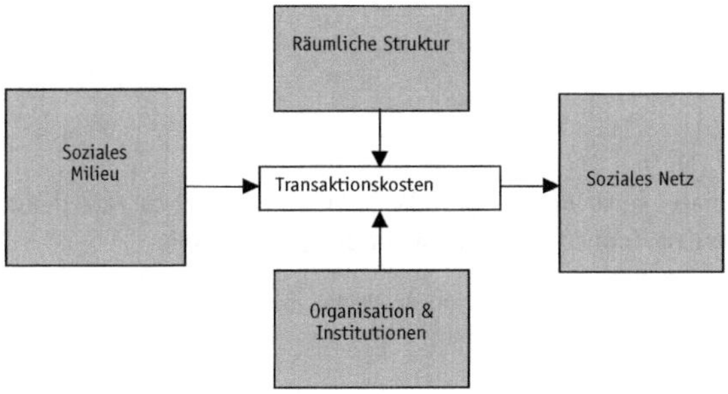

Wenn wir die dargestellten Ergebnisse zusammenfassen, ergibt sich das im Folgenden dargestellte Gesamtmodell, das relevante Mensch- und Umweltfaktoren integriert.

Abb. 2.7: Transaktionales Modell zum Einfluss des Wohnumfeldes auf das Konsumverhalten,
** TAK bezeichnet hier die Transaktionskosten*

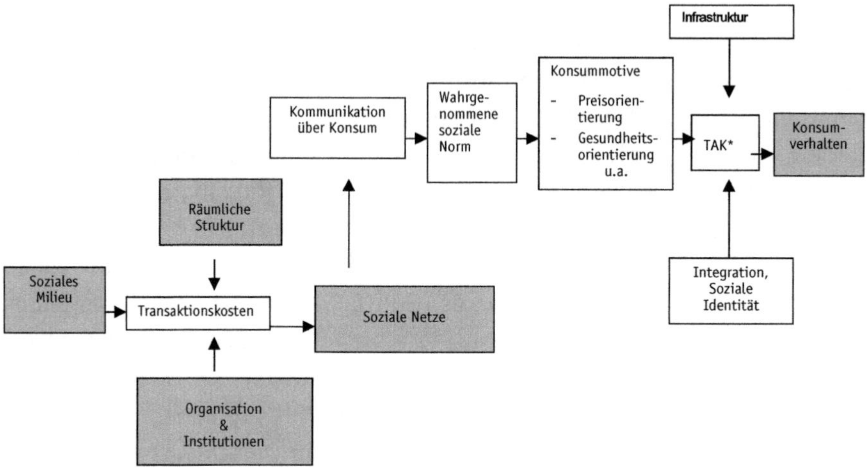

Im Rahmen der anschließenden Forschung wurden weitere quantitative Analysen zur Bewertung und Verfeinerung des Modells durchgeführt. Darüber hinaus wurden auf der Grundlage des Modells Interventionen in Wohnvierteln abgeleitet, durchgeführt und evaluiert. Mehr dazu in den anschließenden Kapiteln.

Anmerkungen

1 Das Konzept der Privatheit beschreibt nach Altman (1975) einen kontinuierlich ablaufenden Grenzregulationsprozess zwischen dem Individuum und seiner sozialen Umwelt.

2 Nach Gibson (z.B. 1979) solche Aspekte der Umwelt, die mit bestimmten Verhaltensweisen assoziiert sind und auch so wahrgenommen werden.

Literatur

Altman I (1975) Environment and social behavior: Privacy, personal space, territory, and crowding. Brooks/Cole, Monterey

Gibson JJ (1979) An ecological approach to visual perception. Houghton Mifflin, Boston

Graf B, Gruner S, Hinding B, Felbinger D (2000) Zur Entstehung von sozialen Netzen und nachhaltigen Konsummustern im Wohnumfeld: Ergebnisse einer qualitativen Exploration. In: Harloff HJ, Christiaanse K, Wendorf G, Zillich K, Dienel H-L (Hrsg) Wohnen und Nachhaltigkeit. Interdisziplinäre Forschung vor der Haustür. Publikationsstelle der Technischen Universität Berlin, Berlin, S 150 - 158

Harloff HJ, Christiaanse K, Wendorf G, Zillich K, Dienel H-L (Hrsg) (2000) Wohnen und Nachhaltigkeit. Interdisziplinäre Forschung vor der Haustür. Publikationsstelle der Technischen Universität Berlin, Berlin

Hinding B, Klingner Y (2000) Die Bedeutung von Kohäsion in der Nachbarschaft für die Nachhaltigkeit des Konsumverhaltens. In: Harloff HJ, Christiaanse K, Wendorf G, Zillich K, Dienel H-L (Hrsg) Wohnen und Nachhaltigkeit. Interdisziplinäre Forschung vor der Haustür. Publikationsstelle der Technischen Universität Berlin, Berlin, S 158 - 177

Saphörster O, Römhild F (2000) Wohnen im Park oder gemeinsames Wohnzimmer? Analysemethoden am Beispiel Pulvermühle. In: Harloff HJ, Christiaanse K, Wendorf G, Zillich K, Dienel H-L (Hrsg) Wohnen und Nachhaltigkeit. Interdisziplinäre Forschung vor der Haustür. Publikationsstelle der Technischen Universität Berlin, Berlin, S 70 - 81

Schultz I, Empacher C, Götz K (1999) Konsumtypen und Konsumstile deutscher Haushalte. Ergebnisse einer empirischen Haushaltsexploration zu nachhaltigem Konsumverhalten. ISOE GmbH, Frankfurt am Main

Wendorf G, Felbinger D (2000) Handlungshemmende und -fördernde Faktoren für nachhaltige Konsummuster. In: Harloff HJ, Christiaanse K, Wendorf G, Zillich K, Dienel H-L (Hrsg) Wohnen und Nachhaltigkeit. Interdisziplinäre Forschung vor der Haustür. Publikationsstelle der Technischen Universität Berlin, Berlin, S 204 - 211

B

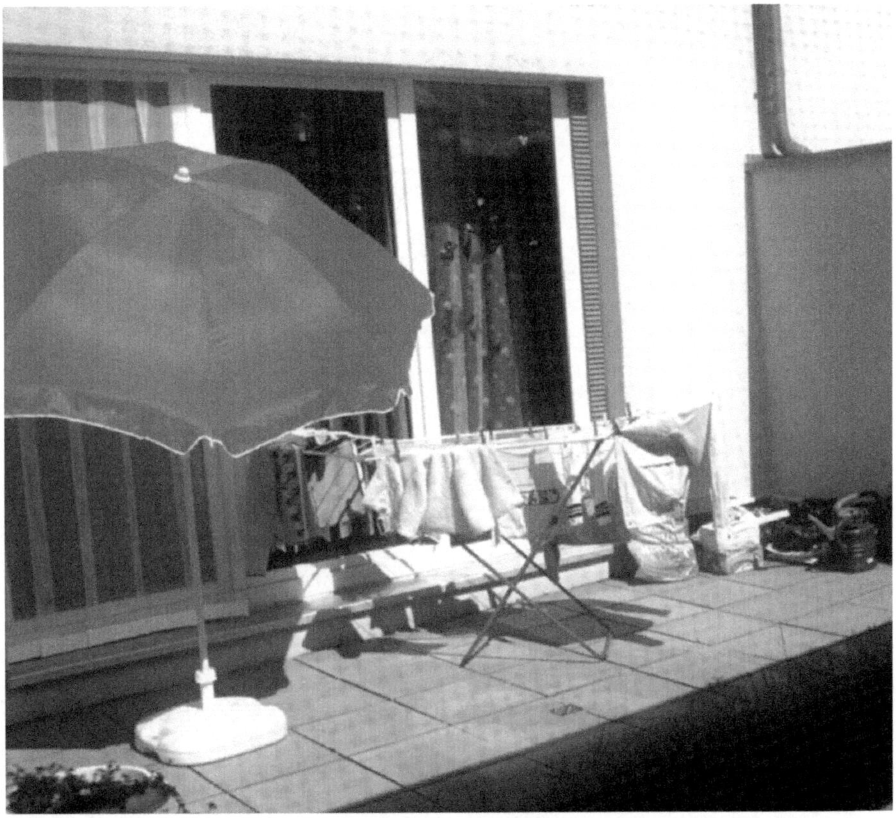

Die Untersuchung: Wodurch werden Nachbarschafts-
kontakte und Konsummuster beeinflusst?

B.1

Einleitung zur quantitativen Untersuchung

Bettina Graf, Sabine Gruner, Barbara Hinding

Ziel der quantitativen Untersuchung war es, das geschilderte Hypothesengerüst zu überprüfen.
D.h., es sollten zum einen die Einflussfaktoren zur Entstehung von Kohäsion in Nachbarschaften untersucht werden. Hierzu wurden jeweils verschiedene Variablen zur Messung der räumlichen Struktur, des sozialen Milieus sowie von Organisation und Institution gebildet. Zum anderen sollten die Zusammenhänge zwischen nachbarschaftlicher Kohäsion und nachhaltigen Konsummustern überprüft werden.

1.1 Auswahl der Untersuchungsgebiete

Zur Überprüfung unserer Annahmen wurde eine geschichtete Zufallsstichprobe von insgesamt 60 Berliner Untersuchungsgebieten gezogen. Für die Ziehung dieser Untersuchungsgebiete in der Größe von statistischen Blöcken wurde die digitale Karte der Flächentypen des Senats für Stadtentwicklung und Umweltschutz verwendet (vgl. Weckwerth u. Stöhr 2000).
Um Vergleiche zwischen verschiedenen Baustrukturtypen ziehen zu können, wurden vier verschiedene Baustrukturtypen in die Erhebung einbezogen. Pro Baustrukturtyp wurden jeweils 15 Untersuchungsgebiete für die Stichprobe gezogen.

1) Die **Großstruktur** umfasst Gebiete mit großen Siedlungskomplexen, im Westen meist Punkt- und Scheibenhochhäuser aus den 60er und 70er Jahren, im Osten meist Plattenbausiedlungen aus den 80er Jahren. Die Häuser haben mindestens 5 Geschosse (in der Stichprobe: 5 bis 16 Geschosse). Zwischen den Häusern liegen oft große Freiflächen mit Parkplätzen, Spielplätzen oder auch gemeinschaftlichen Grünflächen (vgl. Kliesch 2000).

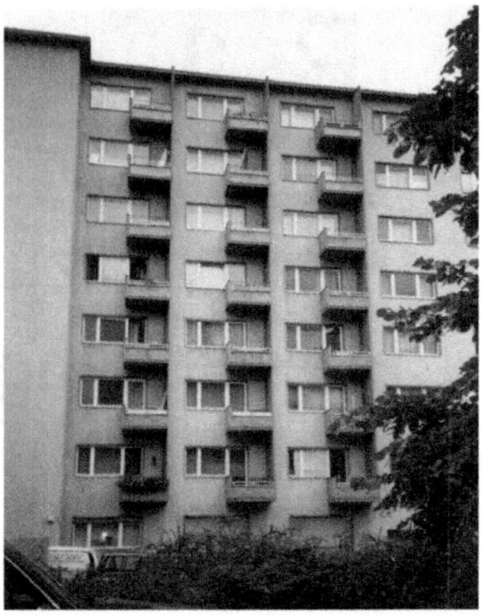

Abb. 1.1

2) Die Kategorie **Blockstruktur** enthält 5 bis 6-geschossige Blockbauten aus der Gründerzeit sowie Blockrandbebauung mit hohem Neubauanteil. Innerhalb der Blöcke bestehen Höfe, die z.T. als Aufenthaltsorte für die Bewohner genutzt werden, zum Teil aber auch als Parkplatz, Platz für Mülleimer oder ähnliches (ebd.).

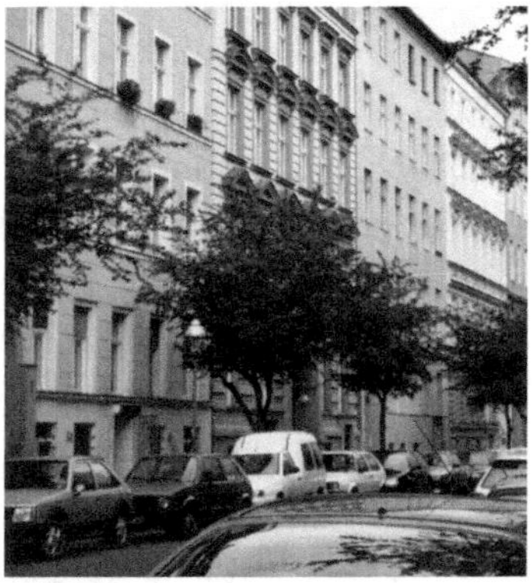

Abb. 1.2

3) **Zeilenbau** bezeichnet zeilenförmig gebaute Häuser aus den 20er/30er oder auch 50er/60er Jahren sowie ähnlich geartete Neubauten: Meist 3-5 Häuser liegen aneinandergereiht. Der Zugang erfolgt über einen halböffentlichen Weg. Zwischen den Häusern liegt meist Abstandsgrün.

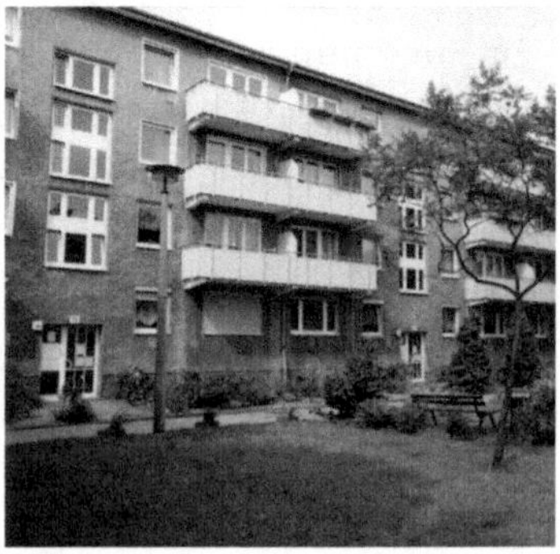

Abb. 1.3

4) Die **Parkartige Bebauung** umfasst klassische Einfamilienhausgebiete (freistehende Häuser oder Reihenhäuser) sowie großzügig angelegte Mehrfamilienhäuser mit vielen Grünflächen oder Gärten. Für diese Kategorie werden in den folgenden Texten die beiden Begriffe „Parkartige Bebauung" oder auch „Reihengarten" benutzt.

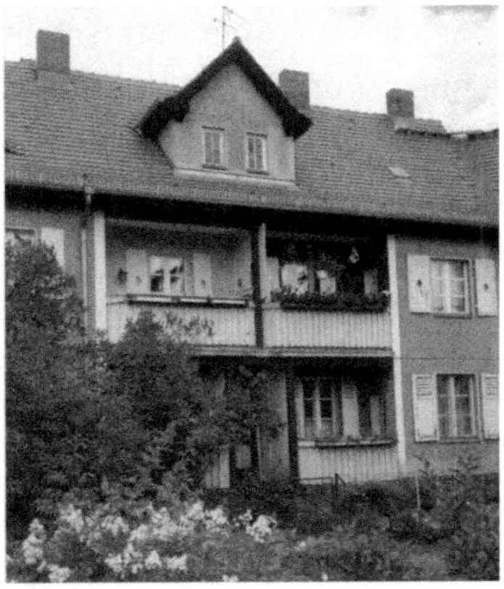

Abb. 1.4

Die Zuteilung der Berliner Wohngebiete zu diesen vier Baustrukturtypen richtete sich nach einer Einteilung der Berliner Senatsverwaltung für Stadtentwicklung und Umweltschutz (Hanschke 1995). Es wurden jeweils mehrere Flächentypen zu einem Baustrukturtyp zusammengefasst (s. Anhang/vgl. auch Weckwerth u. Stöhr 2000).

1.2 Durchführung der Erhebung

Die Fragebogenerhebung fand im Zeitraum von Mai bis September 2000 statt. Mehrere studentische Mitarbeiter/innen befragten insgesamt 616 Bewohnerinnen und Bewohner in 60 verschiedenen Wohngebieten (4 Baustrukturtypen x 15 Gebiete).

Die Befragung wurde in Mehrfamilienhäusern durch einen Aushang im Flur bzw. in Einfamilienhausgebieten in Form von Postwurfsendungen als eine Untersuchung zu Wohnen und Einkaufen, Verbrauchs- und Freizeitgewohnheiten angekündigt. Kurz nach der Ankündigung klingelten unsere Mitarbeiter/innen persönlich an den Wohnungstüren und baten die Bewohner/innen um ihre Mitwirkung. Zur Abholung der ausgefüllten Fragebögen wurden Termine innerhalb der nächsten Tage vereinbart. Bei Terminschwierigkeiten schickten die Bewohner/innen die Fragebögen mit vorfrankierten Briefumschlägen per Post zurück.

Ziel war zunächst ein Rücklauf von mindestens 10 Fragebögen pro Wohngebiet. Die Bereitschaft zum Ausfüllen eines Fragebogens war in den einzelnen

Gebieten extrem unterschiedlich. Aufgrund erheblicher Schwierigkeiten in einigen Wohngebieten wurde unser Ziel auf mindestens 6 Fragebögen pro Wohngebiet reduziert, so dass schließlich von den 60 Wohngebieten jeweils zwischen 6 und 17 Fragebögen in die Auswertung einbezogen werden konnten.
Die in der Stichprobe gezogenen Wohngebiete sollten jeweils einem der vier ausgewählten Baustrukturtypen entsprechen. Da das verfügbare Kartenmaterial (s.o.) jedoch z.T. schon einige Jahre alt ist, stimmten die tatsächlich vorgefundenen Gebäude zum Teil nicht mehr mit den theoretisch gezogenen überein. Unsere Mitarbeiter/innen waren angewiesen, die gezogenen Gebiete daraufhin zu prüfen, ob sie der benannten Baustruktur entsprechen oder nicht. Wo dies nicht der Fall war, sollten sie in den angrenzenden statistischen Blöcken eine Baustruktur des erforderlichen Typs als Erhebungsgebiet aussuchen. Durch diese Verschiebungen finden sich innerhalb der 60 Gebiete nun je 15 Gebiete von Großsstruktur und Blockstruktur, 14 Gebiete mit parkartiger Bebauung und 16 Gebiete mit Zeilenbauten.
Zusätzlich zu den Fragebögen machten die Mitarbeiter/innen pro Gebiet ca. 6 Fotos von den Gebäuden als Ganzes, von den Eingangsbereichen und von den Freiflächen. Außerdem füllten sie für jedes Gebiet einen Beobachtungsleitfaden aus, der Angaben zur räumlichen Struktur und zur Infrastruktur des Gebietes enthält (s.u.).

1.3 Der Fragbogen

Die einzelnen Teile des Fragebogens orientieren sich an dem Hypothesengerüst.
Der erste Teil beschäftigt sich mit der Nachbarschaft. Anschließend geht es um die räumliche Struktur und Institutionen im Wohngebiet. Dann folgen Fragen zu den eigenen Konsummotiven sowie zum eigenen Konsumverhalten. Der Fragebogen endet mit Angaben zu eigenen Wertvorstellungen sowie zu sozialstrukturellen Daten: Geschlecht, Staatsangehörigkeit, Alter, Wohnsituation (Singles, Familien, Alleinerziehende, WG), Einkommen, Schul- und Ausbildungsabschluss, berufliche Lebenssituation (vollzeiterwerbstätig, Hausfrau, Rentner/in, Student/in, Schüler/in, Wehr- oder Zivildienst, sonstiges), Wohndauer und qm Wohnfläche.

Im Folgenden werden die einzelnen Teile bzw. Skalen des Fragebogens vorgestellt. Die Darstellung orientiert sich an dem in Teil A, Kapitel 2 beschriebenen Hypothesengerüst.
Die Skalen werden jeweils anfangs kurz beschrieben. Für methodisch interessierte Leser/innen folgt dann jeweils die Beurteilung der Skalen anhand der Gütekriterien.
Die Skalen zur Nachbarschaft und zum Konsumverhalten wurden zuvor im Rahmen von Pretests und Voruntersuchungen getestet (vgl. z.B. Hinding u. Klingner 2000).

1.3.1 Die Skalen zur Nachbarschaft

Zentrales Moment im Hypothesengerüst und analog bei der Untersuchung ist die Erhebung nachbarschaftlicher Kohäsion.
Bei der Operationalisierung von sozialen Kontakten bzw. **Kohäsion** in der Nachbarschaft orientierten wir uns an einer Definition von Staehle (1991), nach der Kohäsion für ein Mindestmaß an Gemeinschaftsgefühl und Solidarität steht. Wir betrachten Kohäsion als eine wesentliche Qualität sozialer Netze.
Die Fragen hierzu liefern eine Beschreibung der Nachbarschaft in Bezug auf Intensität und Qualität von Kontakten, gegenseitige Hilfeleistungen sowie Vorhandensein eines Gemeinschaftsgefühls. Die Skala enthält insgesamt 7 Items wie z.B. „Hier in der Nachbarschaft leben die Leute eher so nebeneinander her" oder „Für neu zugezogene Mieter ist es leicht, hier in der Nachbarschaft Leute kennenzulernen" – jeweils mit einer fünfstufigen Ratingskala von „trifft gar nicht zu" bis „trifft sehr zu".
Die Hauptkomponentenanalyse ergab einen Faktor, der 49% der Varianz aufklärt. Demnach bilden alle Items ein eindimensionales Konstrukt ab.
Zur Validierung wurde die Korrelation der Skala mit dem Item „Hat einer Ihrer Nachbarn einen Schlüssel" gerechnet, einem Item, das schon mehrfach zur Messung des sozialen Lebens in Nachbarschaften benutzt wurde (ZUMA 1999). Die Korrelation nach Pearson ist sehr signifikant mit $r = .391$ ($n = 575$).
Zur weiteren Validierung wurde die Skala korreliert mit selbstgebildeten Items, die jeweils einen bestimmten Nachbarschaftstyp im Sinne der Typologie von Warren (1978) repräsentieren (vgl. auch Teil B, Kapitel 2). Der Typ der integralen Nachbarschaft ist nach Warren hoch kohäsiv und von intensiven Kontakten gekennzeichnet. Das Item „Wir sind eine richtige Gemeinschaft, ähnlich wie auf dem Dorf" sollte hoch mit der Kohäsionsskala korrelieren. Auch der Typ der parochialen Nachbarschaft, ausgedrückt in dem Item „Die

Nachbarn verstehen sich hier gut. Man hilft sich gegenseitig, wenn es nötig ist, und läßt sich ansonsten in Ruhe" sollte positiv mit der Kohäsionsskala korrelieren. Das Item „Die meisten Leute haben ihren Freundeskreis woanders, nicht in der Nachbarschaft, aber man kennt sich, grüßt sich und plaudert auch mal ein bisschen" steht für die „Stepping-Stone-Nachbarschaften" mit wenig Kohäsion und mehr Außenkontakten und sollte negativ mit der Kohäsionsskala korrelieren. Eine negative Korrelation mit der Kohäsionsskala erwarteten wir ebenfalls bei dem Item „Die meisten Leute kennen sich vom Sehen, man weiß so ungefähr, wer in welcher Wohnung wohnt, hat aber sonst nicht so viel miteinander zu tun", das als Maß für die transitorische Nachbarschaften steht sowie mit dem Item „Die Leute kennen sich untereinander fast gar nicht. Man weiß kaum, wer hier wohnt und wer nicht", das eine anomische Nachbarschaft beschreibt. Tabelle 1.1 zeigt die Ergebnisse der Korrelationsrechnungen:

Tabelle 1.1: Validierung der Kohäsionsskala. Korrelation nach Kendall-Tau-b

		Kohäsion
Wir sind eine richtige Gemeinschaft, ähnlich wie auf dem Dorf.	r	.188**
	Signifikanz	.000
	Anzahl der Fälle	574
Die Nachbarn verstehen sich hier gut. Man hilft sich gegenseitig, wenn es nötig ist, und läßt sich ansonsten in Ruhe.	r	.413**
	Signifikanz	.000
	Anzahl der Fälle	574
Die meisten Leute haben ihren Freundeskreis woanders, nicht in der Nachbarschaft, aber man kennt sich, grüßt sich und plaudert auch mal ein bisschen.	r	.061*
	Signifikanz	.041
	Anzahl der Fälle	574
Die meisten Leute kennen sich vom Sehen, man weiß so ungefähr, wer in welcher Wohnung wohnt, hat aber sonst nicht so viel miteinander zu tun.	r	-.340**
	Signifikanz	.000
	Anzahl der Fälle	574
Die Leute kennen sich untereinander fast gar nicht. Man weiß kaum, wer hier wohnt und wer nicht.	r	-.369**
	Signifikanz	.000
	Anzahl der Fälle	574
Ich kenne hier ein paar wenige Leute gut, mit denen ich auch mal was mache, aber zum größten Teil der Nachbarn habe ich keinen Kontakt.	r	.033
	Signifikanz	.174
	Anzahl der Fälle	574

Die meisten Korrelationen gehen in die erwartete Richtung. Nur das Item „Ich kenne hier ein paar wenige Leute gut, mit denen ich auch mal was mache, aber zum größten Teil der Nachbarn habe ich keinen Kontakt" korreliert nicht mit der Kohäsionsskala. Die genauere Auswertung zeigt, dass eine Korrelation zwischen diesem Item und der Kohäsion nur bei bestimmten Gruppen innerhalb der Befragten besteht: Innerhalb der Bewohner/innen der Großstruktur und bei jüngeren Bewohner/innen.

Wenn in einem Wohngebiet eine hohe Kohäsion besteht, heißt dies noch nicht, dass alle Bewohner/innen in die nachbarschaftlichen sozialen Netze integriert sind.

Die Skala zur **Integration** bezieht sich darauf, inwieweit der/die Befragte selber in die Nachbarschaft einbezogen ist. Sie enthält Fragen zum Austausch gegenseitiger Hilfeleistungen mit Nachbarn und zur Qualität und Intensität der Kontakte des/r Befragten selber mit Bewohnern. Beispielitems sind: „Wenn ich kurzfristig Hilfe brauche, sind meine Nachbarn für mich da" oder „Ich habe kein Bedürfnis nach Kontakt mit meinen Nachbarn" (Ratingskala wie oben).

Die Skala zur **sozialen Identität** beruht auf den Annahmen der Social Identity Theory, nach der sich die Identität einer Person auf einem Kontinuum zwischen dem Selbst als einzigartiger Person und dem Selbst als Mitglied sozialer Gruppen bewegt. Der Einfluss einer bestimmten sozialen Gruppe auf das eigene Verhalten ist abhängig vom Grad der Identifikation mit der Gruppe. Die fünfstufige Skala enthält Items wie „Eigentlich sind mir meine Nachbarn ziemlich gleichgültig" oder „Im Großen und Ganzen habe ich das Gefühl, dass ich hierher, in diese Nachbarschaft, gehöre" (Ratingskala wie oben).

Die qualitative Untersuchung hatte gezeigt, dass ein positives **Image** des Wohngebietes sehr wichtig für die Identifikation mit der Nachbarschaft und die Bildung von Nachbarschaftskontakten ist. Hier sollten die Bewohner/innen auf einer siebenstufigen Skala von minus drei bis plus drei einschätzen, ob ihre Wohngegend in der Öffentlichkeit oder der weiteren Umgebung als gut – schlecht, angenehm – unangenehm, attraktiv – unattraktiv etc. gilt.

Die Skala zur **wahrgenommenen Homogenität** beruht auf Ergebnissen der qualitativen Untersuchung sowie anderer Studien, die darauf hinwiesen, dass Kontakte sich eher entwickeln, wenn die Nachbarn sich als ähnlich erleben. „Viele meiner Nachbarn interessieren sich für ähnliche Dinge wie ich" oder „Ich habe das Gefühl, mit einigen meiner Nachbarn liege ich auf einer Wellenlänge" sind Beispielitems für diese Skala (Ratingskala wie bei Kohäsion).

Im Folgenden die Kennwerte der einzelnen Skalen:

Tabelle 1.2: Kennwerte der Skalen zur Nachbarschaft

	Anzahl der Items	Interne Konsistenz	Trennschärfen
Kohäsion	7	.88	.42 - .73
Integration	14	.94	.54 - .78
Soziale Identität	5	.74	.36 - .62
Image	5	.92	.73 - .85
Wahrgenommene Homogenität	4	.80	.55 - .70

Über die genannten Skalen hinaus wurden die Bewohner/innen gefragt, ob es jemanden gibt, der die Nachbarschaft zusammenhält und wenn ja, wie (Aktivitäten wie Organisation von Festen, Kontakte zur Hausverwaltung oder Ähnliches, Kontaktfreudigkeit oder anderes) und ob es in der Nachbarschaft eine Person gibt, nach der sich viele richten.
Weiterhin wurden die Bewohner/innen gebeten einzuschätzen, wie viele Gruppen es innerhalb ihrer Nachbarschaft gibt: „In größeren Gruppen von Menschen bilden sich manchmal Untergruppen oder Cliquen. Was glauben Sie, wie viele davon es in Ihrer Nachbarschaft gibt? Bitte schätzen Sie es so ein, wie Sie es am ehesten vermuten: „Keine", „Die ganze Nachbarschaft bildet eine Gruppe", „Es gibt etwa zwei getrennte Gruppen", „Es gibt etwa drei getrennte Gruppen", „Es gibt etwa vier oder mehr getrennte Gruppen".

1.3.2 Fragebogenitems zu Entstehungsfaktoren nachbarschaftlicher Kohäsion

Zur Prüfung des ersten Teils des Hypothesengerüsts – wie entstehen soziale Netze – wurden Fragen zur räumlichen Struktur, zu Organisation und Institution im Wohngebiet sowie zum sozialen Milieu erhoben.

Die räumliche Struktur

Ausgehend von der Hypothese, dass mögliche Treffpunkte im Wohnumfeld die Entstehung von Nachbarschaftskontakten fördern können, wurden die Bewohner/innen gefragt, welche Treffpunkte in ihrem Haus bzw. ihrer Nachbarschaft vorhanden sind, und an welchen dieser Treffpunkte sie sich „gelegentlich mit Nachbarn unterhalten". Beispiele für diese Treffpunkte sind Gemeinschaftsraum, Kinderspielplatz, Fahrstuhl, Briefkästen, Gastronomie im Haus oder Sitzgelegenheiten in den Freiflächen. Insgesamt wurde nach 23 solcher möglichen Treffpunkte gefragt.

Weitere Merkmale der räumlichen Struktur wurden im Beobachtungsleitfaden erhoben (s.u.).

Soziales Milieu

Um zu prüfen, inwieweit Faktoren des sozialen Milieus die Entstehung sozialer Netze beeinflussen, wurden soziodemographische Daten erhoben: Alter, Einkommen, Schulbildung, Ausbildung, Berufliche Situation (voll erwerbstätig, Rentner/in, Hausfrau/-mann, Schüler/in, Student/in, Wehr-/Zivildienst, arbeitslos/Kurzarbeit), Geschlecht, Staatsangehörigkeit. Weiterhin wurden Fragen zur Wohnsituation gestellt: „Mit wem wohnen Sie zusammen?" (Partner/in, Familie, WG, alleine), „Wie viele Kinder und wie viele Erwachsene gehören zum Haushalt?", „Alter des jüngsten Kindes, das zum Haushalt gehört", „Alter des ältesten Kindes, das zum Haushalt gehört".

Werte

Weiterhin wurden die Bewohner/innen gefragt, welche Werte ihnen wichtig sind: „Jede/r verfolgt in seinem Leben andere Zielsetzungen. Bitte sagen Sie uns zu jedem der nun folgenden Beispiele, wie wichtig es für Sie selbst ist". Beispiele waren u.a.: „tun und lassen, was ich will"; „sich für soziale Dinge einsetzen"; „Ruhe und Ordnung"; „die Umwelt schützen".
Die Hauptkomponentenanalyse in der rotierten Version ergab drei Fakoren, die sich im Wesentlichen mit den Ergebnissen von Hinding u. Klingner (2000) decken. Die Skalenbildung wurde analog der Vorstudien vorgenommen:
Der erste Faktor hat einen Eigenwert von 2,77 und klärt 23,06% der Varianz auf. Er enthält die 5 Items, z.B. „tun und lassen, was ich will", „zu Wohlstand kommen", „mich selbst verwirklichen", „ein aufregendes Leben führen" und „Karriere machen" und wird im Folgenden „Selbtverwirklichung" genannt.
Der zweite Faktor klärt mit einem Eigenwert von 2,62 einen Varianzanteil von 21,79% auf. Auf ihm laden die 3 Items „Verantwortung für zukünftige Generationen", „sich für soziale Dinge einsetzen" und „die Umwelt schützen" und wird „Soziale Verantwortung" genannt.
Der dritte Faktor klärt mit den Items „Ruhe und Ordnung", „Geborgenheit in der Familie" und „ein angenehmes Leben" 10,96% der Varianz auf (Eigenwert: 1,32). Er wird als „Konservative Wertorientierung" bezeichnet.

Tabelle 1.3 zeigt die Kennwerte der einzelnen Skalen:

Tabelle 1.3: Kennwerte der Werteskalen

	Anzahl der Items	Interne Konsistenz	Trennschärfen
Selbstverwirklichung	5	.73	.34 - .59
Soziale Verantwortung	3	.74	.50 - .62
Konservative Wertorientierung	3	.61	.30 - .49

Organisation und Institution

Dieser Teil besteht vorwiegend aus nominalen Items. Die Bewohner/innen wurden gefragt, ob ihre Wohnsiedlung ein Programm hat (Niedrigenergiehaus, Kommunikatives Wohnen etc.), ob es regelmäßige Treffen zwischen Mieter/innen und Wohnungsbaugesellschaft, einen Mieterbeirat oder ein schwarzes Brett gibt. Darüber hinaus wurden Fragen zu institutionalisierten Begegnungsmöglichkeiten gestellt: Ob es ein Nachbarschaftsfest gibt und wer es organisiert, ob es eine Kontaktbörse, einen Nachbarschaftstreff oder regelmäßige Begegnungsmöglichkeiten für verschiedene Mietergruppen gibt, wie z.B. Kegeln, Seniorennachmittage oder Fußball. Hier wurde auch gefragt, ob die Bewohner/innen diese nutzen, und wenn „nein", warum nicht.

1.3.3 Fragebogenitems zum Zusammenhang zwischen Kohäsion und nachhaltigem Verhalten

Nachbarschaftliche Normen

Da wir annehmen, dass das beobachtete oder verbal geäußerte Verhalten der Nachbarn bzw. deren Prioritäten als nachbarschaftliche Normen wahrgenommen werden und das Verhalten der Bewohner/innen beeinflussen, sollten die Befragten das Konsumverhalten ihrer Nachbarn einschätzen, bzw. was ihren Nachbarn wichtig ist. Die Bewohner/innen sollten hier Items wie „Meine Nachbarn legen großen Wert auf gesundes Essen" auf einer fünfstufigen Skala einschätzen von „sehr unwahrscheinlich" bis „sehr wahrscheinlich". Die nachbarschaftlichen Normen drücken bestimmte Konsummotive bzgl. eines Bedarfsfeldes aus. Zum Teil kann eine Norm auch für verschiedene Konsumorientierungen stehen. Obiges Item bzgl. des gesunden Essens steht für ein Gesundheitsmotiv im Bereich Ernährung, kann sich jedoch auch mit einer ökologischen Orientierung vermischen. Das Item „Meine Nachbarn sparen beim Heizen" kann für eine Preisorientierung stehen oder auch für eine ökologische Orientierung. Die einzelnen Items stehen jeweils für verschiedene Konsumorientierungen und wurden deshalb u.a. einzeln ausgewertet. Sie wurden aber auch je nach Konsumorientierung zu Skalen zusammengefasst, wobei nur ein Item für die Orientierung am Preis steht.

Tabelle 1.4: Kennwerte der Skalen zu nachbarschaftlichen Normen

	Anzahl der Items	Interne Konsistenz	Trennschärfen
Umweltorientierung	11	.80	.41 - .52
Preisorientierung	1		
Bequemlichkeitsorientierung	3	.57	.33 - .41

Nachbarschaftliche Gespräche über Konsum

Über Gespräche können nachbarschaftliche Normen wahrgenommen bzw. weitervermittelt werden. Außerdem findet ein Informationsaustausch statt, der das eigene Verhalten beeinflussen kann. Die Bewohner/innen wurden gebeten, Aussagen wie z.B. „Wie oft unterhalten Sie sich über den Stromverbrauch von Elektrogeräten" oder „ Wie oft sprechen Sie darüber, wie gut das Mülltrennen in Ihrem Wohngebiet klappt" einzuschätzen auf einer fünfstufigen Skala von „nie" bis „sehr oft".

Die Items werden zum einen als Skala zur Messung der Häufigkeit von Gesprächen über Konsum als Gesamtes ausgewertet. Die Faktorenanalyse nach dem Kaiser-Guttmann-Kriterium ergab in der unrotierten Version vier Faktoren, von denen der erste bei einem Eigenwert von 13,5 bereits 50% der Varianz aufklärt. Alle Items laden auf diesem Faktor zu mindestens .60, können also unter der eindimensionalen Skala subsumiert werden. Sie enthält 27 Items und hat eine hohe interne Konsistenz von .96 und Trennschärfen zwischen .55 und .77. Um jedoch auch die anderen drei Faktoren besser interpretieren zu können und um zu prüfen, ob sich die Gesprächsitems den Konsumorientierungen Preis, Umwelt und Bequemlichkeit zuordnen lassen, wurde mit den Items, die sich theoretisch eindeutig einer der genannten Orientierungen zuordnen lassen, zusätzlich eine rotierte Version nach dem Eigenwerte-Kriterium gerechnet. Hierbei ergeben sich drei Faktoren, von denen sich nur einer eindeutig als Faktor Umwelt interpretieren lässt. Dieser Faktor klärt mit einem Eigenwert von 1,2 einen Varianzanteil von 6% auf. Die beiden anderen Faktoren richten sich weniger nach der Konsumorientierung als nach Konsumbereichen: Der Faktor mit dem höchsten Eigenwert lässt sich am ehesten als „Gespräche über Energie" interpretieren, wobei jedoch alle drei Konsumorientierungen vertreten sind. Der dritte Faktor enthält außer dem

Item „Gespräche über technische Geräte" nur Items zum Ernährungsbereich und klärt bei einem Eigenwert von 2,0 einen Varianzanteil von 10,2% auf. Wir nennen ihn „Gespräche über Ernährung".
Zum anderen entsprechen die einzelnen Items wiederum den nachbarschaftlichen Normen und den individuellen Konsummotiven und werden in diesem Zusammenhang auch wieder einzeln ausgewertet, bzw. jeweils in Skalen zu einer bestimmten Orientierung (Umwelt, Bequemlichkeit, Preis) zusammengefasst. Im Folgenden die Kennwerte der Skalen:

Tabelle 1.5: Kennwerte der Skalen zu Gesprächen

	Anzahl der Items	Interne Konsistenz	Trennschärfen
Gespräche gesamt	27	.96	.55 - .77
Gespräche über Umwelt	6	.89	.53 - .79
Gespräche über Ernährungt	5	.89	.63 - .83
Gespräche über Energie	9	.92	.63 - .84

Individuelle Konsumorientierung

Wir nehmen an, dass das individuelle Verhalten am stärksten mit der individuellen Konsumorientierung zusammenhängt (vgl. Schultz et al. 1999).
Um diese zu erheben, sollten die Befragten zu insgesamt vier Bereichen Aussagen in eine Rangreihe bringen, die jeweils verschiedene Konsumorientierungen (Umwelt, Gesundheit, Preis, Bequemlichkeit) in diesen Bereichen ausdrücken. Drei der vier Bereiche bezogen sich auf das Bedarfsfeld Energie: Strom, Heizen, Kauf von Elektrogeräten. Der vierte Bereich bezog sich auf das Bedarfsfeld Ernährung – auf den Einkauf von Lebensmitteln.
Hier ein Beispiel: „Ich finde, Strom sollte: a) Preiswert sein, b) aus umweltschonenden Energiequellen kommen, c) da sein, ohne dass ich mich darum kümmern muss, d) bei der Erzeugung keine Gefahr für die Gesundheit darstellen". Die Befragten sollten diese Aussagen danach in eine Rangreihe bringen, welche ihnen am wichtigsten ist, am zweitwichtigsten etc. Analog waren die Items zu den übrigen vier Bereichen aufgebaut.
Die Items wurde sowohl einzeln ausgewertet als auch wiederum über die vier Bereiche zu Skalen zusammengefasst, die eine bestimmte Konsumorientierung ausdrücken. Eine Hauptkomponentenanalyse ergab 8 Faktoren mit Eigenwerten über 1, wobei bereits die beiden ersten 33% der Varianz aufklären. Diese lassen sich gut interpretieren als Preisorientierung und Umweltschutzmotiv. Die übrigen Faktoren sind schwieriger zu interpretieren. Sie betreffen inhaltliche Aspekte wie z.B. Ernährung, überwiegend repräsentieren sie jedoch Ein-

zelitems. Es scheint also, zumindest in unserer Erhebung, neben bereichsübergreifenden Konsumkriterien auch solche zu geben, die in spezifischer Weise mit bestimmten Verhaltensweisen verknüpft sind. Die Items, die nicht auf den Faktoren für eine Umwelt- oder Preisorientierung laden, korrelieren untereinander nur gering. Es wurde versucht, aus ihnen eine Skala zu konstruieren, die man als Bemühen, den zeitlichen Aufwand beim Konsum möglichst gering zu halten, und somit als Bequemlichkeitsorientierung interpretieren könnte.
Tabelle 1.6 zeigt die Kennwerte der einzelnen Skalen:

Tabelle 1.6: Kennwerte der Skalen zu Konsumorientierungen

	Anzahl der Items	Interne Konsistenz	Trennschärfen
Umweltorientierung	5	.65	.35 - .56
Preisorientierung	4	.71	.49 - .56
Bequemlichkeits-orientierung	4	.54	.27 - .43

1.3.4 Skalen zum nachhaltigen Konsumverhalten

Schließlich wurden Skalen zum selbstberichteten Verhalten der Bewohner/-innen in den folgenden Bereichen gebildet:

Ernährung

Zum Bedarfsfeld Ernährung wurden die Bewohner/innen auf einer fünfstufigen Skala mit den Antwortmöglichkeiten „nie", „selten", „manchmal", „oft" und „immer" gefragt, wo und welche Produkte sie bevorzugt einkaufen.
Die Faktorenanalyse (Hauptkomponentenanalyse nach Kaiser-Guttmann-Kriterium, rotierte Lösung) ergab drei Faktoren (ein Item (Einkaufen in der Food-Coop) wurde aus den weiteren Berechnungen herausgenommen, da es auf keinem der drei Faktoren lud und offensichtlich uneindeutig war).
Der erste Faktor „Biologische Ernährung" enthält die Items Einkaufen „im Bioladen" und Kauf von „Lebensmittel(n) aus kontrolliert biologischem Anbau". Bei einem Eigenwert von 2,5 klärt er 27,82% der Varianz auf.
Der zweite Faktor „Regionale Produkte" klärt 12,08% der Varianz auf (Eigenwert: 1,09). Die Items „Ich kaufe Lebensmittel aus Deutschland" und „Ich kaufe Lebensmittel aus der Region Berlin/Brandenburg".
Auf dem dritten Faktor „Einkaufen im Wohnumfeld" laden die Items Lebensmitteleinkauf „in der Fleischerei", „im kleinen Lebensmittelgeschäft (Tante-

Emma-Laden)", „auf dem Wochenmarkt", „direkt vom Erzeuger" sowie das Item „im Supermarkt", das umgepolt wurde. Dieser Faktor klärt 16,72% der Varianz auf (Eigenwert: 1,51).

Energie

Zum Konsumbereich Energie bzgl. des Stromverbrauchs enthält der Frageboten zwei Skalen:

Die Skala „Stand-by" enthält zwei Fragen zu Stand-by-Geräten: „Ich lasse über Nacht meinen Fernseher auf Stand-by stehen (Ausschalten nur mit der Fernbedienung/nicht ganz aus mit dem Ein-/Ausschalter" und „Bei Geräten, die keinen Ein-/Ausschalter haben, ziehe ich den Stecker heraus (Stand-by-Geräte)". Die Items sind fünfstufig skaliert mit den Antwortmöglichkeiten „trifft gar nicht zu, trifft eher nicht zu", „teils-teils", „trifft eher zu" und „trifft völlig zu". Zusätzlich in die Faktorenanalyse einbezogen wurde das Item „Ich beziehe Öko-Strom (aus umweltschonenden Energiequellen)". Die beiden Items zu Stand-by laden auf einem Faktor mit einem Eigenwert von 1,43, der 47,66% der Varianz aufklärt. Ein weiteres Item zum Energiebereich – „Ich beziehe „Ökostrom" (aus umweltschondenden Energiequellen)" – passt anhand der statistischen Daten nicht in diese Skala.

Die zweite Skala bezieht sich auf die Nutzung von Elektrogeräten im Haushalt. Die Bewohner/innen wurden gefragt, ob sie bestimmte Geräte besitzen bzw. auch benutzen. Den höchsten (nachhaltigsten) Wert auf der dreistufigen Skala erhielten Bewohner/innen, die die Geräte weder besitzen noch benutzen – den niedrigsten (am wenigsten nachhaltigen) Wert erhielten die Bewohner/innen, die die Geräte besitzen und benutzen. Die Skala enthält die Items „Ich benutze: ein Elektromesser", „einen elektrischen Dosenöffner", „einen Heizlüfter/-strahler", „einen elektrischen Lockenstab", „ein Folienschweißgerät". Alle Items laden auf einem Faktor mit einem Eigenwert von 2,16 und einer Varianzaufklärung von 35,96%.

Die Skala Heizen enthält 7 Items, wie z.B. „Wenn es in der Wohnung kalt ist, ziehe ich etwas Warmes an", „Beim Lüften drehe ich die Heizung herunter" oder „Um in geheizten Räumen frische Luft zu haben, stelle ich öfter das Fenster auf Kippstellung". Die Skala ist wieder fünfstufig und geht von „trifft gar nicht zu" bis „trifft völlig zu". Der Faktor klärt 31,26% der Varianz auf (Eigenwert: 2,19) (2 Items konnten nicht zugeordnet werden).

Müll

Zum Bereich Müll wurde versucht, mit Items die Bereiche Mülltrennung und Müllvermeidung abzudecken. Beide Skalen sind fünfstufig. Zur Müllvermeidung wurde z.B. gefragt, ob die Bewohner/innen eine/n eigene/n Tasche/Korb zum Einkaufen mitnehmen, Antwortmöglichkeiten fünfstufig von „trifft gar nicht zu" bis „trifft völlig zu". Bei der Mülltrennung konnte angekreuzt werden, wie oft man Glas, Biomüll, Reste von Farben, Batterien, Papier und grünen Punkt extra sammelt. Die Items zur Müllvermeidung ließen sich jedoch aufgrund der Faktoren- und der Reliabilitätsanalyse nicht sinnvoll zu einer Skala zusammenfassen.

Die Items zur Mülltrennung luden alle auf einem Faktor mit einem Eigenwert von 2,55 und einer Varianzaufklärung von 42,5%. Die Skala enthält die Items „Ich sammle extra:" „Grüner Punkt", „Biomüll/Kompost", „Glas", „Reste von Farben (lasse ich eintrocknen)", „Batterien" und „Papier".

Mobilität

Zur Skala Mobilität gehören die Items „Ich fahre mit dem Auto" (umgepolt), „Ich fahre mit öffentlichen Verkehrsmitteln" und „Um größere Entfernungen außerhalb meines Wohnortes zurückzulegen, benutze ich die Bahn oder Fernbusse". Die fünfstufige Skalierung beinhaltet die Antwortmöglichkeiten „nie", „selten", „manchmal", „oft" und „immer". Alle Items laden auf einem Faktor mit einem Eigenwert von 2,14 und einer Varianzaufklärung von 71,26%. Ein Item zur Benutzung des Fahrrades passte nicht in die Skala: Offensichtlich erfolgt die Benutzung eines Fahrrades mehr oder weniger unabhängig von der Wahl zwischen Auto und öffentlichen Verkehrsmitteln.

Freizeit

Zum Freizeitverhalten wurde erfasst, wie häufig die Befragten bestimmte Tätigkeiten in ihrem Wohnumfeld tun, wie z.B. Ausruhen/Entspannen, Spazieren gehen oder in der Sonne liegen. Antwortmöglichkeiten waren „täglich", „mehrmals wöchentlich", „einmal wöchentlich", „seltener" und „nie".

Die drei Items: „ausruhen/entspannen", „in der Sonne liegen" und „Picknick mit Familie oder Freunden" laden auf einem Faktor, der 59,38% der Varianz aufklärt (Eigenwert: 1,78), und bilden somit zusammengefasst die Skala „Freizeit im Wohnumfeld". Die zwei Items „Spazieren gehen" und „mit Nachbarn unterhalten" passen nicht in die Skala. Das Item „mit Nachbarn unterhalten" misst eher Kohäsion. „Spazieren gehen" erstreckt sich offensichtlich auf ein größeres Gebiet als das direkte Wohnumfeld. Z.B in der Großstruktur wird das

Umfeld sonst kaum genutzt, aber die Bewohner/innen gehen ungefähr so häufig spazieren wie die Bewohner/innen des Reihengartentyps.
Im Folgenden die Kennwerte aller Skalen zum Verhalten im Überblick:

Tabelle 1.7: Kennwerte der Verhaltensskalen

		Anzahl der Items	Interne Konsistenz	Trennschärfen
Ernährung	Biologische Ernährung	2	.74	.59
	Lebensmittel aus der Region	2	.66	.49
	Lokaler Lebensmitteleinkauf	5	.56	.27 – .39
Energie	Stand-by	2	.60	.43
	Geräte	6	.63	.27 - .46
	Heizen	7	.54	.25 - .37
	Mülltrennung	6	.63	.30 - .52
	Mobilität	3	.78	.54 - .68
	Freizeit	4	.64	.41 - .56

1.4 Der Beobachtungsleitfaden

Der Beobachtungsleitfaden wurde entwickelt, um detaillierter die räumliche Struktur zu erheben sowie die Transaktionskosten zu verschiedenen Bereichen.
Er wurde nach entsprechender Schulung von den Mitarbeiter/innen direkt vor Ort in den Gebieten ausgefüllt. Der erste Teil des Beobachtungsleitfadens enthält Fragen zur räumlichen Struktur, der zweite Teil beschäftigt sich mit Transaktionskosten/Infrastruktur.
Zunächst wurde ein Rating für die Übergangszonen zwischen öffentlichem und privatem Bereich vorgenommen. Die Beobachter/innen sollten jeweils die Übergangszonen am Hauseingang, am Wohnungseingang sowie an der Gartenseite als „weich“, „mittel“ oder „hart“ beurteilen.
Theoretische Herleitung und Beurteilungskriterien sind in Kapitel B.3. beschrieben.
Weiterhin wurde die Geschosszahl sowie die Erschließungsform als „Zwei-“, „Drei-“ oder „Vierspänner“, „Laubengang“ oder „direkter Zugang“ erfasst. Die Beobachter/innen sollten zudem angeben, ob das Haus und – falls vorhanden –

der Hof öffentlich zugänglich oder abgeschlossen und damit nur für Bewohner/innen mit Schlüssel erreichbar ist.
Es wurden Vorhandensein und kommunikative Qualität verschiedener möglicher Treffpunkte wie Fahrstuhl, Sitzgelegenheiten im Gebäude oder in den Freiflächen oder Liegewiesen abgefragt. Die kommunikative Qualität sollte als „kommunikativ" oder „abweisend" eingeschätzt werden, je nachdem, ob direkt beobachtet wurde, dass die Treffpunkte genutzt werden, z.B. Gespräche von Bewohner/innen am Fahrstuhl, oder ob Nutzungsspuren zu sehen waren.
Im Anschluss wurden die Freiräume näher beschrieben: Zum einen sollte die Nutzungsqualität als private oder gemeinschaftlich genutzte Freiflächen, Freiflächen, die nicht betreten werden dürfen, oder versiegelte Freibereiche mit näher beschriebener Nutzung als Parkplatz, Spielfläche oder anderes angegeben werden.
Zudem wurde die Gestaltung gemeinschaftlicher Grünflächen als „Abstandsgrün", „Klassischer Ziergarten" oder „abwechslungsreich gestaltete Gartenfläche mit Naturelementen wie Wasser oder Bäumen" beschrieben.
Erhoben wurde auch, ob das Wohngebiet an einer stark oder mäßig befahrenen bzw. an einer ruhigen Straße oder Spielstraße liegt und ob die Freibereiche autofrei sind sowie das Vorhandensein von Parkplätzen.
Zum Thema Infrastruktur wurde der Standpunkt der Mülltonnen erhoben (im Gebäude, auf dem Weg oder abseits) sowie die Entfernung zu U-Bahn, S-Bahn, Bus- oder Straßenbahn und die Ausstattung des Wohnumfelds mit Gewerbe (Supermarkt, Bäcker, ‚Tante-Emma-Laden', Bioladen, Kiosk, Fleischerei oder sonstiges Gewerbe).
Zuletzt sollten die Beobachter/innen ihren eigenen Eindruck vom Gebiet beschreiben, z.B. ob Spuren von Vandalismus zu beobachten sind, ob das Gebiet als laut oder leise einzuordnen ist, oder was ihnen sonst Besonderes auffällt.

1.5 Beschreibung der Stichprobe

Insgesamt wurden 617 Personen befragt, davon 56,4% Frauen und 40,7% Männer. Damit sind Frauen im Vergleich zu Angaben des Statistischen Landesamtes Berlin (51,4% weibliche und 48,5% männliche Bevölkerung) leicht überrepräsentiert.
Das Alter der Befragten liegt zwischen 16 und 89 Jahren. Der Mittelwert beträgt 46,5 Jahre. Der Vergleich mit dem Statistischen Landesamt nach Alters-

gruppen zeigt, dass Bewohner/innen im Alter zwischen 35-55 Jahren überrepräsentiert sind, Bewohner/innen unter 18 Jahren sind unterrepräsentiert. Der Anteil der übrigen Altersgruppen an der Stichprobe entspricht in etwa deren Anteil an der Berliner Bevölkerung.
Bewohner/innen mit einer anderen als der deutschen Staatsbürgerschaft sind mit 3,6% unterrepräsentiert. Ihr Anteil an der Berliner Bevölkerung beträgt 12,8%.
Das Bildungsniveau der Befragten ist überdurchschnittlich hoch: Es wurden mit 15,5% weniger Bewohner/innen mit Hauptschulabschluss befragt (Berliner Bevölkerung: 25,6%). Der Anteil von Personen mit Fachhochschulreife oder Abitur ist mit 46,4% wesentlich größer als der Anteil an der Berliner Bevölkerung von 22,9%.
Das gleiche Bild ergibt sich bzgl. des Ausbildungsabschlusses. Der Anteil an Bewohner/innen ohne Ausbildungsabschluss beträgt in Berlin 21,2%, in der untersuchten Stichprobe nur 10,7%. Dagegen wurden insgesamt 32,1% Personen mit Fachhochschul- oder Hochschulabschluss befragt. Deren Anteil an der Berliner Bevölkerung beträgt jedoch nur 13,9%.
Weitgehend repräsentativ ist die Stichprobe bzgl. ihres Anteils an Vollzeit-Erwerbstätigen (44,4%), Arbeitslosen (5,5%), Rentner/innen (21,7%) und Student/innen (3,9%).
Die weitaus größten Abweichungen von der Berliner Bevölkerung bestehen bei der Zusammensetzung der Stichprobe bzgl. des Einkommens. Bei der direkten Frage nach dem Einkommen verweigerten 63% der Befragten die Antwort. Bei der Möglichkeit, ihr Einkommen in Kategorien anzukreuzen, verweigerten „nur" noch 35,7% die Angabe. Das Einkommen der Befragten variiert zwischen 600,- DM und 23.000,- DM. Das durchschnittliche Einkommen beträgt 3.900,- DM und liegt damit deutlich über dem durschnittlichen Berliner Einkommen von 2.800,- DM. 27,2% der Befragten haben ein Einkommen unter 4.000,- DM, während dies auf 70,4% der Berliner Bevölkerung zutrifft. Hingegen befinden sich in der Stichprobe 75,3% Bewohner/innen mit einem Einkommen über 4.000,- DM. Der Anteil in der Berliner Bevölkerung beträgt aber nur 29,3%.
27,9% der Befragten wohnen alleine. Das heißt, die Stichprobe enthält deutlich weniger Einpersonenhaushalte als in der Berliner Bevölkerung vorhanden sind (Berlin: 47,25%). In unserer Erhebung wohnen 31,7% der Befragen mit einem oder mehreren Kind/ern zusammen. In Berlin beträgt der Anteil von Haushalten mit Kindern an der Zahl der Haushalte insgesamt 21,5%. In unserer Stichprobe sind von den 15,7% Haushalten mit Kindern wiederum 15,7%

alleinerziehend, das entspricht 5,3% aller 617 erhobenen Haushalte. 2,1% wohnen in einer Wohngemeinschaft.
Die Wohnfläche der Befragten liegt zwischen 20 und 240 m^2. Nach Angaben des statistischen Landesamtes variiert die durchschnittliche Wohnungsgröße der Haushalte in Berlin stark je nach Bezirk: In Friedrichshain liegt sie bei 61 m^2, in Zehlendorf bei 90,8 m^2. In der erhobenen Stichprobe beträgt sie 82 m^2. Die durchschnittliche Wohnfläche pro Person beträgt laut statistischem Landesamt in Berlin 37,9 m^2, in der Stichprobe ist sie etwas geringer und beträgt 30 m^2.
Die durchschnittliche Wohndauer der Befragten liegt bei 9 Jahren. 11,3% wohnen seit weniger als einem Jahr in ihrer Wohnung, 17,2% zwischen 1 und 3 Jahren, 26,6% zwischen 4 und 10 Jahren. 17,7% leben zwischen 11 und 20 Jahre in ihrer Wohnung. Mehr als 20 Jahre Wohndauer geben 27,2% der Befragten an (20,4% zwischen 21 und 50 Jahre und 6,8% seit über 50 Jahren, 2,6% aller Befragten im Alter von 50 Jahren und älter leben seit mindestens 50 Jahren in ihrer Wohnung).

Literatur

Hanschke U (1995) Flächentypen. Eine Beschreibung der im Umweltinformationssystem (UIS) der Senatsverwaltung für Stadtentwicklung und Umweltschutz erfaßten und verwalteten Flächentypen. Senatsverwaltung für Stadtentwicklung und Umweltschutz, Berlin.

Harloff HJ, Christiaanse K, Wendorf G, Zillich K (Hrsg) (2000) Wohnen und Nachhaltigkeit. Interdisziplinäre Forschung vor der Haustür. Eigenverlag der Technischen Universität Berlin, Berlin

Hinding B, Klingner Y (2000) Die Bedeutung von Kohäsion in der Nachbarschaft für die Nachhaltigkeit des Konsumverhaltens In: Harloff HJ, Christiaanse K, Wendorf G, Zillich K (Hrsg) (2000) Wohnen und Nachhaltigkeit. Interdisziplinäre Forschung vor der Haustür. Eigenverlag der Technischen Universität Berlin, Berlin

Kliesch G (2000) Verhaltenskartographie als Beschreibungsinstrument für Wohnumfeldnutzungen. Unveröffentlichte Diplomarbeit im Fach Psychologie, Fachbereich 7, Umwelt und Gesellschaft, Institut für Sozialwissenschaften. Technische Universität Berlin, Berlin

Schultz I, Empacher C, Götz K (1999) Konsumtypen und Konsumstile deutscher Haushalte. Ergebnisse einer empirischen Haushaltsexploration zu nachhaltigem Konsumverhalten. ISOE GmbH, Frankfurt am Main

Staehle WH (1991) Management. Eine verhaltenswissenschaftliche Perspektive. Vahlen, München

Weckwerth H, Stöhr M (2000) Die Ableitung von kohäsionsfördernden Raummerkmalen und ihre baustrukturelle Zuordnung in Berliner Wohngebieten. (Beitrag zum Forschungsprojekt Die Bedeutung von Wohngruppen für die Bildung nachhaltiger Konsummuster - WohNach - der Technischen Universität Berlin. Unveröffentlicht)

Warren DI (1978) Exploration in neighbourhood differentiation. Sociological Quarterly, 19, 310-331

ZUMA (1999) Demographische Standards

Anhang

Endauswahl der für das Projekt relevanten Wohntypen
(Zusammenfassung der Flächentypen der Senatsverwaltung für Stadtentwicklung und Umweltschutz)

A) Hochverdichtete Blocktypen
Typ 1: Geschlossener Hinterhof
Typ 2: Hinterhof
Typ 3: Schmuck- und Gartenhof
Typ 4: Sanierung durch Entkernung
Typ 5: Behutsame Sanierung
Typ 7: Nachkriegsblockrand
Typ 10: Großhof
Kategorie Neubaugebiete

B) Zeilenbebauung
Typ 72: Zeile der 20er und 30er Jahre
Typ 11: Zeile seit den 50er Jahren
Kategorie Neubaugebiete

C) Punkt- und Scheibenhochhäuser
Typ 8: Ungeordneter Wiederaufbau
Typ 9: Hochhaus
Typ 71: Plattenbausiedlung der 80er und 90er Jahre
Kategorie Neubaugebiete

D) Parkartige Bebauung
Typ 22: Reihengarten
Typ 24: Parkartiger Garten
Typ 25: Gärten und halbprivate Umgrünung
Kategorie Neubaugebiete

B.2

Baustruktur und Nachbarschaft – Beziehungen und Qualitäten

Barbara Hinding, Sabine Gruner

Eingangs wurde im Rahmen der Zusammenfassung der Ergebnisse aus der qualitativen Studie der ersten Projektphase ausführlich beschrieben, dass die Sozialstruktur von Wohngebieten in Verbindung mit der räumlichen Struktur und der vorhandenen Organisation mit ihren Institutionen die Bildung kohäsiver Nachbarschaften sowohl unterstützen als auch hemmen kann. Auf der Seite der Sozialstruktur wurde postuliert, dass es vor allem die Homogenität der Bewohnerschaft ist, die das soziale Leben in einer Nachbarschaft bestimmt. Auf der Seite der räumlichen Struktur wurde besonders die Bedeutung der Übergangszone „Eingangsbereich", halböffentlicher, begrünter Freiräume sowie von Gemeinschaftsräumen betont. Ob Nachbarschaften kohäsiv sind, hängt darüber hinaus von der Organisation und den vorhandenen Institutionen ab, für die im wesentlichen die Wohnungsbaugesellschaften, aber auch die Bewohner selbst oder Akteure aus dem öffentlichen und sozialen Bereich zuständig sind. In diesem Kapitel soll nun der Frage nachgegangen werden, inwieweit diese an einer nur kleinen Stichprobe mittels qualitativer Methoden entwickelten Annahmen der quantitativen Überprüfung an einer umfangreicheren, breit streuenden Stichprobe standhalten.

Im Folgenden werden die Ergebnisse für die drei Variablenkomplexe Sozial-, Raum- und Organisationsmerkmale getrennt in Hinblick auf ihre Beziehung zum nachbarschaftlichen Leben untersucht. Da wir davon ausgehen, dass in diesem Zusammenhang die Baustrukturen von besonderer Bedeutung sind, erfolgt zunächst eine vergleichende Analyse hinsichtlich der genannten Merkmale. Sodann werden diese Merkmale baustrukturenübergreifend hinsichtlich ihrer Zusammenhänge zu den Nachbarschaftsvariablen untersucht. In einem weiteren Schritt werden Sozialstruktur sowie räumliche und institutionelle Merkmale gemeinsam auf die Nachbarschaft bezogen.

2.1 Baustruktur und Nachbarschaft

Zunächst wurde der Frage nachgegangen, inwieweit sich die Baustrukturen in der Nachbarschaftlichkeit und in der räumlichen Struktur unterscheiden.

Abb. 2.1: Baustruktur und Nachbarschaft

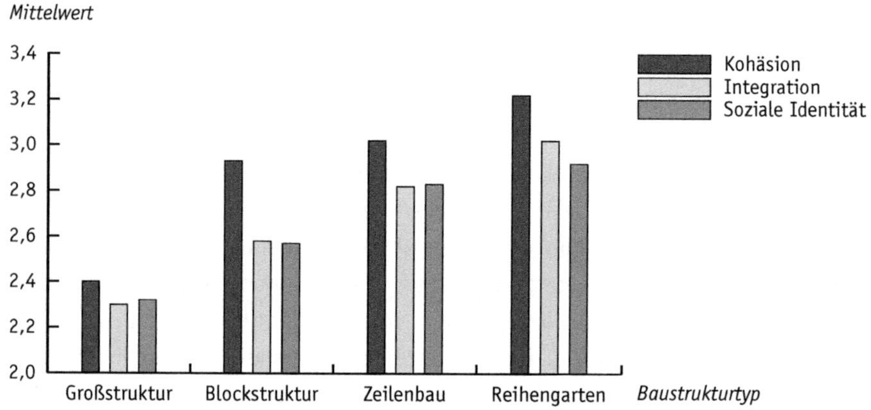

Zwischen den vier Baustrukturen zeigen sich deutliche Unterschiede in den Qualitäten der Nachbarschaft. Abbildung 2.1 zeigt die Mittelwerte für Kohäsion, Integration und Soziale Identität. Demnach sind alle drei Variablen in den Großstrukturen am geringsten ausgeprägt und nehmen dann über Block- und Zeilenbebauung bis zum Reihengartentyp deutlich zu. Die Unterschiede für die Kohäsion sind statistisch signifikant (F=30,4** bei df=3). Das gleiche gilt für die beiden anderen Indikatoren der Nachbarschaft, die Integration (F=22,0** bei df=3) und die Soziale Identität (F=12,4** bei df=3). Die Einzelvergleiche zeigen für die Kohäsion, dass die Großstruktur signifikant geringere Werte aufweist als die drei anderen Bausstrukturtypen, dass die Kohäsion in der Blockstruktur zwar größer ist als in der Großstruktur, aber geringer als im Typ „Reihengarten" bzw. „Parkartige Bebauung", dass die Zeilenbebauung sich nur von der Großstruktur signifikant unterscheidet, also ähnlich kohäsive Nachbarschaften vorgefunden wurden wie in der Block- oder Reihengartenstruktur und schließlich, dass der Reihengartentyp sich signifikant von Groß- und Blockstruktur, nicht aber von der Zeilenbebauung unterscheidet. Für die Integration zeigt sich genau das gleiche Muster. Abweichungen zeigen sich bei der Bedeutung der Nachbarschaft für die soziale Identität, wo zwischen Groß- und Blockstruktur keine Unterschiede nachweisbar sind. In Großstrukturen existiert demnach am wenigsten Nachbarschaftlichkeit, in der Zeilenbebauung und im Reihengartentyp am meisten.

Warren (1978) unterscheidet sechs Typen von Nachbarschaften. Fünf dieser Typen wurden in Form von Items abgefragt. Die Typologie bezieht sich jeweils auf die Nachbarschaft als ganze. Darüber hinaus wurde noch ein Item gebildet, das stärker die individuellen, persönlichen Beziehungen thematisiert und einen Nachbarschaftstyp beschreibt, der vermutlich in Großstädten häufig vorkommt: Eine Nachbarschaft, in der man einige Bewohner/innen gut kennt, den Großteil jedoch eher nicht. Wir nennen diesen Typ die „partielle Nachbarschaft".

Beim Ankreuzen waren Mehrfachantworten möglich: Die Bewohner/innen konnten maximal zwei Items zur Beschreibung ihrer Nachbarschaft zustimmen. Im Folgenden zunächst die Verteilung der Häufigkeiten in der Gesamtstichprobe (Tabelle 2.1).

Tabelle 2.1: Die Nachbarschaftstypen (Warren, 1978) und ihre Verteilung in der Gesamtstichprobe

	Prozent	n	Insgesamt gültige N
Stepping-stone-Nachbarschaft: „Die meisten Leute haben ihren Freundeskreis woanders, nicht in der Nachbarschaft, aber man kennt sich, grüßt sich und plaudert auch mal ein bisschen"	47,5	289	608
Transitorische Nachbarschaft: „Die meisten Leute kennen sich vom Sehen, man weiß so ungefähr, wer in welcher Wohnung wohnt, hat aber sonst nicht viel miteinander zu tun"	38,0	231	608
Parochiale Nachbarschaft: „Die Nachbarn verstehen sich hier gut. Man hilft sich gegenseitig, wenn es nötig ist und lässt sich ansonsten in Ruhe."	29,9	182	608
Partielle Nachbarschaft: „Ich kenne hier ein paar wenige Leute gut, mit denen ich auch mal was mache, aber zum größten Teil der Nachbarn habe ich keinen Kontakt"	18,1	110	608
Anomische Nachbarschaft: „Die Leute kennen sich hier untereinander fast gar nicht. Man weiß kaum, wer hier wohnt und wer nicht"	12,2	74	609
Integrale Nachbarschaft: „Wir sind eine richtige Gemeinschaft, ähnlich wie auf dem Dorf"	3,3	20	609

Die Aussage mit der größten Zustimmung – „Die meisten Leute haben ihren Freundeskreis woanders, nicht in der Nachbarschaft, aber man kennt sich, grüßt sich und plaudert auch mal ein bisschen" – steht für die „Stepping-stone-Nachbarschaften". Nach Warren sind in Nachbarschaften dieses Typs Kontakte eher formell und „Außengruppen" üben eine größere Anziehungskraft aus als lokale Gruppen. Die verschiedenen Nachbarschaftstypen sind in den vier untersuchten Baustrukturen jeweils in unterschiedlichen Ausmaßen zu finden (Tabelle 2.2). Auch bei ähnlich hoher Kohäsion bestehen Unterschiede in der Charakterisierung der Nachbarschaft. Der Typ der „Stepping-stone-Nachbarschaften" wird jedoch in allen vier Baustrukturen von ca. der Hälfte der Befragten als passende Beschreibung für ihre Nachbarschaft angesehen.

Tabelle 2.2: Die Nachbarschaftstypen (Warren, 1978) und ihre Verteilung in den Baustrukturen

	Großstruktur	Blockstruktur	Zeilen	Parkartige Bebauung
Stepping-stone-Nachbarschaft	49,2#	41,5	53,7	46,9
Transitorische Nachbarschaft	42,6	43,9	39,5	28,0
Parochiale Nachbarschaft	8,8	24,1	36,2	43,8
Partielle Nachbarschaft	20,5	18,9	19,0	14,9
Anomische Nachbarschaft	28,7	12,1	6,8	5,1
Integrale Nachbarschaft	0	2,4	0,7	8,6

#: *Angaben in Prozent (jeweils gültige Prozente innerhalb der Baustruktur, Mehrfachnennungen waren möglich)*

Das Item „Die meisten Leute kennen sich vom Sehen, man weiß so ungefähr, wer in welcher Wohnung wohnt, hat aber sonst nicht viel miteinander zu tun" steht für eher wenig Kohäsion, aber die Nachbarschaft ist zumindest überschaubar und man kann die Nachbarn einordnen. Das Item steht für die transitorische Nachbarschaft, in der kaum persönliche Kontakte existieren und kommt in der Gesamtstichprobe am zweithäufigsten vor. In der Blockstruktur, der Großstruktur und in den Zeilenbauten sehen 40-45% der Befragten ihre Nachbarschaft so, während diese Nennung in der parkartigen Bebauung seltener vorkommt.

In der parochialen Nachbarschaft besteht ein hohes Ausmaß an sozialer Interaktion zwischen den Bewohner/innen. Die Partizipation an verschiedenen Gruppen und die Identifikation mit der übergeordneten Gemeinde sind dennoch gering. Wichtiger ist die gegenseitige Unterstützung. Als Indikator für diese Art von Nachbarschaft steht das Item „Die Nachbarn verstehen sich hier gut. Man hilft sich gegenseitig, wenn es nötig ist und lässt sich ansonsten in Ruhe." Dieser Typ kommt in der Parkartigen Bebauung und in der Zeile am häufigsten vor, in der Großstruktur eher selten.

Die Aussage „Ich kenne hier ein paar wenige Leute gut, mit denen ich auch mal was mache, aber zum größten Teil der Nachbarn habe ich keinen Kontakt" wird von knapp 20% der Befragten bejaht. Diese Art der Nachbarschaftsbeziehung zeichnet sich ebenfalls durch ein hohes Maß an Interaktion aus, jedoch nur mit einem kleinen Teil der Nachbarn. Innerhalb der Baustrukturen beschreiben jeweils ungefähr gleich viele Bewohner/innen so ihre Nachbarschaft.

Das Item „Die Leute kennen sich hier untereinander fast gar nicht. Man weiß kaum, wer hier wohnt und wer nicht" steht für völlige Anonymität und Unüberschaubarkeit, für die anomische Nachbarschaft. Während knapp ein Drittel der Befragten in der Großstruktur ihre Nachbarschaft so sehen, empfinden in den anderen Baustrukturen eher wenige der Befragten ihre Nachbarschaft als so anonym.

Der kohäsivste Typ, die integrale Nachbarschaft, zeichnet sich durch hohe Kohäsion und starke Partizipation in lokalen Gruppen aus. Die Nachbarschaft hat zudem eine große Bedeutung für die soziale Identität der Bewohner/innen. Die Aussage „Wir sind eine richtige Gemeinschaft, ähnlich wie auf dem Dorf" steht für diese Art von Nachbarschaft. Diese Art von Nachbarschaft extistiert nach Meinung der befragten Bewohner/innen kaum. Sie findet sich am stärksten in der parkartigen Bebauung, jedoch auch hier bestätigen nur 8,6% der Bewohner/innen diese Aussage. In der Blockstruktur geben lediglich 4 Bewohner/innen an, diese Aussage treffe auf ihre Nachbarschaft zu, das entspricht 2,4% der Befragten. In der Zeile stimmt ein/e Befragte zu, in der Großstruktur keine/r.

Zusammengefaßt heißt dies: In der *Großsstruktur* beschreiben die meisten Bewohner/innen ihre Nachbarschaft als Stepping-stone-Nachbarschaft („Die meisten Leute haben ihren Freundeskreis woanders, nicht in der Nachbarschaft, aber man kennt sich, grüßt sich und plaudert auch mal ein bisschen" (49,2%)), die zweitmeisten als transitorische „Die meisten Leute kennen sich vom Sehen, man weiß so ungefähr, wer in welcher Wohnung wohnt, hat aber sonst nicht viel miteinander zu tun" (42,6%). Immerhin ein Viertel der Bewohner/innen beschreiben die Nachbarschaft auch als anomische Nachbarschaft, in der man sich lediglich vom Sehen kennt (28,7%). In der *Blockstruktur* beschreiben die meisten ihre Nachbarschaft als transitorische (43,9%), die zweitmeisten als Stepping-stone-Nachbarschaft (41,0%). Aber

immerhin ein Viertel der Bewohnerinnen beschreiben sie auch als parochiale Nachbarschaft (24,4%). In der *Zeile* stimmt der größte Teil der Befragten der Aussage zu „Die meisten Leute haben ihren Freundeskreis woanders, nicht in der Nachbarschaft, aber man kennt sich, grüßt sich und plaudert auch mal ein bisschen" (Stepping-Stone, 53%). Etwa gleich viele beschreiben sie als parochiale (36,7%) oder als transitorische (39,5%). In der *Parkartigen Bebauung* beschreiben mit 46,9% die meisten ihre Nachbarschaft als Stepping-Stone-Nachbarschaft. Der zweitgrößte Teil beschreibt sie als parochiale (44%). Immerhin etwas über ein Viertel geben auch in der Parkartigen Bebauung an, man kenne sich nur vom Sehen (28,0%). Hier kommen auch am häufigsten integrale Nachbarschaften vor, wenn auch als Ausnahmeerscheinung.
Mit den quantitativen Unterschieden, wie sie die Kohäsionsskala abbildet, gehen demnach qualitative Unterschiede einher, wobei es baustrukturspezifische Besonderheiten gibt. Auch hier zeigt sich, dass die intensivsten Nachbarschaftsbeziehungen in der Parkartigen Bebauung zu finden sind. Alle anderen Baustrukturen, insbesondere aber die Großstrukturen, unterscheiden sich davon deutlich. Die teilweise in den Großstrukturen sehr geringe Kohäsion kann als anomische Nachbarschaft beschrieben werden, die hier vergleichsweise häufig genannt wurde.
Eine weitere Frage im Rahmen eines Vergleichs von Baustrukturen ist, inwiefern diese sich in der sozialen Zusammensetzung unterscheiden. Dass eine Reihenhausbebauung andere Bewohner anzieht als ein Altbaublock oder ein Hochhaus am Stadtrand versteht sich fast von selbst. Deshalb erfolgt hier nur eine ganz kurze Charakterisierung. Weitergehende Informationen hierzu finden sich bei Junghans (2001).

- In der Parkartigen Bebauung gibt es mehr Familien und weniger Singles als in den anderen Baustrukturen, mehr Hausfrauen und weniger Arbeitslose. Das Bildungsniveau ist auffallend hoch, das Durchschnittseinkommen auch. Hier ist auch die Wohndauer am höchsten von allen Baustrukturen.
- Im Zeilenbau gibt es weniger Familien und mehr Paare ohne Kinder als in den anderen Baustrukturen, außerdem mehr Rentner. Das Bildungsniveau ist auffallend niedrig, das Einkommen auch. Auch hier ist die durchschnittliche Wohndauer hoch.
- In der Blockstruktur gibt es auffällig viele Schüler und Studenten und wenig Rentner. Das Bildungsniveau ist heterogen, das Einkommen auch. Die durchschnittliche Wohndauer ist vergleichsweise gering. Die wenigen

Wohngemeinschaften, auf die wir getroffen sind, gibt es überwiegend hier.

- In der Großstruktur gibt es viele Schüler und Studenten und wenig Hausfrauen und Rentner. Das Bildungsniveau ist heterogen, das Einkommen relativ hoch (signifikant höher als in Block und Zeile) das Durchschnittsalter geringer als in Zeile und Reihengarten, die mittlere Wohndauer auch.
- Der Anteil nicht erwerbstätiger Personen ist in allen Baustrukturen etwa gleich, auch die Kinderzahl und das Alter der Kinder.
- Wird das Einkommen an der Haushaltsgröße relativiert, ist es in der Parkartigen Bebauung am höchsten, gefolgt von der Blockstruktur und in der Großstruktur am niedrigsten.

Unterschiede gibt es auch in der von den Bewohnern wahrgenommenen Homogenität und im Image (Abbildung 2.2). Die wahrgenommene Homogenität ist in Groß- und Blockstruktur ähnlich gering. Der Mittelwert von 2,5 liegt zwischen „trifft eher nicht zu" (dass meine Nachbarn mir ähnlich sind) und

Abb. 2.2: Mittelwerte nach Baustrukturen für wahrgenommene Homogenität und Image der Nachbarschaft

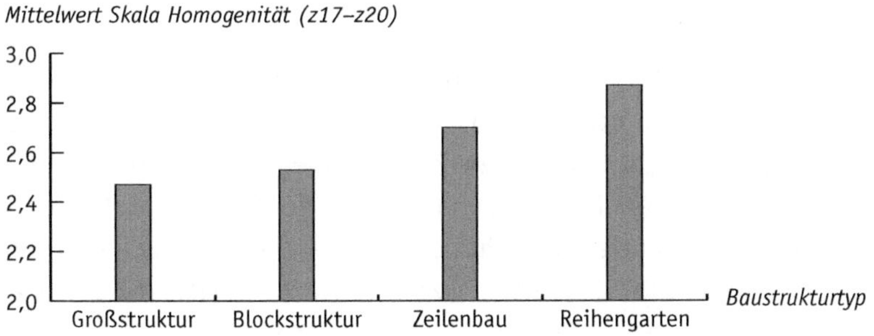

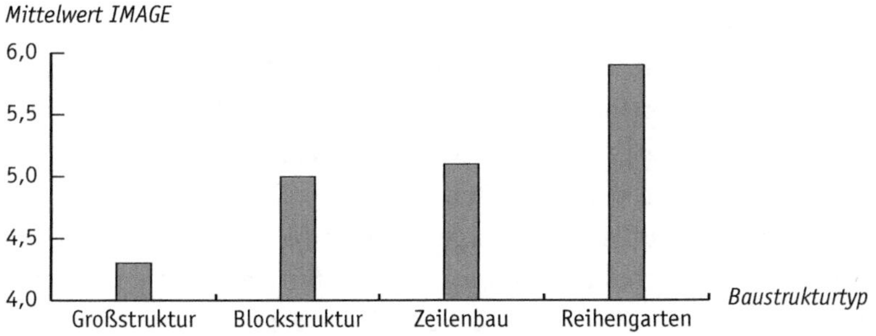

„teils-teils". Nur wenig größer ist sie in der Zeile und in der Parkartigen Bebauung. Die Unterschiede sind jedoch signifikant (F=7,6** bei df=3). Die Einzelvergleiche (Scheffé) zeigen signifikante Unterschiede zwischen Reihengarten und Groß- bzw. Blockstruktur. Größere Unterschiede zeigen sich beim Image. Das schlechteste Image hat die Großstruktur, Block und Zeile nehmen eine ähnliche Position ein und die Parkartige Bebauung hat das beste Image. Auch diese Unterschiede sind signifikant (F=43,8** bei df=3). Die Einzelvergleiche (Scheffé) zeigen signifikante Unterschiede zwischen Reihengartentyp und allen übrigen Baustrukturen sowie zwischen Großstruktur und allen übrigen, kein Unterschied zeigt sich zwischen Blockstruktur und Zeile.

Für die räumliche Struktur wurden als relevante Größen die Baustruktur, die Ausgestaltung der Eingangsbereiche, das Vorhandensein von Grünflächen sowie das Vorhandensein von Gemeinschaftsräumen und anderer gemeinsam genutzter Einrichtungen identifiziert. Theoretische Grundlage ist das Konzept der Territorialität. Territorien im Wohnumfeld werden oft in drei oder vier Zonen aufgeteilt (Altman, 1975; Gehl, 1987; Werner und Altman, 1998), wobei unterschiedliche Bezeichnungen dafür existieren. Gehl (1987) spricht von „soft edges" und bezieht sich dabei auf Bereiche, die unmittelbar an einen privaten Bereich, in der Regel den Wohnungseingang, angrenzen, eindeutig vom öffentlichen Raum abgegrenzt und groß genug sind, um sich dort aufzuhalten und Nutzungsspuren zu hinterlassen. Gehl vermutet, dass „soft edges" dazu beitragen, dass viele Aktivitäten von innen nach außen verlegt werden. Das soll wiederum dazu führen, dass es zu mehr sozialen Interaktionen kommt. In solchen eher zufälligen Begegnungen sieht Gehl den ersten Schritt zu einer kohäsiven Nachbarschaft. Harloff, Hinding, Schmoll und Weckwerth (1993) argumentieren in ähnlicher Weise. Sie untersuchen Wohnen auf der Basis von Wohntätigkeiten (vgl. Harloff & Ritterfeld, 1993). Wohntätigkeiten finden nicht nur in der Wohnung, sondern – wo dies möglich ist – auch im Freien statt. In einem privaten Garten werden beispielsweise Mahlzeiten eingenommen, dort wird gelesen, in der Sonne gelegen, dort werden Schularbeiten gemacht und es ist viel Gartenarbeit zu erledigen. Im Verlauf einiger dieser Tätigkeiten, besonders der Gartenarbeit, kommt es offenbar besonders leicht zu Gesprächen mit Nachbarn. Neben dem privaten Garten am Einfamilienhaus erwiesen sich bei Harloff et al. die Eingangsbereiche und die gemeinschaftlich zu nutzenden Grünbereiche im Geschosswohnungsbau als besonders bedeutsam. Auch sie bieten u. U. Raum für viele Alltagsaktivitäten wie Kinder beaufsichtigen, spazieren gehen, Fahrrad putzen etc., bei denen besonders leicht neue Kontakte entstehen und alte gepflegt werden. Darüber hinaus dient insbesondere der Hauseingang der Privatheitsregulation. Der Übergang vom öffentlichen zum privaten Raum soll sanft und fließend sein und die Privatheitsregulation unterstützen. Überlegungen zur optimalen Gestaltung der „Übergangszone“ Hauseingang betonen den räumlichen Abstand zur öffentlichen Straße und die Geräumigkeit. Halböffentliche Grünbereiche, wie sie im Geschosswohnungsbau üblich sind, müssen vor allem angeeignet, von den Mietern in Besitz genommen werden können. Wichtig scheint dabei zu sein, dass sie einem Gebäude eindeutig zugeordnet werden können, und dass sie verschiedene Nutzungsmöglichkeiten bieten.

Ein verwandtes Konzept ist die funktionale Nähe („functional distance“, vgl. Bell et al., 1996). Sie bezeichnet die Wahrscheinlichkeit, dass zwei Menschen miteinander in Kontakt kommen, weil sie sich aufgrund des räumlichen Arrangements immer wieder treffen. Große funktionale Nähe kann genauso wie objektive physische Nähe (Festinger 1950; Festinger et al. 1950) zu Kontakten und Freundschaften führen. Häufig ist sie der bessere Prädiktor, wenn Gebäude es erlauben, dass Personen, die weit von einander entfernt wohnen, sich dennoch immer wieder über den Weg laufen, z. B. weil ihre Briefkästen nebeneinander liegen oder ihre Autostellplätze. Funktionale Nähe wird hier verstanden als die Menge an Orten, die eine Nachbarschaft als Möglichkeiten zur Begegnung zur Verfügung stellt. Je größer die funktionale Nähe, desto kohäsiver sollte die Nachbarschaft sein, da viele Begegnungen die Transaktionskosten senken.

Es ist nun nicht davon auszugehen, dass diese Merkmale unabhängig voneinander vorkommen. Vielmehr wird angenommen, dass sie in bestimmten Konstellationen auftreten, die an die Baustrukturtypen gebunden sind, und dass sich die Baustrukturen in der funktionalen Nähe, der Sanftheit des Übergangs zwischen öffentlichem und privatem Raum, die der Hauseingang bietet und der Aneignungs-Qualitäten der Grünbereiche unterscheiden und so, vermittelt durch die unterschiedlichen Möglichkeiten zur Kommunikation, mit unterschiedlich kohäsiven Nachbarschaften verbunden sind.

Die Einschätzung der Eingangsbereiche als hart oder weich wurde zunächst durch geschulte Beobachter im Feld vorgenommen. Gleichzeitig wurden Fotos gemacht, die es ermöglichten, die gleichen Eingangssituationen noch einmal von anderen Personen beurteilen zu lassen. Dabei zeigte sich nur eine sehr geringe Übereinstimmung zwischen den Einschätzungen verschiedener Beobachter. Die Kriterien wurden daraufhin überarbeitet. Anhand der Fotos wurde eine Neueinschätzung durch zwei Beobachterinnen vorgenommen. Insgesamt erwies es sich als ausgesprochen schwierig, das Konzept an objektiv beobachtbaren Indikatoren festzumachen (vgl. hierzu auch Junghans, 2001). Letztlich erfolgte die Einteilung nach 4 Kriterien:

- Geräumigkeit: groß genug, um sich ohne Beengtheitsgefühle dort aufhalten zu können und um einen Abstand zum öffentlichen Raum zu signalisieren.
- Klare Abgrenzung durch Bepflanzung, einen Zaun oder ähnliches vom privateren Innenraum und vom öffentlichen Raum und Zeichen der Zugehörigkeit (Territoriumsmarkierungen, Nutzung)
- keine anderen Funktionen als solche, die für Eingänge typisch sind (Post, Tasche abstellen, Fahrrad) aber keine Mülltonne
- Möglichkeit, Fahrräder abzustellen.

Damit ein Eingang als „weich" klassifiziert wurde, mussten die ersten 3 Punkte gegeben sein. Die Fahrradständer waren eine Entscheidungshilfe in unklaren Fällen. Die Überlegung dabei war, dass ein Fahrrad ein privater Gegenstand ist, der ein entsprechendes Zeichen setzen kann.
Die *Grünbereiche* wurden lediglich als „vorhanden" oder „nicht vorhanden" kategorisiert, wobei entscheidend war, dass sie einem Wohngebäude zugeordnet werden können.
Die funktionale Nähe ging als Summenindex aller abgefragten Orte, die nicht grundsätzlich in jedem Gebiet vorhanden sind und an denen sich, nach den Angaben im Fragebogen, wenigstens eine Person im Gebiet unterhält, in die Analyse ein. Einbezogen wurden Gemeinschaftsraum, Trockenboden/ Wäscheplatz, Einkaufsmöglichkeiten im Haus, Gastronomie im Haus, Kinderspielplatz, gemeinsamer Garten, Parkplatz, Vorgarten, Hof, Sitzgelegenheiten draußen, Spielflächen, Bäume, Bolzplatz, Kompost, Spiel- und Liegewiese und Orte zum Reparieren.
Unterschiede in der räumlichen Struktur zwischen den vier Baustrukturen betreffen die Verteilung der Eingangstypen, der Grünbereiche sowie der funktionalen Nähe. Tabelle 2.3 zeigt das Ergebnis.

Tabelle 2.3: Verteilung der Eingangstypen, der Grünbereiche und der funktionalen Nähe

	„harter" Eingangs-bereich	„weicher" Eingangs-bereich	Grün-bereich vorh.	Kein Grün-bereich	Funktionale Nähe (Mittelwert)
Großstruktur	7	6	6	7	5,9
Blockstruktur	12	4	8	8	5,3
Zeilenbebauung	3	12	13	2	6,2
Reihengartentyp	--	16	16	--	5,8
Gesamt	22	38	43	17	5,8

Insgesamt wurden die Eingangsbereiche in 22 Untersuchungsgebieten als hart und in 38 als weich kategorisiert. Von den 13 Gebieten in Großstrukturen wurden bei sechs die Eingänge als weich eingeordnet, bei sieben Gebieten als hart. Aus dem Baustrukturtyp „Blockstruktur" sind Daten aus 16 Nachbarschaften vorhanden, von denen vier mit „weichen" und 12 mit „harten" Eingängen versehen sind. Bei der Zeilenbebauung, wo 15 Gebiete untersucht wurden, wurden 12 als „weich" eingestuft und drei als „hart". Im Typ „Reihengarten" wurden alle Eingangsbereiche als „weich" kategorisiert.
Im Typ „Parkartige Bebauung" haben alle Gebäude Grünflächen, die ihnen klar zugeordnet werden können. In der Zeilenbebauung trifft dies auf 13 Nachbarschaften zu, auf zwei, wo nur diffuses Abstandsgrün vorgefunden wurde, nicht. In der Blockstruktur ist sie in acht Gebieten vorhanden und in acht nicht und in der Großstruktur in sechs Gebieten und in sieben nicht.
In den Großstrukturen gibt es im Mittel 5,9 mögliche Treffpunkte, in den Blockstrukturen 5,3, in den Zeilen 6,2 und in den Reihengartentypen 5,8. Die Varianzanalyse ergibt einen tendenziellen Unterschied ($F=2,2^{+}$ bei $df=3$). Die Einzelvergleiche (t-Tests) zeigen einen signifikanten Unterschied zwischen Blockstruktur und Zeilenbebauung. In der Blockstruktur ist die funktionale Nähe besonders gering. Die übrigen Baustrukturen sind in etwa gleicher Weise mit zufälligen Begegnungsmöglichkeiten ausgestattet.
Da wir davon ausgehen, dass Nachbarschaftskontakte wesentlich durch die Tätigkeiten vermittelt werden, denen man im Wohnumfeld nachgeht, und dass diese auch Aufschluss über die Nutzbarkeit geben, haben wir auch nach einigen Freizeitbeschäftigungen gefragt. Dabei zeigen sich klare Unterschiede (Multivariate Varianzanalyse mit Scheffé-Tests, Pillai-Spur=.12, $F=5,0^{**}$ bei $df=15$). Im einzelnen zeigen sich sehr signifikante Unterschiede zwischen den Baustrukturen bei drei von vier Aktivitäten: Spazieren gehen, ausruhen/entspannen, in der Sonne liegen. Nicht signifikant ist der Unterschied in der Häufigkeit, mit der Picknicks o.ä. mit Freunden oder Verwandten im Wohnge-

biet veranstaltet werden. Mittelwerte und Einzelvergleiche zeigen, dass spazieren gehen in der Zeile signifikant seltener vorkommt als in der Parkartigen Bebauung, tendenziell auch seltener als in den anderen Baustrukturen. Ausruhen/entspannen kommt am häufigsten in der Parkartigen Bebauung vor, am wenigsten in der Großstruktur. Der Reihengartentyp unterscheidet sich hier signifikant von allen anderen Baustrukturen. Ähnlich verhält es sich mit dem in der Sonne liegen. Signifikante Unterschiede gibt es hier zwischen Großstruktur und Reihengartentyp sowie zwischen Großstruktur und Block. Anders ausgedrückt: Am häufigsten in der Sonne gelegen wird im Reihengartentyp, dann in der Blockstruktur, dann in der Zeile und am seltensten in der Großstruktur. Zwischen ausruhen/ entspannen und in der Sonne liegen und dem Vorhandenseins eines Balkons oder privaten Gartens besteht kein Zusammenhang. Die Frage wurde also nicht auf die Wohnung selbst, sondern auf die Wohnumgebung bezogen. Allerdings besteht auch zum Vorhandensein einer direkt zuzuordnenden Grünfläche kein Zusammenhang. Der Begriff „unmittelbare Wohnumgebung" wurde eher weit interpretiert, so dass nun nicht klar ist, in welchen Räumen diese Aktivitäten stattfinden. Insgesamt sieht es wohl so aus, dass diese Freizeittätigkeiten in der Parkartigen Bebauung weitaus häufiger vorkommen als in den anderen Baustrukturen, dass auch in der Blockstruktur viele derartige Aktivitäten auftreten, und dass diese in der Großstruktur im Vergleich dazu sehr selten und in der Zeile selten auftreten. Zu dieser Rangreihe kommt auch die Skala „Freizeit", die aus diesen vier Items gebildet wurde (vgl. Tabelle 2.4).

Tabelle 2.4: Baustruktur und Freizeitaktivitäten

Baustruktur	Mittelwert	N	Standardabweichung
Großstruktur	9,4	120	3,0
Block	10,2	160	2,9
Zeile	9,6	141	3,3
Parkartige Bebauung	11,2	173	3,1
Gesamt	10,2	594	3,2

Die Baustrukturen wurden auch hinsichtlich der organisatorischen Merkmale bzw. der Institutionen, die Nachbarschaftlichkeit unterstützen können, untersucht. Beispielsweise finden regelmäßige Treffen zwischen Mietern und Vermietern, wenn überhaupt, dann überwiegend in der Blockstruktur oder in der Parkartigen Bebauung statt. Nur 6% aller organisierten Mietertreffen entfallen auf die Großstruktur, 44% dagegen auf den Reihengartentyp und 35% auf die Blockstruktur. Mieterbeiräte gibt es dagegen überwiegend im Zeilenbau. Auf diesen Typ entfallen 33% aller Mieterbeiräte, bei den anderen Baustrukturen sind es jeweils etwa 20%. Nachbarschaftsfeste sind wiederum in der Parkartigen Bebauung besonders häufig (46% aller Feste) und im Zeilenbau besonders selten (11% aller Feste). Ein Schwarzes Brett gibt es vorwiegend in der Blockstruktur und im Zeilenbau. 31% aller Schwarzen Bretter hängen in einer Blockstruktur und 32% in einer Zeilenbebauung. Dort wird es auch häufiger genutzt als in den beiden anderen Baustrukturen. Regelmäßige Begegnungsmöglichkeiten gibt es überwiegend im Reihengartentyp (37% aller Begegnungsmöglichkeiten), am seltensten in der Großstruktur (19%). Institutionalisierte Kontaktmöglichkeiten kommen demnach in allen Baustrukturen vor. Was sich unterscheidet, ist eher ihre Art. Deshalb wurde aus diesen Angaben ebenfalls ein Summenindex, ähnlich wie bei der funktionalen Nähe, gebildet. Eingegangen sind: Regelmäßige Treffen zwischen Mietern und Vermieter, Mieterbeirat, Nachbarschaftsfeste, Kontaktbörse, Nachbarschaftstreff, Schwarzes Brett, regelmäßige Begegnungsmöglichkeiten. Tabelle 2.5 zeigt die deskriptiven Statistiken für die Baustrukturen. Die geringen Mittelwertsunterschiede sind nicht signifikant, so dass davon ausgegangen werden kann, dass es zwischen den Baustrukturen keine Unterschiede hinsichtlich der Menge an institutionalisierten Kontaktangebote gibt.

Tabelle 2.5: Institutionalisierte Kontaktangebote nach Baustrukturen

Baustrukturtyp	Mittelwert	N	Standardabweichung
Großstruktur	,64	107	,90
Blockstruktur	,79	145	1,01
Zeilenbau	,75	129	,90
Reihengarten	,73	146	1,00
Insgesamt	,73	527	,96

Die Beschreibung der Baustrukturen und deren Bewohnerschaft verdeutlicht bereits die Verknüpfungen zwischen sozialem Milieu, räumlicher Struktur sowie Organisation und Institution. Die einzelnen Faktoren sind kaum voneinander zu trennen. So ist z.B. in der Parkartigen Bebauung die Kohäsion deutlich am höchsten. Hier wirken sehr viele Faktoren gleichzeitig: Auf der räumlichen Ebene sprechen die Ergebnisse dafür, dass weiche Übergangszonen sowie nutzbare Grünflächen mit höherer Kohäsion einhergehen (s.o.). Auf der institutionellen Seite ist zu berücksichtigen, dass die meisten Häuser in der parkartigen Bebauung Eigentum sind und schon dadurch eine höhere Identifikation und eine längere Wohndauer bedingen. Beide hängen eng mit der Kohäsion zusammen. Zudem sind Einkommen und wahrgenommene Homogenität in der Parkartigen Bebauung am höchsten, das Image am positivsten.

2.2 Soziale Struktur und Kohäsion

Unter sozialem Milieu verstehen wir hier die soziodemographischen Daten Alter, Geschlecht, Bildung, Einkommen, aber auch Faktoren wie Werte oder die Lebenssituation. Hierbei interessierte uns zum einen der Zusammenhang zwischen den genannten Variablen und der nachbarschaftlichen Kohäsion. Die Interviews in der ersten Phase wiesen darauf hin, dass insbesondere die Lebenssituation unterschiedliche Qualitäten sozialer Kontakte im Wohnumfeld bedingen kann. Bewohnerinnen und Bewohner im Rentenalter haben ein stärkeres Interesse an Nachbarschaftskontakten als beispielsweise stark eingespannte Berufstätige. Häufig scheinen Kontakte über kleine Kinder zu entstehen (vgl. auch Vierecke 1970). Relevant scheint auch die Zeit, die im Wohngebiet verbracht wird, die beispielsweise bei Hausfrauen größer ist als bei anderen Berufsgruppen. Zum anderen interessierte uns die Homogenität bzw. Heterogenität der Nachbarschaft in Bezug auf die genannten Variablen. Bilden sich in Nachbarschaften, die in Bezug auf Einkommen, Bildung, Alter, Werthaltungen oder ähnlichen Faktoren homogen sind, eher soziale Netze als in Nachbarschaften mit sehr unterschiedlichen Bewohner/innen (vgl. Kruse et. al. 1990, S. 501)? Für soziale Kontakte generell zeigen Alltagserfahrungen sowie psychologische Untersuchungen die beziehungsstiftende Wirkung soziodemographischer Ähnlichkeiten. Wenn dies auch auf Nachbarschaftskontakte zutrifft, kann die Heterogenität auf einzelnen der genannten Dimensionen durch die Homogenität bzgl. anderer Merkmale kompensiert werden? Können also z.B. Unterschiede in Bildung oder Einkommen ausgeglichen werden durch eine ähnliche Lebenssituation? Die aktuelle Diskussion über zunehmende Entmischung der Bevölkerung in Stadtvierteln (Häußermann et.al. 2000) sowie das ausgesprochene Ziel der Wohnungswirtschaft, soziale Mischung in Nachbarschaften zu erhalten, bzw. zu fördern (GdW & HML 2000), verleiht diesen Fragen eine besondere Brisanz.

Unsere Analysen stützen sich auf zwei verschiedene Datensätze: Zum einen auf die Personendaten, also die Werte der einzelnen Befragten. Zum anderen auf die Gebietsdaten: Um zu berechnen, inwieweit die Zusammensetzung der

Nachbarschaft einen Einfluß auf die Kohäsion hat, wurden für intervallskalierte Daten, wie z.B. Kohäsion oder Wohndauer, jeweils Mittelwerte und Varianzen pro Gebiet berechnet, für nominale Daten, wie z.B. ob kleine Kinder zum Haushalt gehören oder ob die Bewohner/innen Rentner/innen, Hausfrauen, Vollzeit-Erwerbstätige etc. sind, wurden jeweils die prozentualen Anteile pro Gebiet berechnet.

Zunächst zur Auswertung auf Gebietsebene: Welche sozialen Faktoren beeinflussen die Kohäsion?

Es besteht ein geringer, aber signifikanter Zusammenhang zwischen der Kohäsion und dem Einkommen: Je höher das mittlere Einkommen in einem Gebiet, desto höher ist auch die nachbarschaftliche Kohäsion ($r_{Kendall\text{-}Tau}$= .24**). Wie bereits oben beschrieben, ist das Einkommen in der Parkartigen Bebauung am höchsten. Berechnet man den Zusammenhang nur innerhalb der anderen drei Baustrukturen (Großstruktur, Blockstruktur, Zeile) ist der Zusammenhang geringer und nur noch fast signifikant (r = .17/ p = .053/ Kendall-Tau-b/ einseitig).

Auf Gebietsebene fanden sich ansonsten keine signifikanten Zusammenhänge zwischen sozialem Milieu und nachbarschaftlicher Kohäsion. Hypothese war, dass z.B. in Gebieten mit einem hohen Anteil an Haushalten mit kleinen Kindern, an Rentnern oder auch an Hausfrauen (Hausmänner kommen in der Stichprobe nicht vor) eine höhere Kohäsion besteht, während z.B. in Gebieten mit einem hohen Anteil an voll erwerbstätigen Bewohner/innen eine geringere Kohäsion besteht. Berechnet wurden Korrelationen zwischen Kohäsion und Schul- und Ausbildung, dem Alter, der beruflichen Lebenssituation (voll erwerbstätig, erwerbslos, Rentner/in, Hausfrau, Schüler/in, Student/in) und der familiären Lebenssituation (alleine wohnend, Kinder im Haushalt, Kinder bis 5 Jahre im Haushalt). Entsprechende Zusammenhänge zeigten sich auf der Gebietsebene jedoch nicht.

Interessant ist jedoch auch, ob sich auf Ebene der einzelnen Befragten Zusammenhänge zwischen ihrer Lebenssituation oder ihrem sozialen Status und ihrer Integration in die Nachbarschaft zeigen. Auch hier zeigte sich ein signifikanter (aber sehr geringer) Zusammenhang mit dem Einkommen. Je höher das Haushaltseinkommen, desto mehr Kontakte haben die Bewohner/innen in der Nachbarschaft (r = .12**/ Kendall-Tau-b/einseitig). Weiterhin haben Rentner/innen und Hausfrauen mehr Nachbarschaftskontakte als Bewohner/innen in anderen beruflichen Lebenssituationen, während voll erwerbstätige Bewohner/innen weniger Kontakte haben.

Zur Prüfung der Hypothese, dass sich in Nachbarschaften, die homogen bzgl. Einkommen, Bildung oder Werten sind, eher soziale Netze bilden, wurden Korrelationen zwischen der Varianz dieser einzelnen Variablen im Gebiet und dem Mittelwert der Kohäsion im Gebiet gerechnet. Keine der Korrelationen wurde signifikant, was bedeuten würde, dass es für die Entstehung von Kohäsion in Nachbarschaften irrelevant wäre, ob sich die Nachbarn ähneln oder sehr stark unterscheiden.

Bei der Interpretation dieser Ergebnisse müssen jedoch erhebungstechnische Faktoren berücksichtigt werden: Die befragten Haushalte stammen zwar aus einem Wohngebiet, wurden jedoch nach räumlicher Nähe ausgesucht und nicht nach tatsächlich bestehenden sozialen Kontakten (man hätte z.B. nach individuozentrierten Netzwerken vorgehen können). Innerhalb der befragten Nachbarschaften bestehen in der Regel wiederum mehrere Gruppen von Bewohner/innen, die untereinander Kontakt haben. Die Bewohner/innen wurden gefragt, ob sie der Meinung sind, dass die ganze Nachbarschaft eine große Gruppe bildet, ob es zwei, drei, vier oder gar keine Gruppen innerhalb der Nachbarschaft gibt. In zwei Gebieten antworteten 100% der Befragten, es gäbe überhaupt keine Gruppe. In den übrigen 58 Gebieten ging die Wahrnehmung der Befragten weitgehend auseinander. Ein Teil meinte, es gäbe gar keine Gruppe, ein Teil antwortete, es gäbe mehrere Gruppen und in 15 Gebieten meinte eine Minderheit, es gäbe nur eine große Gruppe. Die Einschätzung, die ganze Nachbarschaft bilde eine große Gruppe, korreliert gering, aber signifikant mit der Kohäsion ($r = .24^{**}$/ einseitig), d.h. wer seine Nachbarschaft als eine große Gruppe wahrnimmt, erlebt sie gleichzeitig als kohäsiver (auch wenn die Mehrheit der Bewohner/innen andere Angaben macht).

Die Einschätzungen der Bewohner/innen zeigen zwei Dinge: Zum einen wird deutlich, dass die Bewohner/innen sehr unterschiedlich stark in die Nachbarschaft bzw. in die verschiedenen Gruppen innerhalb der Nachbarschaft integriert sind. Zum anderen zeigt sich, dass, wenn es um Kohäsion geht, nicht von *einer* großen kohäsiven Nachbarschaft die Rede sein kann, sondern von mehreren kleinen Untergruppen. Die Tatsache, dass keine signifikanten Korrelationen zwischen der Kohäsion und der Heterogenität bzw. Homogenität des sozialen Milieus in der Nachbarschaft bestehen, bedeutet also, dass insgesamt in heterogenen Nachbarschaften die Bewohner/innen ähnlich viele und intensive Kontakte haben, wie in homogenen Nachbarschaften. Trotzdem ist es möglich, dass sich die kleineren Untergruppen innerhalb der Nachbarschaft jeweils zwischen Bewohner/innen bilden, die sich ähneln. Die Auswertung der vorliegenden Daten kann diese Frage nicht beantworten. Sie liefert jedoch weitere Hinweise. Die Skala zur wahrgenommenen Homogenität der Nachbarn beschreibt, inwieweit die Befragten das Gefühl haben, dass ihre Nachbarn mit ihnen „auf einer Wellenlänge liegen". Diese Skala weist eine hohe Korrelation mit der Kohäsion auf (r = .76**).

Womit hängt nun diese wahrgenommene Homogenität zusammen? Gemäß unserer Hypothese müssten Zusammenhänge mit der Homogenität bzw. Heterogenität zu finden sein. Ein geringer, aber signifikanter Zusammenhang besteht zwischen der wahrgenommenen Homogenität und der Homogenität des Einkommens. Je homogener die gesamte Nachbarschaft in Bezug auf das Einkommen ist, desto stärker empfinden die Befragten die Ähnlichkeit zwischen sich und ihren Nachbarn. Dies gilt jedoch nur in Nachbarschaften mit höherem Einkommen (bei Teilung der Stichprobe am Mittelwert).

Stärkere Zusammenhänge finden sich aber mit dem Image, der Identifikation und der Wohndauer. Es besteht eine mittlere Korrelation zwischen der wahrgenommenen Homogenität und dem Image (r=.52**) sowie zwischen der wahrgenommenen Homogenität und der Identifikation mit der Nachbarschaft (r=.66**). Zudem korreliert das Image auch mit der Kohäsion (r=.62**). Diese Ergebnisse korrespondieren mit den Ergebnissen der Interviews in der ersten Projektphase. Nur wenn die Nachbarschaft ein gutes Image hat, möchten sich die Bewohner/innen mit der Nachbarschaft identifizieren, haben das Gefühl verbindender Ähnlichkeiten und knüpfen Kontakte zu den Nachbarn. Ein negatives Image der Wohngegend führt eher zu gegenteiligen Prozessen. Man möchte nicht dazugehören und sich statt dessen positiv vom Rest der Nachbarschaft abgrenzen. Der enge Zusammenhang zwischen wahrgenommener Homogenität und Variablen wie Wohndauer, soziale Identität oder auch Kohäsion lässt die Frage aufkommen, ob wahrgenommene Homogenität zu Kontakten führt oder ob nicht sogar eher Kontakte dazu führen, dass man das Gefühl hat, mit seinen Nachbarn auf einer Wellenlänge zu liegen. Es ist anzunehmen, dass der Prozess in beiden Richtungen verläuft.

Ähnliches gilt für das Image. Das Image korreliert wie erwartet mit dem mittleren Einkommen im Gebiet (r = .26**), mit der durchschnittlichen Schulbildung (r=21**/Kendall-Tau-b/einseitig) und dem durchschnittlichen Ausbildungsabschluss (r=.20*/Kendall-Tau-b/einseitig) der Befragten im Gebiet. Je höher Einkommen, Schul- und Ausbildungsabschluss, desto besser wird das Image des Wohngebietes bewertet. Die Tatsache, dass die Korrelation zwischen der Kohäsion in der Nachbarschaft und dem Image des Wohngebiets wesentlich höher ist als zwischen den genannten sozialstrukturellen Daten wirft jedoch auch hier die Frage auf, ob nicht Bewohner/innen im Sinne der Social

Identity Theory ihre Nachbarschaft umso höher bewerten, je stärker sie in die Nachbarschaft einbezogen sind und je stärker sie sich mit ihr identifizieren: Die Korrelation zwischen der Identifikation mit der Nachbarschaft und dem Image liegt bei r = .57**. Dies passt zu den Annahmen der Social Identity Theory, nach denen Individuen versuchen, ihre eigene Gruppe, zu der sie sich zugehörig fühlen, immer positiv zu bewerten und sie positiv von anderen abzugrenzen.

Abgesehen von der Sozialstruktur kann davon ausgegangen werden, dass die Kohäsion in der Nachbarschaft um so höher ist, je länger die Bewohner/innen dort wohnen (r = .43**). Auch hier ist ein Zusammenhang in beide Richtungen anzunehmen. Je länger jemand in einer Nachbarschaft wohnt, desto mehr Kontakte können entstehen. Zum anderen binden soziale Kontakte jedoch auch die Bewohner/innen an ihr Wohngebiet und sind so auch wiederum Ursache für eine lange Wohndauer.

Darüber hinaus wurde untersucht, mit welchen Faktoren die Wohndauer sonst noch zusammenhängt: In der Parkartigen Bebauung ist die Wohndauer mit einem Mittelwert von 16,6 Jahren höher als in den anderen Baustrukturtypen (Varianzanalyse: F = 6,12**), was wahrscheinlich unter anderem dadurch bedingt ist, dass es sich bei den erfassten Häusern mehrheitlich um Eigentum handelt. Signifikant unterscheidet sich die Wohndauer in der Parkartigen Bebauung von der Großstruktur (Mittlere Differenz: 6,97*) und der Blockstruktur (Mittlere Differenz: 6,97*). Die mittlere Wohndauer in der Zeile ist mit 14 Jahren am zweithöchsten, unterscheidet sich aber nicht signifikant von den anderen. Gemäß der Erwartung besteht ein Zusammenhang zwischen Wohndauer und Alter (r = .65**). Darüber hinaus ist die Wohndauer in Gebieten mit einem größeren Anteil an Bewohner/innen, die alleine wohnen, signifikant kleiner als in Gebieten mit einem geringen Anteil an Bewohner/innen, die alleine wohnen (T-Test: t = 2,9**, mittlere Differenz = 4,17).

Zusammenfassend lässt sich sagen, dass die Kohäsion im Wohngebiet zusammenhängt mit der Höhe des Einkommens im Gebiet, mit der Wohndauer und mit der wahrgenommenen Homogenität in der Nachbarschaft und mit dem Image, wobei die Konstrukte Image und wahrgenommene Homogenität wahrscheinlich einerseits die Höhe der Kohäsion beeinflussen, andererseits um so höher bewertet werden, je höher die Kohäsion ist. Andere Zusammenhänge konnten nicht gefunden werden, was jedoch auch methodisch bedingt ist, da es beispielsweise nicht praktikabel war, einzelne soziale Netze innerhalb der einzelnen Nachbarschaften gesondert zu erheben und zu untersuchen.

2.3 Räumliche Struktur und Kohäsion

2.3.1 Der Einfluss der Eingangsbereiche auf Kohäsion, Integration und soziale Identität

Es wurde davon ausgegangen, dass Eingangsbereiche, die „weiche" Übergänge zwischen öffentlichem und privatem Raum bieten, mit einer höheren Kohäsion, Integration und Identifikation einhergehen als „harte", bei denen das nicht der Fall ist. Um diese Hypothese zu prüfen, wurden zunächst t-Tests für unabhängige Stichproben durchgeführt. Die Mittelwerte unterscheiden sich allesamt sehr signifikant ($t_{Kohäsion}$ = -6,1** bei df = 491,1; $t_{Integration}$ = -5,8** bei df = 453,4; $t_{Soziale\ Identität}$ = -5,8** bei df = 472,0). Die Nachbarschaftsvariablen sind in Gebieten mit „harten" Eingängen geringer ausgeprägt als in Gebieten mit „weichen" Eingängen. Darüber hinaus wurde mit einer multivariaten Varianzanalyse geprüft, ob sich Unterschiede zwischen den Baustrukturen ergeben. Da die „Parkartige Bebauung" für die Eingangsbereiche keine Varianz aufweist, wurde diese Baustruktur aus der Analyse ausgeschlossen. Es zeigen sich für alle drei Variablen der Nachbarschaft die bekannten Haupteffekte für die Baustruktur und für den Eingang. Die Interaktion für die Kohäsion ist zwar nur der Tendenz nach signifikant, aber dennoch interessant. Demnach macht es in der Großstruktur keinen Unterschied, ob der Eingangsbereich „hart" oder „weich" gestaltet ist. Die Kohäsion ist immer gleich gering. In Block- und Zeilenbebauung gibt es jedoch Unterschiede in der erwarteten Richtung. „Weiche" Eingänge gehen mit größerer Kohäsion einher. Für die Integration und die soziale Identität ist dieser Effekt nicht signifikant, auch wenn die Mittelwerte (Tabelle 2.6) kleine Abweichungen in die gleiche Richtung zeigen. Harte oder weiche Übergangszonen scheinen nur in bestimmten Kontexten – Block- oder Zeilenbebauung – von Bedeutung, und zwar vorwiegend für die Kohäsion, weniger für die Integration des Einzelnen in die Nachbarschaft.

Tabelle 2.6: Mittelwerte der Nachbarschaftsvariablen für harte und weiche Eingangsbereiche nach Baustrukturen

	Kohäsion		Integration		Identifikation	
	hart	weich	hart	weich	hart	weich
Großstruktur	2,4	2,4	2,3	2,4	2,3	2,4
Blockstruktur	2,8	3,2	2,5	2,8	2,5	2,9
Zeilenbebauung	2,9	3,1	2,7	2,9	2,4	3,0
Gesamt	2,7	3,0	2,5	2,9	2,4	2,8

2.3.2 Der Einfluss von Grünflächen auf die Nachbarschaft

Insgesamt ist in Gebieten mit Grünflächen die Kohäsion höher als in Gebieten ohne Grünflächen (vorh. = 3,1 und nicht vorh. = 2,6; t = -6,6** bei df = 574). Das gleiche gilt für die Integration (vorh. = 2,9 und nicht vorh. = 2,4; t = -5,4** bei df = 570) und die Identifikation (vorh. = 2,8 und nicht vorh. = 2,4; t = -4,4** bei df = 572). Beide sind in Gebäuden mit zugeordneter Grünfläche größer. Grünflächen, die durch ihre Lage und Gestaltung eindeutig zu einem bestimmten Gebäude gehören, unterstützen die Kohäsion einer Nachbarschaft, die Integration der Bewohner und die Identifikation mit der Nachbarschaft. Bloßes Abstandsgrün, das niemand zu gehören scheint, erfüllt diese Funktion nicht.

Differenziert man nach Baustrukturen, zeigt sich in den Großstrukturen für keine der drei Nachbarschaftsvariablen ein Unterschied (vgl. auch Tabelle 2.7), wohl aber in der Blockstruktur, wo eine gestaltete Grünfläche mit größerer Kohäsion einher geht (t = -2,6* bei df = 156). Für Integration und soziale Identität besteht in der Blockbebauung kein Unterschied. In der Zeilenbebauung zeigt sich für die Kohäsion kein signifikanter Unterschied, wohl aber für Integration (t = -2,1* bei df = 141) und soziale Identität (t = -2,2* bei df = 136). Genau wie im Fall der Eingangsbereiche gibt es auch hier einen globalen Effekt der Grünfläche auf die Nachbarschaftsvariablen. Das Vorhandensein von zugeordneten, benutzbaren Grünflächen fördert offenbar Kontakte und Gemeinschaftsgefühl zwischen den Bewohnern. Ähnlich wie oben scheint es in der Großstruktur jedoch unerheblich für die Nachbarschaft, ob eine Grünfläche vorhanden ist oder nicht. Lediglich für Block- und Zeilenbebauung zeigen sich Unterschiede, allerdings für verschiedene Variablen.

Tabelle 2.7: Mittelwerte der Kohäsion, Integration und sozialen Identität nach Vorhandensein von Grünbereichen in drei Baustrukturen

	Kohäsion		Integration		Identifikation	
	vorh.	Nicht vorh.	vorh.	nicht vorh.	vorh.	Nicht vorh.
Großstruktur	2,5	2,3	2,3	2,3	2,3	2,4
Blockstruktur	3,1	2,7	2,7	2,5	2,7	2,5
Zeilenbebauung	3,1	2,9	2,9	2,5	2,9	2,4
Gesamt	2,9	2,6	2,7	2,4	2,7	2,4

2.3.3 Der Einfluss der funktionalen Nähe auf die Nachbarschaft

Global, über alle Baustrukturen betrachtet, besteht kein Zusammenhang zwischen Kohäsion und funktionaler Nähe (r = .08). Ein geringer Zusammenhang besteht jedoch zu den beiden anderen Nachbarschaftsvariablen Integration und soziale Identität (jeweils r = .13**). Differenziert nach Baustrukturen zeigen sich nur bei Block- und Zeilenbebauung signifikante Effekte. In der Blockstruktur besteht ein positiver Zusammenhang zwischen funktionaler Nähe und Kohäsion (r = .17*), nicht aber zwischen funktionaler Nähe und Integration oder sozialer Identität. In der Zeilenbebauung zeigen sich dagegen signifikante Zusammenhänge mit Integration (r = .20*) und sozialer Identität (r = .24**), nicht aber mit der Kohäsion.

2.3.4 Welche Räume werden für Kommunikation genutzt?

Die herausragende Bedeutung von Eingangsbereichen für die Beziehungen zwischen Nachbarn wird durch die Beantwortung der Frage bestätigt, wo sich Nachbarn gelegentlich unterhalten. Von den 23 verschiedenen möglichen Treffpunkten, die erfragt wurden, ist der Bereich vor der Haustür der wichtigste Ort. 62,9% der Befragungsteilnehmer gaben an, sich dort mit ihren Nachbarn zu unterhalten. Genauso wichtig ist der Eingangsbereich innen. Dort unterhalten sich 58,8% (relativiert am Vorhandensein). 24% der Befragungsteilnehmer haben einen Fahrstuhl in ihrem Haus. Davon unterhalten sich 56,4% gelegentlich dort. Gemeinsame Briefkästen gab es bei 89,9% der Befragten. Diese Gelegenheit wird von 42,8% davon zur Kommunikation genutzt. Von den 46,5%, die angaben, einen Vorgarten zu haben, hat dieser für 38,5% eine soziale Funktion. Fast genauso kommunikativ wie die Eingangsbereiche sind die Wege und Straßen. Hier unterhalten sich 54,3% mit Nachbarn. Weiterhin von Bedeutung sind gemeinsame Gärten, die von 47,8% derer, die

einen haben, kommunikativ genutzt werden. Sozusagen im „Mittelfeld" der Kommunikationsstätten befinden sich Vorgärten, Hinterhöfe, Einkaufsmöglichkeiten im Haus, Parkplätze, Gemeinschaftsräume, Gastronomie im Haus, Müllcontainer, Sitzgelegenheiten draußen, Spiel- und Liegewiesen sowie Trockenböden oder Wäscheplätze. Von eher geringer Bedeutung bei dieser pauschalen Betrachtung (weniger als 20 Prozent) sind Bolzplätze und Kinderspielplätze, Kompost, Bäume und Spielflächen.
Vergleicht man in gleicher Weise die Baustrukturen, zeigen sich charakteristische Unterschiede im Raumangebot. Während die Großstrukturen offenbar alle über Flächenparkplätze verfügen (94% der Befragten), über Sitzgelegenheiten draußen (66% der Befragten) und über einen Fahrstuhl sowie einen Gemeinschaftsraum, häufiger als andere auch über Einkaufsmöglichkeiten und Gastronomie im Haus, Spiel- und Liegewiesen, Bolzplätze und andere Spielflächen, ist das Raumangebot in der Blockstruktur eher gering. Charakteristisch sind dort die Höfe, manchmal gibt es gemeinsame Gärten. Die anderen Orte sind nur selten vorhanden.

2.3.5 Die relative Bedeutung von Eingängen, halböffentlichen Grünbereichen und funktionaler Nähe

Die relative Bedeutung von Eingängen, halböffentlichen Grünbereichen und funktionaler Nähe wurde mittels multipler Korrelationsanalysen bestimmt. Tabelle 2.8 zeigt die Einzelkorrelationen der Prädiktoren untereinander und mit den Kriteriumsvariablen. Dabei zeigt sich vor allem ein Zusammenhang zwischen dem Vorhandensein von Grünflächen und der Weichheit der Eingangsbereiche, was dem in Tabelle 2.3 (Verteilung der Grünflächen und Eingangsbereiche auf die Baustrukturen) dargestellten Befund entspricht. Weiterhin bestehen geringe Zusammenhänge von Grünfläche und Hauseingang mit der funktionalen Nähe. Für die Grünfläche ist das zu erwarten, da deren Elemente (z. B. Sitzgelegenheiten draußen) teilweise Bestandteil des Indikators für funktionale Nähe sind.

Tabelle 2.8: Prädiktorinterkorrelationen und Einzelkorrelationen der Prädiktoren mit den Kriterien

	Hauseingang	Grünfläche	Funktionale Nähe
Hauseingang	---		
Grünfläche	.45**	---	
Funktionale Nähe	.09*	.13**	---
Kohäsion	.25**	.27**	$.08^{+}$
Integration	.23**	.22**	.13**
Soziale Identität	.23**	.18**	.13**

Tabelle 2.9: Multiple Regression

	Beta Hauseingang	Beta Grünfläche	Beta Funktionale Nähe	R, R^2
Kohäsion	.15**	.21**	.04	.31**, .09**
Integration	.16**	.14**	.10*	.29**, .08**
Identifikation	.17**	$.10^{+}$	.10*	.26**, .07**

Die multiple Regression (Tabelle 2.9) für die Kohäsion klärt mit 9 % nur einen geringen Varianzanteil auf. Der größte Einfluss geht von der Grünfläche aus. Der sanfte Übergang von öffentlich nach privat hat nur einen sehr geringen Effekt, die funktionale Nähe gar keinen. Für die Integration sind alle drei Prädiktoren von Bedeutung, wobei der Effekt ebenfalls nur klein ist. Hauseingang und Grünfläche tragen am meisten zur Integration bei. Die funktionale Nähe zeigt jedoch ebenfalls einen signifikanten Einfluss auf die Integration. Auch die Varianz der Bedeutung der Nachbarschaft für die soziale Identität kann durch die Variablen der räumlichen Struktur nur in geringem Umfang aufgeklärt werden. Das größte Gewicht kommt dabei dem Hauseingang zu. Auch die Grünfläche und die funktionale Nähe zeigen geringe Effekte.
In einem weiteren Schritt wurde zusätzlich die Baustruktur in die Analyse einbezogen (Dummy-Variablen). Da die Dummy-Variable für die Blockstruktur die Voraussetzungen zur Durchführung der Regressionsanalyse verletzt (Multikollinearität), wurden nur die Großstruktur, die Zeile und die Parkartige Bebauung einbezogen. Die Baustrukturen tragen zum Anteil aufgeklärter Varianz eher wenig bei, am meisten bei der Kohäsion. Das bedeutet, dass Raumvariablen und Baustruktur teilweise redundant sind. Darüber hinaus wird der negative Zusammenhang zwischen Großstruktur und Nachbarschaft noch einmal deutlich. Insbesondere die Kohäsion, aber auch die Integration und die Bedeutung der Nachbarschaft für die soziale Identität sind in der Großstruktur

ganz besonders gering. Für die Integration zeigt gleichzeitig die Parkartige Bebauung einen geringen Effekt. Die Integration ist dann hoch, wenn die funktionale Nähe hoch ist und die Baustruktur keine Großstruktur, sondern eine Parkartige Bebauung ist. Die größte Integration findet sich demnach in der Parkartigen Bebauung bei hoher funktionaler Nähe. Hauseingang und Grünfläche sind für die Integration nun bedeutungslos. Das bedeutet, dass die Baustruktur diese ohnehin geringen Varianzanteile subsummiert. Der kohäsionsförderliche Einfluss der Grünfläche und des „weichen" Hauseingangs bleibt jedoch bestehen. Für die Kohäsion kommt es vor allem darauf an, dass es sich nicht um eine Großstruktur handelt und dann darauf, dass ein „weicher" Übergang ins Haus und eine Grünfläche vorhanden sind. Auch die Identifikation ist in der Großstruktur am geringsten. Ansonsten ist sie abhängig von der Gestaltung des Eingangsbereichs und von der funktionalen Nähe. Insgesamt kann dieses Ergebnis so interpretiert werden, dass der Einfluss von Hauseingang, gemeinsamer Grünfläche und funktionaler Nähe auf die Nachbarschaftsbeziehungen dann am größten ist, wenn es sich nicht um eine Großstruktur handelt (vgl. Tabelle 2.10).

Tabelle 2.10: Multiple Korrelation räumliche Einflussfaktoren mit Baustrukturen

	Eingang	Grünfläche	Funkt. Nähe	Gross-struktur	Zeile	Park. Bebauung	R
Kohäsion	.11*	.12*	.06	-.27**	-.02	.06	.41**, .17
Integration	.09	.06	.11*	-.14**	.05	.16*	.36**, .13
Identifikation	.15**	.05	.11*	-.14**	.02	.04	.30**,.09**

In die gleiche Richtung weisen die Ergebnisse der multivariaten Varianzanalyse (Baustruktur x Gartenseite x Hauseingang mit Kohäsion, Integration und Identifikation als abhängigen Variablen). Diese führt insgesamt und für die abhängigen Variablen im einzelnen wie erwartet zu einem sehr signifikanten Ergebnis. Interessant ist hier die Interaktion von Grünfläche und Hauseingang für die Integration ($F = 5{,}1^*$). Die Integration ist dann besonders hoch, wenn eine Gartenseite vorhanden ist und der Eingangsbereich einen „sanften" Übergang darstellt. Sie ist besonders gering, wenn keine Gartenseite vorhanden ist und der Eingang ebenfalls „weich" ist. Bei „hartem" Eingang liegt die Kohäsion immer in der Mitte dieser Extreme, egal ob eine Gartenseite vorhanden ist oder nicht. Ein gut gestalteter Eingang kann demnach die Grünfläche in ihrer Funktion für die Nachbarschaftskontakte nicht ersetzen. Für die Kohäsion ist die Dreifachinteraktion von Baustruktur, Grünfläche und Hauseingang (F = 3,1*) signifikant. Demnach ist in der Zeile die Kohäsion bei nicht vorhandener Grünfläche unabhängig vom Hauseingang, bei vorhandener Grünfläche und „hartem" Hauseingang ist sie geringer als wenn keine Gartenseite vorhanden ist und bei „weichem" Hauseingang deutlich höher. Die Art des Hauseingangs hat hier also nur dann einen Effekt, wenn eine Gartenseite vorhanden ist. In der Blockstruktur verhält es sich ähnlich. Auch hier ist die Kohäsion bei nicht vorhandener Grünfläche für beide Eingangsformen gleich und bei vorhandener Grünfläche und „weichem" Eingang am höchsten. Anders bei der Großstruktur. Die Kohäsion ist hier bei vorhandener Gartenseite und „hartem" Eingang am höchsten, am geringsten bei nicht vorhandener Gartenseite und „hartem" Eingang. Bei „weichen" Eingangsbereichen liegt sie etwa in der Mitte, egal, ob eine Grünfläche vorhanden ist oder nicht. In Zeile und Block scheinen sich die positiven Effekte von Grünfläche und „weichem" Eingang tatsächlich zu addieren, d.h. ein „weicher" Eingang geht vor allem dann mit größerer Kohäsion einher, wenn eine Gartenseite vorhanden ist. In den Großstrukturen scheint der Eingangsbereich dagegen keine Bedeutung zu haben.

2.4 Organisation und Institutionen und Kohäsion

Die Ergebnisse der in der ersten Projektphase geführten Interviews wiesen darauf hin, dass der Faktor Organisation und Institutionen im Wohngebiet eine wichtige Rolle bei der Bildung sozialer Netze spielt. Gemeint sind Einrichtungen wie Mieterbeirat, Nachbarschaftstreffs, Feste oder auch spezielle Programme der Wohnsiedlung.

Ein Gebiet mit einem speziellen Programm „Kommunikatives Wohnen" gab es in unserer Stichprobe offenbar nicht. Auf die Frage, ob es regelmäßige Treffen zwischen Mieter/innen und Wohnungsbaugesellschaft bzw. Vermietern gebe, antwortet nur in einem Gebiet die Mehrheit der Befragten mit „ja". Die Bewohner/innen von 37 Gebieten antworten einstimmig mit „nein". Das Antwortverhalten der Befragten in den übrigen 23 Gebieten ist nicht eindeutig. Das kann daran liegen, dass die Befragten aus unterschiedlichen Häusern kommen, in denen tatsächlich verschiedene Einrichtungen gibt. Oder es kann daran liegen, dass nicht alle von diesen Treffen wissen bzw. etwas anderes darunter verstehen. Die Zahl der fehlenden Werte liegt mit 33 Bewohner/innen

(5,3% der Befragten) relativ hoch, was auch dafür spricht, dass viele mit der Frage nichts anfangen konnten.
Einen Mieterbeirat gibt es nach Auskunft der Mehrheit der Befragten in fünf Wohngebieten, von denen es sich bei dreien um Großstrukturen handelt, bei zweien um Zeilenbebauung. In 27 Gebieten antworten 100% der Befragten mit nein. In den übrigen 28 Gebieten waren die Antworten wiederum sehr uneinheitlich. Auch hier antwortete mit 59 Bewohner/innen und damit 9,6% ein hoher Anteil der Bewohner/innen gar nicht auf diese Frage, was vermuten lässt, dass sie z.T. nicht wussten, was ein Mieterbeirat ist, zum Teil nicht wussten, ob es einen gibt oder nicht.
Gebietsvergleiche sind hier aufgrund der Datenlage nicht möglich. Jedoch Korrelationen auf Basis der Werte der einzelnen Befragten (unabhängig vom Gebiet). Die Korrelation zwischen Mieterbeirat und regelmäßigen Treffen zeigt, dass Mieter/innen, die angaben, es gäbe regelmäßige Treffen von Mieter/innen und Vermieter/innen auch eher angaben, es gäbe einen Mieterbeirat (Kendall-Tau-b: r = .45**).
Zudem interessierte uns die Frage, ob in den Gebieten, in denen es regelmäßige Treffen oder einen Mieterbeirat gibt, die Kohäsion in der Nachbarschaft, die Identifikation mit der Nachbarschaft und/oder die Wohndauer höher sind.

Tabelle 2.11: Zusammenhang von Mieterbeirat und Kohäsion bzw. Identifikation

	N für „gibt es"	% für „gibt es"	Korrelation mit Kohäsion	Korrelation mit Identifikation
Regelmäßige Treffen	54	8,8%	r = .10**	r = .07*
Mieterbeirat	93	15,1%	r = .10**	r = .11**

Alle Korrelationen sind sehr gering, aber signifikant: Bei Existenz von regelmäßigen Treffen zwischen Mieter/innen und Vermietern bzw. eines Mieterbeirats sind Kohäsion in der Nachbarschaft, Identifikation mit der Nachbarschaft sowie die Wohndauer tendenziell höher, bzw. in Nachbarschaften mit hoher Kohäsion und hoher Identifikation und Wohndauer organisieren die Mieter/innen eher Treffen mit Vermieter/innen bzw. einen Mieterbeirat (Tabelle 2.11).
Zwei weitere Fragen bezogen sich auf den organisierten Austausch von Nachrichten, Tätigkeiten etc. Die Frage nach einem schwarzen Brett, über das Nachrichten ausgetauscht werden können, bejahten mehrheitlich die Bewoh-

ner/innen von 5 Gebieten. Über alle Gebiete hinweg gaben insgesamt 165 der Befragten an, es gebe ein schwarzes Brett. Das entspricht 27,9% der gültigen Antworten, was zeigt, dass ein schwarzes Brett zum Austausch von Nachrichten im Haus recht verbreitet ist. Interessant ist jedoch auch die Frage, ob das schwarze Brett denn benutzt wird. Von denen, die angaben, dass in ihrem Haus ein schwarzes Brett vorhanden ist, gaben 42,0% an, dass das Brett benutzt wird, 58,0% gaben an, das Brett werde nicht benutzt.

Da uns auch hier wieder interessierte, ob in Gebieten, in denen ein schwarzes Brett oder eine Kontaktbörse existiert, eine höhere Kohäsion in bzw. Identifikation mit der Nachbarschaft besteht, wurden die Antworten zum schwarzen Brett korreliert mit der Kohäsion und der Sozialen Identität im Wohngebiet:

Tabelle 2.12: Schwarzes Brett und Kohäsion bzw. Identifikation

	N für „gibt es"	% für „gibt es"	Korrelation mit Kohäsion	Korrelation mit Identifikation
Es gibt ein schwarzes Brett	165	27,9 % (100 % = 591)	r = .01	r = ,02
Das schwarze Brett wird benutzt	68	42 % (100 % = 162)	r = .12*	r = ,07

Tabelle 2.12 zeigt, dass kein Zusammenhang zwischen der Kohäsion in einem Wohngebiet und dem Vorhandensein eines schwarzen Bretts besteht. Bewohner/innen, die angeben, dass es in ihrem Haus ein schwarzes Brett gibt, unterscheiden sich also bzgl. der Kohäsion nicht von Bewohner/innen, bei denen es kein schwarzes Brett gibt. Es besteht jedoch ein positiver Zusammenhang zwischen der Nutzung eines schwarzen Bretts und der Kohäsion. Bewohner/innen, die angeben, dass das schwarze Brett benutzt wird, beschreiben die Nachbarschaft als kohäsiver als Bewohner/innen, die angeben, dass das schwarze Brett nicht benutzt wird. Zwischen Vorhandensein bzw. Nutzung eines schwarzen Bretts im Wohngebiet und der Identifikation mit der Nachbarschaft besteht kein Zusammenhang.

Bertels (1987) beschreibt in seiner Studie die Förderung von Nachbarschaftskontakten insbesondere in Neubaugebieten durch Initiativenarbeit. Zahlreiche Agenda21-Initiativen sowie Projekte im Rahmen des Programms „Soziale Stadt" setzen auf die Förderung von Nachbarschaftskontakten durch Feste und Begegnungsmöglichkeiten. Um die Wirksamkeit solcher Einrichtungen zu prüfen, bezogen sich die letzten Fragen auf organisierte Treffen für Mieter/innen untereinander.

Das sind zum Beispiel Nachbarschaftsfeste, die von der Wohnungsbaugesellschaft oder auch von Bewohnern für die gesamte Nachbarschaft organisiert werden. In nur zehn Gebieten gibt wenigstens die Hälfte der Befragten an, dass es Nachbarschaftsfeste gibt. Betrachtet man die Frage, wer die Feste organisiert, geben die Bewohner/innen fast aller Gebiete mit Nachbarschaftsfesten an, dass es Mieter sind, die die Feste organisieren. Nur in der Großstruktur in Friedrichshain geben einige Mieter an, dass die Wohnungsbaugesellschaft die Feste organisiert. U.E. ist fraglich, ob das, was die Bewohner/innen der Parkartigen Bebauung (6 der 10 Gebiete) angeben, tatsächlich organisierte Feste für alle Nachbarn sind, oder einfach Feste, die jeweils Nachbarn organisieren und befreundete Nachbarn einladen. Wenn es sich eher um Privatparties handelt, sagt der Zusammenhang mit der Kohäsion nicht viel aus.

Die letzte Frage zu diesem Bereich war, ob es regelmäßige Begegnungsmöglichkeiten für verschiedene Mietergruppen gibt, z.B. Kaffee trinken, Kegeln, Fußball, Seniorennachmittage, etc. Nur in einem Gebiet gibt die Mehrheit der Befragten an, dass es so etwas gibt. In 39 Gebieten geben 100 % an, dass es keine regelmäßigen Begegnungsmöglichkeiten gibt. In den übrigen Gebieten geben einzelne Bewohner/innen an, dass es das gibt. Betrachtet man die Nutzung von Begegnungsmöglichkeiten als Indikator für ihre Existenz, dann gibt es diese in 13 Gebieten. Insgesamt 15 Befragte geben an, die Möglichkeiten zu nutzen. Das entspricht 2,6% aller gültigen Antworten. Gründe, die Bewohner/innen dafür angeben, dass sie angebotene Begegnungsmöglichkeiten nicht nutzen, sind „kein Interesse" (2 x), „kein Senior/Leute zu alt" (4 x), „Leute uninteressant" (1 x) und „Zeitmangel" (3 x), „habe große Familie" (1 x), „ungünstige Öffnungszeiten" (1 x). Während bei Zeitmangel wohl auch ein diversifiziertes Angebot nicht zur Nutzung führen würde, ist anzunehmen, dass für die Bewohner/innen, die angaben kein Interesse zu haben bzw. kein Senior zu sein, oder dass die Öffnungszeiten ungünstig sind, andere Angebotsstrukturen auch zu einer höheren Beteiligung führen könnten.

Die Korrelation zwischen dem Summenindex der Institutionen beträgt für die Kohäsion r = .18**, für die Integration r = .20** und für die Identifikation r = .20**. Bezogen auf die Baustrukturen zeigt sich in der Großstruktur kein Zusammenhang zwischen Institutionen und Kohäsion, Integration sowie Identifikation, in der Blockstruktur dagegen mit allen drei Nachbarschaftsvariablen ($r_{Kohäsion}$=.25**; $r_{Integration}$ = .22* und $r_{Identifikation}$ = .22**), in der Zeilenbebauung nur ein Zusammenhang mit der Integration (r = .23**) und in der parkartigen Bebauung wiederum mit allen ($r_{Kohäsion}$ = .18*, $r_{Integration}$ = .21* und $r_{Identifikation}$ = .24**). Pauschal betrachtet besteht also durchaus ein Zusammenhang zwischen den einbezogenen Institutionen und dem Nachbarschaftsleben, auch wenn dieser möglicherweise nur gering ist und zwischen den Baustrukturen Unterschiede bestehen. Allerdings ist es aufgrund der Datenlage schwierig, die Bedeutung einzelner Maßnahmen einzuschätzen. Es hat sich als ein großes Manko erwiesen, dass offenbar viele Bewohner von der Existenz solcher Einrichtungen nichts wissen. Das ist nicht nur nachteilig für unsere Untersuchung, das ist auch nachteilig für die Ausbildung sozialer Netze in Nachbarschaften. Hier gibt es einen Handlungsbedarf, der überwiegend in der Verbesserung der Kommunikation zwischen den Einrichtungen und den Bewohnern sowie im Wecken von Interesse besteht.

2.5 Sozialstruktur, räumliche Struktur, Institutionen und Nachbarschaft

Nachdem die Zusammenhänge der drei Bedingungsfaktoren der Nachbarschaftlichkeit im einzelnen untersucht wurden, soll nun eine integrative Betrachtung erfolgen. Dies geschah mittels dreier multipler Regressionsanalysen. Einbezogen wurden diejenigen Variablen, die sich im Rahmen der vorangegangenen Analysen „bewährt" hatten: Für die räumliche Struktur die Eingangsbereiche und die Grünflächen, für die Sozialstruktur die wahrgenommene Homogenität und das Image, für Organisation und Institutionen die Anzahl der vorhandenen Einrichtungen. Tabelle 2.13 zeigt die Prädiktorinterkorrelationen und Tabelle 2.14 die Ergebnisse der Regressionsanalysen.

Tabelle 2.13: Interkorrelation der Prädiktoren

	Eingang	Grünfläche	Funktionale Nähe	Institutionen	Image
Hauseingang	-				
Grünfläche	.45**	-			
Funktionale Nähe	.09*	.13**	-		
Institutionen	.03	.04	.19**	-	
Image	.17**	.14**	.13**	.04	-
Wahrg. Homogenität	.14**	.16**	.10*	.20**	.27**

Tabelle 2.14: Beta-Gewichte der multiplen Korrelation

	Kohäsion	Integration	Identifikation
Hauseingang	.09*	.07+	.10*
Grünfläche	.11**	.06+	.02
Funktionale Nähe	-.02	.03	.05
Institutionen	.07+	.06+	.07+
Image	.22**	.16**	.20**
Wahrg. Homogenität	.49**	.63**	.53**
R, korr. R^2	.67**, .45	.74**, .55	.67**, .45

Insgesamt zeigt sich für alle drei Nachbarschaftsvariablen ein ähnlich hoher Prozentsatz an aufgeklärter Varianz – 45% für die Kohäsion, 55% für die Integration und 45% für die Identifikation. Auch die Höhe der Beta-Gewichte der einzelnen Prädiktoren ist vergleichbar. Die Institutionen, die Grünfläche (hier vielleicht mit Ausnahme der Kohäsion) und die Qualitäten des Hauseingangs haben keine oder nur sehr geringe Effekte. Einen stärkeren Einfluss auf die Nachbarschaftlichkeit hat das Image und einen noch stärkeren die wahrgenommene Homogenität. Daneben zeigen sich kleine Unterschiede zwischen den drei Variablen. So ist für die Kohäsion die Grünfläche von größerer Bedeutung als für Integration und Identifikation, eingeschränkter auch das Image. Die wahrgenommene Homogenität hängt besonders eng mit der Integration zusammen. Das zeigt möglicherweise den wechselseitigen Effekt an: Wahrgenommene Homogenität kann Kontakte fördern, und durch Kontakte wird die Wahrnehmung vieler Gemeinsamkeiten erst möglich.
Dieses Modell wurde in gleicher Weise zur Untersuchung der vier Baustrukturtypen eingesetzt. Die Ergebnisse sollen hier nur grob zusammengefasst werden. Für die Großstrukturen zeigen (bei einem R^2 von .37-.50) nur die wahrgenommene Homogenität und das Image signifikante Einflüsse auf Kohäsion und Identifikation, bei der Integration nur die wahrgenommene Homogenität. In den Blockstrukturen (R^2: .44-.50) ist die Integration ebenfalls allein von der wahrgenommenen Homogenität abhängig, die Identifikation zusätzlich vom Image und bei der Kohäsion spielt auch die Art des Hauseingangs eine Rolle. In der Zeile (R^2: .29-.51) zeigt neben der wahrgenommenen Homogenität und dem Image ebenfalls der Hauseingang einen signifikanten Effekt, jedoch nur bei Kohäsion und Identifikation. Die Integration ist, außer von der wahrgenommenen Homogenität und vom Image, von der Zahl der Institutionen und vom Vorhandensein einer Gartenseite bestimmt. In der parkartigen Bebauung haben die räumlichen Faktoren keine Varianz, so dass hier

nur der Einfluss der Institutionen und der wahrgenommenen Homogenität sowie das Image einbezogen wurden (R^2: .41-.52). Für alle drei abhängigen Variablen zeigen allein das Image und die wahrgenommene Homogenität signifikante Effekte. Diese Analysen zeigen, dass die wahrgenommene soziale Ähnlichkeit in allen vier Baustrukturen gleichermaßen bedeutsam ist. Räumliche Faktoren und Institutionen scheinen dagegen in spezifischer Weise mit den Baustrukturen verknüpft.

Insgesamt sprechen die Ergebnisse der gemeinsamen Analyse für einen Mediationseffekt der wahrgenommenen Homogenität. Diese zeigt Zusammenhänge zu den Institutionen und zu den räumlichen Faktoren, außerdem zu den Variablen, die die Nachbarschaftsbeziehungen beschreiben. Die Zusammenhänge zwischen Institutionen und räumlichen Faktoren mit Kohäsion, Integration und Identifikation werden durch das Einbeziehen der wahrgenommenen Homogenität geringer. Das bedeutet, dass hier Redundanzen bestehen. Das kann so interpretiert werden, dass die wahrgenommene Homogenität zwischen den räumlichen Faktoren, den Institutionen und den Nachbarschaftsbeziehungen vermittelt.

2.6 Zusammenfassung und Diskussion

In diesem Kapitel wurde der Frage nachgegangen, inwieweit die Sozialstruktur, räumliche Strukturen und organisatorische Aspekte dazu beitragen können, Kontakte zwischen Nachbarn und das Gemeinschaftsgefühl zu fördern. Es zeigte sich, dass die Sozialstruktur kaum den überwältigenden Effekt hat, den wir aufgrund der qualitativen Vorstudie vermutet hatten. Der Einfluss der Sozialstruktur scheint eher indirekter Natur, vermittelt über kognitive Prozesse der Wahrnehmung. Aufgrund der vorliegenden Befunde scheint die wahrgenommene Homogenität wesentlich bedeutender als die objektive Homogenität der Bewohnerschaft, das Image einer Wohngegend wichtiger als der tatsächliche soziale Status der Bewohner. Wahrgenommene Homogenität und Image hängen jedoch mit den sozialstrukturellen Bedingungen zusammen. Das sind vor allem das Einkommen, außerdem das Bildungsniveau und die Wohndauer. Es wäre jedoch trivial, daraus zu schließen, dass gehobene Wohnlagen die besten Voraussetzungen für Nachbarschaftlichkeit bieten. Interessanter ist, dass diese Zusammenhänge relativ gering sind und die wahrgenommene Homogenität und das Image auch anderen Bedingungsfaktoren unterliegen, die vielleicht leichter zu beeinflussen sind. Um diese kennenzulernen, bedarf es allerdings weiterer Forschungsarbeiten. Der Einfluss der räumlichen Struktur scheint, verglichen mit dem der wahrgenommenen Homogenität, gering. Dennoch sind wir der Meinung, dass diese entscheidend dazu beiträgt, dass Nachbarn sich begegnen, sich also überhaupt erst kennen lernen und dann immer wieder treffen und so ihre Beziehungen aufrechterhalten und stabilisieren können. Wie sich gezeigt hat, bedarf es dazu differenzierterer Untersuchungen innerhalb der Baustrukturen. Diese scheinen eine Art Rahmen vorzugeben, der das Zusammenspiel einzelner Faktoren moderiert. Ähnlich verhält es sich mit institutionalisierten Kontaktangeboten. Ihre Bedeutung für die Nachbarschaftsbeziehungen scheint genauso gering wie derjenige der untersuchten räumlichen Faktoren. Das hängt sicherlich mit den beschriebenen methodischen Schwierigkeiten zusammen und damit, dass die Bewohner die vorhandenen Einrichtungen oft gar nicht kennen. Hier müsste zunächst geklärt werden, welche Angebote es tatsächlich gibt und ob diese von den Bewohnern wahrgenommen werden bzw. von welchen. Was sich zusätzlich andeutet, ist ein Mediationseffekt der wahrgenommenen Homogenität zwischen räumlichen und institutionellen Faktoren. Das bedeutet, dass sich Eingänge, Grünanlagen und Kontaktangebote auf die wahrgenommene Homogenität auswirken, die dann wiederum die Nachbarschaftsbeziehungen beeinflusst.

Ansatzpunkte für Interventionen zur Stärkung der Nachbarschaftlichkeit bieten sich aufgrund dieser Befundlage genug: Stärken der wahrgenommenen Homogenität und der Images, z. B. durch kommunikative Maßnahmen, vorhandene Kontaktangebote und Partizipationsmöglichkeiten, z. B. im Mieterbeirat, bei den Bewohnern bekannter machen und schließlich die Eingänge sorgfältig gestalten und die Grünflächen klar den Gebäuden zuordnen und nutzbar machen – kein blankes Abstandsgrün.

Literatur

Altman I (1975) The environment and social behaviour. Monterey, CA:Brooks/Cole.

Arbeitsgemeinschaft der Berliner Wohnungsbaugesellschaften DEGEWO, GEHAG, GEWOBAG, GSW, STADT UND LAND und der Investitionsbank Berlin ARGE (1999) Wohnen in Berlin. Berlin.

Bell P A, Baum A, Fisher J D und Greene T C (1996) Environmental Psychology. Harcourt Brace College Publishers, New York.

Bertels (1987) Neue Nachbarschaften. Soziale Beziehungen in einer Neubausiedlung als Folge von Initiativenarbeit. Campus, Frankfurt/Main.

Festinger L (1950) Informal social communication. Psychological Review, 57, 271-282.

Festinger L A, Schachter S und Back K (1950) Social Pressures in Informal Groups. Harper & Row, New York.

GdW und HML (2000) Die Gestaltung der sozialen Stadt als Aufgabe der unternehmerischen Wohnungswirtschaft. Deutsch-französiche Charta zur nachhaltigen Stadtentwicklung, 03.07.2000

Gehl J (1987) Life between buildings: Using public space. Van Nostrand Reinhold Co, New York.

Harloff H J, Ritterfeld U (1993) Psychologie im Dienste der Wohnungs- und Siedlungsplanung. In: Harloff H J (Hrsg.) Psychologie des Wohnungs- und Siedlungsbaus. Psychologie im Dienste von Architektur und Stadtplanung. Hogrefe, Göttingen.

Harloff H J, Hinding B, Schmoll R, Weckwerth H (1993) Bedeutung von Übergangszonen und Zwischenbereichen für Wohnerleben und Wohnhandeln. In: Harloff H J (Hrsg.) Psychologie des Wohnungs- und Siedlungsbaus. Hogrefe, Göttingen.

Häußermann H, Kapphan A (2000) Berlin: von der geteilten zur gespaltenen Stadt? Sozialräumlicher Wandel seit 1990. Leske + Budrich, Opladen.

Junghans J (2001) Kohäsionsfördernde Raummerkmale in unterschiedlichen Baustrukturen. Die Bedeutung von Übergangszonen und funktionaler Distanz für die Nachbarschaft. Unveröffentlichte Diplomarbeit am Institut für Sozialwissenschaften, Abteilung Psychologie, der Technischen Universität Berlin.

Kruse L, Graumann C-F, Lantermann E-D (1990) Ökologische Psychologie. Ein Handbuch in Schlüsselbegriffen. Psychologie Verlags Union, München.

Vierecke K D (1972) Nachbarschaft – ein Beitrag zur Stadtsoziologie. Köln

Warren D I (1978) Exploration in neighborhood differentiation. Sociological Quarterly, 19, 310-331.

Werner C M, Altman I (1998) A dialectical/transactional framework of social relations: Children in secondary territories. In: Görlitz D, Harloff H J, Mey G, Valsiner J (Eds.) Children, cities, and psychological theories. Developing relationships. Walter de Gruyter, Berlin.

B.3

Nachbarschaftskontakte und nachhaltiges Konsumverhalten

Sabine Gruner, Barbara Hinding

Nachdem sich Kapitel B.2 damit beschäftigte, welche Faktoren auf die Bildung kohäsiver Nachbarschaften einwirken, soll es hier darum gehen, ob und inwieweit Beziehungen zwischen der Höhe der Kohäsion in Nachbarschaften und dem Konsumverhalten der Bewohner/innen bestehen.
Es wird zunächst der Versuch unternommen, den eigenen Theorieansatz des Projektes, der aufgrund von theoretischen Vorüberlegungen und empirischen Ergebnissen der Interviews mit Bewohner/innen entwickelt wurde, in den Stand der Forschung einzuordnen. Im Anschluss daran werden die Ergebnisse der quantitativen Erhebung vorgestellt, mittels derer die eigenen theoretischen Annahmen überprüft wurden.

3.1 Theoretischer Hintergrund

3.1.1 Modelle zur Erklärung von umweltrelevantem Verhalten

Das wohl bekannteste und meistdiskutierteste theoretische Modell zur Erklärung menschlichen Verhaltens ist die Theorie geplanten Verhaltens von Ajzen (1991). Es handelt sich um ein sogenanntes Erwartungs-Wert-Modell, nach dem sich Individuen aufgrund von Werten und subjektivem Nutzen, unter Berücksichtigung von eingeschätzten Wahrscheinlichkeiten, für ein bestimmtes Verhalten entscheiden.

Abb. 3.1: Theorie geplanten Verhaltens nach Ajzen 1991.

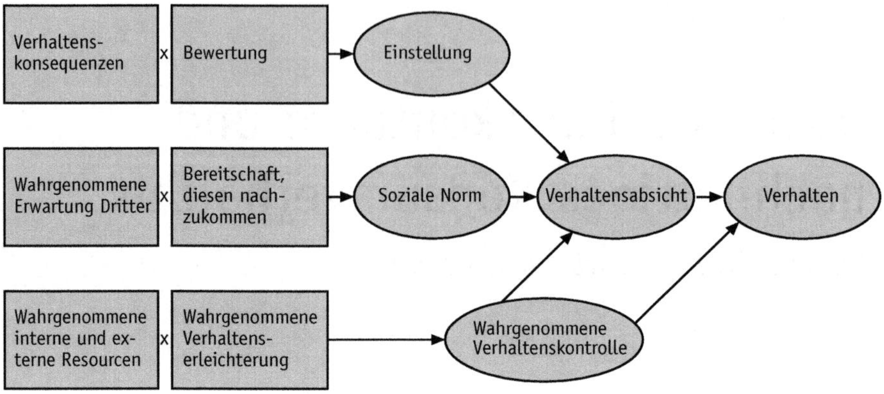

Die Theorie geht davon aus, dass Verhalten maßgeblich beeinflusst wird durch die Absicht, ein bestimmtes Verhalten auszuführen, und die wahrgenommene Verhaltenskontrolle, d.h. die Einschätzung, wie leicht oder schwierig die Ausführung des Verhaltens sein wird. Zusätzlich wirkt die wahrgenommene Verhaltenskontrolle auch schon auf die Verhaltensabsicht, die darüber hinaus beeinflusst wird von der Einstellung zum Verhalten sowie von der subjektiven Norm, d.h. den Erwartungen wichtiger Bezugspersonen und der Bereitschaft, diesen nachzukommen. Das Modell bezieht sich nicht speziell auf Umweltverhalten, sondern allgemein auf Verhalten, wurde jedoch schon mehrfach in Bezug auf Umweltverhalten getestet, wobei sich mit der Verhaltensabsicht bis zu 80% der Varianz erklären ließ (z.B. Goldenhar 1991, Kaiser et al. 1999, Bamberg 1999).

Aspekte sozialer Bezüge werden in dem Faktor soziale Norm erfasst. Die Ursachen menschlichen Verhaltens werden hier jedoch im Wesentlichen in individuellen Faktoren verortet. Erst die immer wieder festgestellten Diskrepanzen zwischen Einstellung und Verhalten speziell im Umweltbereich führen dazu, dass Gruppenprozesse stärker beachtet werden. Bamberg (1999) konnte zeigen, dass die soziale Norm einen hohen, signifikanten Effekt auf die Verhaltensabsicht (.66 / Strukturmodell nach LISREL) bzw. auch direkt auf das Verhalten (.44) hat. Fuhrer (1995) nimmt in seinem Rahmenmodell zur Erklärung von Umwelthandeln Gruppenprozesse als Ausgangspunkt für die Wahrnehmung der Umwelt in Form von sozialen Repräsentationen an; bei der Entstehung von Verhaltensabsichten und bei deren Umsetzung in Verhalten wird ihnen aber kein entscheidender Einfluss zugesprochen.

Kaum Beachtung findet in den Modellen auch das räumliche Umfeld. In der Theorie geplanten Verhaltens werden räumliche Gegebenheiten eher grob unter dem Begriff der wahrgenommenen Verhaltenskontrolle erfasst. Diese kann als ein Maß gesehen werden, um Einflüsse zu berücksichtigen, die nicht der willentlichen Kontrolle einer Person selber unterliegen (vgl. Kaiser et. al. 1999). Hines et al. (1986/87) nennen hier u.a. ökonomische Einschränkungen sowie überhaupt vorhandene Möglichkeiten, das beabsichtigte Verhalten – bzw. alternative Verhaltensweisen – auszuführen. Kaiser et al. (1999) berücksichtigen diese Faktoren über den methodischen Weg durch das Bilden einer Rasch-Skala. Das Einflussschema für umweltrelevantes Verhalten von Fietkau u. Kessel (1981) bezieht Verhaltensangebote wie etwa den Ausbau des öffentlichen Nahverkehrs als direkten Einflussfaktor auf umweltrelevantes Verhalten mit ein.

Abb. 3.2: Einflussschema für umweltrelevantes Verhalten nach Fietkau u. Kessel (1981, S. 10).

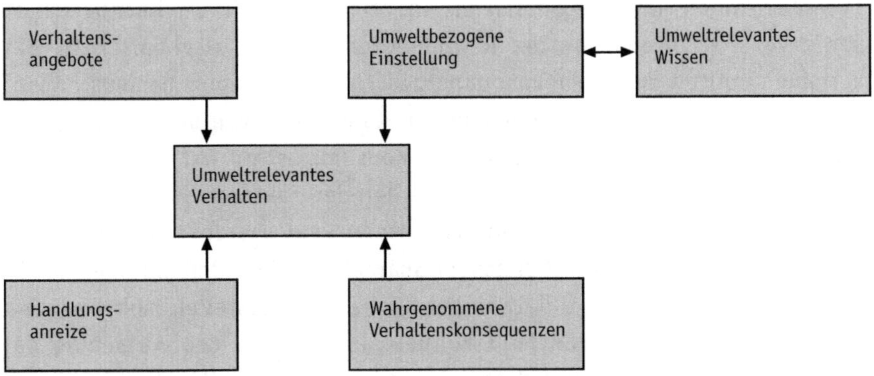

Hier finden jedoch wiederum Gruppenprozesse keine explizite Erwähnung.

3.1.2 Eigener Theorieansatz

Unser eigenes theoretisches Modell verfolgt das Ziel, soziale und räumliche Faktoren stärker bei der Entstehung von Verhalten zu berücksichtigen. Speziell in der Nachbarschaft bieten sich hier viele Ansatzpunkte.

Unser Theorieansatz beinhaltet die Annahme, dass wahrgenommene Normen in der Nachbarschaft die individuellen Konsummotive beeinflussen. Wir gehen davon aus, dass speziell in Bezug auf nachhaltiges Verhalten individuelle Konsummotive eine wichtige Rolle spielen (vgl. gruppenspezifische Konsum-

Leitbilder bei Schultz et al. 1999). Verglichen mit dem beschriebenen Modell können sie am ehesten als Valenzkomponente einer Einstellung gesehen werden, die auf ein spezifisches Verhalten bzw. Objekt bezogen ist. Bekannte Motive sind: Umwelt, Preis, Gesundheit, Selbstdarstellungsorientierung und Hedonismus/Bequemlichkeit. In unserer Erhebung wurden diese verschiedenen Konsummotive in Bezug auf spezifische Bedarfsfelder operationalisiert (vgl. Kap. B.1.). Die Selbstdarstellungsorientierung lässt sich im Rahmen einer Fragebogenuntersuchung so nicht erheben. Sie drückt sich aber im Modell durch den Einfluss nachbarschaftlicher Normen auf die individuelle Orientierung aus. Da Gesundheits- und Umweltorientierung faktorenanalytisch auf einem Faktor laden, der insgesamt als Umweltorientierung interpretiert werden kann, wurden schließlich die Orientierung am Preis, an Umwelt/Gesundheit und an Bequemlichkeit gemessen und zur Auswertung herangezogen.

Die Bereitschaft, das eigene Verhalten an den nachbarschaftlichen Normen auszurichten, hängt u.E. ab von der Bedeutung, die die Nachbarschaft für die Bewohner/innen hat – gemessen als Identifikation mit der Nachbarschaft – sowie von der Integration der Bewohner/innen in die Nachbarschaft. Beide Variablen sollten den Zusammenhang zwischen wahrgenommenen Normen in der Nachbarschaft und den individuellen Konsummotiven moderieren.

Die neuere Forschung zu nachhaltigen Konsummustern hat die wichtige Bedeutung verhaltenshemmender und -fördernder Faktoren in der Umwelt der Individuen gezeigt. „Kleine" Einflussfaktoren wie das zufällige Vorbeigehen an einem Verkaufsstand mit frischem Spargel aus dem Umland oder das Vorhandensein von genügend Platz in der Küche zum Aufstellen mehrerer Abfallbehälter zum Trennen von Müll können letztendlich den Ausschlag dafür geben, ob – bei „guter" Verhaltensabsicht – das eigene Verhalten in Richtung Nachhaltigkeit ausfällt oder nicht. Gerade im Wohnumfeld bieten sich zahlreiche Möglichkeiten zum Abbau hemmender bzw. zum Aufbau fördernder Strukturen für nachhaltiges Verhalten (vgl. Wendorf u. Felbinger 2000, S. 204ff). Denkbar ist zum Beispiel eine Gestaltung des Wohnumfelds durch bequeme Einkaufsmöglichkeiten, gut erreichbare öffentliche Verkehrsmittel oder auch das Anbringen übersichtlicher Messinstrumente zur Kontrolle des eigenen Energieverbrauchs. In unserem Modell sind diese Einflüsse durch die Transaktionskosten ausgedrückt, die u.E. die Beziehung zwischen den eigenen Konsummotiven und dem Verhalten moderieren. Im Rahmen der quantitativen Untersuchung wurden einige dieser Einflussfaktoren zu messen versucht, um die postulierte Moderatorfunktion zwischen Konsummotiv und Konsumverhal-

ten zu überprüfen. Erhoben wurde z.B. die Erreichbarkeit von öffentlichen Verkehrsmitteln oder auch von Einkaufsmöglichkeiten im Wohnumfeld.
Auch Kommunikation über Symbole im Wohnumfeld oder ein ausgewiesenes Programm, wie Öko-Siedlung, Ökologische Mustersanierung oder Niedrigenergiehaus mit entsprechender Ausstattung der Wohnumgebung kann nachhaltiges Verhalten auf Bewohnerebene fördern. Die direkte Frage nach einem eventuellen Programm der Wohnsiedlung sollte ermöglichen, derartige Einflüsse zu überprüfen.
Darüber hinaus gehen wir davon aus, dass auch das Zusammenwirken räumlicher und sozialer Faktoren verhaltensbeeinflussende Wirkung zeigt. So fanden wir in den Interviews der ersten Projektphase Anhaltspunkte dafür, dass durch kohäsive soziale Netze in Nachbarschaften Transaktionskosten gesenkt werden können (vgl. Gruner 2000, S. 200ff), während andererseits durch Anreize der räumlichen Umgebung Gruppenprozesse in Gang gebracht werden können. Nachbarschaftskontakte können die Ortsbindung und die Identifizierung mit der eigenen Wohnsiedlung und darüber auch das Verantwortungsgefühl für das Wohnumfeld fördern. Da die „Wege" dieser Einflüsse zu komplex sind, um sie im Rahmen einer Fragebogenerhebung zu messen, erwarten wir, dass sie sich am ehesten in direkten positiven Korrelationen zwischen dem Verhalten und der Kohäsion in der Nachbarschaft bzw. Integration der Bewohner/innen in die Nachbarschaft ausdrücken. Beispielsweise wurde erwartet, dass in kohäsiven Nachbarschaften weniger Vandalismus zu beobachten ist oder die Mülltrennung besser funktioniert.
Im Folgenden nun die Ergebnisse der quantitativen Erhebung in der Reihenfolge der im Hypothesengerüst angenommenen Zusammenhänge.

3.2 Ergebnisse

3.2.1 Kommunikation

Die Auswertung der in der ersten Projektphase geführten Interviews zeigte, dass Normen über Kommunikation im Wohnumfeld wahrgenommen werden. Kommunikation findet insbesondere in Form von Gesprächen mit Nachbarn statt, aber auch durch die Beobachtung von Nachbarn sowie durch die Wahrnehmung von Eigenschaften des Wohnumfelds.

Kommunikation im Wohnumfeld durch ein Programm der Wohnsiedlung: Wohnen im Niedrigenergiehaus

Lediglich in einem der 60 untersuchten Gebiete geben Bewohner/innen an, ihre Siedlung habe ein Konzept: Es handelt sich um Niedrigenergiehäuser bzw. eine Öko-Siedlung. Da es sich nur um insgesamt drei Bewohner/innen handelt, bei denen dies der Fall ist, können hier keine statistischen Berechnungen angestellt werden, als qualitatives Ergebnis ist aber durchaus interessant, dass die Bewohner/innen alle wissen, dass sie in einem Niedrigenergiehaus bzw. einer Öko-Siedlung wohnen, sich dies jedoch – verglichen mit der restlichen Stichprobe – weder in ihren Konsummotiven noch in ihrem selbstberichteten Verhalten widerspiegelt.

Konzepte wie „Kommunikatives Wohnen" oder auch „Öko-Siedlung" ziehen spezifische Mieterklientele an. Jedoch nicht immer wird das Programm eines Hauses so deutlich propagiert, dass nur Mieter/innen einziehen, die schon zuvor von der dahintersteckenden Idee begeistert waren. In der Regel vereinen die Wohngebiete diverse Eigenschaften, die schließlich dazu führen, dass die Entscheidung für das betreffende Wohngebiet ausfällt. In das in der ersten Projektphase untersuchte ökologogische Modellprojekt „Berliner Straße 88" in Berlin Zehlendorf z.B. zog keine/r der befragten Bewohnerinnen und Bewohner aus ökologischen Gründen ein. Entscheidungsgrundlage waren eher Größe und Helligkeit der Wohnung, ruhige Lage, Bezahlbarkeit etc. Die Bewohner/innen der Niedrigenergiesiedlung Französisch Buchholz wussten größtenteils gar nicht, dass sie in einem Niedrigenergiehaus wohnten (vgl. Kap. C.1.). Dennoch kann das Wohnen in solchen Siedlungen mit Programm die eigenen Denkmuster sowie auch die in der Nachbarschaft vorherrschenden sozialen Normen und dadurch auch das Alltagsleben der Bewohner/innen stark beeinflussen (vgl. ebd.). Z.B. in der Öko-Siedlung Berliner Straße zeigte sich eine höhere ökologische Orientierung als in einem Vergleichsgebiet, sowie in verschiedenen Konsumbereichen auch nachhaltigere Verhaltensweisen (Mobilität, ökologische Ernährung, Kleidungsstil, Kauf von Elektrogeräten sowie Möbeln nach ökologischen Kriterien, Mülltrennung) (vgl. Hinding u. Klingner 2000).

Da das hier vorliegende Gebiet, in dem drei von acht Mieter/innen angeben, in einem Niedrigenergiehaus bzw. einer Öko-Siedlung zu wohnen, überwiegend aus Ein- und Zweifamilienhäusern besteht, ist es durchaus möglich, dass es sich bei den Wohnhäusern der übrigen fünf Befragten nicht um Niedrigenergiehäuser handelt. Deshalb können hier nur Zusammenhänge auf Ebene der einzelnen Befragten angesehen, aber keine Gebietsvergleiche berechnet werden. Der Vergleich der drei Bewohner/innen von Niedrigenergiehäusern mit den übrigen Bewohner/innen desselben Wohngebiets (aber evtl. keine Niedrigenergiehäuser) oder auch mit der Gesamtstichprobe bzgl. ihrer Werte auf den Verhaltensskalen zeigt überraschenderweise deutlich weniger nachhaltiges Verhalten im Bereich Heizen: Wie in Tabelle 3.1 ersichtlich, liegt der Mittelwert der Bewohner/innen der Niedrigenergiehäuser auf der Skala Heizen mit 2,52 deutlich unter dem der anderen Bewohner/innen des Gebietes (3,91) sowie unter dem der Gesamtstichprobe (3,70). Die Skala geht hierbei von 1–5, wobei ein höherer Wert nachhaltigeres Verhalten bedeutet.

Tabelle 3.1: Heizverhalten im Niedrigenergiehaus.

Niedrigenergiehaus	N	Mittelwert auf der Skala Heizen (hoher Wert bedeutet sparsames Verhalten) 5-stufig
Ja (Gebiet 9)	3	2,52
Nein (Gebiet 9)	5	3,91
Gesamtstichprobe	616	3,70

Auch die Werte in den übrigen Verhaltensskalen liegen unter den Durchschnittswerten der Gesamtstichprobe, jedoch nur geringfügig.
Nur im Bereich Stand-by liegt das selbstberichtete Verhalten der Bewohner/innen der Niedrigenergiehäuser mit 3,83 auf der 5-stufigen Skala geringfügig stärker im nachhaltigen Bereich als das der anderen Bewohner/innen desselben Gebietes und als das der Gesamtstichprobe:

Tabelle 3.2: Verhalten bzgl. Stand-by im Niedrigenergiehaus.

Niedrigenergiehaus	N	Mittelwert auf der Skala Stand-by (hoher Wert bedeutet sparsames Verhalten)
Ja (Gebiet 9)	3	3,83
Nein (Gebiet 9)	5	3,60
Gesamtstichprobe	616	3,25

Danach befragt, was ihnen beim Heizen wichtig ist, welches Konsummotiv also bei diesen drei Befragten im Vordergrund steht, antworteten sie nicht in erster Linie, umweltschonend zu heizen, sondern jeweils eine Person gab an, das Wichtigste sei der Preis (beim Heizen Geld zu sparen), der Genuss (es kuschelig warm zu haben) und die Bequemlichkeit (sich nicht darum kümmern zu müssen). Das Motiv, umweltschonend zu heizen, liegt bei der Plazierung

auf vier möglichen Rängen bei zwei Befragten auf Rang 3, bei einer/m auf Rang 4.
Anzunehmen ist, dass auch hier die Einzugsmotivation auf anderen Faktoren beruhte. Umweltorientierte Einstellungen oder Verhaltensweisen waren hier offensichtlich weder Voraussetzung noch Folge des Wohnens in einer Ökosiedlung. Einerseits zeigt dies, dass für solche Wohnformen durchaus ein durchschnittliches Mieterklientel ansprechbar ist, andererseits wird hier wohl auch Potenzial verschenkt (vgl. Gruner 2000, S. 199). Auch in Niedrigenergiehäusern z.B. trägt das Verhalten der Bewohner/innen in großem Ausmaß zum tatsächlichen Energieverbrauch bei (vgl. Kap. C.1). Zudem könnte hier über das Thema Energiesparen auch der Zugang für andere ressourcenschonende Konsummuster geschaffen werden.
Aufgrund der geringen Fallzahl sind die Ergebnisse jedoch unter Vorbehalt zu betrachten.

Kommunikation im Wohnumfeld durch Gespräche mit Nachbar/innen
Statistisch besser zu untersuchen ist die Kommunikation durch Gespräche mit den Nachbar/innen: In hoch kohäsiven Nachbarschaften unterhalten sich die Bewohner/innen untereinander häufiger über Konsum als in niedrig kohäsiven Nachbarschaften. Die meisten Gespräche finden über Mülltrennung/-vermeidung statt, gefolgt von Ernährung.
Insgesamt geben die Bewohner/innen auf der fünfstufigen Skala von „nie" (= 1) bis „sehr oft" (= 5) an, sich nie bis selten über die genannten Themen zu unterhalten (Gesamtmittelwert = 1,7). Innerhalb dieser recht seltenen Gespräche über Konsum werden jedoch gemäß unserer Annahme in hoch kohäsiven Gebieten signifikant häufiger Gespräche über Konsum geführt als in niedrig kohäsiven Nachbarschaften (Stichprobe geteilt nach dem Mittelwert für Kohäsion: 2,93): Über alle Gespräche insgesamt beträgt der Mittelwert für hoch kohäsive Gebiete 2,0 (entspricht der Aussage „selten"), für niedrig kohäsive Gebiete 1,4 ($t_{Kohäsion} = -11,2^{**}$ bei df = 498,1). Auch bei der getrennten Berechnung nach einzelnen Themenbereichen finden in den hoch kohäsiven Gebieten signifikant mehr Gespräche statt als in den niedrig kohäsiven Gebieten: Müll: $t_{Kohäsion} = -10,2^{**}$, df = 532,2 / Ernährung: $t_{Kohäsion} = -11,3$, df = 482,4 / Heizen: $t_{Kohäsion} = -7,9$, df = 518,7 / Strom: $t_{Kohäsion} = -8,6$, df = 522,8.
Thema in dem am häufigsten genannten Bereich Müll ($Mittelwert_{ges} = 1,9$) ist besonders, wie gut das Mülltrennen im Wohngebiet klappt:

Abb. 3.3: Gespräche über Mülltrennung/-vermeidung.

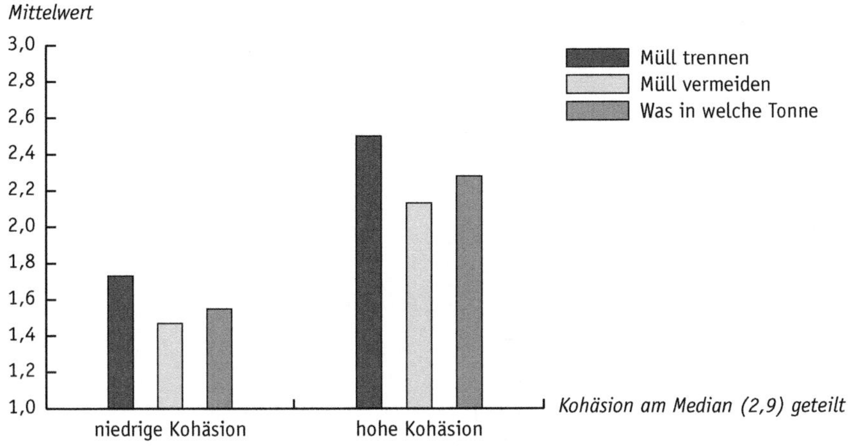

Am zweithäufigsten werden Gespräche über Ernährung und über Heizen geführt ($\text{Mittelwert}_{ges} = 1{,}7$), insbesondere über Einkaufsmöglichkeiten in der Umgebung und über Preisvergleiche:

Abbildung 3.4: Gespräche über Ernährung.

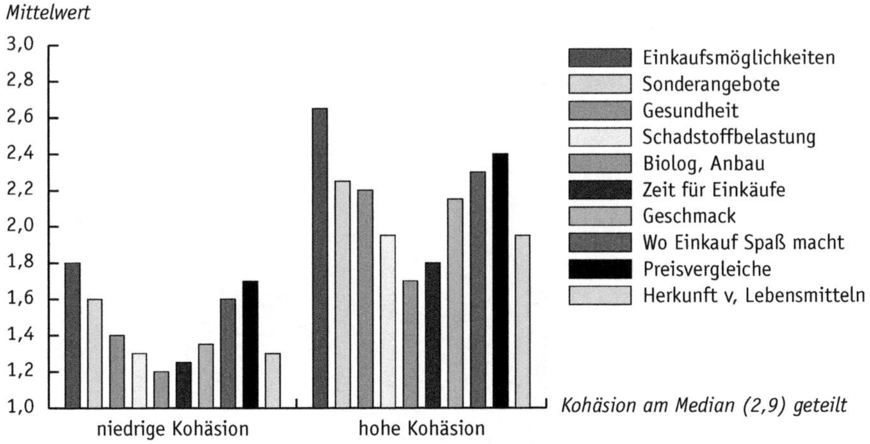

Häufigster Gesprächsinhalt zum Thema Heizen (Mittelwert$_{ges}$ = 1,7) sind die Heizkosten:

Abb. 3.5: Gespräche über Heizen.

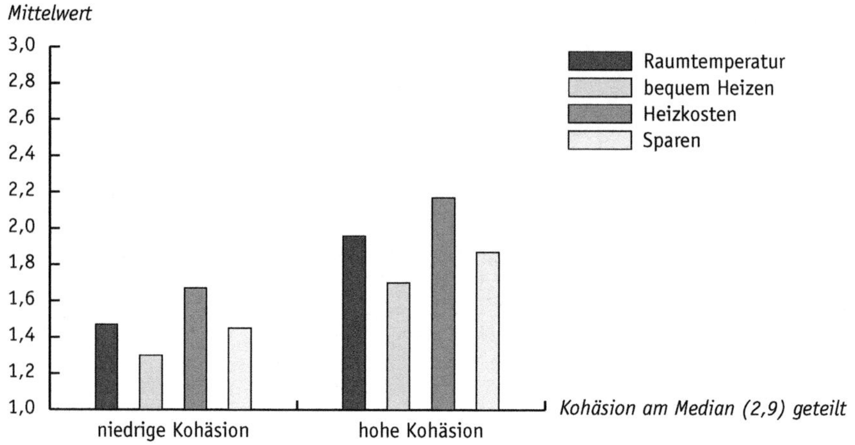

Im Bereich Strom (Mittelwert$_{ges}$ = 1,6) unterhalten sich die Nachbar/innen vorwiegend über „technische Geräte, die die Arbeit erleichtern" sowie über die Stromrechnung:

Abbildung 3.6: Gespräche über Strom.

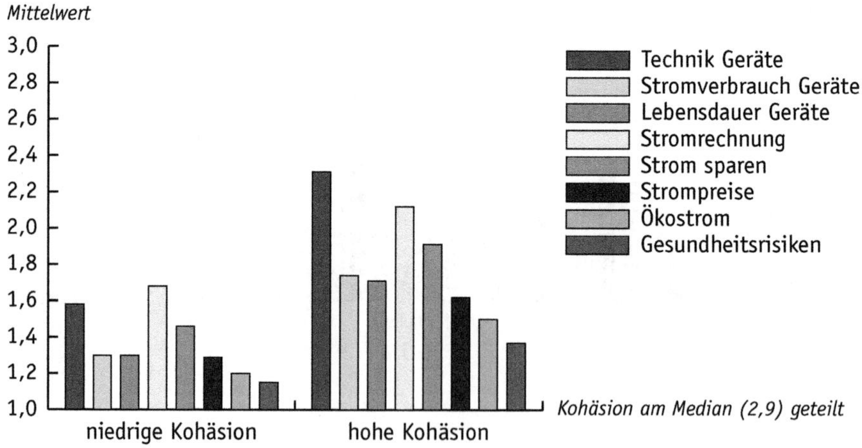

3.2.2 Zusammenhänge zwischen Gesprächen und Normen sowie zwischen Gesprächen und Konsummotiven

Die Annahme einer einheitlicheren wahrgenommenen Norm und einer Angleichung der Konsummotive in Nachbarschaften mit hoher Kohäsion bzw. häufigen Gesprächen über Konsum wurde nicht bestätigt.
Signifikante Korrelationen ergaben sich aber bei der Berechnung der inhaltlichen Übereinstimmung zwischen Gesprächen mit den Nachbarn und nachbarschaftlichen Normen sowie Gesprächen mit Nachbarn und individuellen Konsummotiven.
Um zu prüfen, ob in Nachbarschaften mit hoher Kohäsion bzw. häufigen Gesprächen über Konsum eine einheitlichere Norm wahrgenommen wird und eine Angleichung der Konsummotive stattfindet, wurde die Korrelation zwischen den Varianzen der wahrgenommenen Normen und Konsummotive pro Gebiet und dem Mittelwert der Kohäsion sowie dem Mittelwert der Gesprächshäufigkeiten pro Gebiet gerechnet. Die Tatsache, dass diese Annahme nicht bestätigt wurde (s.o.), deutet darauf hin, dass nachbarschaftliche Prozesse möglicherweise nicht die postulierte Wirkung haben. Ursache für das Fehlen der angenommenen Zusammenhänge kann jedoch auch das bereits in Kapitel B.2. erwähnte methodische Problem sein, dass bei der Erhebung Bewohner/-innen nach räumlicher Nähe ausgewählt wurden, nicht jedoch nach tatsächlich bestehenden sozialen Netzen. Innerhalb der Nachbarschaften – auch innerhalb kohäsiver Nachbarschaften – bestehen jedoch in der Regel mehrere Gruppen von Nachbar/innen, die miteinander Kontakte pflegen. Da es erhebungstechnisch nicht möglich war, genau diese internen Gruppen getrennt zu erheben, ist es auch kaum möglich, differenzierte Gruppenprozesse wie die Wahrnehmung gemeinsamer nachbarschaftlicher Normen oder die Angleichung individueller Konsummotive durch Gespräche innerhalb der jeweiligen Gruppe zu erfassen.
Berechnet man allerdings inhaltlich den Zusammenhang zwischen den Gesprächen und den nachbarschaftlichen Normen sowie den individuellen Konsummotiven, ergeben sich geringe, aber signifikante Korrelationen.
Tabelle 3.3 zeigt die Korrelationen zwischen Gesprächen in der Nachbarschaft und den wahrgenommenen nachbarschaftlichen Normen:

Tabelle 3.3: Korrelationen zwischen Gesprächen in der Nachbarschaft und den wahrgenommenen Normen (Korrelation nach Pearson).

	Gespräche über:			
	Ernährung	Mülltrennen	Heizen	Strom
Umweltnorm	.33**	.20**	.26**	.29**
Norm für Bequemlichkeit	.19**	.16**	.17**	.17**

Die Korrelationen sind durchweg positiv. Je häufiger sich die Befragten mit ihren Nachbar/innen über die Themen unterhalten, desto stärker nehmen sie in der Nachbarschaft sowohl eine Umweltnorm als auch eine Norm für Bequemlichkeit wahr. Die Korrelationen zwischen den Gesprächen und der Norm für Preisorientierung werden alle nicht signifikant.
Tabelle 3.4 zeigt die Korrelationen zwischen Gesprächen in der Nachbarschaft und den individuellen Konsummotiven:

Tabelle 3.4: Korrelationen zwischen Gesprächen in der Nachbarschaft und den individuellen Konsummotiven (Korrelationen nach Pearson).

	Gespräche über:			
	Ernährung	Mülltrennen	Heizen	Strom
Umweltmotiv	.09*	.13**	.11*	.11*
Bequemlichkeitsmotiv	-.20**	-.19**	-.11*	-.14**
Preismotiv	-.04	-.14**	-.11	-.11*

Je häufiger sich die Bewohner/innen mit ihren Nachbar/innen über die einzelnen Themen unterhalten, desto stärker ist bei ihnen das Umweltmotiv ausgeprägt. Die Korrelationen zwischen den Gesprächen und dem Bequemlichkeitsmotiv sowie dem Preismotiv sind negativ, d.h., je häufiger sich die Bewohner/innen in der Nachbarschaft über die Themen unterhalten, desto weniger orientieren sie ihren eigenen Konsum an Bequemlichkeit und auch am Preis.
Durchgängig ergibt sich also: Je häufiger in der Nachbarschaft Gespräche über Konsum geführt werden, desto stärker wird eine Umweltnorm in der Nachbarschaft wahrgenommen und desto stärker ist auch die Umweltorientierung beim eigenen Konsum ausgeprägt. Bzgl. der Bequemlichkeitsorientierung ergeben sich eher widersprüchliche Ergebnisse. Häufigere Gespräche hängen damit zusammen, dass auch eine stärkere Norm für Bequemlichkeit in der Nachbarschaft wahrgenommen wird, aber gleichzeitig die eigene Konsumorientierung sich geringer an Bequemlichkeit ausrichtet. Auch bei der Preisorientierung sind die Ergebnisse nicht einheitlich: Zwischen Gesprächshäufigkeit und Sparsamkeitsnorm bestehen keine Zusammenhänge, aber je häufiger Ge-

spräche geführt werden, desto geringer ist der eigene Konsum am Preis orientiert. Der Zusammenhang zwischen Umweltmotiv und Gesprächshäufigkeit ist in beide Richtungen möglich: Häufigere Gespräche mit den Nachbarn über Konsum führen zu einer höheren Umweltorientierung und umweltorientierte Bewohner/innen unterhalten sich häufiger mit ihren Nachbar/innen über Konsum. Umweltorientierung korreliert negativ mit der Bequemlichkeitsorientierung und auch mit der Preisorientierung, so dass hierdurch die negativen Vorzeichen bei den Korrelationen zwischen Gesprächshäufigkeit und Bequemlichkeitsorientierung sowie zwischen Gesprächshäufigkeit und Preisorientierung erklärt werden können. Gleichzeitig ist es aber denkbar, dass besonders die umweltorientierten Bewohner/innen bei ihren Gesprächen auch eher eine Bequemlichkeitsnorm in ihrer Nachbarschaft wahrnehmen. So zeigen z.B. die Interviews der in Kapitel C.5 beschriebenen Energiesparaktion, dass Bewohner/innen, die schon häufiger vergeblich versucht haben, ihre Nachbar/innen davon zu überzeugen, ihre Geräte nicht auf Stand-by-Betrieb stehen zu lassen, frustriert sind und den Eindruck einer gewissen Bequemlichkeit ihrer Nachbar/innen gewinnen, die auch nicht zu ändern sei.

3.2.3 Norm und Konsumorientierung

Im Bereich Umwelt und Preis korrelieren Norm und Konsumorientierung gering, aber signifikant (s. Tabelle 3.5). Das heißt: Wird in der Nachbarschaft eine Norm in Richtung umweltfreundliches Verhalten wahrgenommen, hat die Umwelt auch bei der individuellen Konsumorientierung einen höheren Stellenwert (r = .16**). Wird die Nachbarschaft so wahrgenommen, dass eine Orientierung am Preis vorherrscht, spielt der Preis auch bei den individuellen Konsumorientierungen eine Rolle (r = .17**). Zudem findet sich ein negativer Zusammenhang zwischen der Preisnorm und der Umweltorientierung: Je höher die nachbarschaftliche Norm an preiswertem Konsum orientiert ist, desto geringer ist das Umweltmotiv bei den Bewohner/innen ausgeprägt (r = -.10*). Kein Zusammenhang zwischen Norm und Konsumorientierung findet sich hingegen bei der Orientierung an Bequemlichkeit.
Tabelle 3.5 zeigt die Ergebnisse der Korrelationsrechnungen im Überblick:

Tabelle 3.5: Korrelationen zwischen Normen und Konsumorientierungen.

Norm	Konsumorientierung	R (Pearson)
Umwelt	Umwelt	.16**
Bequem	Bequem	.07
Preis	Preis	.17**

Das aufgrund der qualitativen Untersuchung entstandene Modell postuliert zudem, dass der Zusammenhang zwischen der nachbarschaftlichen Norm und dem individuellen Konsummotiv moderiert wird durch die Identifikation (soziale Identität) und die Integration. Wir vermuten, dass bei Bewohner/innen, die stark in die Nachbarschaft integriert sind bzw. für die die Nachbarschaft eine wichtige Bedeutung für ihre soziale Identität hat, die individuellen Konsummotive stärker durch nachbarschaftliche Normen beeinflusst sind als bei Bewohner/innen, die nicht so stark am nachbarschaftlichen Leben teilhaben bzw. für die die Nachbarschaft nicht so eine wichtige Bedeutung hat. Die Untersuchung der einzelnen Items zeigt recht uneindeutige Ergebnisse. Auch nach Skalen zusammengefasst, wurde diese Hypothese nur tendenziell bestätigt (s. Tabelle 3.4). Bzgl. der Orientierung an Bequemlichkeit und der Orientierung am Preis findet sich bei Bewohner/innen, die stärker in die Nachbarschaft integriert sind, ein etwas stärkerer Zusammenhang zwischen der nachbarschaftlichen Norm und ihrer individuellen Konsumorientierung als bei wenig integrierten Bewohner/innen. Im Bereich Umwelt findet sich kein Unterschied zwischen hoch und niedrig integrierten Bewohner/innen:
Im Folgenden die Korrelationsrechnungen zwischen der nachbarschaftlichen Norm und der individuellen Konsumorientierung mit der Integration als Moderatorvariable:

Tabelle 3.6: Korrelationen zwischen Normen und Konsumorientierungen jeweils bei geringer Integration in die Nachbarschaft (Wert auf der Integrationsskala < 2,86) und bei hoher Integration (Skalenwert > 2,86).

Norm	Konsumorientierung	r bei geringer Integration	r bei hoher Integration
Umwelt	Umwelt	.15*	.16*
Bequem	Bequem	.06	.13*
Preis	Preis	.13*	.22**

Bezogen auf die Identifikation (Soziale Identität) sind die Zusammenhänge zwischen Norm und individuellem Motiv leicht höher in allen drei Bereichen (s. Tabelle 3.7). Bzgl. der Bequemlichkeitsorientierung wird der Zusammenhang jedoch weder bei Bewohner/innen, für die die Nachbarschaft eine hohe Bedeutung hat, signifikant, noch bei Bewohner/innen, für die die Nachbarschaft eine eher geringe Bedeutung hat:
Soziale Identität als Moderatorvariable bzgl. des Zusammenhangs zwischen wahrgenommener Norm und Konsumorientierung:

Tabelle 3.7: Korrelationen zwischen Normen und Konsumorientierungen jeweils bei geringer Identifikation mit der Nachbarschaft (Wert auf der Skala Soziale Identität < 2,75) und bei hoher Identifikation (Skalenwert > 2,75).

Norm	Konsumorientierung	r bei geringer Identifikation	r bei hoher Identifikation
Umwelt	Umwelt	.08	.14*
Bequem	Bequem	.05	.09
Preis	Preis	.11*	.24**

3.2.4 Die Konsumorientierungen: Was ist den Bewohner/innen wichtig in den verschiedenen Konsumbereichen?

Beim Kauf von Nahrungsmitteln ist den Bewohner/innen eindeutig die Gesundheit am wichtigsten. Dass die Nahrungsmittel aus kontrolliert biologischem Anbau kommen ist das unwichtigste von insgesamt acht Kriterien.
Im Bereich Energie ist der Preis das wichtigste Kriterium, sowohl beim Heizen als auch bzgl. Strom.

Die Ratings im Detail:
Fast die Hälfte aller Befragten (42,1%) gaben von insgesamt acht Möglichkeiten die Gesundheit als wichtigstes Kriterium beim Kauf von Lebensmitteln an, und für insgesamt 65,6% steht Gesundheit auf Rang 1 oder 2 beim Lebensmitteleinkauf. Dagegen stufen die Befragten das Umweltmotiv insgesamt als das unwichtigste der acht Kriterien ein: Für 68,2% der Befragten steht das Kriterium, dass Nahrungsmittel aus ökologischer Produktion kommen auf einem der letzten drei von insgesamt acht Rängen und nur für 6,5% steht es auf Rang 1 oder 2.
Zweitwichtigstes Kriterium beim Lebensmitteleinkauf ist für die meisten Befragten ein günstiger Preis (bei 46,9% auf Rang 1 oder 2). Auf Platz drei steht der gute Geschmack (bei 41,9% auf Rang 1 oder 2). Auch die Kriterien schnelle Besorgung (für 20,9% auf Rang 1 oder 2), schnelle Zubereitung (für 12,2% auf Rang 1 oder 2) und Herkunft aus der Region (bei 7,6% auf Rang 1 oder 2) liegen vor dem ökologischen Anbau.
51,5% der Bewohner/innen bewerten einen günstigen Preis als wichtigstes von vier möglichen Kriterien beim Konsum von Strom, insgesamt 72,3% als wichtigstes oder zweitwichtigstes Kriterium.
An zweiter Stelle bei Strom steht, dass bei der Stromerzeugung keine Gefahr für die Gesundheit besteht: 23,8% sehen dies als wichtigstes Kriterium, insgesamt 50,1% stufen dies auf Rang 1 oder 2 ein. Zwischen dem Preismotiv und dem Gesundheitsmotiv besteht erwartungsgemäß eine negative Korrela-

tion (r = -.46). Die Korrelation zwischen dem Gesundheits- und dem Umweltmotiv fällt hingegen sehr gering aus und wird nur fast signifikant: r = .06+. Die Verknüpfung, dass eben der Strom, der aus umweltschonenden Energiequellen kommt, eher ohne Gesundheitsrisiken produziert wird, ist nicht präsent. Die Umwelt steht aber immerhin für 45,5% auf Rang 1 oder 2 (für 15,4% auf Rang 1), die Bequemlichkeit für 34,1% (Rang 1: 11,5%).
Auch beim Heizen steht das Preismotiv deutlich an erster Stelle: 44,5% wollen in erster Linie beim Heizen Geld sparen (bei 75,6% liegt Geld sparen auf Rang 1 oder 2 von 4 möglichen). Zweitwichtigstes Kriterium ist der Genuss: Dass es „kuschelig warm" ist, ist für 22,9% am wichtigsten (für 47,9% auf Rang 1 oder 2). Dritte Stelle nimmt das Umweltmotiv ein: Für 19,5% ist es am wichtigsten, umweltschonend zu heizen (für 43,9% auf Rang 1 oder 2). An letzter Stelle kommt die Bequemlichkeit: Dass man sich nicht darum kümmern muss steht für 14,5% auf Rang 1, für insgesamt 34,1% auf Rang 1 oder 2.

3.2.5 Konsummotive und Verhalten

Unser Arbeitsmodell postuliert einen Zusammenhang zwischen den Konsummotiven und dem Verhalten.
Die Ergebnisse zeigen: Das Verhalten ist um so nachhaltiger, je geringer die Orientierung am Preis und am Aufwand und je ausgeprägter das Umweltmotiv. Ein hohes Umweltschutzmotiv geht mit einer geringen Preis- und Bequemlichkeitsorientierung einher. Kurz gesagt: Umweltschutz ist unbequem und teuer.
Zur Auswertung wurden zunächst die Einzelkorrelationen der Motivskalen mit den erfragten Verhaltensweisen bestimmt. Die Verhaltensweisen sind hier je nach Konsumbereich zu Skalen zusammengefasst: Je höher der Wert auf der Skala, desto nachhaltiger das Verhalten in dem betreffenden Konsumbereich. Ein hoher Wert auf der Mobilitätsskala bedeutet z.B., dass die befragte Person häufig öffentliche Verkehrsmittel benutzt und selten das Auto. In Bezug auf Elektrogeräte bedeutet ein hoher Wert, dass die Befragten wenig elektrische Geräte besitzen bzw. auch wenig benutzen. Das Heizverhalten ist bei einem hohen Skalenwert sparsamer, Stand-by-Geräte werden ganz ausgestellt etc. Die Konsumskalen sind konsumbereichsübergreifend und kennzeichnen die drei Motive Umweltschutz, Preis und Bequemlichkeit über alle erfassten Bereiche. Hier gilt: Je höher der Wert auf der Skala, desto ausschlaggebender ist das betreffende Motiv beim Konsum über alle Bereiche. Die folgende Tabelle zeigt die Korrelationen zwischen den Verhaltensskalen und den Skalen der Konsummotive:

Tabelle 3.8: Einzelkorrelationen zwischen Konsummotiven und Verhalten (Spearman´s Rho).

	Preis	Umweltschutz	Bequemlichkeit
Mülltrennung	-.23**	.26**	-.22**
KbA-Ernährung#	-.33**	.52**	-.26**
Regionale Produkte	-.10*	.00	-.14**
Einkaufen im Wohnumfeld	-.20**	.29**	-.19**
Mobilität	-.06	.26**	-.14**
Heizen	-.01	.20**	-.22**
Elektrogeräte	-.03	.09+	-.00
Stand-by	-.07+	.16**	-.18**
Ökostrom	-.13**	.27**	-.16**

 # KbA-Ernährung entspricht Ernährung aus kontrolliert biologischem Anbau.

Als erstes fällt auf, dass die Verhaltensweisen – alle in die „nachhaltigere" Richtung codiert – mit dem Preismotiv durchgehend mit negativem Vorzeichen zusammenhängen. Die Zusammenhänge sind gering und nur in wenigen Fällen signifikant, so bei der Mülltrennung, beim Kauf von Nahrungsmitteln aus kontrolliert biologischem Anbau, beim Einkaufen im Wohnumfeld, beim Ökostrom sowie beim Kauf regionaler Produkte und tendenziell auch bei Stand-by. Das bedeutet, dass diese Verhaltensbereiche um so weniger nachhaltig sind, je stärker das Motiv, möglichst preiswert einzukaufen und zu leben, ausgebildet ist. Umgekehrt verhält es sich beim Umweltschutz- bzw. Gesundheitsmotiv. Hier finden sich ausschließlich positive Korrelationen, d.h., das Verhalten ist um so nachhaltiger, je stärker das Umweltschutzmotiv ausgeprägt ist. Abgesehen vom Kauf regionaler Produkte und der Anzahl der Elektrogeräte, bei denen die Korrelation nicht signifikant ist, betrifft das alle Verhaltensweisen. Am engsten ist der Zusammenhang zum Kauf von Bioprodukten. Ansonsten sind die Korrelationskoeffizienten ähnlich gering, wie aus der Diskussion zum Zusammenhang von Einstellung und Verhalten bekannt ist. Beim Bequemlichkeitsmotiv steht wieder alles unter einem negativen Vorzeichen, wobei lediglich zur Anzahl der Elektrogeräte kein Zusammenhang besteht. Demnach gibt es für die untersuchten Verhaltensbereiche ein Grundmuster: Je geringer die Orientierung am Preis und am Aufwand und je ausgeprägter das Umweltmotiv, desto nachhaltiger ist das Verhalten. Einige Verhaltensweisen weichen davon allerdings etwas ab. Am stärksten ist das bei der Anzahl der Elektrogeräte der Fall, die von den drei Motiven unabhängig zu sein scheint. Mobilität und Heizen sind unabhängig vom Preis, d. h., für Autoverzicht und sparsames Heizen entscheidet man sich nicht aus Kostengründen.

Darüber hinaus erschien es uns sinnvoll, die Konsummotive auch in ihrem Zusammenwirken zu untersuchen. Um das relative Gewicht der einzelnen Konsummotive beim Zustandekommen der verschiedenen Verhaltensweisen einschätzen zu können, wurde eine multiple Korrelation für jeden der Verhaltensbereiche gerechnet. Tabelle 3.9 zeigt die Interkorrelationen zwischen den Prädiktoren. Der Zusammenhang zwischen Preis und Bequemlichkeit ist gering. Höher sind die negativen Korrelationen zwischen Umweltschutz und Bequemlichkeit sowie zwischen Umweltschutz und Preis. Je höher die Orientierung an Preis oder Bequemlichkeit, desto geringer ist das Umweltschutzmotiv ausgeprägt.

Tabelle 3.9: Interkorrelationen zwischen den Prädiktoren.

	Preis	Umweltschutz	Bequemlichkeit
Bequemlichkeit	-.13**	-.53**	--
Preis	--	-.44**	-.13**
Umweltschutz	-.44**	--	-.53**

Tabelle 3.10 zeigt die Beta-Gewichte sowie die multiplen Korrelationskoeffizienten R und die Bestimmtheitsmaße R^2 der Regressionsrechnungen auf die verschiedenen Verhaltensbereiche. R^2 gibt an, wieviel Varianz des betreffenden Verhaltens durch die drei Motive insgesamt aufgeklärt wird – je höher R^2, desto besser ist die Vorhersage des Verhaltens aufgrund der drei Motive möglich. Je höher das Beta-Gewicht eines Motivs, desto größer ist der Erklärungswert dieses Motivs bzgl. des jeweiligen Verhaltens.

Tabelle 3.10: Multiple Korrelation von Konsummotiven und Konsumverhalten

	Beta-Gewichte			Statistische Bedeutsamkeit	
	Preis	Umweltschutz	Bequemlichkeit	R	R^2 (korr.)
Mülltrennung	-.26**	-.01	-.27**	.34**	.12**
KbA-Ernährung	-.14**	.45**	-.04	.55**	.30**
Regionale Produkte	-.30**	-.33**	-.36**	.30**	.09**
Einkaufen im Wohnumfeld	-.15**	.15*	-.13*	.31**	.10**
Mobilität	.06	.30**	.02	.27**	.07**
Heizen	.06	.18**	-.11+	.25**	.06**
Elektrogeräte	.08	.19**	.10+	.13*	.02*
Stand-by	-.08	.03	-.18**	.21**	.04**
Ökostrom	-.03	.21**	-.06	.27**	.07**

Die Ergebnisse der multiplen Korrelationsanalyse werfen kein wesentlich anderes Licht auf die Zusammenhänge. Sie setzen nur zum Teil andere Schwerpunkte. So weisen die Beta-Gewichte für die Mülltrennung nicht das Umweltmotiv als wesentliche Determinante aus, sondern das Preis- und das Bequemlichkeitsmotiv. Beide sollten möglichst gering ausgeprägt sein, damit die Bewohner/innen ihren Müll trennen. Die Frage nach dem Sinnzusammenhang zwischen Preisbewusstsein und Mülltrennung kann bisher nicht beantwortet werden. Vermutung war, dass es sich hier um eine Scheinkorrelation über das Einkommen handelt, da in Gebieten mit höherem Einkommen auch das selbstberichtete Mülltrennungsverhalten stärker ausgeprägt ist, während die Orientierung am Preis negativ mit dem Einkommen korreliert (-.28**). Die partielle Korrelation mit dem Einkommen als Kontrollvariable zeigt jedoch immer noch einen negativen Zusammenhang zwischen Preisorientierung und Mülltrennung, der aber wahrscheinlich durch weitere dritte Variablen zustande kommt. Der Kauf von Bioprodukten ist dagegen im wesentlichen umweltmotiviert. Preisbewusstsein wirkt sich nur wenig nachteilig aus. Der Kauf regionaler Produkte zeigt dagegen nur Beta-Gewichte mit negativem Vorzeichen, was bedeutet, dass ein hohes Preisbewusstsein, Umweltschutzmotiv und Bequemlichkeitsmotiv nicht mit dem Kauf regionaler Produkte einhergeht. Diesem liegt eine andere Motivation zugrunde.

Einkaufen im Wohnumfeld hängt ebenfalls mit allen drei Motiven zusammen. Ein geringes Preisbewusstsein, ein hohes Umweltschutzmotiv und eine geringe Bequemlichkeitsorientierung erhöhen die Wahrscheinlichkeit, dass im Wohnumfeld eingekauft wird. Auch hier überraschte zunächst der negative Zusammenhang zwischen Einkaufen im Wohnumfeld und der Bequemlichkeitsorientierung, erscheint doch die Möglichkeit, in der direkten Nachbarschaft einzukaufen, als recht bequem. Noch bequemer scheint aber der Einkauf im Supermarkt zu sein: Die Einzelkorrelation zwischen dem Bequemlichkeitsmotiv und dem Einkauf im Supermarkt beträgt $r = .15^{**}$. Der Einkauf im Supermarkt hängt auch positiv mit der Orientierung am Preis zusammen (Einzelkorrelation zwischen Preismotiv und Einkauf im Supermarkt: $r = .13^{*}$) und negativ mit der Umweltschutzorientierung (Einzelkorrelation zwischen Umweltschutzmotiv und Einkauf im Supermarkt: $r = -.23^{**}$).

Das Mobilitätsverhalten hängt nach dieser Analyse nur mit der Ausprägung des Umweltmotivs zusammen: Je wichtiger für die Befragten der Umweltschutz als Konsummotiv ist, desto häufiger benutzen sie öffentliche Verkehrsmittel, bzw. desto seltener benutzen sie das Auto. Preisbewusstsein und

überraschenderweise auch Bequemlichkeit scheinen hier keine entscheidende Rolle zu spielen.
Auch sparsames Heizen ist vorwiegend umweltmotiviert, wobei die Bequemlichkeitsorientierung tendenziell entgegengesetzt wirksam werden kann. Die Anzahl der Elektrogeräte sinkt mit dem Umweltbewusstsein und – erstaunlicherweise – tendenziell mit der Orientierung an Bequemlichkeit. Das Abschalten von Stand-by-Geräten wird mit wachsender Bequemlichkeit unwahrscheinlicher und wird auch mit wachsendem Preis- und Umweltbewusstsein nicht wahrscheinlicher. Das Beziehen von Ökostrom ist dagegen allein umweltmotiviert.
Die Analyse zeigt, dass von den Konsummotiven für alle nachhaltigen Verhaltensweisen außer Mülltrennung und Stand-by die Orientierung am Umweltschutz maßgeblich ist. Die in der Nachhaltigkeitsdebatte verbreitete Suche nach Win-Win-Situationen scheint hier nicht zu greifen. So fällt zum Beispiel das Energiesparen nicht mit dem Preismotiv zusammen, obwohl sich hier durchaus Geld sparen lassen kann. Die Ergebnisse zeigen aber auch, dass es sich lohnen kann, mehr Wissen über Umweltschutz zu verbreiten: Das Abschalten von Stand-by-Geräten sowie der Kauf regionaler Produkte sind sehr wohl nachhaltig, zeigen aber keinerlei Zusammenhang mit der Umweltschutzorientierung. Dies lässt darauf schließen, dass auch bei hoch Umweltorientierten diese Verhaltensweisen nicht als nachhaltig im Bewusstsein verankert sind. Die negative Korrelation zwischen dem Kauf regionaler Produkte und der Preisorientierung wird den recht undifferenzierten Verhaltensitems geschuldet sein. Viele regionale Produkte sind nicht teurer als die vergleichbaren Produkte, die über große Entfernungen zum Verbraucher transportiert werden, so etwa Milchprodukte, Getränke etc. Obst und Gemüse regionaler Herkunft können hingegen deutlich teurer sein als Produkte aus dem Supermarkt. Hier kann wohl nur ein hohes Umweltmotiv (bei entsprechender Information) oder der Geschmacksvergleich überzeugen.

3.2.6 Zusammenhänge zwischen Nachbarschaftskontakten und Verhalten

Wir erwarten, dass auch eine hohe nachbarschaftliche Kohäsion nachhaltiges Verhalten fördern kann – z.B. über nachbarschaftliche Normen, über die Senkung von Transaktionskosten, aber auch durch ein höheres Verantwortungsgefühl. Die Integration der Bewohner/innen in die Nachbarschaft ist die Voraussetzung dafür, dass diese einen Einfluss auf das individuelle Verhalten hat.

Direkte Korrelationen zwischen der Integration und der Nachhaltigkeit des Verhaltens finden sich in folgenden Bereichen:

Tabelle 3.11: Signifikante Korrelationen zwischen Integration und nachhaltigem Verhalten unter Kontrolle der Variablen Werte, Einkommen, Schulbildung und Alter (Partielle Korrelationen nach Pearson).

	Freizeit		Mülltrennung		Geräte		Einkaufen im Wohnumfeld		Heizen	
	r	N	r	n	r	n	r	n	r	n
Integration	.24**	408	.17**	396	-.12**	410	.10*	403	.09*	412

Da in den meisten Verhaltensbereichen Korrelationen zwischen dem Verhalten und den Werten der Bewohner/innen sowie soziodemographischen Variablen wie Alter, Schulabschluss oder Einkommen bestehen (s.u.), wurden diese Einflüsse kontrolliert.

Die Nachhaltigkeit des Freizeitverhaltens bezieht sich hier auf Freizeit, die im Wohnumfeld verbracht wird. Je stärker ein/e Bewohner/in in die Nachbarschaft integriert ist, desto mehr Freizeit verbringt er/sie im Wohnumfeld, was zur Verringerung des Freizeitverkehrs beitragen kann. An dieser Stelle ist es sinnvoll nochmals die einzelnen Baustrukturen zu betrachten, da die jeweils zur Verfügung stehenden Freiflächen sich deutlich unterscheiden. Die getrennte Auswertung nach den Baustrukturen zeigt, dass signifikante Korrelationen (auch hier partielle Korrelation nach Pearson) zwischen der Integration in die Nachbarschaft und der im Wohnumfeld verbrachten Freizeit nur in der Blockbebauung ($r = .25^{**}$, $n = 96$) und im Reihengarten ($r = .32^{**}$, $n = 120$) bestehen, nicht aber in der Großstruktur und in der Zeile. Entsprechend der Auswertung der räumlichen Struktur im Hinblick auf nachbarschaftliche Kohäsion (vgl. Kapitel B.2.) scheinen die Freibereiche in der Großstruktur und in der Zeile so unattraktiv zu sein, dass auch eine gute Nachbarschaft nicht zum Verweilen einlädt.

Bei der Mülltrennung handelt es sich zum einen um beobachtbares Verhalten, zum anderen ist dies auch der Gesprächsbereich, über den die meisten Unterhaltungen geführt werden. Eine hohe Kohäsion bzw. die Integration in die Nachbarschaft fördert die Mülltrennung bei den Bewohner/innen.

Ein negativer Zusammenhang besteht zwischen der Integration in die Nachbarschaft und der Anzahl an Geräten im Haushalt – wie z.B. Elektromesser, Tischgrill, Folienschweißgerät u.ä. Hier scheint der Effekt aufzutreten, dass sich Neuanschaffungen der Bewohner/innen schnell in der Nachbarschaft herumsprechen und dazu verleiten, diese selber auch zu erwerben. Hierfür spricht auch der Zusammenhang zwischen Gesprächen über technische Geräte, die den Alltag erleichtern, und dessen Besitz bzw. Nutzung (r = -.30*): Je häufiger sich Bewohner/innen hierüber unterhalten, desto mehr Geräte besitzen und benutzen sie auch. Die Diffusion von Konsummustern kann eben innerhalb kohäsiver Nachbarschaften auch in nicht nachhaltiger Hinsicht erleichtert werden.

Ein positiver Zusammenhang besteht zwischen der Integration in die Nachbarschaft und dem Einkaufen im Wohnumfeld (r = .10*). Viele Kontakte im Wohnumfeld motivieren also die Bewohner/innen, in dort ansässigen kleinen Geschäften einzukaufen, anstatt im Supermarkt, der evtl. unüberschaubarer ist oder auch weiter entfernt.

Eine hohe Integration in die Nachbarschaft fördert auch nachhaltiges, sprich sparsames Heizverhalten. Dies deckt sich mit Beobachtungen aus der Intervention zum Energiesparen (vgl. Kap. C.5), wo Bewohner/innen in Häusern mit niedriger Kohäsion zum Teil nicht bereit waren, Energie zu sparen mit dem Hinweis darauf, dass die Nebenkostenabrechnung zu unübersichtlich/zu wenig getrennt ist und die Nachbarn auch nicht sparen. Hier zeigt sich ein Effekt des sogenannten Trittbrettfahrerverhaltens (vgl. Wendorf u. Felbinger 2000). Und wie bei der Mülltrennung wird auch hier bei hoher Kohäsion und dem Wissen, dass auch die Nachbarn mitmachen (also hier: Energie sparen), das eigene Verhalten eher als sinnvoll erlebt.

Eine weitere Annahme war, dass bei einer hohen Kohäsion in der Nachbarschaft weniger Vandalismus im Wohngebiet verursacht wird.

Die Ergebnisse zeigen, dass eine hohe Kohäsion tatsächlich negativ mit Vandalismus (r = -.28* (Korrelation nach Kendal-Tau-b), n = 36) korreliert – je höher die Kohäsion, desto weniger Vandalismus ist im Wohngebiet sichtbar (da Vandalismus pro Gebiet eingeschätzt wurde, beruht diese Korrelation auf Berechnungen mit den Gebietsdaten, vgl. Kap. 3.2.). Häufig zeigt sich Vandalismus in erster Linie in sogenannten ‚Problemgebieten' mit einem geringen Einkommen, geringer Bildung und einer hohen Arbeitslosigkeit unter den Bewohner/innen. In unserer Studie korreliert die Höhe der Kohäsion positiv mit dem Einkommen und negativ mit dem Anteil arbeitsloser Bewohner/innen pro Gebiet. Darum wurde geprüft, ob sich dieser Zusammenhang über eine der drei Variablen erklärt: Auch bei Kontrolle der drei Variablen (Einkommen, Bildung und Anteil arbeitsloser Bewohner/innen im Gebiet) wird der Zusammenhang signifikant (r = -.31*, n = 31). Allerdings sollte berücksichtigt werden, dass in der Baustruktur Reihengarten kein Vandalismus zu beobachten war, was sich unter anderem darüber erklärt, dass die Bewohner/innen größtenteils selber die Eigentümer/innen der Häuser sind. Nimmt man diese Baustruktur aus der Berechnung heraus und berechnet den Zusammenhang zwischen Kohäsion und Vandalismus nur bzgl. Großstruktur, Zeile und Blockstruktur, wird der Zusammenhang bei Kontrolle des Einkommensstruktur nicht mehr signifikant (r = -.20, n = 21), was bedeutet, dass hier Vandalismus stärker mit dem Einkommen zusammenhängt als mit der nachbarschaftlichen Kohäsion. Gespräche mit Bewohner/innen haben jedoch auch gezeigt, dass der Vandalismus nicht selten von „externen" Personen ausgeht, so dass der Einfluss der Kohäsion auf den Vandalismus nicht als widerlegt gelten muss.

3.2.7 Beschreibung des Verhaltens der Bewohner/innen in den verschiedenen Konsumbereichen

Um einen genaueren Eindruck davon zu vermitteln, wie nachhaltig bzw. nicht nachhaltig sich die Befragten nach eigenen Angaben in den einzelnen Konsumbereichen verhalten, sind im Folgenden einige Angaben zu den Häufigkeiten bzw. Quartilen aufgeführt:
Der Einkauf von Nahrungsmitteln aus kontrolliert biologischem Anbau ist nicht sehr weit verbreitet. 12,2 % kaufen diese nie, 50% der Befragten geben an, diese selten bis nie zu kaufen und nur 3,8% berichten, oft bis immer Nahrungsmittel aus kontrolliert biologischem Anbau zu kaufen. Die folgende Abbildung 3.7 veranschaulicht die Ergebnisse. Bei allen folgenden Diagrammen bedeutet der Wert 1 = „nie", 2 = „selten", 3 = „manchmal", 4 = „oft" und 5 = „immer".

Abb. 3.7: Ernährung aus kontrolliert biologischem Anbau. Prozentuale Häufigkeiten.

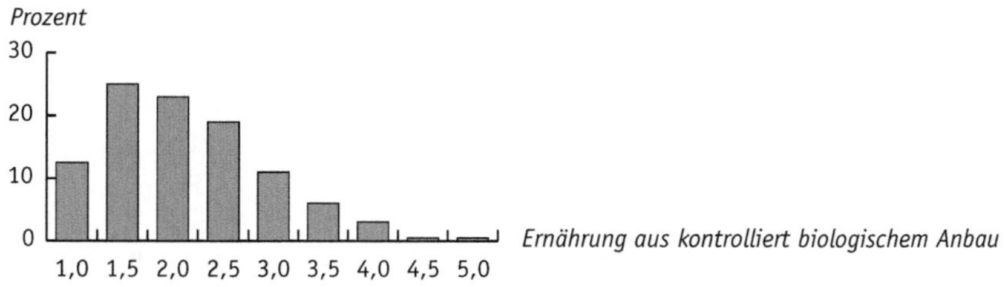

Die Ernährung mit Lebensmitteln aus der Region – in diesem Falle Berlin/Brandenburg – ist schon weiter verbreitet. Der Median liegt bei 3,5, das heißt 50% der Befragten kaufen diese häufiger als manchmal – also eher oft bis immer.

Abb. 3.8: Regionale Ernährung. Prozentuale Häufigkeiten.

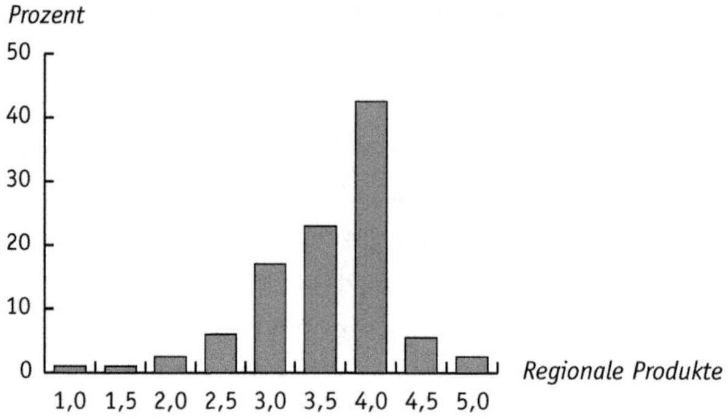

Der Einkauf im Wohnumfeld bzw. direkt beim Erzeuger findet insgesamt eher selten statt. Die Skala enthält die Häufigkeit des Einkaufens im kleinen Lebensmittelladen, in der Fleischerei, Bäckerei, auf dem Wochenmarkt, direkt beim Erzeuger und „nicht im Supermarkt". Das heißt, Bewohner/innen, die selten im Supermarkt einkaufen, aber häufig in den anderen genannten Einkaufsmöglichkeiten, haben auf dieser Skala einen hohen Wert, Bewohner/innen, die immer im Supermarkt einkaufen, aber nie in den anderen genannten Läden, haben einen niedrigen Wert. 5,5% der Bewohner/innen geben an, nie bei den genannten Einkaufsmöglichkeiten einzukaufen, 50% nie bis selten. Der höchste Wert, den Bewohner auf dieser Skala haben, liegt bei 3,5 – d.h. die Bewohner/innen kaufen höchstens manchmal und oft im kleinen Lebensmittelladen, der Fleischerei, Bäckerei, Markt oder direkt beim Erzeuger ein. Niemand gibt an, dies oft zu tun, niemand tut dies immer.

Abb. 3.9: Einkauf im Wohnumfeld. Prozentuale Angaben.

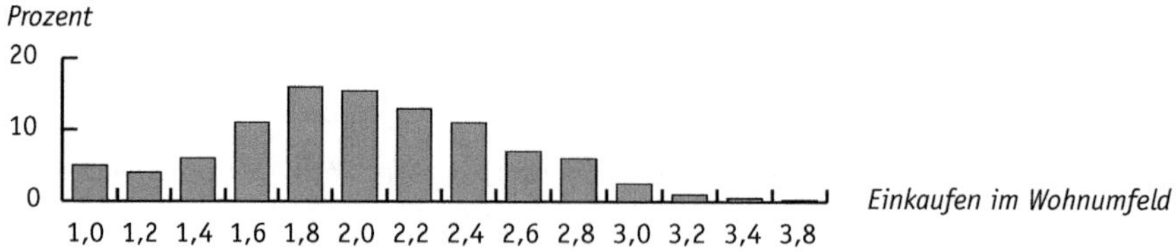

Der Einkauf im Supermarkt dagegen ist eher die Regel. 34,4% geben an, immer im Supermarkt einzukaufen, 60% oft und nur 6,6% nie bis manchmal.

Abb. 3.10: Einkauf im Supermarkt. Prozentuale Angaben.

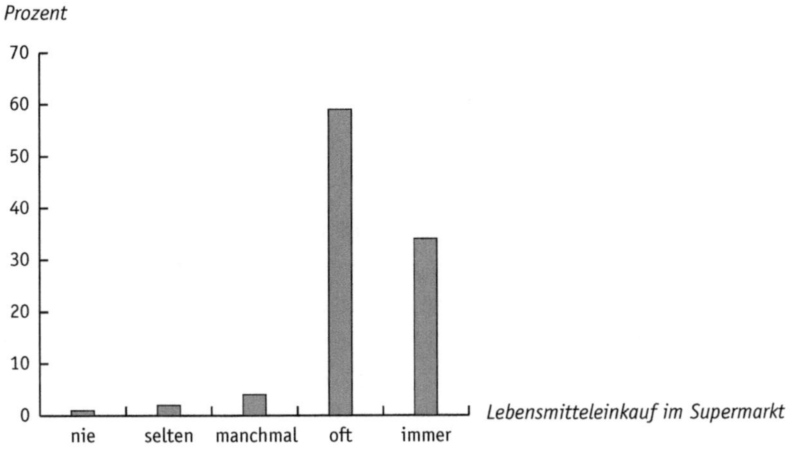

Im Energiebereich sind die Einschätzungen der Befragten stark unterschiedlich:
Im Bereich Heizen beschreiben die Befragten ihr Verhalten als ziemlich nachhaltig. Nur 11% liegen im Skalenbereich unter 3, das heißt im eher nicht nachhaltigen Bereich. Der Median liegt mit 3,71 eher in Richtung Nachhaltigkeit. Hier wurden Verhaltensweisen abgefragt wie, die Heizung beim Lüften herunterdrehen, das Fenster auf Kippstellung stellen, nach Bedarf heizen oder alle Räume gleichzeitig, unabhängig davon, wo man sich aufhält etc. Tabelle 3.12 zeigt die Ergebnisse im Überblick:

Tabelle 3.12: Quartile im Verhaltensbereich Heizen. Die Skala ist fünfstufig. Je höher der Wert, desto nachhaltiger das Verhalten.

Mittelwert	3.70
1. Quartil/ 25%	3.29
2. Quartil/ 50%	3.71
3. Quartil/ 75%	4.14

Im Bereich Stand-by teilt sich die Stichprobe genau beim theoretischen Mittelwert. Das bedeutet, dass 50% der Befragten im Bereich zwischen gar nicht nachhaltig und teils nachhaltig – teils nicht nachhaltig liegen, die anderen 50% liegen bei teils-teils nachhaltig bis sehr nachhaltig.
Gerätenutzung bzw. -besitz sind insgesamt eher wenig verbreitet. Tabelle 3.13 zeigt die Ergebnisse:

Tabelle 3.13: Quartile im Verhaltensbereich Geräte. Dreistufige Skala: 1= habe und benutze ich, 2 = habe ich, aber benutze ich nicht, 3 = habe ich nicht und benutze ich nicht.

Mittelwert	2.46
1. Quartil/ 25%	2.17
2. Quartil/ 50%	2.50
3. Quartil/ 75%	2.83

Über 75% der Befragten benutzen die angegebenen Geräte wie Tischgrill, Elektromesser, elektrischen Dosenöffner, Folienschweißgerät, Lockenstab etc. nicht. Die wenigsten haben die Geräte und benutzen sie auch.
Nach eigenen Angaben sortieren 25% der Befragten ihren Müll eher nie bis manchmal. 50% der Befragten trennen oft bis immer. Die Angaben unterscheiden sich jedoch in den verschiedenen Bereichen deutlich. Eher die Regel ist es, gesondert Müll mit dem grünen Punkt (immer: 55,3%), Glas (immer: 77,3%), Batterien (immer: 70,3%) und Papier (immer: 80,4%) zu sammeln. Farbreste sammeln 47,1% der Befragten immer extra. Kompost wird von 35,3% immer extra gesammelt.
Zur Mobilität: Die Frage, wie oft man das Auto benutzt, konnte beantwortet werden mit „nie", „selten", „manchmal", „oft", „immer": Insgesamt 50,3% der Befragten nutzen immer bis oft das Auto (21,5% immer, weitere 28,7% oft). 15,5% manchmal, insgesamt 34,2% selten bis nie (16,2% selten, 18% nie).
Zur Skala Mobilität gehören die Items „Ich fahre mit dem Auto" (umgepolt), „Ich fahre mit öffentlichen Verkehrsmitteln" und „Um größere Entfernungen außerhalb meines Wohnortes zurückzulegen, benutze ich die Bahn oder Fernbusse". 25% der Befragten liegen bei dem Wert von 2, das entspricht selten öffentliche Verkehrsmittel benutzen bzw. oft Auto fahren. Der Median liegt bei 2,7 (theoretischer Mittelwert: 2,5; statistischer Mittelwert: 2,8), d.h. 50% der Bewohner/innen liegen in dem Skalenbereich zwischen nie und manchmal öffentliche Verkehrsmittel zu benutzen (bzw. zwischen immer und manchmal das Auto zu benutzen). 75% liegen bei 3,7, das entspricht der Aussage, manchmal bis oft öffentliche Verkehrsmittel zu benutzen, bzw. manchmal bis selten das Auto. 25% benutzen manchmal bis immer öffentliche Verkehrsmittel und manchmal bis nie das Auto. Immerhin 7,5% geben an, immer öffentliche Verkehrsmittel zu benutzen und nie das Auto.

3.2.8 Was beeinflusst das Konsumverhalten? Auswertung unter Berücksichtigung verschiedener Variablen

Um zu prüfen, welchen relativen Anteil am Verhalten einzelne Variablen erklären, wurde für jede Verhaltensskala eine multiple Regression gerechnet. Da Studien zum nachhaltigen Verhalten zeigen, dass auch soziodemographische Variablen einen Einfluss auf die Nachhaltigkeit des alltäglichen Konsumverhaltens haben können (vgl. Kals 1996, Homburg u. Matthies 1998), wurden auch diese berücksichtigt.

In die Regressionsrechnung einbezogen wurden also jeweils Alter, Einkommen, Schulabschluss, Werte sowie die Normen und Gespräche und Konsumorientierungen, die sich direkt auf das jeweilige Verhalten beziehen. Die passenden Normen, Gespräche und Konsumorientierungen sind z.B. bei biologischer Ernährung: Norm: „Meine Nachbarn kaufen Produkte aus biologischem Anbau"; Gespräch: „Wie oft unterhalten Sie sich über Nahrungsmittel aus biologischem Anbau?" und die Konsumorientierung: „Bei Nahrungsmitteln ist mir wichtig, dass sie aus biologischem Anbau kommen".

In Bezug auf Heizen ist die Norm: „Meine Nachbarn sparen beim Heizen", das Gespräch: „Wie oft unterhalten Sie sich mit Ihren Nachbarn über Möglichkeiten, beim Heizen zu sparen?" und das Konsummotiv: „Beim Heizen ist mir wichtig, dass ich die Umwelt schone". Analog sind Normen, Gespräche und Konsumorientierungen zu den anderen Verhaltensbereichen formuliert.

Tabelle 3.14 zeigt die Ergebnisse der Analysen. Es gilt wieder: Je höher R^2, desto größer ist der Anteil der Verhaltensvarianz, die durch die einbezogenen Variablen erklärt werden kann. Je größer das Beta-Gewicht einer einzelnen Variable, desto größer ihr Vorhersagewert in Bezug auf das betreffende Verhalten:

Tabelle 3.14: Statistische Relevanz und Beta-Gewichte der Regressionsmodelle auf nachhaltiges Verhalten. Bei signifikanten Effekten sind die Beta-Gewichte fett gedruckt.
** = signifikant auf dem Niveau a = .01; ** = signifikant auf dem Niveau a = .05.*

	Biologische Ernährung	Regionale Ernährung	Einkauf im Wohnumfled	Stand-by	Geräte	Heizen	Mülltrennung
Statistische Relevanz: R, R^2	.65** .42	.58** .33	.30** .09	.33** .11	.29** .15	.38** .15	.48** .23
Kohäsion	.01	-.08	-.08	.05	-.09	-.04	.01
Integration	.13	**.18***	**.22***	-.10	.10	.08	.02
Soziale Identität	-.03	-.04	-.09	.07	-.09	.02	.07
Norm	**.19****	**.25****	Nicht erhoben	.01	-.00	.02	**.25****
Gespräche	**.11**	.06	-.00	-.05	.08	.02	-.04
Konsummotiv	**.44****	**.30****	-.10^{+}	**.17****	-.01	**.19****	Nicht erhoben
Alter	-.07	**.16****	.04	**.17****	**-.14***	**-.13***	.09
Einkommen	.02	.04	.03	-.05	**-.22****	-.10^{+}	**.13***
Schulabschluss	.06	**.18***	.04	.09	.10^{+}	**.11***	**.11***
Werte: Selbstverwirklichung	-.02	-.06	.04	-.09	.02	**-.21****	-.07
Werte: Soziale Verantwortung	**.20****	**.12***	**.17****	.08	.08	**.17****	**.22****
Werte: Konservativ	**-.18****	.03	**-.12***	.02	**-.15****	**.14***	-.02

Alle Modelle sind statistisch signifkant. Der Anteil aufgeklärter Varianz unterscheidet sich jedoch deutlich. Er schwankt zwischen 9% bei Einkauf im Wohnumfeld und 42% bei biologischer Ernährung. Der geringe Anteil aufgeklärter Varianz bei der lokalen Ernährung erklärt sich unter anderem durch das Fehlen der nachbarschaftlichen Norm, die aufgrund von Schwierigkeiten bei der Operationalisierung nicht erhoben wurde, und das nicht ganz passende Konsummotiv, das die Bequemlichkeitsnorm ausdrückt, aber, wie bereits oben geschildert, geringfügig negativ mit dem Einkauf im Wohnumfeld in Verbindung gebracht wird.

Biologische Ernährung wird zu einem großen Teil durch das Konsummotiv erklärt. Darüber hinaus aber auch durch eine von sozialer Verantwortung geprägte Wertorientierung sowie durch die nachbarschaftliche Norm und Gespräche. Eine konservative Wertorientierung scheint dem Kauf biologischer Nahrungsmittel eher entgegenzustehen.

Auch für die Ernährung mit Lebensmitteln aus der Region spielt das Konsummotiv die größte Rolle, gefolgt von der nachbarschaftlichen Norm. Hier wird auch die Integration signifikant: Je stärker jemand in die Nachbarschaft integriert ist, desto eher kauft er/sie Nahrungsmittel aus der Region. Darüber hinaus gilt: Je älter jemand ist und je höher sein/ihr Schulabschluss, um so eher kauft er/sie Produkte aus der Region. Auch hier spielt die Ausprägung der Werteskala „Soziale Verantwortung" eine Rolle.

Der Einkauf im Wohnumfeld wird maßgeblich durch die Integration in die Nachbarschaft gefördert. Sie stellt hier den höchsten Prädiktor dar. Ein Gefühl sozialer Verantwortung fördert dieses Verhalten ebenfalls, eine konservative Wertorientierung steht dem eher entgegen. Allerdings wird durch dieses Modell mit 9% insgesamt nur ein kleiner Anteil Varianz aufgeklärt (s.o.).

Das Abschalten von Stand-by-Geräten korreliert lediglich mit dem Konsummotiv, bei Elektrogeräten auf einen geringen Energieverbrauch zu achten, und mit dem Alter. Die Korrelation mit dem Alter ist interessant, da dieses Verhalten negativ mit Bequemlichkeit korreliert (s.o.) und eine Bequemlichkeitsorientierung mit zunehmendem Alter durchaus nachvollziehbar wäre. Die Bequemlichkeitsorientierung korreliert jedoch auch insgesamt nicht mit dem Alter, wohl aber mit dem Einkommen.

Eine sparsame Nutzung bzw. Anschaffung von Geräten korreliert überraschenderweise negativ mit dem Einkommen, dem Alter und einer konservativen Wertorientierung.

Das Heizverhalten wird durch viele Prädiktoren bestimmt, die jedoch insgesamt auch nur 15% der Varianz aufklären. Positiv korrelieren die Konsumorientierung, umweltschonend zu heizen, soziale Verantwortung, eine konservative Wertorientierung und ein hoher Schulabschluss. Negativ scheint sich eine hohe Ausprägung auf der Werteskala Selbstverwirklichung auszuwirken. Dass Alter negativ mit einigen nachhaltigen Verhaltensweisen korreliert, wurde bereits bei vorherigen Studien gezeigt (Kals 1995).

Die Mülltrennung schließlich korreliert am höchsten mit der Norm im Wohngebiet, am zweithöchsten mit der sozialen Verantwortung. Auch ein hohes Einkommen und hohe Bildung wirken sich positiv auf das Mülltrennungsverhalten aus.

Damit ist die Werteskala „Soziale Verantwortung" mit den Items „Verantwortung für zukünftige Generationen auf der Erde zeigen", „sich für soziale Dinge einsetzen" und „die Umwelt schützen" der Prädiktor, der am häufigsten signifikant wird. Bei allen Verhaltensskalen außer bei den Items zum Strom

„Stand-by" und „Geräte" hat dieser Prädiktor einen signifikanten Anteil an der Varianzaufklärung (Beta-Gewichte: .12 bis .22).
Konsummotiv und Alter werden ebenfalls häufig signifikant, insbesondere die Beta-Gewichte der Konsummotive sind mit .17 bis .44 relativ hoch. Eine konservative Wertorientierung korreliert – außer beim Heizen – eher negativ mit nachhaltigem Verhalten.
Die nachbarschaftliche Norm tritt besonders bei der Ernährung und bei der Mülltrennung als signikfikanter Prädiktor auf (Beta-Gewichte: .19 bis .25), in den Bereichen, über die auch die häufigsten Gespräche stattfinden. Die Schulbildung hat einen signifikanten Effekt bei der regionalen Ernährung, beim Heizen und bei der Mülltrennung. Von den Nachbarschaftsskalen verzeichnet nur die Integration signifikante Korrelationen, und das auch nur bei der Ernährung mit Lebensmitteln aus der Region und beim Einkauf im Wohnumfeld. Soziale Identität und Kohäsion haben im Rahmen dieser Modelle bei keiner Verhaltensskala einen signifikanten Vorhersagewert.

Literatur

Ajzen I (1991) The Theory of Planned Behavior. Some unresolved issues. Organizational Behavior and Human Decision Processes 50: 179-211

Bamberg S (1999) Umweltschonendes Verhalten – eine Frage der Moral oder der richtigen Anreize? Zeitschrift für Sozialpsychologie 30 (1): 57-76

Fietkau HJ, Kessel H (1981) Umweltlernen. Hain, Königstein/Taunus

Fuhrer U (1995) Sozialpsychologisch fundierter Theorierahmen für eine Umweltbewusstseinsforschung. Psychologische Rundschau 46: 93-103

Goldenhar LM (1991) Understanding, predicting, and influencing recycling behavior: The future generation. University of Michigan, Michigan

Gruner S (2000) Öko und Sozial – Zauberworte für den zukunftsfähigen Konsum? Analyse der Interviews. In: Harloff HJ, Christiaanse K, Wendorf G, Zillich K (Hrsg) (2000) Wohnen und Nachhaltigkeit. Interdisziplinäre Forschung vor der Haustür. Eigenverlag der Technischen Universität Berlin, Berlin

Harloff HJ, Christiaanse K, Wendorf G, Zillich K (Hrsg) (2000) Wohnen und Nachhaltigkeit. Interdisziplinäre Forschung vor der Haustür. Eigenverlag der Technischen Universität Berlin, Berlin

Hinding B, Klingner Y (2000) Die Bedeutung von Kohäsion in der Nachbarschaft für die Nachhaltigkeit des Konsumverhaltens. In: Harloff HJ, Christiaanse K, Wendorf G, Zillich K (Hrsg) (2000) Wohnen und Nachhaltigkeit. Interdisziplinäre Forschung vor der Haustür. Eigenverlag der Technischen Universität Berlin, Berlin

Hines JM, Hungerford HR, Tomera AN (1986/87) Analysis and Synthesis of Research on Responsible Environmental Behavior: A Meta-Analysis. Journal of Environmental Education 18 (2): 1-8

Homburg A, Matthies E (1998) Umweltpsychologie. Umweltkrise, Gesellschaft und Individuum. Grundlagentexte Psychologie. Juventa, Weinheim, München

Kaiser G, Wölfing S, Fuhrer U (1999) Environmental attitude and ecological behaviour. Journal of Environmental Psychology 19: 1-19

Kals E (1995) Verantwortliches Umweltverhalten. Umweltschützende Entscheidungen erklären und fördern. Psychologische Verlagsunion, Weinheim

Schultz I, Empacher C, Götz K (1999) Konsumtypen und Konsumstile deutscher Haushalte. Ergebnisse einer empirischen Haushaltsexploration zu nachhaltigem Konsumverhalten. ISOE GmbH, Frankfurt am Main

Steinheider B, Fay D, Hilburger T, Hust I, Prinz L, Vogelsang F, Hormuth, SE (1999) Soziale Normen als Prädiktoren von umweltbezogenem Verhalten. Zeitschrift für Sozialpsychologie 30 (1): 40-56

Wendorf G, Felbinger D (2000) Handlungshemmende und -fördernde Faktoren für nachhaltige Konsummuster. In: Harloff HJ, Christiaanse K, Wendorf G, Zillich K (Hrsg) (2000) Wohnen und Nachhaltigkeit. Interdisziplinäre Forschung vor der Haustür. Eigenverlag der Technischen Universität Berlin, Berlin

B.4

Transaktionskosten als handlungsbeeinflussende Größe

Gabriele Wendorf

4.1 Problemstellung

Wie schon im Eingangskapitel (B.1) beschrieben, spielen Transaktionskosten auf verschiedenen Ebenen der Modellbildung eine Rolle. Einerseits auf der Ebene der Bildung sozialer Netze und andererseits auf der Ebene der Einflüsse sozialer Netze und der Konsummotive auf das Konsumverhalten. Der folgende Artikel soll den Begriff der Transaktionskosten, seine Rolle in der Modellbildung und die Ergebnisse der Erhebungen zu diesem Aspekt darstellen.
Allgemein wird unter einer Transaktion die „Übertragung von Verfügungsrechten" verstanden (Picot u. Dietl 1990, S.178). Die Erfassung der dabei anfallenden Transaktionskosten wurde von Williamson, der dabei auf die grundlegende Arbeit von Coase (1937) aufbaute, zu dem Zweck unternommen, Unternehmensverhalten zu erklären und Einsparungspotenziale ökonomischer Organisationen aufzudecken (1990, S.1f). Die dabei zu berücksichtigenden Kosten, die von der Unsicherheit der Transaktionspartner und der Häufigkeit und Spezifität der Transaktion abhängen, sind insbesondere Informations-, Verhandlungs- und Transportkosten (Williamson 1989, S.142f).
Ebenso wie Williamson Transaktionskosten als ökonomisches Gegenstück zur physikalischen Reibung in ökonomischen Organisationen untersucht (1989, S.142), können die einem Konsumenten anfallenden Transaktionskosten als Bremse für das von ihm intendierte Verhalten angesehen werden (vgl. Wendorf 1994, S.45ff).

Diese Bremswirkung der Transaktionskosten wurde im zweiten Teil des Hypothesengerüsts auf der Ebene des individuellen Verhaltens untersucht. Die vermuteten und beobachteten Zusammenhänge sind im folgenden Abschnitt dargestellt. Darüber hinaus wurden die Rahmenbedingungen der Bildung sozialer Netze betrachtet, indem der Einflussfaktor Organisation und Institution erfasst wurde. Vorhandene oder fehlende Voraussetzungen auf dieser Ebene beeinflussen den Aufwand der Bewohner, miteinander in Kontakt zu kommen. Daher wurde auch dieser die Transaktionskosten beeinflussende Faktor näher untersucht und ist Gegenstand des 3. Abschnitts.

4.2 Einfluss der Transaktionskosten auf das individuelle Konsumverhalten

Im Rahmen der quantitativen Untersuchung wurde das individuelle Konsumverhalten in verschiedenen Bedürfnisfeldern untersucht. Für einige der erfragten Konsummuster wurden auch Faktoren erhoben, die die Transaktionskosten beeinflussen. Dabei wurde neben der Fragebogenerhebung auch das Instrument eines Beobachtungsleitfadens für die Interviewer und Interviewerinnen verwendet.
Die folgenden Ausführungen stellen den erwarteten und den tatsächlich beobachteten Einfluss der Transaktionskosten auf das Verhalten dar.
Beispielhaft soll die Vorgehensweise für das Bedürfnisfeld Ernährung ausführlicher dargestellt werden. In diesen Bereich fallen Fragen zur Auswahl ökologischer Nahrungsmittel aber auch Fragen nach der gewählten Verpackung der Lebensmittel oder nach der Wahl des Einkaufsortes. Auch im Anschluss an den Kauf und Konsum der Produkte können sich die Verbraucher mehr oder weniger nachhaltig verhalten, indem sie die Verpackungen sorgfältig trennen oder unsortiert entsorgen. Es wurde daher untersucht, inwiefern Transaktionskosten einen Einfluss auf die Wahl der Handlungsweise haben.

4.2.1 Ergebnisse aus dem Bedürfnisfeld Ernährung

Im Bereich Ernährung wurden verschiedene Handlungsbereiche erfasst. Neben der Wahl der Produkte wurde auch die Wahl des Einkaufsortes und die Entsorgung der entstehenden Abfälle genauer analysiert. Das Vorgehen der Datenerhebung und der Auswertung der Verhaltensweisen und der mit ihr verbundenen Transaktionskosten soll exemplarisch anhand der Mülltrennung dargestellt werden. Anschließend folgen die Ergebnisse zur Produktwahl und zum Einkaufsort.

Es ist anzunehmen, dass derselbe Konsument sich in unterschiedlichen Umweltsituationen durchaus verschieden verhalten kann. Ist mit der getrennten Entsorgung unterschiedlicher Abfälle ein erheblicher Aufwand verbunden, wird auch ein relativ umweltbewusster Konsument möglicherweise nicht seinen Müll trennen. Von dieser Annahme ausgehend wurde untersucht, ob die Standorte der Müllbehälter im Haus und die damit zusammenhängenden Transaktionskosten einen Einfluss auf die Mülltrennung haben.

Der Fragebogen erfasste daher das Verhalten der Bewohner durch die Frage: *„Es gibt mittlerweise verschiedene Möglichkeiten, seinen Müll zu trennen. Wie oft praktizieren Sie folgende Möglichkeiten?"* Für die folgenden Kategorien: Grüner Punkt – Biomüll / Kompost – Glas – Reste von Farben – Batterien – Papier gab es die Antwortvorgabe: Ich sammle extra: nie/ selten/ manchmal/ oft/ immer. Durch diese Frage konnte also die Art der Trennung und ihre Häufigkeit erfasst werden. Gleichzeitig wurde für jedes Untersuchungsgebiet durch den Interviewer oder die Interviewerin ein Beobachtungsleitfaden erstellt. Dieser beeinhaltete unter anderem die Frage nach dem Standort der Müllbehälter. Die möglichen Alternativen waren hier 1. „im Gebäude", 2. „auf dem Weg" oder 3. „abseits".

Der Zusammenhang zwischen dem Verhalten der Mülltrennung und den äußeren Rahmenbedingungen, die die Transaktionskosten determinieren, wurde in einem ersten Schritt für alle Datensätze geprüft. Die erhobenen Daten zu den einzelnen Verhaltensweisen korrelierten dabei nicht signifikant mit dem Standort der Müllbehälter. Eine Korrelation auf der Ebene dieser Aggregation wäre jedoch auch eher überraschend, würde sie doch die individuellen Verhaltensprädispositionen gänzlich ausblenden. Daher wurde eine weitere Differenzierung der Datensätze nach den individuellen Voraussetzungen der Bewohner vorgenommen.

Einerseits wurden die Transaktionskosten individualisert. Die Transaktionskosten, die mit einem Weg verbunden sind, sind nicht ausschließlich von objektiv messbaren Kriterien, wie der Länge des Weges abhängig. Die Bewertung der Zeit, die ein Konsument für das Zurücklegen eines Weges aufwenden muss, ist von der individuell verschiedenen Knappheit der Zeit abhängig. Diese Opportunitätskosten, die durch zusätzliche Wege entstehen, können also von Individuum zu Individuum verschieden sein. Näherungsweise haben wir daher angenommen, dass die Knappheit der Zeit eines Konsumenten mit dem Grad seiner Erwerbstätigkeit in Zusammenhang steht. Bei erwerbslosen Konsumenten sind wir daher von geringeren Transaktionskosten für Wege ausgegangen als bei voll Erwerbstätigen. Es wurde eine Gruppierung „viel Zeit im Wohngebiet" beziehungsweise „wenig Zeit im Wohngebiet" vorgenommen. Der Gruppe „viel Zeit im Wohngebiet" gehören beispielsweise Hausfrauen/Hausmänner, Rentner und Arbeitslose an.

Der zweite Schritt der Bestimmung der Korrelation zwischen Transaktionskosten und Verhalten berücksichtigt folglich die individuellen Vorraussetzungen der Bewohner. Es konnten signifikante aber sehr geringe Unterschiede im Mülltrennungsverhalten der Personen mit viel bzw. wenig Zeit im Wohngebiet festgestellt werden (Glas: r =.08**; Papier: r =.12** und Biomüll: r =.16**). Transaktionskosten können daher einen Einfluss auf das Mülltrennen haben. Interessanterweise verliert sich dieser Zusammenhang, wenn man zusätzlich berücksichtigt, dass die Personen sich mit ihren Nachbarn manchmal, oft oder sehr oft über das Thema „Mülltrennen im Wohngebiet" unterhalten. Der Einfluss der nachbarschaftlichen Norm führt also dazu, dass auch Personen, die wenig Zeit im Wohngebiet haben, eher ihren Müll trennen. Ein signifikanter Unterschied zwischen Personen, die viel und Personen, die wenig Zeit im Wohngebiet haben, findet sich nur noch für das Trennen von Biomüll (r = .18**). Sowohl bei den Personen, die viel über Mülltrennung reden als auch bei denen, die nicht darüber reden, lässt sich feststellen, dass sich das Trennen in der Regel nicht nur auf eine Müllsorte bezieht. So besteht beispielsweise zwischen dem getrennten Sammeln von Glas und dem Trennen von Papier eine Korrelation von r =.60**.

Die Berücksichtigung der individuellen Voraussetzungen der Konsumenten machte es auch erforderlich, die Konsummotive zu ermitteln. Mittels einer Faktorenanalyse ließen sich die Motivitems zu einer Skala „Umweltorientierung", einer Skala „Preisorientierung" und einer Skala „Bequemlichkeit" zusammenfassen (siehe Teil B.1). Um den Zusammenhang dieser Motive mit dem Verhalten zu ermitteln, wurde speziell für die Mülltrennung eine neue Skala entwickelt, die die Verhaltensitems zur Mülltrennung zusammenfasst: Will man den Einfluss des Standortes der Müllbehälter, das heißt den Einfluss der Transaktionskosten auf dieses Verhältnis zwischen Konsummotiv und Verhalten näher untersuchen, dürfen nur diejenigen Verhaltensweisen berücksichtigt werden, die durch die Transaktionskosten im Wohnumfeld beeinflussbar sind. Aus diesem Grund wurde eine Verhaltensskala zur Mülltrennung entwickelt, die die Entsorgung von Batterien und Lacken ausklammert, während alle im Haus zu trennenden Bestandteile zu einem gemeinsamen Kennwert zusammengefasst sind.

Betrachtet man die Skala Bequemlichkeitsmotiv, ergibt sich eine negative Korrelation zwischen den Skalen Mülltrennung und diesem Motiv. Die bequemeren Konsumenten trennen also schlechter. Liegt der Standort der Müllcontainer abseits, ist die Korrelation mit r = -.37** deutlich ausgeprägt. Liegen die Müllbehälter dagegen auf dem Weg, ist dieser negative Zusammenhang schwächer ausgeprägt (r = -.19**).
Die Korrelation der Skala Umweltorientierungsmotiv mit dieser Mülltrennungsskala ergab für den Fall, dass die Müllbehälter auf dem Weg stehen, einen geringen positiven Zusammenhang (r =.29**). Liegen die Müllbehälter dagegen abseits, ist der Zusammenhang zwischen diesen Größen stärker ausgeprägt (r =.43**). Diese höhere Korrelation zeigt, dass die Umweltorientierten bei abseits stehenden Müllbehältern eher trennen als die nicht Umweltorientierten. Bei letzteren machen sich die Transaktionskosten stärker handlungshemmend bemerkbar, sie werden eher von der Mülltrennung abgehalten. Bezüglich der Mülltrennung ist also der moderierende Einfluss der Transaktionskosten zwischen den Konsummotiven und dem Verhalten deutlich. Es zeigt sich auch, dass die Transaktionskosten sich in Abhängigkeit von den Konsummotiven mehr oder weniger stark hemmend auf das Verhalten auswirken.
Neben der Mülltrennung wurde auch der Zusammenhang zwischen dem Konsum bestimmter Produkte und den mit ihnen verbundenen Transaktionskosten überprüft. Die erwarteten Zusammenhänge zwischen Verhalten und den damit verbundenen Transaktionskosten ließen sich jedoch nicht bestätigen. Zu nennen wären hier beispielsweise die Vermutungen, dass voll Erwerbstätige eher Fertiggerichte konsumieren, den aufwändigeren Umgang mit Pfandflaschen eher scheuen und eher auf Getränkedosen zurückgreifen. Überraschendes Ergebnis war hier ein hoch signifikanter Zusammenhang zwischen voller Erwerbstätigkeit und geringerer Häufigkeit der Nutzung von Fertiggerichten.
Die Transaktionskosten für diese Verhaltensbereiche konnten von uns jedoch nicht detailliert genug erfasst werden. Gerade der Einkauf von Pfandflaschen oder Fertiggerichten kann auch durch andere im Haushalt lebende Personen erfolgen, so dass die Erwerbstätigkeit des interviewten Bewohners und dessen Zeitbudget nicht immer ausschlaggebend ist. Die Transaktionskosten, die beispielsweise mit Pfandflaschen verbunden sind, sind darüber hinaus auch davon abhängig, wie weit das Geschäft, in dem die Getränke gekauft werden, entfernt ist und ob hierfür ein Auto benutzt wird. Da diese Fragen nicht vordergründig untersucht werden sollten und ein erheblicher Detaillierungsaufwand entstanden wäre, wurde daher nur eine Überprüfung auf sehr genereller

Ebene durchgeführt, die keinen durchschlagenden Einfluss des Zeitbudgets des Befragten erkennen ließ.
Aus dem Bedürfnisfeld Ernährung wurde darüber hinaus vor allem geprüft, ob die Transaktionskosten einen Einfluss auf die Wahl des Einkaufsortes haben. Auch hier wurde der Beobachtungsleitfaden zu Hilfe genommen. Es wurde gefragt, welches Gewerbe sich im Haus befindet und welche der folgenden Einkaufsstätten in Sichtweite bzw. maximal in 5 Minuten Entfernung vorhanden sind: Supermarkt, Tante-Emma-Laden, Kiosk/ Zeitungsladen, Bioladen, Bäckerei, Fleischerei und Sonstiges. Parallel dazu wurde im Fragebogen erhoben, wo und wie häufig Lebensmittel eingekauft werden.
Um auch hier den individuellen Vorausssetzungen gerecht zu werden, sind die Personen mit viel Zeit im Wohngebiet getrennt betrachtet worden. Der T-Test ergab einen Mittelwertsunterschied der Gruppen von t = 2,37* bei df = 534,5. Signifikante Ergebnisse der Wahl der Einkaufsstätte ergaben sich vor allem für die Bewohner, die viel Zeit im Wohngebiet verbringen können.
Der Korrelationskoeffizient nach Kendall-Tau-b ergab für diese Personengruppe bezüglich des Einkaufs im Tante-Emma-Laden einen negativen Korrelationskoeffizienten von r = –.12**. Zieht man die Beobachtung hinzu, ob es einen Tante-Emma-Laden in unmittelbarer Wohnumgebung gibt, verliert sich die Korrelation. Es ist daher keine klare Aussage darüber möglich, ob das Vorhandensein eines Tante-Emma-Ladens in unmittelbarer Wohnumgebung einen Einfluss auf die Einkaufsstättenwahl hat. Dieses Ergebnis lässt sich unterschiedlich interpretieren. Da man die angebotenen Produkte häufig im Supermarkt erheblich preisgünstiger bekommt, fällt die geringe Entfernung dieser Läden bei der Entscheidung vermutlich kaum ins Gewicht.
Der Unterschied zu den Tante-Emma-Läden ist vor allem darin zu sehen, dass Bio-Läden Produkte anbieten, die im Sortiment der Supermärkte kaum zu finden sind.[1] Betrachtet man jetzt dieselbe Gruppe (viel Zeit im Wohngebiet) und berücksichtigt, dass ein Bio-Laden in direkter Wohnumgebung vorhanden ist, erhöht sich der Korrelationskoeffizient deutlich auf r =.37 auf einem Signifikanzniveau von .04. Erstaunlicherweise ist innerhalb dieser Gruppe bei den Personen mit einem Einkommen geringer als 2500 DM ein Korrelationskoeffizient von r =.82 bei einem Signifikanzniveau von .04 festgestellt worden, wenn sich ein Bio-Laden in unmittelbarer Wohnumgebung befindet. Da es sich hierbei nur um 5 Personen handelt, ist die Signifikanz beachtenswert.
Berücksichtigt man eine weitere Skala, die der Integration in die Nachbarschaft, lassen sich weitere signifikante Zusammenhänge feststellen. Je integrierter eine Person in ihre Nachbarschaft ist, desto häufiger kauft sie in

einem Tante-Emma-Laden ein (r =.22*): Diese Aussage gilt jedoch nur, wenn es einen Tante-Emma-Laden in der unmittelbaren Wohnumgebung gibt. Betrachtet man die Integration der Bewohner und den Einkauf in einer Fleischerei, ist ein sehr geringer positiver Zusammenhang feststellbar (r =.09 auf einem Signifikanzniveau von .014). Teilt man diese Fälle in Fleischerei im Wohngebiet vorhanden oder nicht auf, ist der Zusammenhang auf gleich geringem Niveau (r =.07) für die betroffenen 470 Personen fast signifikant (.054). Eindeutig stärker ist der Zusammenhang bei den 85 Personen, bei denen es eine Fleischerei im Wohnumfeld gibt. Bei diesem Personenkreis gilt, je integrierter sie sind, desto eher kaufen sie auch in einer Fleischerei ein (r =.19*).

Es bestätigt sich also einerseits, dass Aussagen über das Verhalten der Bewohner nicht ausschliesslich durch die Beobachtung der die Transaktionkosten beeinflussenden Rahmenbedingungen möglich sind. Andererseits geben die Motivskalen oder die Skala der Integration allein nicht hinreichende Zusammenhänge zum Verhalten. Der moderierende Einfluss der Transaktionkosten auf diese Beziehung konnten in den genannten Beispielen gezeigt werden.

4.2.2 Ergebnisse aus dem Bedürfnisfeld Mobilität

Als weiteres Bedürfnisfeld wurde die Mobilität der Bewohner näher untersucht. Auch hier wurde sowohl mit dem Fragebogen das Verhalten der Bewohner als auch durch den Beobachtungsleitfaden das Umfeld des Wohnortes erfasst. Einerseits wurde die Parkplatzsituation beobachtet und andererseits die Anbindung an öffentliche Verkehrsmittel unterteilt nach U-Bahn, S-Bahn und Bus/ Strassenbahn durch ihre Entfernung in Fussminuten ermittelt.

Auch die Tatsache, ob Parkplätze für die Bewohner vorhanden sind (im Hof oder in einer Tielgarage) oder nicht, wurde als ein die Transaktionskosten beeinflussender Faktor berücksichtigt, da die Parkplatzsuche als zusätzliche Bremse für die Nutzung des Autos wirken könnte. Ob Parkplätze vorhanden sind oder eher nicht ergab jedoch keine signifikanten Korrelationen zur Verkehrsmittelwahl. Betrachtet man allerdings nur die Bewohner mit viel Zeit im Wohngebiet, haben viele Parkplätze im Wohnumfeld zur Folge, dass das Fahrrad signifikant weniger (r = -.17**), das Auto mehr benutzt wird (r =.18**). Gleichzeitig ist jedoch auch eine hohe Benutzung des ÖPNV zu beobachten (r = .13*). Klare Aussagen lassen sich hier vor allem deshalb schwer treffen, da etwa die Hälfte der Personen dieser Gruppe sowohl das Auto oft oder immer benutzen als auch den ÖPNV.

Um den möglichen Einfluss der Entfernung zum Öffentlichen Nahverkehr zu ermitteln, wurde ein Extremgruppenvergleich durchgeführt. Es wurden verschiedene Gruppen miteinander verglichen: Personen, die ein oder mehrere öffentliche Verkehrsmittel in einer Entfernung geringer als 3 Minuten vorfinden, wurden mit Personen verglichen, die mehr als 10 Minuten bis zur nächstgelegenen Anbindung zurücklegen müssten. Auch die Unterscheidung in voll Erwerbstätige oder nicht voll Erwerbstätige wurde dabei berücksichtigt. Für keine dieser Vergleiche ließen sich signifikante Ergebnisse feststellen. Auch hier erwies sich die unscharfe Trennung zwischen Autofahrenden und Nutzern des Öffentlichen Nahverkehrs als hinderlich.

4.2.3 Ergebnisse zum Umgang mit Energie

Auch aufwändigere und weniger aufwändigere Verhaltensweisen im Umgang mit Energie waren Gegenstand des Fragebogens. Beispiele hierzu: *„In Räumen, die vorübergehend nicht benutzt werden, drehe ich die Heizung herunter." „Beim Lüften drehe ich die Heizung herunter." „Geheizte Räume lüfte ich kurz und kräftig."* An anderer Stelle des Fragebogens wurde dagegen die bequemere Lüftungsmöglichkeit abgefragt: *„Um in geheizten Räumen frische Luft zu haben, stelle ich öfter das Fenster auf Kippstellung"*. Außerdem wurde nach dem Umgang mit Stand-by gefragt: *„Ich lasse über Nacht meinen Fernseher auf Stand-By stehen"* und *„Bei Geräten, die keinen Ein-/Ausschalter haben, ziehe ich den Stecker heraus."*

Zu diesen Verhaltensweisen wurde einerseits überprüft, ob sich ein Zusammenhang mit dem Zeitbudget der Personen (Grad der Erwerbstätigkeit) und/oder mit dem finanziellen Budget der Haushalte (Einkommen) feststellen lässt. Es konnten keine signifikanten Korrelationen ermittelt werden. Weder Haushalte mit geringem Einkommen noch Haushalte mit höherem Zeitbudget verhalten sich signifikant sparsamer, indem sie den zusätzlichen Aufwand in Kauf nehmen.

Abschließend lässt sich zu diesen Verhaltensoptionen nur feststellen, dass das Herunterdrehen der Heizung in ungenutzten Räumen für 77,7% der Befragten eher zutrifft oder voll zutrifft, während beim Lüften nur noch 51,9% der Befragten eher oder sogar sicher die Heizung herunter drehen. Der Aufwand scheint also für die Bewohner in keinem überzeugenden Verhältnis zu dem erwarteten Nutzen zu stehen.

Kurzes, kräftiges Lüften trifft nach eigenem Bekunden auf 84% der Bewohner eher zu oder völlig zu. Gleichzeitig gaben jedoch auch 55,5% der Befragten an, dass es eher oder völlig zutrifft, dass sie sich mit Frischluft durch die

Kippstellung der Fenster versorgen. Auch hier ist die eher bequeme Verhaltensoption also von mehr als der Hälfte der Bewohner gewählt, obwohl dabei viel Energie verbraucht wird.
Den Fernseher lassen 6,2% der Befragten nachts eher und 49% der Befragten immer im Stand-by-Modus. Nur 23% der Befragten tun dies nie. Geräte, die keine Ausschaltmöglichkeit haben, werden von 42,8% der Befragten eher oder immer durch Ziehen des Steckers vom Netz genommen. Da man mit den analysierten Handlungsoptionen Energie sparen könnte, gibt es hier zwei mögliche Erklärungen des bekundeten Verhaltens. Entweder ist den Befragten das Energieeinsparpotenzial nicht bekannt, oder es ist ihnen „den Aufwand nicht wert", das hieße, die Transaktionskosten hierzu würden als zu hoch bewertet.[2]

4.3 Einfluss der Transaktionskosten auf die Bildung sozialer Netze

Da Transaktionskosten in allen Handlungsbereichen anfallen können, lag es nahe, auch ihren Einfluss auf die Bildung sozialer Netze zu ermitteln. Durch die qualitative Erhebung zeigte sich, dass Rahmenbedingungen des Wohnumfeldes, die wir mit Organisation und Institution bezeichnet haben, aber auch die räumliche Struktur sich auf die Bildung sozialer Netze auswirken (vgl. Graf et.al. 2000, insbes. S.154f). Ausgangspunkt der quantitativen Erhebung war daher die Annahme, dass sich diese beiden Größen als moderierende Faktoren über die Transaktionskosten auf den Zusammenhang zwischen dem sozialen Milieu und der Entstehung sozialer Netze auswirkt.
Die erhobenen Zusammenhänge wurden weitgehend schon in Kapitel B.2 dargestellt. Hier seien nur noch einige Ergebnisse zu Organisation und Institution herausgegriffen und speziell unter dem Transaktionskostenaspekt betrachtet.
Die Frage nach der Auswirkung des Vorhandenseins eines Mieterbeirates auf die Kohäsion ergab keine signifikante Korrelation, was vor allem darauf zurückführbar scheint, dass die Frage schon innerhalb der meisten Wohngebiete uneinheitlich beantwortet wurde. Eine Institution, die nur wenigen Mietern bekannt ist, kann natürlich auch nicht den transaktionskosten-senkenden Effekt haben, den eine bekannte Einrichtung hätte.
Ähnliches gilt für ein Schwarzes Brett. Mehrheitlich wurde das Vorhandensein eines Schwarzen Brettes nur von den Bewohnern aus 5 Wohngebieten bejaht.

In anderen Gebieten gab es kein Brett oder nur wenige der befragten Bewohner wussten davon. Bei dieser geringen Bekanntheit, kann sich der transaktionskosten-senkende Effekt nicht signifikant bemerkbar machen. Möglicherweise ist das Brett auch nicht allen Bewohnern des Gebietes bekannt, weil es nicht „auf ihrem Weg liegt", das heißt es befindet sich beispielsweise nur in einem von vielen Hauseingängen des Gebietes. In diesem Fall wäre das bloße Vorhandensein des Brettes nicht ausreichend, um die Transaktionkosten der Bewohner maßgeblich zu senken. So wundert es nicht, dass nur 68 der 165 Bewohner, die ein solches Brett kannten auch angaben, dass es benutzt würde. Immerhin ergibt sich für letztgenannte Fälle ein signifikanter Korrelationskoeffizient von $r = .12^*$ mit der Kohäsion im Gebiet.
Auch die anderen Organisationen und Institutionen ergaben vergleichbare Ergebnisse. Die Frage nach Nachbarschaftsfesten wurde nur in 23 Gebieten einheitlich verneint. Von den restlichen 37 Gebieten in denen es folglich Feste geben muss, wusste nur in 2 Gebieten die Mehrheit der Befragten von ihrer Existenz. Die Frage nach Begegnungsmöglichkeiten wurde in 21 Wohngebieten bejaht. In 20 dieser Gebiete war es jedoch jeweils nur eine befragte Person, die diese Möglichkeit kannte. Auch hier kann nur nochmals wiederholt werden, dass eine nicht bekannte Einrichtung nicht die Transaktionskosten zum Aufbau sozialer Netze senken kann.
Alle Ergebnisse zeigen die Notwendigkeit, vorhandene Einrichtungen bekannter zu machen. „Ironie des Schicksals": Kosten, insbesondere aber Transaktionskosten der Anbieter dieser Einrichtungen hemmen deren Bekanntmachung, so wie die Transaktionskosten der Bewohner die Aufnahme der Information über diese Institutionen hemmen. Transaktionkosten auf dieser Ebene verhindern also möglicherweise die zu erwartende Transaktionskostensenkung durch eine „funktionerende" also vor allem zunächst einmal „bekannte" Institution. Es gilt daher vor allem „bequeme" man könnte auch sagen „intelligente" Kommunikationswege zu finden, die die Transaktionskosten des Bekanntwerdens einer Einrichtung senken.
Eine abschließende Bewertung des Transaktionskosteneinflusses erfolgt im Zusammenhang mit den übrigen Untersuchungsergebnissen im folgenden Kapitel. Dabei werden die erzielten Ergebnisse insbesondere im Hinblick auf das vorab entwickelte Hypothesenmodell bewertet.

Anmerkungen

1 In jüngster Zeit ist auch in Supermärkten eine starke Ausweitung des Bio-Angebots zu beobachten. Dies ist vor allem Folge der BSE-Krise zur Jahreswende 2000/2001. Zum Zeitpunkt der Erhebung (Mai bis September 2000) war dies noch nicht gegeben.

2 Andere Einflussfaktoren sind weitgehend ausgeschlossen. Zu nennende Ausnahme wäre: Die Löschung einer Geräteprogrammierung durch das Ziehen des Netzsteckers bei Geräten, die keinen Ausschalter besitzen. Hier könnten nicht nur das mangelnde Wissen oder die Transaktionskosten, sondern die schlechtere Bewertung des Handlungsergebnisses handlungsbremsend wirken.

Literatur

Coase RH (1937): The Nature of the Firm. In: Economica Bd.4, S.331-351

Graf B, Gruner S, Hinding B, Felbinger D (2000) Zur Entstehung von sozialen Netzen und nachhaltigen Konsummustern im Wohnumfeld: Ergebnisse einer qualitativen Exploration. In: Harloff HJ, Christiaanse K, Wendorf G, Zillich K, Dienel H-L (2000) Wohnen und Nachhaltigkeit. Interdisziplinäre Forschung vor der Haustür. Technische Universität Berlin, Universitätsbibliothek, Abt. Publikationen, Berlin, S.150-157

Picot A, Dietl H (1990) Transaktionskostentheorie. In: Wirtschaftswissenschaftliches Studium Heft 4, S.178-184

Wendorf G (1994) Umweltzeichen im Spannungsfeld zwischen Konsumenten und Unternehmen. Lang, Frankfurt am Main u.a.

Williamson OE (1989) Transaction Cost Economics. In: Schmalensee R Willig RD (Hrsg): Handbook of Industrial Organization. Elsevier Science Publishers, Amsterdam, New York, Oxford, Tokyo, S.135-182

Williamson OE (1990): Die ökonomischen Institutionen des Kapitalismus. Mohr, Tübingen

B.5

Nachbarschaft und Konsum: Bewertung des Hypothesenmodells anhand der quantitativen Ergebnisse

Barbara Hinding, Bettina Graf, Sabine Gruner

Im Folgenden sollen die wichtigsten Ergebnisse unserer quantitativen Studie zu Nachbarschaft und nachhaltigem Verhalten noch einmal kurz zusammengefasst und den Ergebnissen aus der qualitativen Vorstudie gegenüber gestellt werden. Dabei wird es wiederum zunächst um die Frage gehen, wie Nachbarschaftsbeziehungen mit sozialen, räumlichen und organisatorischen Aspekten zusammenhängen. Im zweiten Teil wird dann erörtert, was die Kohäsion in einer Nachbarschaft für die Nachhaltigkeit des Verhaltens bedeutet.

5.1 Soziale, räumliche und institutionelle Einflussfaktoren auf Nachbarschaftsbeziehungen: Vorannahmen aus der qualitativen Studie

Ausgangspunkt unserer Untersuchung der Nachbarschaftsbeziehungen war die Annahme, dass Sozialstruktur und räumliche Struktur gemeinsam die Kohäsion, d.h. etwa den Gemeinschaftssinn in einer Nachbarschaft bestimmen (Harloff et al. 1999). Im Rahmen der qualitativen Voruntersuchungen der 1. Projektphase wurde diese Annahme in zwei Richtungen erweitert. Zum einen wurde das Modell um den Faktor „Organisation und Institutionen" ergänzt, zum anderen wurden die Konzepte „Sozialstruktur" und „räumliche Struktur" differenziert. Danach hängen die Nachbarschaftsbeziehungen am stärksten mit der Homogenität der Sozialstruktur zusammen. Räumliche Struktur und

Institutionen implizieren Transaktionskosten in unterschiedlicher Höhe, die den Kontakt zwischen Nachbarn begünstigen oder für den einzelnen aufwändiger gestalten.
Als wichtigstes Merkmal der Sozialstruktur wurde die Homogenität der Lebenssituation hervorgehoben, sowie die Menge an freier Zeit, die die Bewohner in der Nachbarschaft verbringen können. Daneben wurde die Rolle positiver Identifikationsmöglichkeiten, also etwa eines positiven Images eines Wohngebiets, betont. Bei der räumlichen Struktur erschienen die Eingangsbereiche und die Grün- und Gartenflächen sowie die funktionale Nähe besonders relevant. Darüber hinaus sollte die Moderatorfunktion der Baustrukturen, die ja von vornherein angenommen wurde (vgl. Harloff et al. 1999), weiterhin als Hypothese beibehalten werden. Der Faktor „Organisation und Institutionen" betrifft die Kontaktangebote in der Nachbarschaft. Diese können vielfältiger Art sein: Mieterbeiräte, Nachbarschaftsläden, Gemeinschaftsräume, Seniorennachmittag, Straßenfeste etc. Der Einfluss dieser Faktoren auf die Nachbarschaftsbeziehungen wurde sowohl baustrukturenübergreifend als auch baustrukturbezogen untersucht. Die Nachbarschaftsbeziehungen selbst wurden konzipiert als soziale Netze mit unterschiedlicher Ausdehnung und unterschiedlichen Qualitäten. Kohäsion als Gefühl der Gemeinschaft und Zusammengehörigkeit ist eine davon, Identifikation als Bedeutung der Nachbarschaft für die soziale Identität im Sinne der Social Identity Theory (Tajfel & Turner 1979) und die Intensität der Beziehungen im Rahmen der Integration der einzelnen Bewohner sind weitere.

5.1.1 Die Bedeutung sozialer und räumlicher Merkmale für die Nachbarschaftsbeziehungen: Ergebnisse der quantitativen Untersuchung

Im Ergebnis erwies sich die Sozialstruktur einer Wohnsiedlung als wesentlich weniger einflussreich als zunächst angenommen. Auch für die räumlichen Faktoren und die institutionalisierten Kontaktangebote zeigten sich nur geringe Effekte (vgl. Teil B, Kapitel 2).
Ein direkter Zusammenhang zwischen Sozialstruktur und Kohäsion einer Nachbarschaft wurde allein für das Einkommen gefunden. In Gebieten mit höherem Einkommen ist auch die Kohäsion stärker. Für die Integration der einzelnen Bewohner ist dagegen wichtig, viel Zeit am Wohnort verbringen zu können. So haben Rentner und Rentnerinnen sowie Hausfrauen intensivere Kontakte als voll erwerbstätige Personen. Die Homogenität oder Heterogenität in einem Gebiet spielt dabei keine Rolle. Vielmehr ist es so, dass sich auch in

Nachbarschaften heterogener Zusammensetzung vielfach Untergruppen oder soziale Netze von Personen ähnlicher Interessenlagen bilden.
Viel wichtiger als das Einkommen sind die wahrgenommenen Homogenität und das Image. Beide hängen eng mit Kohäsion, Integration und Identifikation zusammen. Ein positives Image und eine ausgeprägte Homogenitätswahrnehmung gehen mit einem Mehr an Identifikation, Kohäsion und Integration einher. Zwischen wahrgenommener Homogenität und dem Image gibt es ebenfalls einen Zusammenhang. Beide Variablen erwiesen sich als abhängig von der Sozialstruktur, d.h. vom Einkommen und der Bildung. Die Bewohner nehmen sich gegenseitig als umso ähnlicher wahr, je höher ihre Einkommen sind. Demnach wird die Beziehung von Sozialstruktur und Nachbarschaft durch Prozesse der sozialen Wahrnehmung vermittelt.
Im Hinblick auf die räumlichen Faktoren wurde festgestellt, dass „weiche" Übergangszonen im Bereich des Hauseingangs mit höherer Kohäsion, Identifikation und Integration einhergehen. Ebenso wirken sich Grünflächen günstig auf die Nachbarschaftsbeziehungen aus. Die als „funktionale Nähe" bezeichnete Variable (vgl. Kapitel 2) zeigt bei dieser baustrukturenübergreifenden Betrachtung nur einen Zusammenhang zu Integration und Identifikation. Viele Treffpunkte fördern offenbar die Einbindung Einzelner in die Nachbarschaft, nicht aber notwendigerweise das Gemeinschaftsgefühl im Gebiet. Darüber hinaus zeigte sich, dass Kohäsion, Integration und Identifikation zunehmen, wenn es viele institutionalisierte Einrichtungen und Ereignisse gibt, bei denen Nachbarn sich treffen können. Diese Ergebnisse stimmen weitgehend mit unseren Hypothesen überein.
Die gemeinsame Analyse aller Faktoren weist die wahrgenommene Homogenität als eine Schlüsselvariable aus. Berücksichtigt werden muss hier sicherlich, dass Kohäsion, Integration und Identifikation ihrerseits zur Wahrnehmung von Ähnlichkeiten beitragen. Die Beziehung zwischen wahrgenommener Homogenität und Nachbarschaft verläuft in beiden Richtungen. Die Wahrnehmung von Ähnlichkeit fördert Gemeinschaftsgefühl und Kontakt. Verläuft die Beziehung günstig, führt dies zur Wahrnehmung weiterer oder stärkerer Ähnlichkeit. In diesem Zusammenhang ist auch das Image wichtig. In positiv bewerteten Gebieten nehmen die Bewohner sich als ähnlicher wahr, was wiederum zu intensiveren Beziehungen führt. Das Image hat daneben auch einen eigenständigen Effekt auf Kohäsion, Integration und Identifikation. In Gebieten mit positivem Image gibt es mehr Gemeinschaft und mehr Kontakt zwischen Nachbarn, weil man sich mit diesen gerne identifiziert. Auch hier kann

man sich unschwer einen zweiseitigen Prozess vorstellen: Image und Nachbarschaftsleben verstärken sich gegenseitig.
Darüber hinaus weisen die Ergebnisse darauf hin, dass auch die räumlichen Faktoren und die Institutionen mit der wahrgenommenen Homogenität zusammenhängen. Institutionalisierte Kontaktangebote führen meist dazu, dass sich Menschen mit ähnlich gelagerten Interessen treffen, z. B. im Mieterbeirat oder im Nachbarschaftszentrum, was wiederum zur Wahrnehmung größerer Ähnlichkeit mit den Nachbarn führen kann. Ähnlich die räumlichen Faktoren Grünfläche und Hauseingang. Ihr Einfluss auf die wahrgenommene Homogenität beruht möglicherweise ebenfalls auf den Begegnungen, die sie ermöglichen. Die räumlichen Faktoren haben jedoch neben wahrgenommener Homogenität und Image auch eigenständige Effekte, insbesondere auf die Kohäsion. Auch diese lassen sich zum einen durch kommunikative Prozesse erklären. Zum anderen stellen Eingänge und Grünbereiche (Einfamilienhäuser ausgenommen) jedoch auch Gemeingüter dar, für die Nachbarn sich unter Umständen verantwortlich fühlen. Wir vermuten, dass auch dies die Wahrnehmung einer Gemeinschaft bzw. von Kohäsion bedingen kann. Das erinnert an das Defensible Space-Konzept (Newman, 1972). Defensible Spaces sind Räume, die von den Wohnungen aus einsehbar sind und den Eindruck erwecken, jemandem zu gehören. Newman ging davon aus, dass Defensible Spaces dazu führen, dass die Bewohner sich viel im Freien aufhalten, weil sie sich in ihrer Nachbarschaft sicher fühlen, wodurch mehr Begegnungen zwischen Nachbarn stattfinden und Kohäsion entsteht. „Weiche" Eingangsbereiche und nutzbare Grünflächen sind mehr als das. Sie können gewissermaßen allein durch ihr Vorhandensein gruppenbildend wirken. Maßgeblich scheinen auch hier Wahrnehmungsprozesse. Kohäsive Nachbarschaften nehmen einen gemeinsamen Raum wahr, für den sie sich verantwortlich fühlen.

5.1.2 Baustrukturen

Eine Fragestellung im Projekt war, ob sich Wohnsiedlungen nach kohäsionsförderlichen Raummerkmalen so klassifizieren lassen, dass die Kategorien Unterschiede in den Nachbarschaftsbeziehungen aufweisen. Eine Analyse des Berliner Bestands führte zur Ableitung von vier Baustrukturtypen, mit deren Hilfe sich die Stadt in überschaubare Segmente gliedern lässt. Das ist im Rahmen dieser Studie für Berlin geschehen (Weckwerth u. Stöhr 2000). Es stellte sich heraus, dass bestimmte Baustrukturtypen mit bestimmten sozialen Konstellationen einher gehen, so dass sich aus beiden Mensch-Umwelt-Einheiten mittlerer Größenordnung bilden lassen. Dies ermöglicht Interventionsmaßnahmen zur Förderung nachhaltiger Konsummuster auf der Ebene von Wohnsiedlungen, wobei diese typenspezifisch zugeschnitten werden können. Damit kann die Wahl der Zielgruppen einer Maßnahme in einer Größenordnung erfolgen, in der persönliche Kontakte noch möglich sind und die kommunikativen Strukturen im Gebiet berücksichtigt und genutzt werden können.

Zwischen den Baustrukturtypen Großstruktur, Blockstruktur, Zeilenbebauung und parkartige Bebauung zeigten sich wie erwartet deutliche Unterschiede in der Kohäsion, der Identifikation und der Integration. Besonders arm ist das soziale Leben in den Großstrukturen und besonders lebhaft in der parkartigen Bebauung. Blockstruktur und Zeilenbebauung nehmen eine Zwischenstellung ein. Im Weiteren wurde der Frage nachgegangen, wie diese Unterschiede zustande kommen. Dafür wurden zunächst einfache Vergleiche zwischen den Baustrukturen vorgenommen. Insgesamt zeigen die Ergebnisse, dass sich die vier untersuchten Baustrukturen sowohl in räumlichen als auch in sozialen Komponenten unterscheiden. Darüber hinaus wurde der moderierende Einfluss der Baustruktur auf die Beziehungen zwischen Raummerkmalen, Sozialstruktur, Institutionen und Nachbarschaft untersucht. Die Enge des Zusammenhangs zwischen Bedingungsfaktoren und Nachbarschaft unterscheidet sich kaum. Zwischen den Baustrukturen zeigten sich jedoch deutliche Unterschiede in der Bedeutung der räumlichen und institutionellen Faktoren. Unterschiede im Nachbarschaftsleben von Blockstruktur und Zeile lassen sich offenbar zu einem Teil auf Unterschiede in der Ausstattung mit Eingängen, Grünflächen und Institutionen zurückführen. In den Großstrukturen spielen diese dagegen keine Rolle. Die Nachbarschaftsbeziehungen sind allein von der wahrgenommenen Homogenität und vom Image abhängig. Die geringe Kohäsion, Identifikation und Integration in den Großstrukturen ist demnach nicht auf die hier untersuchten räumlichen Faktoren oder fehlende Institutionen zurückzuführen. Wichtiger ist das schlechte Image dieser Siedlungen und ihr sozialer Status. Offen bleibt natürlich die Frage, was andere Raummerkmale (etwa ästhetische Gesichtspunkte oder die Erschließung im Inneren der Gebäude), die wir hier nicht untersucht haben, hierzu beitragen.

5.1.3 Wie entsteht Kohäsion?

In Abbildung 5.1 wurden diese Ergebnisse und Überlegungen noch einmal zusammen gefasst. Baustrukturen lassen sich durch räumliche Merkmale, den sozialen Status ihrer Bewohner und eingeschränkt auch die institutionalisierten Kontaktangebote beschreiben. Das gilt aber nur zum Teil. Baustrukturen sind komplexe räumlich-soziale Einheiten, in denen viele Variablen zusammenwirken. Die untersuchten räumlichen, sozialen und institutionelle Merkmale können die Unterschiede in den Nachbarschaftsbeziehungen nicht vollständig erklären. Der direkte Pfeil von der Baustruktur zu Kohäsion, Integration und Identifikation soll dies symbolisieren. Ansonsten gehen wir davon aus, dass die Baustruktur die groben Rahmenbedingungen vorgibt, innerhalb derer sich Nachbarschaftsbeziehungen entfalten, wobei die genannten sozialen, räumlichen und institutionellen Faktoren eine Vermittlungsfunktion haben. Diese besteht vorwiegend darin, dass sie die soziale Wahrnehmung der Bewohner beeinflussen, ihre Einschätzung, wie ähnlich die Nachbarn ihnen im sozialen Status, in ihren Interessen und Einstellungen sind. Von den räumlichen Faktoren Eingangsbereich und Grünfläche wird angenommen, dass von ihnen weitere Einflüsse auf die Nachbarschaftsbeziehungen ausgehen, die zu einem großen Teil davon abhängen, ob sie als gemeinsames Eigentum der Nachbarschaft (oder privates Eigentum) betrachtet werden oder eher als fremdes Niemandsland. Sorgfältig gestaltete Eingänge, die sanfte Übergänge vom öffentlichen zum privaten Raum bieten und Grünanlagen mit eindeutiger Zuordnung zum Gebäude führen eher zu einer Wahrnehmung als Gemeingut, für das man gemeinsam Verantwortung trägt. Auch für die institutionalisierten Kontaktangebote wird angenommen, dass neben ihrem Einfluss auf die wahrgenommene Homogenität weitere Zusammenhänge mit den Nachbarschaftsbeziehungen bestehen. Dabei spielen vor allem die Transaktionskosten der Kontaktaufnahme eine Rolle. Es ist vielfach leichter und effizienter bei einer Veranstaltung o.ä. Gleichgesinnte kennenzulernen als aus eigener Initiative. Das Image bezeichnet, wie die Nachbarschaft von außen wahrgenommen wird. Baustrukturen sind mit Images verbunden, außerdem hängt das Image eines Gebiets vom sozialen Status seiner Bewohner ab. Von diesen gehen wiederum Einflüsse auf die wahrgenommene Homogenität und auf die Nachbarschaftsbeziehungen direkt aus. Ansonsten gilt, dass die eingezeichneten Pfeile nur einen Teil der gefundenen und vor allem der aufgrund der Ergebnisse zu vermutenden Beziehungen abbilden. Aus Gründen der Übersichtlichkeit wurde auf viele Details verzichtet. Dargestellt ist lediglich das, was wir für besonders wichtig halten.

Abb. 5.1: Einflüsse auf Nachbarschaftsbeziehungen

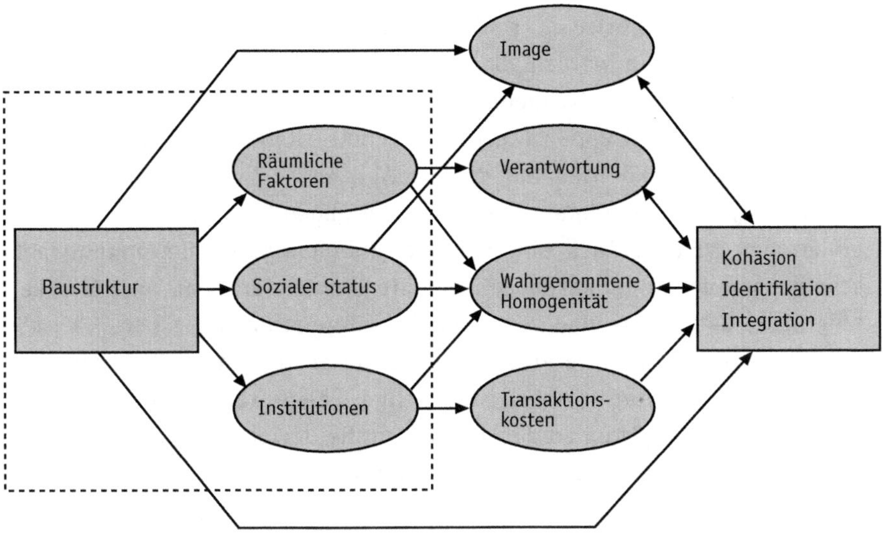

Gemeinschaftssinn, enge Beziehungen zwischen Nachbarn sowie Bindung und Identifikation mit der Nachbarschaft sind offenbar vorwiegend Mittelschichtphänomene. Niedriger sozialer Status geht eher mit Desintegration und einem Mangel an Gemeinschaft in Verbindung mit der Wahrnehmung von Unähnlichkeit zwischen den Bewohnern, geringer Verantwortung für die gemeinsamen Räume und einem negativen Image des Gebiets einher. Dafür spricht auch der Befund, dass Vandalismus in niedrig kohäsiven Gebieten häufiger vorkommt (vgl. Teil B, Kapitel 3.3). Insbesondere die Großstrukturen, zum Teil auch die Blockbebauung, erwiesen sich als problembehaftet. Es stellt sich nun die Frage, wie in solchen Gebieten die Kohäsion gefördert werden könnte. Räumliche Ausstattung und Institutionen scheinen dort nichts oder nur wenig beizutragen, zumindest dann nicht, wenn man damit nicht die Grenzen des Üblichen überschreitet. Ein schöner neuer Hauseingang allein bringt offenbar die Bewohner einander nicht näher. Anzuraten sind hier vielmehr imageverbessernde Maßnahmen und die Förderung positiver Identifikationsmöglichkeiten. Es geht darum, das Bewusstsein der Bewohner für das Positive in ihrem Wohnumfeld zu stärken. Dafür bieten sich partizipative Methoden bei Umgestaltungsmaßnahmen genauso an, wie die Vermittlung von Wissen über das Gebiet per tätiger Auseinandersetzung. Zu denken wäre hier etwa an Fotowettbewerbe, Videostreifzüge, Hof- und Straßenfeste, organisierte und geführte Spaziergänge, eine Art „Kiezletter", ein regelmäßiger Rundbrief, in dem vor allem die positiven, schönen und einzigartigen Seiten des Wohngebiets hervorgehoben werden. Das können architektonische Besonderheiten sein, das kann sich auf Naturelemente und -erlebnisse beziehen oder auf die Aktivitäten lokaler Gruppen (auch Kita/Schule). Ein Second-Hand-Markt und eine Tauschbörse könnten auf diesem Weg ebenfalls eingerichtet werden. Wichtig ist, dass Bewohner, z. B. auch die Jugendlichen, in die Gestaltung einbezogen werden. Auch eine stärkere Einbindung von Bewohnern in Entscheidungen der Wohnungsbaugesellschaft über Mieterbeiräte und über kontinuierliche, detaillierte und verständliche Informationen diesbezüglich könnten hilfreich sein. Weitere Anregungen zu dieser institutionellen Seite finden sich in Teil C, Kapitel 3. Auf der räumlichen Ebene wäre etwa an das Bereitstellen von Mietergärten zu denken, sofern die Bewohner das wünschen. Dies zeigte in einem niederländischen Modellprojekt, das wir während der 1. Projektphase untersuchten, positive Effekte (Hoogland 2000). Ebenfalls positive Erfahrungen mit dieser Maßnahme werden aus den USA berichtet (Bell et al. 1996).

5.2 Nachbarschaftsbeziehungen und Konsumverhalten

Die Grundannahme unseres vorläufigen Modells war, dass die Kommunikation in der Nachbarschaft, insbesondere jene über Konsum, die Wahrnehmung sozialer Normen und die individuellen Konsummotive beeinflusst. Hier galt es zunächst, die Frage zu beantworten, ob in Nachbarschaften überhaupt nachhaltigkeitsrelevante Konsumthemen besprochen werden und ob es diesbezüglich Unterschiede zwischen kohäsiven und weniger kohäsiven Nachbarschaften gibt. Beides ist der Fall. Häufigstes Gesprächsthema ist dabei die Mülltrennung, gefolgt von Ernährung. Auch Heizkosten, die Stromrechnung und Elektrogeräte sind Themen. Alle fünf Themen werden in den kohäsiven Nachbarschaften häufiger besprochen als in den weniger kohäsiven.

5.2.1 Gespräche, Normen und Konsummotive

Als Nächstes war zu klären, ob es einen Zusammenhang zwischen diesen Gesprächen und den wahrgenommenen Normen bezüglich dieser Inhalte sowie zwischen Gesprächen und Konsummotiven gibt. Diese Annahmen konnten nur teilweise bestätigt werden. Es zeigen sich geringe bis mittlere Zusammenhänge zwischen den Gesprächen und den wahrgenommenen Normen für die Umweltorientierung und für die Bequemlichkeitsorientierung, nicht aber für die Orientierung am Preis. Auf der disaggregierten Ebene der einzelnen Verhaltensweisen zeigen sich diese Zusammenhänge ebenfalls nicht. Auch zwischen Gesprächen und Konsummotiven zeigen sich nur geringe Zusammenhänge. Je ausgeprägter das Umweltmotiv ist, desto häufiger finden Gespräche zu Mülltrennen, Ernährung, der Heizenkostenabrechnung und den Stromkosten statt. Dass sich diese Effekte nicht deutlicher zeigen, mag an den beschriebenen methodischen Mängeln liegen, teilweise auch daran, dass sie nur in besonders kohäsiven Nachbarschaftsgruppen auftreten. In der qualitativen Studie, aus der diese Hypothesen stammen, wurden, neben anderen Gebieten, ein Modellprojekt kommunikativen Wohnens und andere eher extrem kohäsive Beispiele untersucht. Andererseits gibt es neben dem persönlichen Gespräch viele andere Wege, auf denen soziale Normen kommuniziert werden. Wir beobachten das Verhalten anderer, sehen die „Spuren", die sie hinterlassen (etwa der Inhalt der Mülltonnen) und wissen auch andere Hinweise in der Umwelt normativ zu deuten.

5.2.2 Kohäsion, Normen, Konsummotive und Verhalten

Darüber hinaus bestehen Beziehungen zwischen Kohäsion/Integration und der wahrgenommenen sozialen Norm, und zwar besonders im Hinblick auf die Norm für Umweltorientierung und die Norm für Bequemlichkeit. Auch der Zusammenhang von Norm und Konsumorientierung erwies sich als abhängig vom Inhalt. Wird in der Nachbarschaft eine Norm für umweltschonendes Verhalten wahrgenommen, hat die Umwelt auch bei der individuellen Konsumorientierung einen höheren Stellenwert. Wird die Nachbarschaft als vorwiegend am Preis orientiert wahrgenommen, dominiert das Preisbewusstsein auch in der individuellen Konsumorientierung. Diese Zusammenhänge sind allerdings sehr gering. Eine weitere Vermutung war, dass dieser Zusammenhang zwischen Norm und Konsummotiv von der Integration in und der Identifikation mit der Nachbarschaft abhängig ist. Dieser Moderationseffekt zeigt sich allenfalls teilweise. Bei hoher Integration ist der Zusammenhang zwischen Norm und Konsummotiv etwas höher, jedoch nur bei der Orientierung an Bequemlichkeit und am Preis. Bei hoher Identifikation ist dies in den Bereichen Umwelt- und Preisorientierung der Fall. Die Unterschiede zwischen den Korrelationskoeffizienten sind jedoch nicht signifikant. Wenn es diesen Effekt überhaupt gibt, ist er sehr klein.

Gezeigt hat sich dagegen der postulierte Zusammenhang zwischen Konsummotiven und Verhalten. Das Verhalten ist um so nachhaltiger, je größer die Orientierung am Umweltmotiv ist. Preis- und Bequemlichkeitsorientierung wirken sich durchgehend negativ auf die Nachhaltigkeit des Konsumverhaltens aus. Die Zusammenhänge zwischen Motiven und Verhalten sind jedoch überwiegend gering. Ein mittelhoher Zusammenhang zwischen Umweltmotiv und Verhalten besteht allein für den Kauf von Nahrungsmitteln aus kontrolliert biologischem Anbau. Dieser ist vor allem durch das Umweltschutzmotiv bestimmt, gleichzeitig durch eine geringe Orientierung am Preis. Interessant ist auch das Ergebnis zur Mülltrennung, die dann am intensivsten praktiziert wird, wenn die Preis- und die Bequemlichkeitsorientierung gering sind. Die Ausprägung des Umweltschutzmotivs scheint dabei keine Rolle zu spielen. In ähnlicher Weise ist das Abschalten von Stand-by-Geräten allein von einer möglichst geringen Bequemlichkeitsorientierung abhängig.

5.2.3 Konsum in verschiedenen Verhaltensbereichen

Das Modell postuliert eine Beziehung zwischen Nachbarschaft und Konsumverhalten, die im wesentlichen über drei Variablen vermittelt wird: Gespräche über Konsum, soziale Normen und Konsummotive. Die individuelle Integration in die Nachbarschaft ist eine Voraussetzung dafür, dass solche Prozesse stattfinden können. Damit von einem solchen Vermittlungsprozess ausgegangen werden kann, muss zum einen ein Zusammenhang zwischen Integration und Verhalten bestehen, zum zweiten Zusammenhänge zwischen Kohäsion/Integration und Normen und Gesprächen, zum dritten Zusammenhänge zwischen Normen, Gesprächen, Konsummotiven und Verhalten. Darüber hinaus sollte der Zusammenhang zwischen Integration und Verhalten verschwinden, wenn Gespräche, Normen und Konsummotive in die Analyse einbezogen werden.

Geringe Zusammenhänge zwischen Integration und Verhalten zeigen sich nur in den Konsumbereichen Mülltrennung, Anzahl der Elektrogeräte, Einkaufen im Wohnumfeld und beim Heizen. In der gemeinsamen Analyse (Tabelle 3.14, Teil B, Kapitel 3) zeigt sich bei Mülltrennung und Heizen kein Effekt der Integration. Die Mülltrennung wird dort wesentlich durch die wahrgenommene soziale Norm bestimmt. Mülltrennung funktioniert in kohäsiven Nachbarschaften demnach deshalb besser, weil eine entsprechende Norm entwickelt wurde, an der die BewohnerInnen sich orientieren. Die häufigeren Gespräche mögen daran ursächlich beteiligt sein, spielen neben der Norm aber offenbar keine besondere Rolle. Ähnlich verhält es sich mit den Konsummotiven. Erst die Detailanalyse zeigt, dass eine geringe Orientierung an Bequemlichkeit und geringe Transaktionskosten, d.h. Mülltonnen, die auf dem Weg liegen anstatt abseits, unterstützend wirken können. Das individuelle Umweltmotiv kommt hier erst dann zum Tragen, wenn die Transaktionskosten hoch sind.

Beim Heizen hat dagegen nur das Konsummotiv einen signifikanten Einfluss. Sparsames Heizen scheint weder durch normative Vorstellungen der Nachbarschaft noch durch die in kohäsiven Nachbarschaften häufigeren Gespräche über die Heizkostenabrechnung beeinflusst. Der ohnehin sehr geringe Zusammenhang zwischen Heizen und Integration muss eher auf Drittvariablen zurückgeführt werden. Sparsames Heizen scheint vorwiegend individuell motiviert.

Für das Einkaufen im Wohnumfeld ist allein die Integration entscheidend, wobei zu berücksichtigen ist, dass Aktivitäten im Wohnumfeld, besonders Einkaufen, möglicherweise erst zu Integration führen beziehungsweise diese verstärken. Bedenkt man, dass es hier vorwiegend darum geht, nicht im Supermarkt einzukaufen, liegt es nahe anzunehmen, dass hier das Angebot an weiteren Einkaufsmöglichkeiten im Wohnumfeld bedeutend ist. Die hiermit angesprochene Rolle der Transaktionskosten erwies sich allerdings ebenfalls als gering und ließ sich nur zum Teil aufzeigen.

Der Kauf von Lebensmitteln aus kontrolliert biologischem Anbau, der Kauf regionaler Produkte und das Abschalten von Stand-by-Geräten zeigt keinen direkten Zusammenhang mit Integration oder Kohäsion. Während das Ausschalten von Stand-by-Geräten allein vom Konsummotiv abhängt, weist der Kauf von Bio-Lebensmitteln Zusammenhänge mit der Gesprächshäufigkeit über dieses Thema und mit der wahrgenommenen Norm auf. Die Häufigkeit von Gesprächen über Ernährung ist abhängig von der Kohäsion und von der Integration. Ebenso hängt die Gesprächshäufigkeit mit der wahrgenommenen Umweltnorm zusammen. Es zeigt sich also auch hier der postulierte Prozess: Kohäsion führt zu häufigeren Gesprächen über gesunde Nahrungsmittel, die zur Wahrnehmung einer entsprechenden Norm führen und das Konsummotiv – Schutz von Umwelt und Gesundheit – stützen. Anders als bei der Mülltrennung spielt hier das Umweltschutzmotiv eine wichtige Rolle. Mülltrennung scheint vielfach aus Gründen der Normkonformität praktiziert zu werden, biologische Ernährung scheint vorwiegend individuell – durch Einstellungen – motiviert, wobei Gespräche und Normen in der Nachbarschaft unterstützend und verstärkend wirken.

Auch für den Kauf regionaler Produkte hat das Konsummotiv – Produkte sollen aus regionaler Produktion stammen – die größte Bedeutung, während die allgemeineren Motive Umweltschutz, Preis und Bequemlichkeit durchweg ne-

gative Zusammenhänge zeigen. Weiterhin von Bedeutung sind die Integration in die Nachbarschaft und die wahrgenommene soziale Norm, bei den Einzelkorrelationen auch die Gespräche. Die Integration übt hier neben der Norm einen eigenständigen Effekt auf das Verhalten aus. Was sich hier zeigt, lässt sich zu einem großen Teil als Ostberliner Solidaritätsverhalten deuten. Viele ehemalige Berliner DDR-Bürger kaufen bevorzugt Produkte aus Brandenburg oder den anderen neuen Bundesländern, um die regionale Wirtschaft zu stützen. Es geht dabei nicht um Umweltschutz, nicht um den Preis und nicht um Bequemlichkeit. Dieses Verhalten ist teilweise durch Normen vermittelt; in den Nachbarschaften gibt es Gespräche darüber.
Damit haben sich für jede der untersuchten Verhaltensoptionen unterschiedliche Zusammenhänge gezeigt. Energiesparen (Heizen und Stand-by) ist entsprechend diesen Ergebnissen von lokalen Gruppenprozessen weitgehend unabhängig. Die Anzahl der Elektrogeräte kann weder mit den Gruppenprozessen noch mit den Konsummotiven befriedigend erklärt werden. Ähnlich verhält es sich mit dem Einkaufen im Wohnumfeld. Weitgehende Übereinstimmungen zeigen sich dagegen bei der Mülltrennung, die überwiegend durch soziale Normen motiviert scheint, beim Kauf von Lebensmitteln aus kontrolliert biologischem Anbau, der zwar vorwiegend vom individuellen Konsummotiv abhängig ist, von den Gruppenprozessen in Nachbarschaften jedoch zusätzlich gestützt wird und beim Kauf regionaler Produkte, der in ähnlicher Weise durch Normen motiviert ist wie die Mülltrennung.

5.2.4 Nachbarschaft und nachhaltiges Verhalten: Fazit

Unsere Vorstellung zum Zusammenhang von Nachbarschaft und Konsumverhalten scheint demnach nur unter bestimmten Bedingungen Gültigkeit zu haben, Bedingungen, die mit den untersuchten Verhaltensweisen verknüpft sind. Leider ist die Stichprobe der untersuchten Verhaltensweisen zu klein, um darüber definitive Aussagen machen zu können. Wir vermuten jedoch, dass Nachbarschaft dann von Bedeutung ist, wenn gemeinsame Interessen tangiert sind und das Verhalten, um das es geht, für die Nachbarn sichtbar ist. Dies ist bei der Mülltrennung ganz klar der Fall. Der Inhalt der einzelnen Mülltonnen ist für jeden sichtbar. Die Anzahl der Restmülltonnen ist meist so bemessen, dass die Kapazität bei annähernd korrekter Trennung für den „Rest" ausreichend ist. Wird nicht in hinreichendem Umfang getrennt, quellen diese über. Die Kosten für zusätzliche Restmülltonnen werden in so einem Fall auf alle Bewohner umgelegt. Diese Situation kann als ein Allgemeingut-Dilemma interpretiert werden. In kohäsiven Nachbarschaften kommt es offenbar zu einer kooperativen Lösung, die sich in einer sozialen Norm zur Mülltrennung manifestiert.

Ähnlich verhält es sich beim Kauf regionaler Produkte. Dessen Konsequenzen tangieren zwar nicht die Interessen speziell von Nachbarschaften, sondern sind in einem größeren gesellschaftlichen Zusammenhang zu sehen. In den Nachbarschaften wird dieses Verhalten jedoch sichtbar: Beim Einkaufen, in Gesprächen und in der Mülltonne. In den Nachbarschaften manifestiert sich bspw. die soziale Norm zum Kauf von Ost-Produkten.

Abb. 5.2: Zum Zusammenhang von Nachbarschaftsbeziehungen und Konsumverhalten

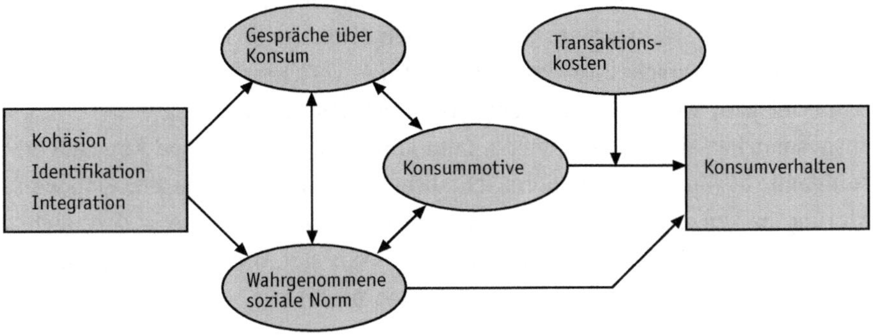

Beim Kauf von Lebensmitteln aus kontrolliert biologischem Anbau steht das Konsummotiv im Vordergrund. Essen und der Kauf von Lebensmitteln sind ein häufiges Gesprächsthema zwischen Nachbarn. Stimmen diese in ihren Konsummotiven ungefähr überein, entsteht auf der Basis gemeinsamer Interessen ein gemeinsames Thema. Warum ist dies beim Energiekonsum nicht der Fall? Energiekonsum (Heizen und Stromsparen) findet überwiegend im Privaten statt. Der Umgang mit Energie ist für andere viel weniger sichtbar als das, was man einkauft und anschließend zum Teil in die Mülltonne wirft. Gleichzeitig wird dieses Verhalten auch in der Interaktion als ein privateres Thema behandelt als etwa der Kauf von Lebensmitteln (vgl. Teil C, Kapitel 5).

Abbildung 5.2 zeigt das entsprechend der Ergebnisse modifizierte Hypothesenmodell. Da im Grunde jeder der untersuchten Verhaltensbereiche eine andere Struktur aufweist, soll das Modell nur die Gemeinsamkeiten darstellen. Gespräche und Norm stehen nun nebeneinander. Damit sollen unterschiedliche Prozesse angedeutet werden. Die wahrgenommene soziale Norm steht einerseits für Konformität. Das ist zusätzlich durch den direkten Pfeil von der

Norm zum Konsumverhalten dargestellt. Die Annahme, dass Normen Konsummotive beeinflussen, wurde beibehalten, wobei angenommen wird, dass hier auch gegenläufige Prozesse wirksam sind (selektive Wahrnehmung, Einfluss Einzelner auf Normen). Gespräche stehen für die gemeinsame Auseinandersetzung mit dem Thema. Diese wirkt sich auf die individuelle Verarbeitung, auf das Konsummotiv und damit auf das Konsumverhalten aus. Auch hier gehen wir von einem Rückkopplungsprozess aus. Ein ausgeprägtes Konsummotiv Einzelner steigert die Gesprächshäufigkeit und die Intensität der Auseinandersetzung, die wiederum das Konsummotiv festigt und intensiviert. Zwischen dem Einfluss der Norm und dem Einfluss der Gespräche bestehen außerdem Wechselwirkungen. Schließlich wird die Hypothese von der Moderatorfunktion der Transaktionskosten beibehalten. Hohe Transaktionskosten reduzieren die Wahrscheinlichkeit nachhaltigen Verhaltens. Das ist insbesondere dann der Fall, wenn kein ausgeprägtes Umweltmotiv vorliegt.
Insgesamt hat sich der Zusammenhang von Nachbarschaft und Konsumverhalten damit als ausgesprochen vielschichtig und komplex erwiesen. Eine weitere Klärung halten wir für dringend geboten, da der Ansatz – wie in den nächsten Kapiteln deutlich werden wird – für die Praxis der Förderung nachhaltigeren Verhaltens vielversprechende Ansatzpunkte bietet.

Literatur

Harloff HJ, Christiaanse KW, Wendorf G, Zillich K (1999). Die Bedeutung von Wohngruppen für die Bildung nachhaltiger Konsummuster. Forschungsbericht Nr. 1-99 aus der Abteilung Psychologie im Institut für Sozialwissenschaften der Technischen Universität Berlin.

Hoogland C (2000) Communicative living in the Netherlands - a quantitative investigation. In: Harloff HJ, Christiaanse KW, Wendorf G, Zillich K, Dienel HL (Hrsg) Wohnen und Nachhaltigkeit. Interdisziplinäre Forschung vor der Haustür. Technische Universität Berlin, S 177-189.

Tajfel, H. & Turner, J. C. (1979) An integrative theory of intergroup conflict. In W. G. Austin & S. Worchel (Eds.), Psychology of Intergroup Relation (pp. 33-47). Monterey, California: Books.

Weckwerth H, Stöhr M (2000) Die Ableitung von kohäsionsfördernden Raummerkmalen und ihre baustrukturelle Zuordnung in Berliner Wohngebieten. Beitrag zum Forschungprojekt „Die Bedeutung von Wohngruppen für die Bildung nachhaltiger Konsummuster. Unveröffentlicht.

C

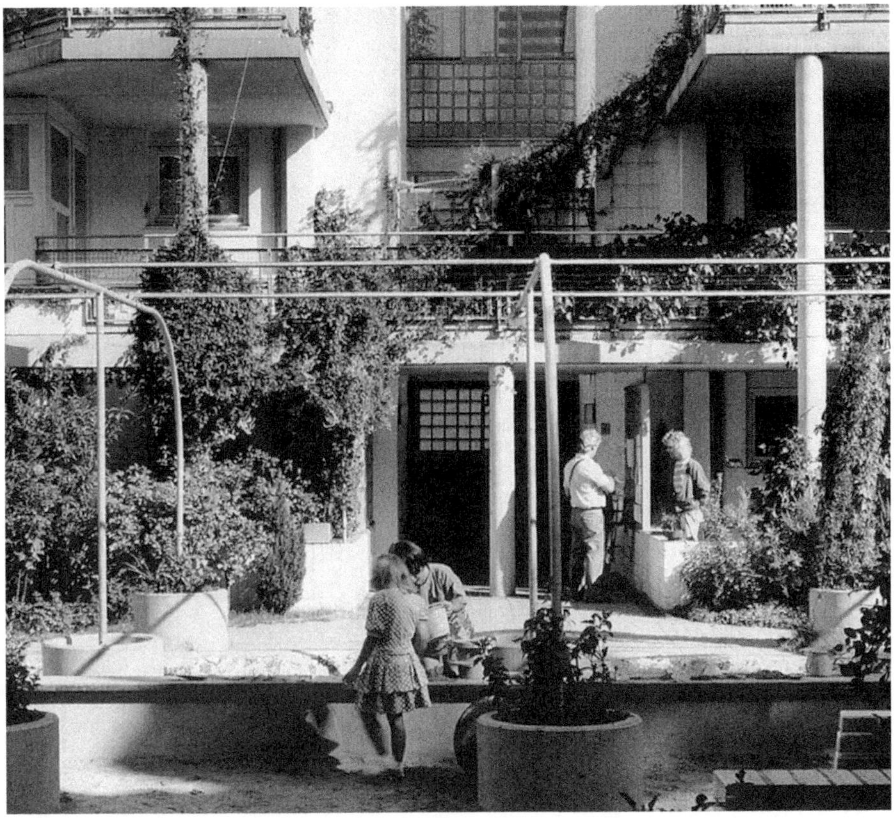

Eingriff vor Ort:
Wohin führen Interventionen?

C.1

Französisch Buchholz: Wege zur Planung und Nutzung eines Niedrigenergiehauses

Carolien Hoogland, Olaf Saphörster, Gabriele Wendorf

1.1 Auswahl des Untersuchungsgebietes

„Ansätze für neuen Wohnungsbau gibt es (...) einige, es fehlt indessen in vielen Fällen der Nachweis, dass sie auch funktionieren" (Dieckmann et al. 1998, S. 198).

Von dieser Erkenntnis ausgehend wählte das Forschungsteam WohNach „Französich Buchholz" als Untersuchungsgebiet aus. Einerseits wirft das hier vorgesehene räumlich und technisch innovative Konzept die Frage auf, wie es von Bewohnern und den beteiligten Planungsakteuren angenommen wird. Andererseits verlangt die Lage des Gebietes in der Nähe des historischen Dorfanger Buchholz, zwischen Stadt, Dorf und Landschaft gelegen, nach einem eigenen Stück Identität, das der Neubildung eines sozialen Milieus bedarf.

Durch Befragung der Neumieter zur Praxis ihrer Aneignung der Wohnanlage wurden die konzeptionellen Überlegungen zum städtischen Wohnen an der Peripherie, zu Wohntypologie, Siedlungsform und Wohnumfeld einer kritischen Überprüfung unterzogen. Die Untersuchung in Französisch Buchholz unterscheidet sich insofern von den in den folgenden Kapiteln dargestellten Interventionen, als an diesem Beispiel das Wachsen einer völlig neuen Nachbarschaft beobachtet wurde. Dies folgt den im Forschungsantrag formulierten Aufgaben, die bauliche und soziale Konfiguration von Wohnsiedlungsgruppen sowohl in bestehenden aber auch in neuen Strukturen zu analysieren. Gleichzeitig wurden die Akteure bei der Planung und Umsetzung des Konzeptes beobachtet, ein Runder Tisch initiiert und Vorschläge für eine transparente effiziente Planung von innovativen Konzepten abgeleitet.

1.2 Umgang mit Widersprüchen

Das kompakte Wohn- und Geschäftshaus und „Berlins größte Solaranlage" entstanden im Vorfeld einer geplanten Bauausstellung in Berlin 1999-2004. Leitmotiv dieser Bauausstellung war die nachhaltige Entwicklung des Stadtrandes. Im Rahmen von Nachhaltigkeitsdiskussionen wird immer wieder die Frage kontrovers diskutiert, ob zeitgemäßes Wohnen ländliche oder städtische

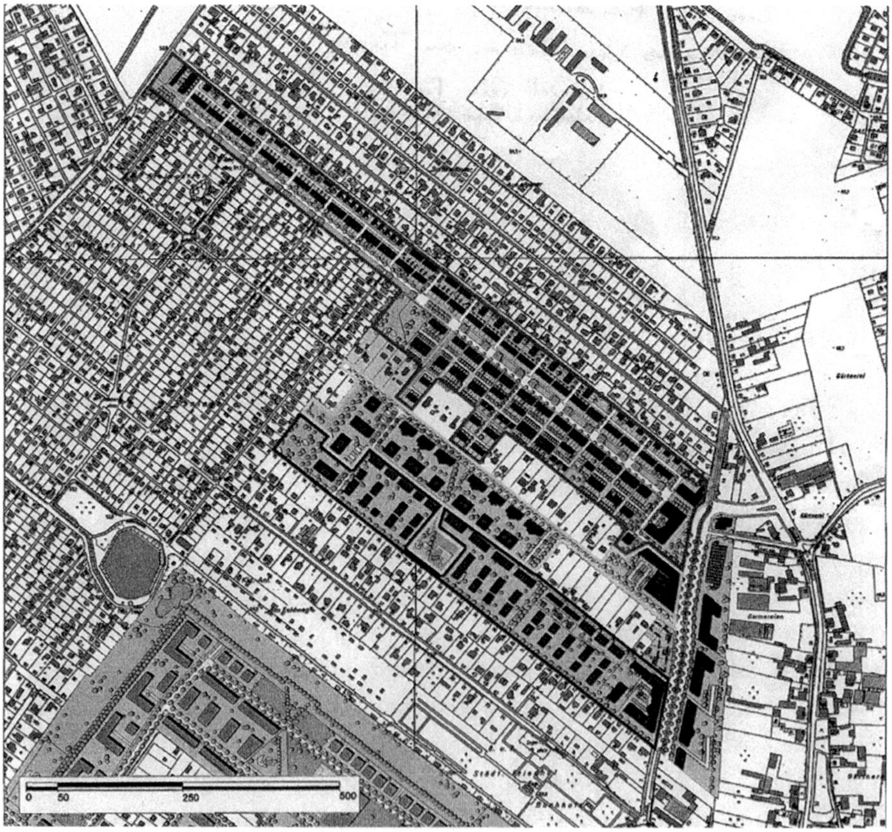

Abb. 1.1: Wohnprojekt Französisch Buchholz

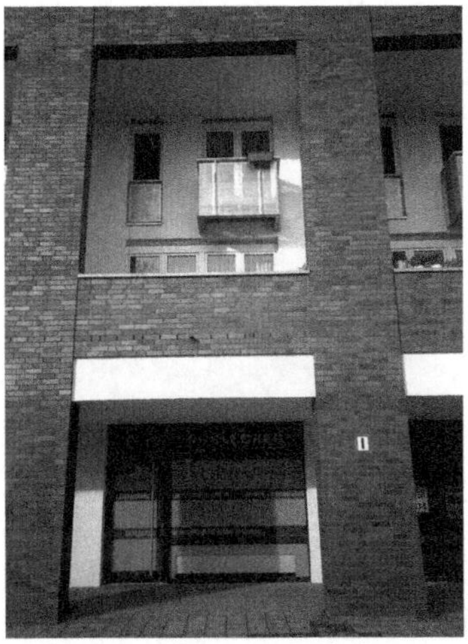

Abb. 1.2: Loggia zum Stadtplatz

Form haben sollte. Wie sieht das aktuelle Leitbild der Stadtentwicklung aus? Einem theoretischen Ideal der „kompakten Stadt", mit der Verknüpfung von Wohnen, Arbeiten und Freizeit steht in der Praxis der Wunsch der Bewohner nach einem „eigenen Haus mit Garten" entgegen.

Als Gegenmodell zu den monofunktionalen Eigenheimsiedlungen im Berliner Umland sollten daher in Französich Buchholz auf städtischem Grund verdichtete Wohnformen entstehen, die den Traum vom Eigenheim im urbanen Kontext zu realisieren versuchten. Der große wohnungsbezogene Freiraum, der Etagengarten, differenziert als Loggia, Wintergarten, Atriumgarten oder Dachterrasse, soll den fehlenden Garten als privaten Freizeitraum ersetzen.

Darüber hinaus galt es, ein Wohnumfeld zu schaffen, in dem die Bewohner soziale Netze aufbauen und nachbarschaftliche Kontakte gefördert werden. Die angedachten „kommunikationsfördernden Wohnformen" werden mit dem Wunsch der Bewohner nach einem hohen Grad an Privatheit konfrontiert, um so mehr, wenn ein hohes Maß an Eigentumsbildung angestrebt wird. Die Architekten der untersuchten Wohnanlage in der Triftstraße haben versucht, aus den vorgenannten widersprüchlichen Bedingungen ein neues Gebäudekonzept mit den nachfolgenden Schwerpunkten zu entwickeln.

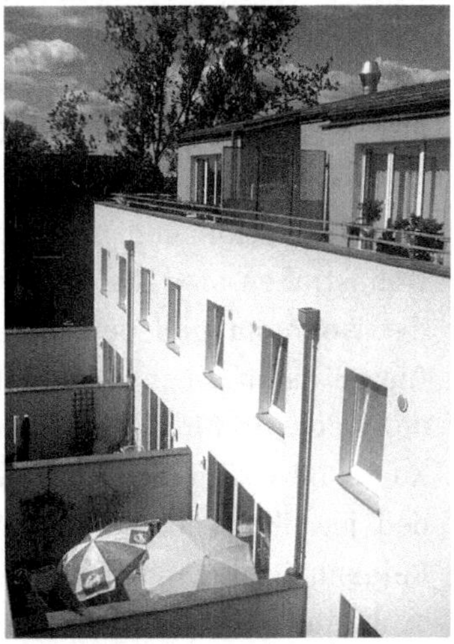

Abb. 1.3: Loggien und Dachterrassen

Wohnungsbau am Stadtrand und doch Funktionsmischung: Die Wohnanlage umfasst insgesamt 44 Wohneinheiten, 5 Läden und die solargestützte Nahwärmezentrale für das gesamte Quartier. Die Ladenarkarde mit den Einzelhandelsgeschäften stellt die öffentlich-städtische Fassade des Gesamtensembles dar.

Geschosswohnungsbau und doch Reihenhaus: Als Verbindung zwischen dem städtischen Geschosswohnen in Französisch Buchholz

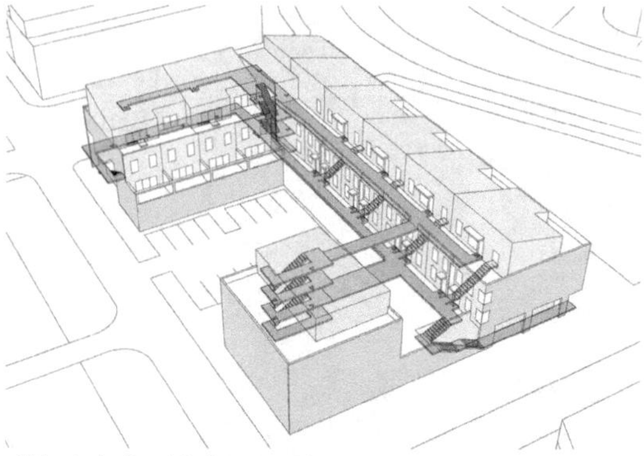

Abb. 1.4: *Erschließungssystem*

und dem erdgebundenen Eigentumswohnungsbau der umgebenden Planungsbereiche stapeln sich verschiedene Funktionen und ablesbare, kleinteilige Wohnformen zu einem städtischen Haus. Fast alle Wohnungen sind als Maisonettes oder Penthäuser wie „richtige Reihenhäuser" konzipiert. Als Geschosswohnungen auf der Etage werden sie jedoch von außen erschlossen. Die hausinterne Erschließung ist als öffentliche Straße gedacht, die ein Angebot zur „Eroberung" durch die Bewohner bieten soll.

Städtische Wohnform und doch ein Garten: Die wohnungsbezogenen Freiflächen sind als introvertierte Räume konzipiert. Das private Reihenhaus – Gartengrundstück, im Standardfall vor Einblicken durch allerlei Flechtzäune, hohe Hecken und andere Sichtschutzmaßnahmen geschützt, wird in dieser Wohnanlage ersetzt durch das Prinzip des Etagengartens. Wie zu einem klassischen Reihenhaus ein Garten gehört, besitzt jede Wohnung einen großen privaten Freiraum, in diesem Fall nicht grundgebunden, sondern als Loggia, zweigeschossiger Wintergarten oder als Dachterrasse. Die wohnungsbezogenen Gärten sind so in die Fassade oder auf den Dächern der Wohnanlage integriert, dass die Privatsphäre ohne zusätzliche Grenzziehungen gewährleistet wird.

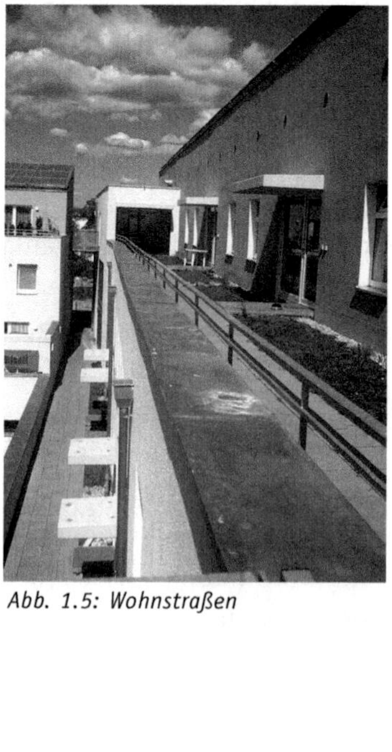

Abb. 1.5: *Wohnstraßen*

Kommunikation und doch Privatsphäre: Die Wohnstraßen sind die Schnittstelle zwischen der Wohnung und dem öffentlichen Raum. Dieser Raum muss sehr viel leisten, ist er doch der Ort für direkte, nachbarschaftliche Kommunikation und markiert gleichzeitig den jeweilig, individuellen Wohnungs- bzw. Reihenhauseingang. Die hier realisierte Erschließung ist geeignet, Orte zu bilden, die nachbarschaftliche Interaktion fördert.

1.3 Der Umgang mit einem Niedrigenergiehaus / Das Energiekonzept

Niedrigenergiehäuser sind bisher nur im Bereich des Eigenheimwohnungsbaus anzutreffen. Die Übertragung auf den Geschosswohnungsbau ist in Deutschland eine relativ neue, aber bedeutsame Entwicklung. Immerhin ist ein Fünftel der CO2-Emissionen in den Industrieländern auf die Beheizung von Wohnflächen zurückzuführen. Als Pilotprojekt eines Niedrigenergie- und Geschosswohnungsbaus wurde die Wohnanlage in Französisch Buchholz im Rahmen des öffentlich geförderten Wohnungsbaus realisiert. Mit Inkrafttreten der Energieeinsparverordnung am 01.01.2000 wurde dieser Standard zur Förderungsbedingung in nahezu allen Bundesländern.
Niedrigenergiehäuser sind jedoch nicht per se energiesparend. Architektur und Haustechnik schaffen die technischen Voraussetzungen zur Verringerung von Wärmeverlusten. Neben den Dämmstärken und -güten der einzelnen Wandschichten wird in der architektonischen Detailplanung und Bauüberwachung eine erhöhte Fugendichtigkeit gefordert. Dies reduziert die Transmissionswärmeverluste. Die Haupteinsparpotentiale liegen daher eindeutig im Bereich der Verringerung der Lüftungswärmeverluste und werden nur bei sachgerechter Bedienung durch den Bewohner ausgeschöpft.

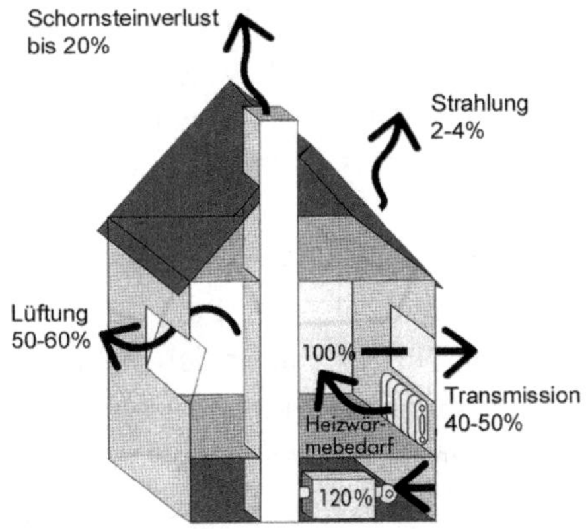

Abb. 1.6: Anteil der Heizwärmeverluste

„Während der Wärmeschutz und die solaren Einträge durch die Haushalte nur begrenzt beeinflussbar sind, steht und fällt die Wirkung der Lüftungsanlage mit dem Verhalten der Bewohner" (IWU 2000). Der Umgang der Bewohner mit der neuen Haustechnik und ihr Lüftungsverhalten bedarf daher einer näheren Untersuchung.
Die Wohnungen in der Triftstraße besitzen alle eine kontrolliert-hygienische Raumlüftung. Vereinfacht ausgedrückt bedeutet dies, dass in allen Wohnungen aus den Küchen und Bädern die verbrauchte Raumluft abgesaugt wird und

in den Aufenthaltsräumen kontinuierlich, frische Außenluft durch Außenwandventile nachströmt. Das individuelle Bedürfnis, die Fenster in der Heizperiode zum Lüften zu öffnen, soll dadurch herabgesetzt werden.
Da es sich um öffentlich geförderten Mietwohnungsbau handelt, ist der Einbau der hygienischen Raumlüftung nicht, wie für den Eigentumswohnungsbau typisch, auf ausdrücklichen Wunsch der Bewohner erfolgt. Die Wohnanlage in der Triftstraße kann deshalb als ein Testlauf für die Implementierung des Niedrigenergiestandards in größerem Umfang für zukünftigen Geschosswohnungsbau verstanden werden.

1.4 Untersuchungsmethode

Um das Verhalten der Bewohner systematisch beobachten und auf Merkmale der Siedlung zurückführen zu können, steht eine Palette unterschiedlicher Untersuchungsmethoden aus der Architekturpsychologie zur Verfügung: Das von uns gewählte „Post-Occupancy Evaluation" (POE – „Evaluation nach Einzug") Verfahren besteht aus Rundgängen, Interviews, Fragebogen, nicht-reaktiven Messverfahren, Beobachtungsverfahren und Dokumentanalysen. Die Rolle des Sozialwissenschaftlers, der eine POE durchführt, wird hierbei als eine Art ‚Facilitator' aufgefasst, der Verständigung zwischen Planer und Nutzer herzustellen versucht.
POE wurde als ein Versuch entwickelt, die Kommunikationslücken zwischen Nutzern und den mit Bauen und Planen befassten Berufsgruppen zu schließen: Nutzer sind meist nicht geübt darin, ihre Vorstellungen über ein Gebäude so zu äußern, dass sie von Planern und Architekten verstanden werden. Außerdem bewerten beide Gruppen die gebaute Umwelt anhand unterschiedlicher Kriterien. Die mangelhafte oder fehlende Kommunikation verhindert oftmals eine bedarfsgerechte Anpassung zwischen gebauter Umwelt und den in ihr lebenden Menschen. Das Wissen der Nutzer aber stellt eine reiche Informationsquelle bezüglich eines Gebäudes dar. POE ist eine Prozedur, die die Bewertung gebauter Umwelten unter Nutzungsgesichtspunkten ermöglichen soll. Wie die gebaute Umwelt Bedürfnissen, Interessen und Wünschen der Nutzer gerecht wird, ist dabei wichtiger als der Gesichtspunkt formalästhetischer Qualitäten oder bautechnischer Normen. Eine solche Bewertung liefert den Planern und Erbauern ein Feedback über die Wirkung der Siedlung

auf die Nutzer und schafft damit die notwendigen Voraussetzungen für Verbesserungen.
Eingangs wurden die genauen Zwecke der POE definiert, von denen sich dann die Methoden ableiten. Um für verschiedenste Arten von Wohnerfahrungen der Bewohner offen zu sein, wurde ein qualitatives Verfahren ausgewählt. Die Bewohner wurden aufgefordert, selber ihre Antworten zu formulieren, zum Teil sogar selber das Gesprächsthema zu bestimmen.
Um das Verhalten in den Freiflächen zu analysieren, wurden sowohl eine eher objektive fotografische Dokumentation als auch eine subjektive Erhebung anhand von Begehungen mit den Bewohnern durchgeführt. Für den Untersuchungsteil zum Lüftungsverhalten war es möglich, sich bei der Erstellung eines zielorientierten Interviewleitfadens, an existierenden Untersuchungen (Fisch 2000; Flade & Jöckel 2000) zu orientieren. Um anwendbare Empfehlungen zu entwickeln, wurde der Untersuchungsprozess in einem kontinuierlichen Dialog mit den beteiligten Akteuren durchgeführt: Investor, Architekt, Energieplaner, Hausverwalter und Hausmeister wurden, nachdem sie als Experten mit Bezug auf den Hintergrund des Wohngebäudes interviewt wurden, gebeten, das Untersuchungskonzept zu überprüfen. Sie wurden kontinuierlich über die Ergebnisse informiert, auf deren Grundlage letztlich ein Runder Tisch geplant wurde. Der Runde Tisch war ein wesentlicher Bestandteil des Untersuchungsprozesses. Zu den Zielen des Runden Tisches gehörte nicht nur die Darstellung der Ergebnisse, sondern auch der Versuch, die Untersuchungsfragen mit den verschiedenen Akteuren gemeinsam zu beantworten, wobei ihre jeweiligen Bedürfnisse analysiert und ihre Handlungs(un)freiheiten aufgedeckt wurden.
Zugunsten einer besseren Übersichtlichkeit werden die Untersuchungen, die zu den Aspekten Lüftung und Erschließung durchgeführt wurden, getrennt dargestellt. Jeder Teil umfasst eine genaue Beschreibung des Konzeptes, dessen Umsetzung, die Darstellung der spezifischen Untersuchungsfragen sowie die Untersuchungsergebnisse. Aufgrund dieser Ergebnisse wurden eine Anzahl von konkreten Ratschlägen formuliert. Empfehlungen, die sich auf den Planungsprozess im allgemeinen beziehen, werden am Ende dieses Kapitels im Abschnitt „Akteursbezogene Bewertung der Ergebnisse" aufgezeigt.

1.5 Erfahrungen mit dem Erschließungskonzept

Freiflächen im kollektiven Raum können nur dann die Genese neuer Nachbarschaften bewirken, wenn diese Räume auch tatsächlich von den Bewohnern angeeignet, also benutzt werden. Dies setzt voraus, dass insbesondere die Verkehrs- und Erschließungsflächen mehr als eine rein funktionale Bedeutung erlangen.
Als Reaktion auf den stark kritisierten sozialen Massenwohnungbau der 60er und 70er Jahre, in dem die gemeinschaftlichen Erschließungs- und Freiflächen zu engen Hauseingängen und versiegelten Stellplätzen degradiert wurden, entwickelten Architekten zu Beginn der 80er Jahre räumliche Konzepte, die nachbarschaftliche Kommunikation gerade im Bereich des Geschosswohnungsbaus thematisierten.
Bei Wohnprojekten, wie etwa dem Wohnhof in der Lindenstraße in Berlin-Kreuzberg (entstanden im Rahmen der Internationalen Bauausstellung Berlin 1984, Architekt: Hermann Hertzberger), ist die hausinterne Erschließung nicht mehr ein introvertiertes, im Gebäudeinneren verborgenes Treppenhaus, sondern ein offenes System von einsehbaren Brücken und den Wohnungen vorgelagerten Terrassen. Möglichst viele Wohnungen werden unmittelbar von außen erschlossen, die Wohnungstür wird zur eigenen Haustür auf der Etage. Der visuelle Kontakt zwischen den Bewohnern wird durch diese Formen der Gebäudetypologie erhöht, man sieht sich beim Kommen und Gehen, die Erschließungsräume bieten Platz für einen kurzen Aufenthalt. Allein die Bereitstellung sehr offener Erschließungsformen garantiert aber nicht automatisch deren Aneignung durch die Bewohner. Bei offenen Erschließungsformen ist die räumliche Gestaltung des unmittelbaren Übergangs vom öffentlichen Weg bis zur privaten Hauseingangstür von besonderer Bedeutung.
Die fehlende Privatsphäre im Vorfeld des jeweiligen Wohnungszuganges wurde zu einem der Hauptkritikpunkte am Laubenganghausprinzip und hat dazu geführt, dass Laubenganghäuser im Rahmen des öffentlich-geförderten Mietwohnungsbaus in Deutschland bis heute prinzipiell nicht mehr zu realisieren sind.
Bei offenen Erschließungsformen muss der sehr begrenzte Raum ein hohes Maß an Ausgewogenheit zwischen Privatsphäre und Kommunikation bieten. Es müssen daher Grenzen definiert und markiert werden. Einerseits sollte Transparenz von Innen nach Außen hergestellt werden, andererseits aber die Pri-

vatsphäre geschützt bleiben. Auch gilt es, Bereiche oder architektonische Elemente bereitzustellen, die zu einem kurzen Verweilen einladen.
Eine genauere Untersuchung der geschaffenen Flächen war also erforderlich. Die Frage, welche Merkmale der Außenanlagen deren Nutzung eher behindern oder erleichtern, wurde anhand der folgenden Aspekte konkretisiert.
Welche architektonischen oder landschaftsplanerischen Elemente wurden in den wohnungsbezogenen Freiflächen zur Grenzziehung eingesetzt?
Wie ‚offen' oder ‚geschlossen' ist der Übergang von öffentlich zu privat auf der baulichen Detailebene, beispielsweise vor der Haustür oder vor dem Küchenfenster?
Inwiefern und auf welche Weise werden welche gebäudeumgebenden privaten, gruppenbezogenen und öffentlichen Freiflächen angenommen bzw. genutzt? Zum Beispiel: Wo spielen die Kinder? Wo sind Nutzungsspuren wahrnehmbar?

1.5.1 „Einladung zur Eroberung" – das Konzept

Der Raum zwischen Wohnung und Straße, der gemeinschaftliche und kollektive Raum der Wohnanlage, soll als komplexes Erschließungs- und Wegenetz mit Angeboten für Kontakt, Kommunikation und Aneignung die Herausbildung sozialer Strukturen fördern. Die Erschließungstruktur soll ein Angebot darstellen und ist gedacht als Einladung an die Bewohner, um die Außenanlagen zwischen Wohnung und öffentlichem Bereich zu „erobern". Obwohl als Geschosswohnungsbau konzipiert, sind die meisten Wohnungen, wie echte Reihenhäuser, von außen erschlossen. Der Freiraum staffelt sich in ein differenziertes System aus privaten oder gemeinschaftlich genutzten Vorzonen, die einer klar definierbaren Gruppe – den Hausbewohnern – zuzuordnen sind.

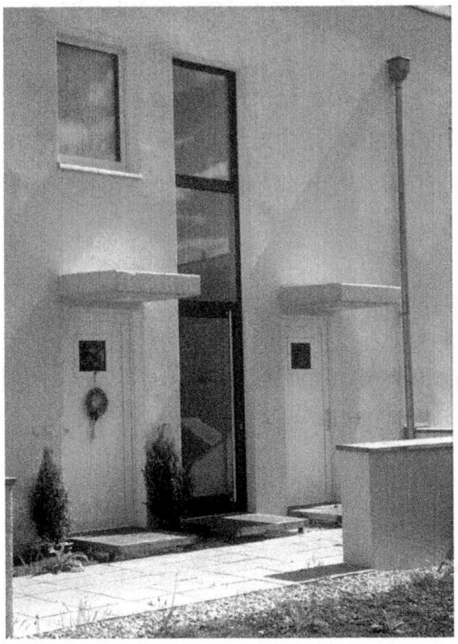

Abb. 1.7: Reihenhauseingänge auf der Etage

Zusätzlich zum üblichen Treppenhaus mit Aufzug und Briefkästen stehen den Bewohnern zwei frei zugängliche, offene Treppen zur Verfügung, die zur ‚Wohnstraße' im ersten Obergeschoss führen. Die Wohnungstüren sind an dieser Straße angeordnet. Diese Wege gehen auch vom Treppenhaus ab, sowie der ‚Wohnstraße' im zweiten Obergeschoss. Jeder Wohnungseingang ist von diesem Weg durch eine kleine Grünfläche und ein Podest zwischen Weg und Tür abgegrenzt.

1.5.2 „Einladung zur Eroberung" – die Umsetzung

Das Konzept ist im Wesentlichen wie geplant umgesetzt worden. Lediglich in zwei Aspekten – die sich jedoch als bestimmend im Zusammenhang mit der Herausbildung von nachbarschaftlichem Verhalten herausgestellt haben – sind Abweichungen vorgenommen worden.
Aus Kostengründen wurde die geplante intensive Begrünung der Bepflanzungsflächen längs der Wohnstraßen lediglich als extensive Begrünung mit geringer Substrathöhe ausgeführt. Da sich die Vegetation hier nur sehr langsam entwickelt, ist dieser Untergrund für die Anlage eigener Vorgärten eher ungeeignet. Die Flächen verunsichern die Bewohner in ihrem Aneignungsverhalten, wenn weder Begrünungsfirmen noch Hausverwaltung genaue Hinweise zur Begehbarkeit und Bepflanzungsmöglichkeiten geben.
Während die Investitionsbank Berlin (IBB) keine Laubengänge genehmigt, führt bei Französisch Buchholz doch ein Erschließungsweg direkt an den Fenstern vorbei. Es wurde eine Sondergenehmigung für diese Art der Erschließung ausgestellt. Hierbei wurde vereinbart, dass die Fenster Milchglasscheiben bis zu einer Höhe von 1.80 bekommen müssen. Dies begründet sich aus der Vorgabe, dass „Fenster und Balkon- oder ähnliche Türen, die im Erdgeschoss gelegen oder sonst ohne Hilfsmittel von Außen erreichbar sind, mit (...) innenliegendem Sichtschutz auszustatten" sind. Damit wird jedoch jeder kommunikative Kontakt zwischen Wohnung, Vorgarten und Wohnstraße ausgeschlossen.

1.5.3 „Einladung zur Eroberung" – die Nutzung

Die folgenden Aussagen aus den Begehungsinterviews illustrieren die Meinungsvielfalt in der Nachbarschaft und vermitteln einen Eindruck zur Nutzung der Wohnanlage.
Die Wohnzufriedenheit ist hoch; alle Befragten würden auch ein zweites Mal in die Triftstraße ziehen. „Sie ist doppelt so teuer wie die alte Wohnung, aber hier freut man sich doch jeden Tag." Besonders geschätzt werden die privaten Freisitze – „Wirklich sehr großzügig: früher auf meinem Balkon in Prenzl'-berg konnte ich mich kaum drehen." Von einer Nachbarschaft ist erst in Ansätzen die Rede. Eine Ausnahme bilden die Mietparteien der Triftstraße 31: „Wir nennen uns den Rentnerblock". Offensichtlich dominieren hier die soziodemographischen Merkmale über den räumlichen Qualitäten.

Es herrscht ein allgemeines Gefühl der Verantwortlichkeit: Man ärgert sich, wenn das Licht im Keller nicht ausgemacht wird, oder die Werbung neben den Briefkästen auf der Erde landet.
Ein Ärgernis ist jedoch die Gestaltung der Wohnungseingangsbereiche: Das Milchglas stört den Sichtbezug zwischen Innen und Außen. Andererseits lassen das Türfenster und die Durchreiche zuviel Einblick in den privaten Bereich zu; sie werden zugeklebt und es wird der Wunsch nach einem Spion in der Tür geäußert. Vor allem die Frauen messen diesem Thema großes Gewicht bei. Eine Mutter berichtete: „Meine Tochter rennt immer zuerst in den 2. Stock, um zu schauen, wer vor der Tür steht."
Die Störung des Sichtbezugs hemmt darüber hinaus die Annahme des Bereiches vor der Wohnungstür: „Ich würde da auch Blumentöpfe hinstellen, wenn ich ´se sehen könnte!"
Unklar ist jedoch, wie die Substratflächen vor den Eingangstüren genutzt werden sollen: „Da müssen wir wohl selber was machen." „Irgendwas wächst da, aber keine Ahnung, was Unkraut ist und was da hingehört." Ob Sparbegrünung oder Unkraut ist momentan nicht klar, und keiner traut sich so richtig, es anzufassen. Die Substratflächen wecken die Vermutung, dass hier was vorgesehen ist; da man sich nicht sicher ist, ergreift man keine Initiative. Sogar bei den privaten Terrassen, die sonst sehr gut angenommen werden, zögert man, diese Flächen zu betreten oder zu bepflanzen.
Die besondere Erschließung findet große Zustimmung: „Man findet die Wandelgänge schön. Die Kinder nutzen sie zum Spielen und Toben; das Haus wirkt wie eine „Ritterburg." „Schön, ohne Schlüssel bis zur Wohnungstür zu kommen." „Es verläuft sich; es gibt so viele Möglichkeiten, im Block ´rein- und ´rauszugehen." Die Vielfalt der Eingangsmöglichkeiten wird geschätzt. Die Stahltreppe an der Blockstirnseite bildet für viele den kürzesten Weg von der Wohnung zum Parkplatz. Die beiden Haupteingänge werden ausschließlich genutzt, wenn man am Briefkasten vorbei will oder den Fahrstuhl braucht. Die Kinder spielen „Räuber und Gendarm auf den Rosten", und die Steintreppe dient als Rutsche oder Wachstelle. Die Zugänglichkeit des Blockes erzeugt jedoch auch eine Spannung zwischen Bequemlichkeit und Unsicherheit – „Jeder kommt rein".
Die Wahrnehmung der kollektiven Freiflächen spiegelt sich in den folgenden Äußerungen wider: „Sich länger aufhalten tut man hier eigentlich nicht, aber zum Quasseln steht man hier schon mal ´ne halbe Stunde." Auf den Substratflächen wünscht man sich statt der „Sparbegrünung" einen Rasen und etwas üppigere Sträucher.

Richtige Treffpunkte gibt es nicht; wenn, dann treffen sich vor allem die Hundebesitzer und die Kinder auf der Brache hinter dem Block. Auf der oberen Wohnstraße reichen Platz und Privatheit angeblich aus, um sich mal auf einem Stuhl in die Sonne zu setzen; permanente Nutzungsspuren gibt es jedoch nicht. „Wir haben überlegt, hier ein Fest zu feiern, sind dann aber doch in den Garten gegangen."

1.5.4 Schlussfolgerungen und Empfehlungen zum Erschließungskonzept

Die Grenze zwischen Laubengang und Wohnstraße ist sehr dünn. Die Annahme von Übergangszonen der Erschließung kann gefördert werden, wenn die Flächen direkt vor der Wohnung genügend Platz für Tätigkeiten bieten, die Anlass für einen längeren Aufenthalt geben. Es bleibt die Frage, ob sich manche Probleme bezüglich der Einsehbarkeit vielleicht gar nicht ergeben hätten, wäre der Substrat-Streifen etwas breiter ausgebildet worden. Es zeigte sich auch, wie wichtig der Bezug zum Inneren für das Funktionieren von Übergangszonen ist. Das Milchglas ist nicht nur eine Bevormundung der Bewohner, es zerstört auch den Sichtbezug von Innen nach Außen, eine essentielle Bedingung für die Annahme von Übergangszonen.

Die Gestaltung der Freiflächen wird vom Architekt und Investor verstanden als eine Gratwanderung zwischen dem Anbieten von individuellen Gestaltungsmöglichkeiten und der Gewährleistung einer einheitlichen äußeren Erscheinung.

Die großzügigen privaten Freisitze tragen wesentlich zu der Wohnqualität des Blockes bei. Sie bilden aber auch eine Art Konkurrenz zu den halb-privaten Freiflächen, somit müssen diese eine ganz deutliche eigene Qualität haben, sonst zieht der Bewohner sich doch lieber ins Private zurück. Darüber hinaus wird die Aufenthaltsqualität der Freiflächen auch durch den Schutz vor der Witterung bestimmt. Das heißt, dass genügend Windfänge und Dächer vorhanden sein sollten, und dass Bauformen, die Windzüge hervorrufen können, zu vermeiden sind.

Generell lässt sich feststellen, dass Freiflächen leichter angenommen werden, wenn sie in den funktionalen Weg zwischen Wohnung und anderen Bestimmungen eingebunden sind. Die Übergangszonen direkt vor der Wohnung sind hierfür am geeignetesten, während andere Gemeinschaftsflächen immer eine zusätzliche Erschwernis besitzen. Solche Flächen brauchen eine ganz bestimmte Anziehungskraft oder Funktion, um angenommen zu werden. Ferner müssen die Nutzungsrechte geklärt sein.

1.6 Erfahrungen mit dem Energie- und Lüftungskonzept

Der Bezug der Wohnungen begann in der Heizperiode 1999/2000. Nach dem ersten Sommerhalbjahr und dem Ende der zweiten Heizperiode 2000/2001 sind bei einer Reihe von Bewohnern nach wie vor Vorbehalte gegenüber dem Leben im Niedrigenergiehaus innerhalb einer „Solarsiedlung" vorhanden. Die fehlende Akzeptanz oder offene Ablehnung resultiert in den meisten Fällen aus falschen Erwartungshaltungen an das Gebäude und dessen technische Ausstattung sowie aus mangelnden oder fehlerhaften Informationen. Der überwiegende Teil der Mieter ist nicht ausdrücklich energieinteressiert und leitet aus einem lückenhaften Wissen die unterschiedlichsten Zwänge durch die Anlage oder falsche Anforderungen an die Technik ab. Viele Mieter unterstellen der Abluftanlage die Funktion einer Klimaanlage mit allen raumlufttechnischen Möglichkeiten incl. einer Kühlung der Wohnräume im Sommer. Bei einigen ist die Berührungsangst mit der neuen Technik so stark, dass die betreffenden Bewohner sich in ihrer individuellen Freiheit eingeschränkt und der Technik ausgeliefert fühlen.

Eine weitere Gruppe sieht in den Lüftern der mechanischen Abluftanlage nutzlose Energieverbraucher, die über gekippten Fenster – auch während der Heizperiode – zu ersetzen sind. Die Zuluftöffnungen werden als „unnötige Löcher" in der Außenwand interpretiert, durch die Raumwärme nach Außen verloren geht und daher verschlossen.

Ziel einer angepassten Planung muss es sein, dem Nutzer jede Freiheit zu lassen und mittels einer guten Anlagenplanung das Bedürfnis zur Fensterlüftung zu verringern. Der Zweck und die Notwendigkeit einer Wohnungslüftung im Niedrigenergiehaus für einen hygienischen Luftwechsel und den Feuchtetransport aus der Wohnung muss dem Mieter vermittelt und die Energieeinsparung durch die Lüftung beziffert werden. In eigenem Interesse liegt es in der Pflicht des Vermieters oder der Hausverwaltung, den Bewohnern die innovative Haustechnik und deren Nutzen zu erklären. Eine besondere Rolle kann in diesem Zusammenhang ein gut informierter Hausmeister einnehmen.

Der Jahreswärmeverbrauch in vergleichbaren Wohneinheiten kann stark variieren: Untersuchungen haben ergeben, „dass durch den Nutzer Schwankungen des Verbrauchs im Verhältnis 1:3 auftreten können" (Casties 1997 S.3). Wichtiger Aspekt des Verbrauchs ist das Lüftungsverhalten: „Die Lüftungswärmeverluste können heute 50% und mehr der gesamten Wärmeverluste ausmachen" (ebenda, S.14). Die Ausrüstung mit mechanischer Lüftung kann den Lüftungswärmebedarf auf ein Viertel des Bedarfs herkömmlicher Gebäude verringern. Die „Einführung einer Zwangslüftungsanlage in privaten Wohngebäuden geht nicht notwendigerweise mit einer Reduzierung der Dauer des Fensterlüftens einher (...) Vielmehr scheint das Fensterlüften ein stark durch Gewohnheit geprägtes Verhalten zu sein, das im Rahmen des Alltagslebens ein z.T. unbewusstes Grundbedürfnis nach frischer Luft widerspiegelt" (Bley et al. 1986)

Wir sind also im Stande, durch die Haustechnik eines Wohngebäudes den Frischluftaustausch energetisch zu optimieren, so dass ineffizientes Fensteröffnen während der Heizperiode überflüssig wird. Voraussetzung ist hierbei, „dass der Nutzer sein oder ihr Lüftungsverhalten der neuen Maßnahme anpasst" (Casties 1997, S.19).

Als Lüftungsmotive werden „subjektive Rationalität" – gutes und sinnvolles Verhalten – und der wahrgenommene thermische Komfort genannt. Allerdings stellt Casties fest, dass zwischen psychologischen Einflussfaktoren und dem Energieverbrauch in verschiedenen Untersuchungen nur geringe Zusammenhänge aufgezeigt werden (ebenda, S.128). Eine eindeutige Beziehung konnte wohl zwischen Fensterarten und Lüftungsverhalten festgestellt werden: Leicht bedienbare Fenster, nach innen kippbar oder einfach zu öffnende Oberlichter laden zu ausgiebigem Lüften geradezu ein. Als weitere hemmende Faktoren wurden genannt: „Fehlerhafte Funktion von Fenstern oder Heizungsventilen, durch Zimmerpflanzen, Möbel oder von anderen Gegenständen blockierte Fensterflügel, erschwerte Abfuhr von Gerüchen durch einen ungünstigen Wohnungsgrundriss und eine zu große Dichtheit von Wohnungen, die zu ständig offenen Lüftungsklappen führt sowie widersprüchliche Informationen zu Heizungs- und Lüftungssystemen" (ebenda, S.124). „Häufiges und glaubwürdiges Verbrauchsfeedback, verbunden mit der Aufforderung, Sparziele zu erreichen", kann wirkungsvoll sein. „Übliche Verbrauchsabrechnungen (...) sind als Feedback nicht gut geeignet, da der Zeitraum zwischen Handlung und Rückmeldung zu lang ist" (ebenda, S.122).

Anhand dieser Erkenntnisse wurden Problemstellungen und Fragen abgeleitet. Beispielsweise die Frage, welche Aspekte der Haustechnik oder der Entwurfsdetails nicht nutzergerecht sind und zu Fehlbedienung oder Unzufriedenheit führen. Auch die erforderlichen Verhaltensweisen für eine optimale Bedienung der Anlage wurden ermittelt und nachgefragt, welche Information die Bewohner hierzu erhalten hatten. Hinzu kam eine Erfassung des Lüftungsverhaltens und die subjektive Bewertung der Luftqualität und des Lüftungssystems.

1.6.1 „Kontrolliert lüften" – das Konzept

Die Nahwärmeversorgung der Wohnungen wird durch eine zentrale Solaranlage mit einer Kollektordachfläche von ca. 600 m^2 realisiert. Zur kontrollierten Be- und Entlüftung wurden die Häuser mit zentralen mechanischen Abluftanlagen ausgestattet. Auf diese Weise wird 25% weniger Heizwärme benötigt als derzeit nach den Förderrichtlinien gestattet, was das Haus zu einem Niedrigenergiehaus macht.

Das Prinzip der sogenannten „hygienischen Raumlüftung" ist in Französisch Buchholz über ein vom Bewohner regulierbares Einzellüfterverfahren mit zwei Stufen zu bedienen und schließt ein Öffnen und Schließen der Fenster nach individuellen Wünschen explizit nicht aus. Im Sommer können die Bewohner lüften, so viel und so oft sie wollen. In der Heizsaison können die Fenster theoretisch ständig geschlossen bleiben, wenn die Lüftungsschlitze offen sind; Lüftung über die Fenster sollte sich auf das sogenannte Stoßlüften beschränken.

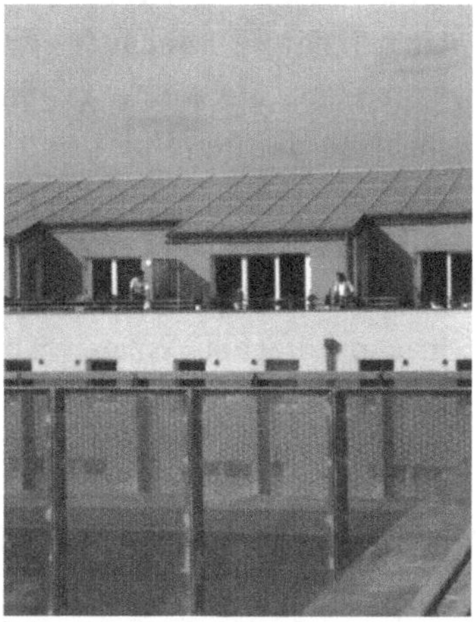

Abb. 1.8: Solarroof

1.6.2 „Kontrolliert lüften" – die Umsetzung

Für einen energieoptimierten Entwurf eines Objektes ist die sogenannte „integrale Planung" eine wichtige Voraussetzung. Dank der relativ frühen Einbindung der Fachingenieure in den Prozess verlief die Zusammenarbeit in Französisch Buchholz zwischen Architekten und Energieplaner zufriedenstellend. Allerdings lag der Vorentwurf schon vor, als die Entscheidung fiel, dass Französisch Buchholz eine Niedrigenergiesiedlung werden würde. Deswegen fand eine sogenannte ‚Solarisierung' der Baumasse als solche nicht statt. Dadurch ist die Siedlung nicht ganz so kompakt, wie es energietechnisch optimal gewesen wäre. Andere notwendige Anpassungen wie z.B. die Ausrichtung des Daches, konnten noch durchgeführt werden. Das sogenannte „Solarroof" (Dachfertigteilelemente) ließ sich gut mit dem Entwurfsgedanken der Architekten verbinden, Dachziegel zu benutzen, und keinen Dachüberstand vorzusehen. Es fand eine genaue Abstimmung zwischen Plazierung der Zuluftelemente und der Heizkörper statt. Außerdem wurden die Zuluftelemente nur an

wenigen Stellen in der Wand integriert, meistens aber im Fenster, mittels einer Wetterschutzlamelle, die so unauffällig wie möglich plaziert wurde.
Weil die Heizzentrale im Erdgeschoss erst Ende August 2000 vollständig installiert wurde, konnte die Solaranlage lange Zeit nicht in Betrieb genommen werden. Die Wärmeversorgung für Raumheizung und Warmwasser erfolgten in diesem Zeitraum mittels einer mobilen Heizstation. Für das Heizverhalten hat die Haustechnik keine weiteren Konsequenzen. Da es zum Lüften während der Heizperiode Aufklärungsbedarf gibt, wurde u.a. vom Steinbeis-Transferzentrum (Energie-, Gebäude- und Solartechnik) eine Broschüre für die Bewohner konzipiert. Sie wurde an den Bauherrn und den Architekten verteilt, jedoch nicht an die Bewohner weitergeleitet.
Der Energieplaner berichtet: „Es gibt viele Vorbehalte zu Solarsiedlungen. Man denkt zum Beispiel, eine Solaranlage wäre eine Klimaanlage, die also alles kann, inklusive Kühlen an heißen Tagen. Oder man denkt, man darf gar nichts machen. Deshalb ist es wichtig, den Leuten die Berührungsangst zu nehmen, ihnen klar zu machen, welche Freiheit sie haben. Im Sommer können sie lüften, wie und so oft sie wollen. Die Aufgabe der Solarkonzeptionäre ist es, die Lüftung so zu entwerfen, dass im Winter der Anreiz zum Fensteröffnen gar nicht da ist. Eine Anlage ist wirklich gelungen, wenn es den Bewohnern gar nicht aufgefallen ist."

1.6.3 „Kontrolliert lüften" – die Nutzung

Die meisten Bewohner sind Anfang 2000 eingezogen, und haben damals geheizt. Die folgende Heizperiode hat zur Zeit der Untersuchung (September 2000) gerade erst begonnen. Sie wurden deswegen gebeten, sich bei der Beantwortung der Fragen auch auf die vorige Heizsaison zu beziehen. Unter den Befragten befanden sich sowohl Raucher als auch Nicht-Raucher; Bewohner, die immer da sind, oder einige, die bis zu 14 Stunden abwesend sind. Die Art der von den Mietern vorher bewohnten Wohnungen variiert von Altbau mit Kohlenofen bis Erstbezug.
Insgesamt findet man die Luftqualität gut, auch im Vergleich zu der alten Wohnung. Von Zugerscheinungen oder Geräuschen ist nur vereinzelt die Rede. Einige Bewohner stellen im Winter Wasserbehälter zur Luftbefeuchtung auf. Manche Bewohner mussten starke Kondenswasserbildung an den Scheiben oder an den Schlitzen feststellen.
Obwohl einige Bewohner Stoßlüftung praktizieren, tendiert man eher dazu, zu lange zu lüften. („Ich habe ´ne Frischluftmacke.") Man lüftet bis zu anderthalb Stunden oder lässt bestimmte Fenster dauerhaft gekippt. Während des

Kochens lässt man das Küchenfenster offen – „das schafft die Haube nicht" – und da, wo man Gegenstände von der Fensterbank räumen müsste, wird eher gekippt als ganz aufgemacht. Die wenigsten Bewohner können sich vorstellen, in der Heizperiode auf das Öffnen der Fenster zu verzichten.
Man wundert sich über die gläsernen Eingangsbereiche und vermutet, dass diese nicht energie-optimal seien. Bei den Wohnungen mit Wintergärten besteht darüber hinaus die Gefahr, dass sie fast ganzjährig als viertes Zimmer genutzt werden: Die „Zwischenfenster" bleiben offen, was zu hohem Energieverbrauch führt.
Die Frage, ob man zufrieden mit den Lüftungsschlitzen ist, hat sich meistens dadurch erübrigt, dass sie von den meisten Bewohnern ignoriert werden. „Die (Schlitze) brauchen nicht da sein, man macht die Fenster sowieso auf." Man weiß, dass die Schlitze manuell zu regeln sind. Die Schlitze bleiben überwiegend geöffnet und werden bei extremer Kälte oder starkem Wind geschlossen. Die Feuchtigkeitsuhr und die Schalter im Bad werfen Fragen auf; ihre Funktion und Nutzungsweise bleiben ungeklärt. Außerdem herrscht Unzufriedenheit darüber, dass der Lüfter zeitgleich statt zeitverzögert mit dem Licht geschaltet ist. So „zieht die Lüftung die warme Luft heraus". Ferner hat man das Gefühl, dass man die Bäder „mitlüften" muss, sprich über die Fenster in anderen Zimmern lüften muss, weil die elektrische Lüftung nicht ausreicht.
Die Informationsvermittlung an die Bewohner war sehr unterschiedlich. Zwei von acht Bewohnern wussten, dass sie in einem Niedrigenergiehaus wohnen. Der Rest wusste nicht, was das bedeutet. Manche Wohnungsübergabe verlief „überfallmäßig", und mit der Erläuterung der Lüftungsanlage sind Hausverwalter und Hausmeister überfordert. Die Bewohner der Triftstraße 29 und 35 erhalten mit dem Mietvertrag „6 Tipps, um feuchte Wände und Wandschimmel zu vermeiden". Von den Bewohnern der Triftstraße 31 und 33 haben vermutlich nur die relativ spät Eingezogenen die Broschüre des Energieplaners erhalten.

1.6.4 Schlussfolgerungen und Empfehlungen zum Energie- und Lüftungskonzept

Die Solarisierung einer Siedlung muss nicht versteckt werden; sie steht nicht in Widerspruch zur Ästhetik. Die Darstellung eines Wohnobjektes, erkennbar als Niedrigenergie- oder Solarobjekt, könnte sogar die Vermittlung dieses Konzeptes an die Bewohner erleichtern.
Zu den anfälligen Entwurfsdetails, die vernünftiges Lüften gefährden können, gehören kippbare Fenster, Oberlichter, Durchreichen und Wintergärten. Ein

ganzheitliches Verzichten auf kippbare Fenster würde aber wiederum eine Bevormundung der Bewohner bedeuten. Wintergärten werden oft mitgeheizt, womit der Energieeinspareffekt verloren geht.
Makler und Investor können besondere Konzepte wie das eines Niedrigenergiehauses als Marketinginstrument einsetzen. Neben dem Kostenaspekt kann der Aspekt der frischen Luft betont werden. Es ist unwahrscheinlich, dass „Niedrigenergie“ abschreckend wirken wird, da Kriterien wie Aussehen, Standard, Höhe der Miete und Umfeld bei der Auswahl einer Wohnung weit ausschlaggebender sind. In diesem Fall wussten die Makler nicht, dass sie es mit einem Niedrigenergiehaus zu tun hatten, somit spielte dieser Aspekt auch keine Rolle bei der Auswahl der Wohnung durch die Interessenten.
Es ist schwierig, Bewohnern „energiesparendes“ Verhalten zu vermitteln. Bei der Gestaltung von Informationsmaterial sollte berücksichtigt werden, dass es der tatsächlichen Wohnsituation der Bewohner entspricht. Das erhöht die Wahrscheinlichkeit, dass sich der Mieter von dem Material persönlich angesprochen fühlt und es nicht, wie diverse Informations- oder Werbebroschüren ad acta legt oder gar in den Papierkorb wirft. Vor allem technische Details, wie beispielsweise eine Feuchtigkeitsuhr im Bad, verursachen ein zusätzliches Aufklärungsbedürfnis. Hierfür sollte ein Ansprechpartner benannt werden.
Schließlich sollte berücksichtigt werden, dass sich nur wenige Leute vorstellen können, das Fenster während der Heizperiode gar nicht zu öffnen, so dass das Lüften nie 100% ‚kontrolliert‘ verlaufen wird. Um Bewohner zum erwünschten Lüftungsverhalten zu motivieren, sollten die Vorteile des erwünschten Verhaltens klar dargestellt werden. Hierbei ist ein klares Feedback zum Energieverbrauch von größter Bedeutung. Die jährliche Heizkostenabrechnung gibt den Bewohnern keinen klaren Einblick in ihren eigenen Verbrauch; dafür ist eine höhere Frequenz des Feedbacks notwendig.
Zur Illustration einer möglichen Kommunikationsstrategie sind hier die Aktivitäten der KUKA (Kronsberg Umwelt Kommunikations Agentur) und der BEWOGE (Berliner Wohnungsbaugesellschaft) kurz dargestellt.
Die KUKA wurde zeitgleich mit Baubeginn der Expo-Siedlung Kronsberg in Hannover gegründet, dessen Energiekonzept sich auf Niedrigenergiehäuser, Stromsparen und Nahwärmeversorgung stützt. Dieses Vorzeigeprojekt schuf die Gelegenheit, einen sehr umfangreichen Kommunikationsapparat zu entwickeln. Mit der KUKA gibt es darüber hinaus einen ständigen Ansprechpartner vor Ort, der Hilfestellung zu Themen wie Heizen, Strom- und Wassersparen, Abfallvermeiden sowie Lüften gibt. Die KUKA bietet Informationsveranstaltungen, wie ein „Energie-Coaching-Seminar“ an und sensibilisiert im Um-

weltmagazin „Kronsberg life" die Bewohnerinnen und Bewohner für ökologische Lebensweisen. (KUKA 1999). Das Umweltmagazin wird beispielsweise auch dazu genutzt, den Bewohnern die Vorteile der Niedrigenergietechnik näher zu bringen. Im Artikel „Niedrig-Energie-Haus gegen Altbau" (Nr. 3 - 3/99) wird neben der finanziellen Ersparnis betont, dass es in einem Niedrigenergiehaus nicht zieht und die Luft länger frisch bleibt. Zum Einzug bekommt jeder Haushalt den Kronsberg-Ordner, der unter anderem eine „Gebrauchsanleitung für das Wohnen im Niedrigenergiehaus" enthält.
Das Wohnungsunternehmen BEWOGE verteilt an alle Mieter eine Broschüre zum Thema Lüften und Heizen. Sie wurde gut angenommen und wird jetzt standardisiert als Anhang zum Mietvertrag mitgegeben. Anlass für diese Initiative ist, dass Heizen und Lüften „immer wieder ein Streitpunkt" sei, womit gemeint ist, dass „falsches Verhalten" häufig, vor allem bei Senioren, zu einer hohen Luftfeuchtigkeit in den Räumen führt, die sich dann an den Wänden niederschlägt. Auch bei Begehungen wird diese Problematik thematisiert.

1.7 Akteursbezogene Bewertung der Ergebnisse

Die Untersuchung analysierte die Umsetzung und Nutzung innovativer Konzepte im Wohnungsbau. Einige Aspekte des Konzepts wurden nicht vollständig umgesetzt, was auch an einer mangelhaften Kommunikation zwischen den Beteiligten lag.
Abschließend dient daher eine Analyse des Planungsprozesses auf der Ebene der Entstehungsphasen und der Akteure der Aufdeckung von Schwachstellen im Informationsfluss. Probleme - ob nun auf mangelnde Motivation, Information oder Handlungsoptionen - zurückzuführen, werden anhand dieser Konstellation und ihrem Wandel in der Zeit erklärt. Die Annahme ist, dass Änderungen in der Zusammenarbeit zwischen den Akteuren dazu beitragen, das Wissen, das Wollen und das Können, dass für umwelterträgliches Verhalten erforderlich wäre, zu fördern.
Bei der Lüftung sind die Probleme teils durch Entwurfdetails, aber vor allem durch mangelnde Information bedingt. Man weiß nicht, dass man in einem Niedrigenergiehaus wohnt und welche Anpassungen im Lüftungsverhalten dies erfordert.
Der befragte Teil der Mieterschaft erscheint kontaktfreudig, initiativreich und zufrieden. Gründe für Unzufriedenheit beziehen sich auf Faktoren, die sich

dem Einfluss der Planer entziehen, wie z.B. die Verbreiterung einer Straße. Allerdings wurde die „Einladung zur Eroberung" noch nicht im vollen Maße angenommen. Als Erklärung hierfür lassen sich konkrete Sachverhalte wie Milchglas, fehlende Begrünung, mangelnder Windschutz und ungeklärte Nutzungsrechte anführen. Bei einer Anlage wie dieser, mit einem fließenden Übergang von Öffentlich nach Privat sind die Zuständigkeiten in der Nutzung der Freiflächen nicht automatisch klar.

Diese Ergebnisse wurden während eines Runden Tisches mit Hausverwalter, Energieplaner, Architekt und wissenschaftlichen Mitarbeitern seitens des WohNach-Projektes vorgestellt und diskutiert. Dieses für manche Beteiligte erstmalige Treffen half, eine Reihe von Problemen zu identifizieren: Außerdem läßt das Gespräch sich als Katalysator der Interaktion zwischen verschiedenen Akteuren verstehen. Das Forscherteam hat hierdurch die Rolle des reinen Beobachters der Herausbildung von Nachbarschaftsstrukturen verlassen und wurde zum Mitakteur im Kommunikationsprozess.

Dabei zeigte sich, dass der Investor nur begrenzt an einer erfolgreichen Umsetzung der Energie- und Freiflächenkonzepte interessiert ist. Die Hausverwaltung ist mit den üblichen Aufgaben oft schon ausgelastet und eher dazu geneigt, eine Erweiterung der Aufgaben abzuwehren. Informationen zu den Konzepten wurden von den Fachplanern nicht weitergeleitet, wodurch auch die Hausverwaltung und der Hausmeister, als erste Ansprechpartner für die Bewohner, selber nicht ausreichend informiert waren, um die Bewohner/Innen beraten zu können. Die Bewohner/Innen sehen keinen Grund, Konzepte aufzugreifen und das Verhalten zu ändern.

Ist das Ziel, den Konsumenten zu Gewohnheitsänderungen anzuregen, muss er oder sie das ‚wollen' und ‚können'. Information spielt hierbei eine unterstützende Rolle. Der Entstehungsprozess eines Gebäudes von der Akquise eines Grundstückes bis zur Vermietung ist langwierig. Es sind verschiedene Akteure beteiligt, die – abhängig von der aktuellen Zeitphase – in verschiedenen Konstellationen zueinander stehen. Betrachten wir die aufgelisteten Probleme, dann können wir sagen, dass manche Akteure entweder unzureichend motiviert oder informiert sind, oder beides.

Es sind nicht in jeder Phase alle Akteure aktiv, und es stehen nicht immer alle zueinander in Kontakt. Dieses wird nur dann problematisch, wenn ein Kontakt zwischen Akteuren von vitaler Wichtigkeit für das Überleben eines Konzeptes ist, aber sich nicht aus der strikten Notwendigkeit heraus ergibt. Ob ein Konzept zum Tragen kommt, hängt schließlich davon ab, wie es von den Akteuren von der einen in die andere Entstehungsphase weitergegeben wird.

Die folgende Darstellung schematisiert die ineinander übergehenden Phasen. Klar wird jedoch, dass der Übergang zwischen Bauen und Vermarkten einen schlagartigen Wechsel der Akteure bedeutet. Akteure wie IBB und Investor überbrücken diesen Wechsel zwar, stehen aber nicht oder nur sehr begrenzt im Dialog mit den ‚neuen' Akteuren (Hausverwaltung und Bewohner).

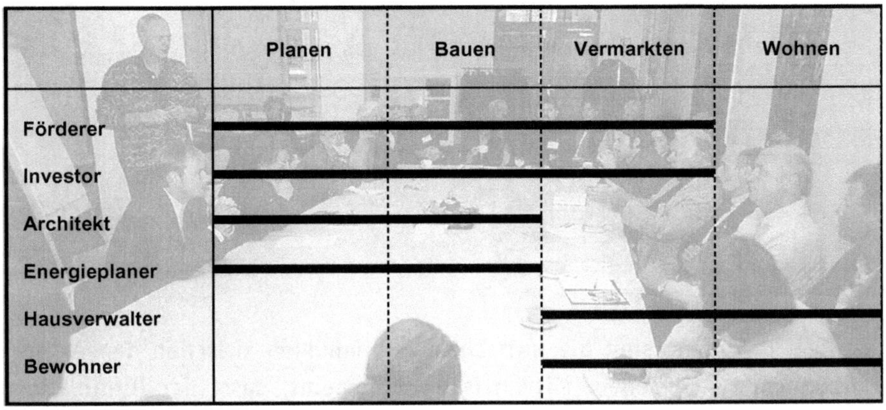

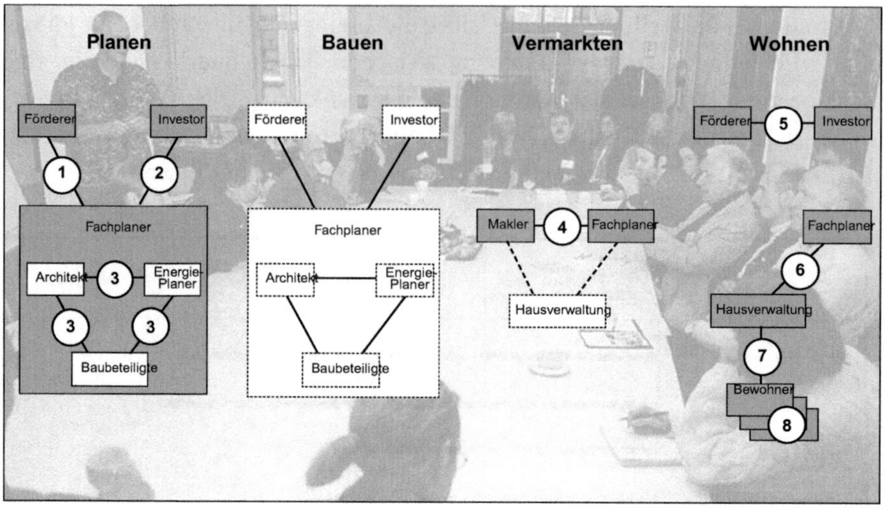

In dem Diagramm sind die kritischen Verbindungen zwischen den Akteuren mit einem ○ versehen. Mit kritisch ist gemeint, dass hier Informationen möglicherweise nicht weitergeleitet werden, weil die Akteure entweder gar nicht miteinander in Kontakt stehen, oder die Inhalte der Kommunikation der Erläuterungsnotwendigkeit des Konzeptes nicht gerecht werden. Die Bedeutung solcher Verbindungen machen sich meist erst längerfristig bemerkbar, weshalb sie häufig vernachlässigt werden. Die Darstellung dient der Aufgabe, diese Kontaktlinien hervorzuheben und deren Wichtigkeit sichtbar zu machen.

Literatur

Casties M (1997) Untersuchungen zum Zusammenhang zwischen Nutzerverhalten und Heizenergieverbrauch/ -bedarf von Wohngebäuden, Verlag für Wissenschaft und Forschung, Berlin

Dieckmann F, Flade H, Schuemer R, Ströhlein G, Walden R (1998) Psychologie und Gebaute Umwelt. Konzepte, Methoden, Anwendungsbeispiele, Institut für Wohnen und Umwelt, Darmstadt

Fisch MN (2000) Fragebogen: Wohnungslüftung im Geschossbau - Nutzerakzeptanz und -verhalten, Institut für Gebäude- und Solartechnik, Stuttgart

Flade A, Jöckel B (2000) Fragebogen: Wohnen in Energiesparhäusern, IWU Institut Wohnen und Umwelt, Darmstadt

IWU (2000) Arbeitsprogramm 2000: Effiziente Energienutzung/ Energieeinsparung. http://www.iwu.de/aktuell/kap5.htm#Lummerlund

KUKA und Landeshauptstadt Hannover (1999) Hannover Kronsberg. Realisierung einer nachhaltigen Planung, Hannover

C.2

Rummelsburger Bucht: Partizipation und Nachbarschaftshilfe in einem neuen Quartier

Bettina Graf und Doris Felbinger

Im Rahmen der Interventionsphase hat sich das *WohNach-Projekt* gezielt verschiedenen Nachbarschaften mit unterschiedlichen Problemlagen zugewandt, um dort, entsprechend der Ausgangslage, auf die Förderung von Nachhaltigkeit[1] einzuwirken.

Eines der ausgewählten Wohngebiete ist die Rummelsburger Bucht mit der Halbinsel Stralau, wo bereits im Sommer 1998 im Rahmen der explorativen Phase des WohNach-Projektes Interviews durchgeführt worden sind. Damals zeigte sich, dass es in den dortigen Neubaugebieten nur wenig nachbarschaftliches Leben gibt und dass gerade die Älteren, die einen großen Teil der Bewohnerschaft ausmachen, darunter besonders leiden. Vereinzelt kam es aus diesem Grund bereits zum Fortzug aus dem Quartier; die fehlenden Möglichkeiten, soziale Kontakte zu knüpfen verhinderten bei manchen Bewohnern, dass sie sich im Wohngebiet zu Hause fühlen konnten. Es wurde beklagt, dass es keinen „Kiez"[2] gäbe, und so kein Gefühl von Zugehörigkeit zum Quartier entstehen könne. Das Vorhandensein sozialer Bezüge im nachbarschaftlichen Umfeld wurde durch das *WohNach-Projekt* als eine wichtige Voraussetzung für die Entstehung und für die Diffusion von nachhaltigen Konsummustern konzeptionalisiert. Darum muss es in einem Wohngebiet, in dem diese Voraussetzung fehlt, vorrangige Aufgabe sein, das Entstehen sozialer Netze zu fördern. Aspekte nachhaltigen Konsums wurden im Wohngebiet Rummelsburger Bucht vor allem durch die Beziehung der Bewohner zum Wohnumfeld begünstigt. Dabei ist der Konsumbereich Freizeit besonders hervorzuheben. Durch die naturnahe Gestaltung des Wohnumfeldes wird die Freizeit im Wohnumfeld attraktiv. Viele Bewohner nutzen das direkte Wohnumfeld für Spaziergänge, anstatt sich ins Auto zu setzen und wegzufahren. Der Erholungseffekt des grünen Wohnumfeldes mit direktem Zugang zum Wasser wurde vielfach hervorgehoben. Eine ökologische Orientierung wurde darüber hinaus über sog. *Prompts*[3] kommuniziert.

Das *WohNach-Projekt* hat es sich zum Ziel gesetzt, aktiv die Förderung nachbarschaftlichen Lebens zu unterstützen, um dadurch primär einen Beitrag zur sozialen Nachhaltigkeit zu leisten, aber darüber hinaus auch Impulse auf die ökologische und die ökonomische Nachhaltigkeit zu bewirken (vgl. interdisziplinäres Modell, Teil A, Kapitel 2).

Dabei sollte eine Zielabstimmung mit Praxispartnern vor Ort erfolgen, um gemeinsam tragfähige und auf die Erfordernisse der Praxis abgestimmte Ideen zu erarbeiten. In Kooperation mit der *Wasserstadt GmbH* wurden die folgenden gemeinsamen Arbeitsbereiche definiert:

- Initiierung und Begleitung eines Fotowettbewerbs mit Bewohner/innen in Zusammenarbeit mit dem Nachbarschaftszentrum *Am Nixenkai*: Bürgerbeteiligung / Erhebung eines Meinungsbildes über visuelle / kreative Medien
- Initiierung und Förderung funktionaler Netzwerke: Nachbarschaftshilfe
- Begleitung und Evaluation der Entstehung des Nachbarschaftszentrums *Am Nixenkai.*

Im Folgenden sollen die wichtigsten Aktivitäten und Ergebnisse der drei Arbeitsbereiche kurz dargestellt werden. Dabei sollen die Initiierung und die Begleitung des Fotowettbewerbs, als eigenständige Interventionsmaßnahme des *WohNach-Projektes* und als partizipatives Instrument, besonders hervorgehoben werden.

Abschließend sollen erste Schlussfolgerungen für die künftige Planung von Interventionen zur Steigerung sozialer Nachhaltigkeit in Wohngebieten formuliert werden.

2.1 Der Fotowettbewerb: neue Formen der Bürgerbeteiligung durch visuelle / kreative Medien

Das *WohNach-Projekt* hat gemeinsam mit dem Nachbarschaftszentrum *Am Nixenkai* und in Absprache mit der Wasserstadt GmbH einen Fotowettbewerb unter dem Motto: „**Blickwinkel – Bewohnerblicke**" initiiert.

Ziel des Vorhabens sollte sein, ein Meinungsbild der Bewohnerschaft zu erheben, welches der Perspektive und der Darstellung des Gebietes aus den Augen der Wasserstadt GmbH gegenübergestellt werden kann. Darüber hinaus sollte das Nachbarschaftszentrum so bekannter gemacht werden und weitere Bewohner zum Mitmachen gewonnen werden. Durch das Ansprechen von Einzelhändlern vor Ort als Sponsoren kleiner Preise sowie die anschließende Ausstellung der Beiträge in einer Galerie mit Preisverleihung, erhofften wir uns darüber hinaus eine erhöhte Öffentlichkeitswirksamkeit.

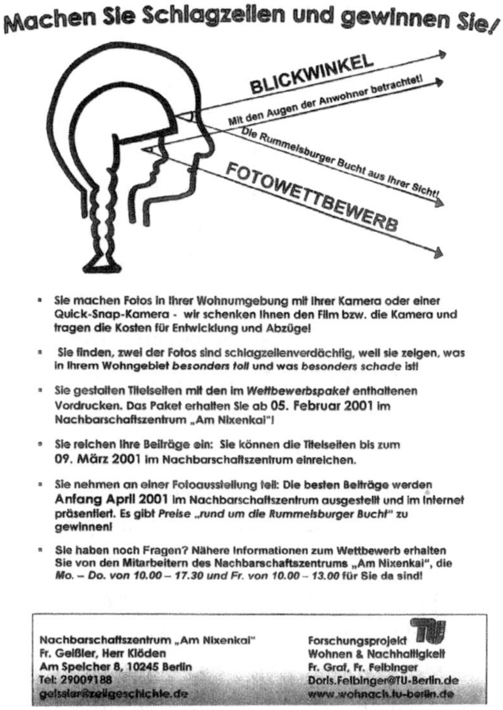

Abb. 2.1: Poster und Flyer zur Ankündigung des Fotowettbewerbs

Im Rahmen des Fotowettbewerbs sollten bewusst nicht nur sprachliche Kanäle angesprochen werden; vielmehr war es das Ziel, dass die Bewohner/innen über den visuellen Ausdruck, das Foto, ihrer Kritik und ihrer Wertschätzung Ausdruck verleihen können. Dies macht Spaß und wir hofften, so auch Kinder und Jugendliche zu erreichen. Schließlich sollte die geplante Ausstellung der Wettbewerbsbeiträge zu einem Anziehungspunkt für interessierte Bewohner/innen werden und darüber hinaus einen ‚Farbklecks' ins Wohngebiet setzen.

Wir wünschten uns auch, dass die Teilnehmer/innen sich mit dem Fotoapparat aktiv mit ihrem Kiez auseinandersetzen, die Wahrnehmung für das eigene Wohnumfeld geschärft wird und darüber hinaus die Identifikation mit dem Gebiet und der Nachbarschaft steigt. Die ursprüngliche Idee war, die Fotos von jungen und älteren Bewohner/innen einander gegenüber zu stellen, um so den verschiedenen Gruppen zu ermöglichen, die Perspektive der jeweils anderen besser kennenzulernen. So sollte die Toleranz für unterschiedliche Nutzer-

gruppen im Quartier gestärkt werden. Die Umsetzung dieser Idee gelang jedoch nur partiell (s.u.).
Um den Fotowettbewerb anzukündigen und auf diesem Weg auch das Nachbarschaftszentrum ins Gespräch zu bringen, wurden durch das *WohNach-Projekt* Poster und Flyer erstellt (vgl. Abb. 2. 1). Die Poster wurden an ortsansässige Einzelhändler weitergegeben mit der Bitte, diese im Fenster aufzuhängen. Die Flyer wurden im Nachbarschaftszentrum verteilt. Darüber hinaus wurden sie den monatlich erscheinenden Veranstaltungsprogrammen beigelegt.
Mitarbeiterinnen des *WohNach-Projektes* schlugen darüber hinaus vor, dass die Teilnehmer des Wettbewerbes ihre „Schlagzeilen" ähnlich wie in der Regenbogenpresse gestalten sollten (vgl. Abb. 2.1). Diese Idee wurde auch übernommen.
Aufgabe der Teilnehmer war, zum einen Fotos zu machen von dem, was sie besonders **toll** in ihrem Wohngebiet finden. Zum anderen sollten sie das fotografieren, was ihnen nicht so gut gefällt, was sie eher **schade** finden.
Die eingereichten Fotos zeigen sowohl in der Kategorie „toll", als auch in der Kategorie „schade" bestimmte inhaltliche Schwerpunkte. Als „toll" wurden neben der schönen eigenen Wohnung vorwiegend Natur- und Landschaftsszenen fotografiert. Schöne Landschaften, schöne Grünanlagen und gerade auch *Ausblicke in schöne Naturlandschaften* von der Wohnung aus wurden hier hervorgehoben. Dabei stellen der Blick aufs Wasser und der Uferwanderweg einen weiteren Schwerpunkt dar. Weiter wurden soziale Einrichtungen und Initiativen, wie das Jugendfreizeitschiff aber auch das Nachbarschaftszentrum am Nixenkai hervorgehoben.

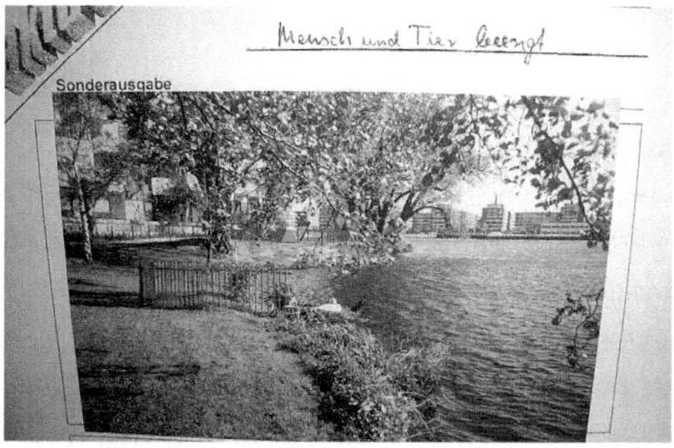

Abb. 2.2: Wettbewerbsbeitrag.
Toll! Mensch und Tier leben zusammen.

Als „schade" wurden vor allem verwahrloste und verödete Bereiche des öffentlichen Raumes fotografiert. Auch der unterbrochene Uferwanderweg wurde als „schade" fotografiert. Darüber hinaus wurde auch hier wieder auf fehlende Infrastruktur und gesellige Einrichtungen wie Läden, Restaurants oder Cafés hingewiesen. Auch zugeparkte Straßen bei gleichzeitigem Parkplatzmangel für die Anwohner wurden als „schade" ins Bild gesetzt.

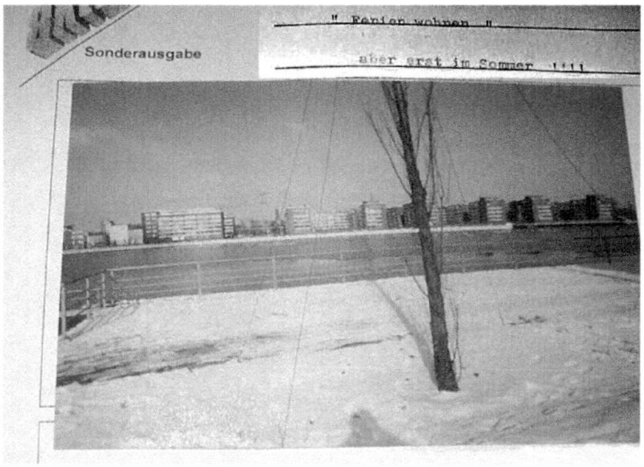

Abb. 2.3: Wettbewerbsbeitrag.
Toll! Wohnen mit Blick auf das Wasser.

Als Sponsoren für kleine Preise an die Wettbewerbsgewinner/-innen wurden neben den ortsansässigen Einzelhändlern auch die *Wasserstadt GmbH* und die *Technische Universität Berlin* angesprochen. Erstere spendete 30 Bücher über das Wohngebiet an der Rummelsburger Bucht, letztere beteiligte sich mit 9 großen Regenschirmen. Die *viterra Wohnpartner AG* beteiligte sich aus eigener Initiative mit einer Geldspende. Darüber hinaus stellte *urban PR* Schautafeln für die Fotoausstellung zur Verfügung.

Der Fotowettbewerb startete am 5.2.2001. Die Teilnehmer/innen konnten sich die Wettbewerbspakete im Nachbarschaftszentrum *Am Nixenkai* abholen. Als Abgabetermin wurde zunächst der 9.3.2001 geplant. Da sich jedoch immer wieder neue Interessent/innen meldeten und wir möglichst viele Bewohner/-innen am Fotowettbewerb beteiligen wollten, wurde der Abgabetermin mehrmals, bis schließlich Ende Juni 2001 verlängert.

Die eigentliche Durchführung des Fotowettbewerbs wurde von den Mitarbeiter/innen des Nachbarschaftszentrums getragen. Sie verteilten die ‚Wettbewerbspakete' und sammelten die fertigen Beiträge wieder ein. Sie verteilten darüber hinaus die Flyer und kündigten den Wettbewerb im Rahmen Ihrer Veranstaltungsprogramme an. Die Kosten für Filme und Entwicklung wurden vom *WohNach-Projekt* übernommen.

Mit der Entwicklung der Filme wurde ein ortsansässiger Fotoladen beauftragt.

Am Fotowettbewerb haben sich insgesamt 35 Bewohner/innen beteiligt. Die Altersstruktur der Teilnehmerinnen und Teilnehmer ergab sich wie folgt:

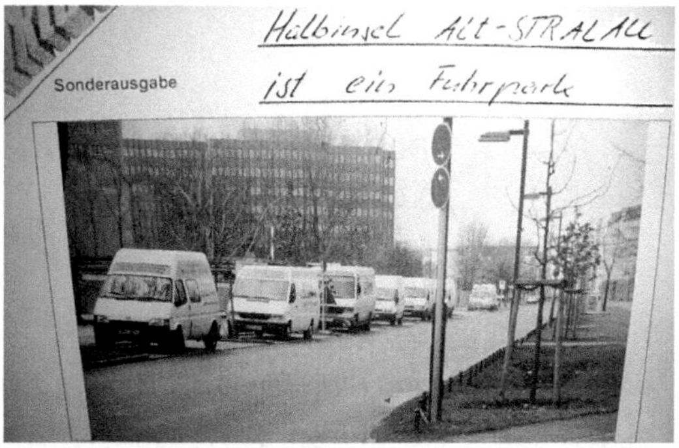

Abb. 2.4: Wettbewerbsbeitrag.
Schade! Die Halbinsel Stralau ist ein Fuhrpark.

Tabelle 2.1: Altersstruktur der Teilnehmer/innen am Fotowettbewerb

Alter	Anzahl
Bis 20 Jahre	2
20 - 30 Jahre	5
30 - 40 Jahre	8
40 - 50 Jahre	4
50 - 60 Jahre	4
60 - 70 Jahre	7
Über 70 Jahre	4

Die Fotoausstellung wurde zum 28.6.2001 in den Fenstern der umliegenden Ladenlokale eröffnet. So konnte sie bereits am darauf folgenden Wochenende im Rahmen des auf dem Speicherplatz vor dem Nachbarschaftszentrum stattfindenden Italienfestes *Bella Isola* präsentiert und von zahlreichen Bewohner/innen und Besucher/innen bewundert werden. Die Preisverleihung für die Wettbewerbsgewinner fand am 13.9.2001 um 19.30 im Rahmen einer Abendveranstaltung im Nachbarschaftszentrum statt.

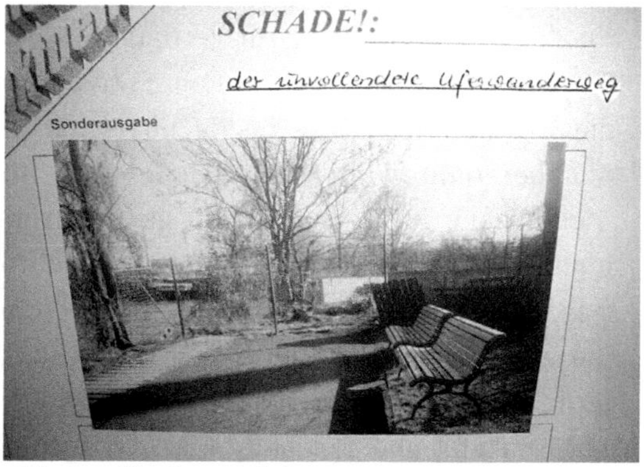

Abb. 2.5: Wettbewerbsbeitrag.
Schade! Der Uferwanderweg ist unterbrochen.

2.2 Nachbarschaftshilfe und funktionale Netzwerke: „Nachbarn in Aktion"

Im Rahmen dieses Arbeitsschwerpunktes sollte an die Aktivitäten der Projekte der *TRILOG Gesellschaft für Wirtschafts-, Kultur- und Umweltmanagement mbH* angeknüpft werden. Von 1996-1998 führte diese im Auftrag der *Wasserstadt GmbH* verschiedene Projekte durch, um zum einen die Geschichte und Kultur des Wohngebiets Rummelsburger Bucht/ Alt-Stralau näher an die Bewoh-

ner/innen heranzutragen, ein kulturelles Angebot vor Ort zu bieten und vor allem, um das soziale Leben in den entstandenen Neubaugebieten zu stärken. Das „Kiezwerden" sollte unterstützt werden, und die neuen Bewohner/innen sollten die Möglichkeit haben, Kontakte zu Mitbürger/innen aufzunehmen.
Unter dem Motto „Bürgernähe mit den neuen Bewohnern" starteten die *Kiezbörse* und das *Projekt: Nachbarn in Aktion* im Rahmen des regelmäßig stattfindenden *Kiezsalons*. Dort wurden regelmäßig Vorträge gehalten und historische Spaziergänge im Gebiet organisiert. Mit Auslaufen der Finanzierung für die ABM-Stellen im Projekt endeten die gesamten Aktivitäten der TRILOG. Auch das Projekt *Nachbarn in Aktion*, das sich zum Ziel gesetzt hatte, Menschen mit ähnlichen Interessen oder Bedürfnislagen zusammenzuführen, wurde nach einer ersten Erhebung der unterschiedlichen Bewohner/inneninteressen eingestellt. Diese Initiative wurde vom *WohNach-Projekt* wieder aufgegriffen. Damals wurde eine Bewohner/innenbefragung durchgeführt, auf die jedoch keinerlei weitere Aktivitäten folgten, weil das Projekt kurz darauf (Herbst 1998) eingestellt wurde.
Die Wasserstadt GmbH bedauerte das sehr, da sie großes Interesse an einer „Kiezwerdung" und der damit einhergehenden Steigerung der Wohnqualität hat.
Die Aufgaben der TRILOG war es, Impulse für ein soziales und kulturelles Leben zu geben sowie der Aufbau von Nachbarschaftshilfe. Diese Aufgaben hat nun das Nachbarschaftszentrum *Am Nixenkai*, das aus dem Projekt *Leben an der Rummelsburger Bucht* hervorgegangen ist, übernommen.
Die Mitarbeiterinnen des *WohNach-Projektes* haben die damals von der TRILOG erhobenen Adressenlisten mit den gewünschten Aktivitäten und Dienstleistungen wieder aufgenommen und die damals Befragten angerufen. Es sollte festgestellt werden, was die Bewohner/innen von der Initiative gehalten haben und ob sie nach wie vor an gemeinsamen Aktivitäten interessiert sind. Die so erhobenen Informationen wurden anschließend an die Mitarbeiter des Nachbarschaftszentrums *Am Nixenkai* weitergegeben. Die TRILOG-Umfrage zeigte das folgende Bild an Wünschen und Interessen (Mehrfachnennungen möglich):

Tabelle 2.2: Interesse an gemeinschaftlichen Aktivitäten und Häufigkeit der Nennung (erhoben im Sommer 1998).

Gewünschte Aktivität	Anzahl der Nennungen
Dampferfahrten	8
Gymnastik	8
Theater	7
Blumengießen/ Postentnahme	6
Haustierbetreuung	6
Babysitting	5
Senioren-Treff	5
Straßenfeste/ Kinderfeste	5
Wandern	5
Handarbeiten	4
Computer/ Internet	3
Computerspiele	3
Kino	3
Picknick	3
Rudern	3
Schularbeitsgemeinschaften	3
Basteln/ Handwerk	2
Seidenmalerei	2
Bowling	2
Federball	2
Kartenspielen	2
Kinderprogramm	2
Tischtennis	2
Beach-Volleyball	1
Besuch von Kranken/ Behinderten	1
Brettspiele	1
Deutsch-Nachhilfe	1
Elefanten-Sammeln	1
Eltern-Kind-Gruppe	1
Flohmarkt	1
Fotografie	1
Literatur	1
Mietervertretung im Wohnkomplex Hauptstraße	1
Radeln	1
Hausmusik	1
Schallplatten/ CDs	1
Schreibmaschinenreperatur alte DDR-Modelle	1
Segeln	1
Volleyball	1
Zeichnen/ Malen	1

Die Mitarbeiterinnen des *WohNach-Projektes* haben im Herbst 2000 einige Interviews mit Bewohner/innen durchgeführt, die damals von der TRILOG befragt worden sind. So sollte festgestellt werden, ob aufgrund der Initiative von *Nachbarn in Aktion* gemeinschaftliche Aktivitäten und/ oder Kommunikationsprozesse in der Nachbarschaft in Gang gesetzt worden sind. Darüber hinaus sollte ein erneuter Wiederanstoß des Prozesses geleistet werden und auf das neue Nachbarschaftszentrum am Speicherplatz hingewiesen werden.
Es stellte sich heraus, dass die Idee von *Nachbarn in Aktion* sehr positiv aufgenommen worden ist. Alle Befragten äußerten, damals Interesse an der Teilnahme in bestimmten Gruppen gehabt zu haben. Bedingung sei jedoch, dass die anderen Teilnehmer wirklich in der Nähe wohnen, um lange Wege zu vermeiden. Einige haben sich im Anschluss an die Initiative mit anderen Nachbarn darüber unterhalten. Manche berichten, auch selber bereit zu sein, aktiv etwas für Interessengruppen anzubieten, sofern räumliche Möglichkeiten dafür vorhanden sind (Sport, Malen, Basteln). Bisher sei jedoch noch kein Kontakt mit anderen Gleichgesinnten zustande gekommen.
Das neue Nachbarschaftszentrum *Am Nixenkai* kennen die Befragten noch nicht, begrüßen aber eine solche Einrichtung. Es hat jedoch kein informeller Informationsfluss von *Nachbarn in Aktion* hin zum Nachbarschaftszentrum stattgefunden. Formell kam aufgrund organisatorischer Diskontinuitäten auch keine Verknüpfung zustande. Die Befragten wissen nichts von der Gründung des Nachbarschaftszentrums und von den dort bereits stattfindenden Gruppen. Bei manchen Nachbar/innen ist die TRILOG-Befragung auch schon wieder in Vergessenheit geraten, Interesse bestünde jedoch weiter. Ein Nachbar äußert auch, enttäuscht gewesen zu sein, nach der TRILOG-Befragung nichts mehr von der Aktion zu hören. Selbständig initiativ geworden ist durch die Aktion offensichtlich keiner, auch wenn sich zeigt, dass große Ressourcen vorhanden sind: einige Nachbarn betonen, dass sie gerne auch selbstständig und ehrenamtlich Aktivitäten anbieten möchten (Sportgruppen, Bastelkurse, Unterstützung bei Computerproblemen). Bisher fehlte jedoch die dafür erforderliche Kontaktstelle. Das Nachbarschaftszentrum *Am Nixenkai* hat hier Koordinationsfunktionen übernommen, indem es zwischen Anbieter/innen und Interessent/innen vermittelt sowie Räumlichkeiten für unterschiedliche Gruppen bereit stellt oder externe Räumlichkeiten, z.B. für Sportgruppen organisiert. Als ein Problem nachbarschaftlicher Aktivitäten, z.B. bei der Organisation von Festen äußerte ein Interviewpartner, dass häufig nur die Leute teilnehmen würden, die sich sowieso schon kennen würden und dass so keine neuen Teilnehmer ermuntert werden könnten mitzumachen. So bliebe man

letztlich dann doch unter sich und lerne keine neuen Leute kennen. In Zukunft müsse also auch darauf geachtet werden, gezielt neue Bewohner/innen anzusprechen und mit einzubeziehen.
Zusammenfassend kann festgehalten werden, dass die Wiederaufnahme der Initiierung und Koordinierung von sog. *funktionalen Netzwerken* [4] eine lohnende Aufgabe ist, an der großes Interesse besteht. Darüber hinaus gibt es im Wohngebiet große Ressourcen für ehrenamtliches Engagement: Es gibt vielfältige Fähigkeiten und Fertigkeiten und darüber hinaus, aufgrund von Rente oder Frührente, auch zeitliche Ressourcen bei den Bewohner/innen. Die Initiierung solcher Netzwerke müsste jedoch nochmals aktiv voran gebracht werden. Sind die Netze gegründet und die Aktivitäten angelaufen, kann das Nachbarschaftszentrum als Koordinator auftreten und die Leitungsfunktion an besonders engagierte Bewohner/innen weitergeben. Die Mitarbeiter/innen des Nachbarschaftszentrums *Am Nixenkai* wollen sich dieser Aufgabe weiterhin zuwenden.

2.3 Begleitung und Evaluation der Entstehung des Nachbarschaftszentrums Am Nixenkai

Eine weitere Aufgabe des *WohNach-Projektes* war die evaluierende Begleitung des Nachbarschaftszentrums *Am Nixenkai*. Es sollte herausgearbeitet werden, welche Bedingungen sich förderlich bzw. hinderlich auf die Arbeit des Nachbarschaftszentrums auswirken. Die wichtigsten Einflussfaktoren sollen im Folgenden kurz skizziert werden:
Räumliche Einflussfaktoren
Im ersten Jahr waren die drei Mitarbeiterinnen des Projektes zuerst in den Räumen der Thalia-Grundschule untergebracht. Anschließend erhielten sie einen eigenen Raum in einem gerade in Sanierung befindlichen Plattenbau (Alt Stralau 35-37) und konnten darüber hinaus für Veranstaltungen einen ebenso dort befindlichen Raum der Betroffenenvertretung nutzen.
Beides förderte die Kontaktaufnahme zu den Bewohner/innen nicht. In der Thalia-Grundschule war aus sicherungstechnischen Gründen kein Publikumsverkehr zugelassen. Der Raum in dem in Sanierung befindlichen Plattenbau war unattraktiv und von außen schwer zugänglich.
Die drei Mitarbeiterinnen mussten daher zunächst aktiv auf ihre Klientel zugehen; eine „Anlaufstelle“ für Passanten war nicht vorhanden. Es wurden aber

bereits einzelne Veranstaltungen und Gruppentreffen im Raum der Betroffenenvertretung durchgeführt.
Ende 2000 verbesserte sich die räumliche Situation entscheidend: Das Projekt konnte ein Ladenlokal am Speicherplatz beziehen; das Nachbarschaftszentrum *Am Nixenkai* war geboren. So konnte nun auch ein gut gelegener Treffpunkt und attraktiver Veranstaltungsort angeboten werden. Der Blick aufs Wasser macht die Lage des Ladenlokals darüber hinaus besonders attraktiv. Da es sich aber nur um einen Raum handelt, wurde für die Abtrennung der Arbeitsplätze der Mitarbeiter vom Gemeinschaftsraum eine raumteilende Schrankwand aufgestellt. So bleibt von den hellen Räumlichkeiten mit Aussicht für Besucher/innen des Nachbarschaftszentrums nur die dunklere Hälfte des Raumes mit Blick auf den Speicherplatz und die Nixenskulptur übrig. Dies wird allerdings durch die freundliche Gestaltung der Räume und die permanente Galerie mit wechselnden Ausstellungen aufgefangen. Insgesamt wurden und werden die neuen Räumlichkeiten sowohl von den Mitarbeiter/innen als auch von den Besucher/innen sehr gut angenommen. Die Ausstattung des Gemeinschaftsraumes erlaubt die bequeme Beherbergung von ca. 35 Personen, aber auch Veranstaltungen mit mehr als siebzig Teilnehmer/innen wurden schon bewältigt.
Veranstaltung bzw. Aktivitäten im Freien/ auf dem Speicherplatz werden allerdings dadurch erschwert, dass dieser Platz an Investoren verkauft wurde und somit keinen öffentlichen Raum darstellt. Eine frühzeitige Einbeziehung der Eigentümervertretung in den Planungsprozess gewährleistet jedoch, dass Veranstaltungen in gegenseitiger Absprache stattfinden können, wie die sehr erfolgreiche Durchführung des Italienfestes *Isola Bella* im Sommer 2001 gezeigt hat.
Die Lage des Nachbarschaftszentrums im Entwicklungsgebiet hat entscheidenden Einfluss auf die Besucherstruktur. So zeigte sich, dass das Nachbarschaftszentrum in der Mehrzahl von Bewohner/innen der Stralauer Halbinsel besucht wird. Bewohner/innen der Rummelsburger Bucht, und gerade dort gibt es besonders viele ältere, die auf nachbarschaftliche Kontakte im Wohnumfeld Wert legen, besuchen das Zentrum noch kaum. Zu Fuß ist es zu weit, darüber hinaus ist der Uferwanderweg für viele ältere Bewohner zu uneben und abends zu dunkel. Der Anschluss mit öffentlichen Verkehrsmitteln ist schlecht (eine Stunde Anfahrtszeit); wer mit dem Auto kommen möchte, findet nur schwer einen Parkplatz. Darüber hinaus fällt die Kommunikation zwischen dem Nachbarschaftszentrum und den Anwohner/innen über diese Entfernung hinweg bereits schwerer als im direkten räumlichen Umfeld der neuen Einrichtung.

Aber auch hier werden weiterhin Wege gesucht und wurden zumindest zum Teil auch schon gefunden. So ist es z.B. über den Kontakt zum Hausmeister seit einiger Zeit möglich, auch auf der Rummelsburger Seite Aushänge in den Glaskästen der Hauseingänge zu machen. Darüber hinaus besteht eine Kooperation mit dem dort ansässigen Presseshop, der ebenfalls Aushänge und Veranstaltungsprogramme entgegennimmt.

2.3.1 Mitarbeitersituation

Entscheidend für die zügige und zielgerechte Arbeit ist darüber hinaus eine funktionierende Zusammenarbeit im Team. Um zu vermeiden, dass Mitarbeiter/innen sich aufgrund divergierender Interessen gegenseitig hemmen oder einzelne in die „innere Emigration" gehen und dadurch die Arbeit stagniert, ist ein konstruktiver Umgang mit Zielkonflikten, um gemeinsam tragbare Lösungsstrategien zu entwickeln, von großer Bedeutung. Darüber hinaus sollte die Projektleitung in der Lage sein, gemeinsam mit den Mitarbeiter/innen kurz-, mittel- und langfristige Ziele zu formulieren, die Mitarbeiter/innen zu motivieren und für das Projekt zu begeistern.

Dies gelang zu Beginn des hier dargestellten Projektes nicht. Die Interessen der Mitarbeiterinnen waren verschieden und eine Einigung in aller Einverständnis gelang kaum. Zwei der Mitarbeiterinnen kündigten schließlich.

Das Ausscheiden der beiden Frauen kam aus Sicht der Mitarbeiterinnen des Forschungsprojektes *WohNach* nicht unerwartet. Eine in diese Richtung gestaltete soziale Dynamik zeigte sich von Beginn an. Probleme der Zusammenarbeit wurden uns gegenüber teils offen, teils verdeckt angesprochen.

Die ausgeschiedenen Mitarbeiterinnen wurden durch zwei Herren ersetzt. Die Projektleitung liegt heute bei der verbliebenen sehr engagierten Mitarbeiterin.

2.3.2 Resonanz der Bewohner/innen

Die Resonanz der am Angebot teilnehmenden Bewohner/innen ist positiv. Dies liegt sicherlich auch daran, dass das Programm gemeinsam mit Bürger/innen entwickelt worden ist. Seit das Nachbarschaftszentrum *Am Nixenkai* in den schönen Räumlichkeiten am Speicherplatz existiert, nimmt seine Bedeutung als beliebter Anziehungspunkt für die Bewohner/innen kontinuierlich zu. Besucher des Nachbarschaftszentrums sind überwiegend ältere Menschen und fast ausschließlich Bürger der ehemaligen DDR, was jedoch auch mit der Struktur der dortigen Bewohnerschaft korrespondiert. Gerade diese Gruppe ist

für die neue Anlaufstelle im Kiez sehr dankbar. Es finden mittlerweile viele regelmäßige Gruppen und Veranstaltungen statt.
Bürger/innen der ehemaligen Bundesrepublik, West-Berliner/innen und jüngere Bewohner/innen wurden bislang noch wenig erreicht. Einen wichtigen Schritt hin zur verstärkten Ansprache auch jüngerer Bewohner/innen stellte der Fotowettbewerb dar.

2.4 Ein erster Rückblick

Das Nachbarschaftszentrum *Am Nixenkai* ist nun seit einem Jahr im Ladenlokal am Speicherplatz auf Alt-Stralau aktiv. Seitdem konnte das Angebot für Bewohner/innen kontinuierlich ausgebaut werden. Der Fotowettbewerb wurde durchgeführt, die Ausstellung der Beiträge wurde aufgrund der äußerst positiven Resonanz von verschiedenen Seiten verlängert. Die Preisverleihung für die Sieger fand am 13.9.2001 im Rahmen einer abendlichen Veranstaltung statt. Als Preise konnten für jede teilnehmende Familie ein Buch über die Rummelsburger Bucht und für die Gewinner mehrere Flaschen Wein und Sekt sowie mehrere große Regenschirme vergeben werden. Als Hauptgewinn in den Kategorien „toll" und „schade" gab es jeweils ein Gutschein für eine Ballonfahrt am Potsdamer Platz.

2.4.1 Zum Nachbarschaftszentrum

Das Nachbarschaftszentrum *Am Nixenkai* stellt eine Anlaufstelle für die Bewohner/innen Alt-Stralaus dar, wo sie ihre Wünsche und Probleme loswerden können. Die Mitarbeiter/innen sind rund um die Uhr bemüht, zu beraten und zu helfen. Darüber hinaus ist ein lebendiger Bezugspunkt auf dem noch recht unbelebten Speicherplatz (keine Läden, leerer, nicht restaurierter Speicher) entstanden, der eine Bereicherung für die Wohnqualität des Quartiers darstellt.
Auch wenn es sich das Nachbarschaftszentrum zum Ziel gesetzt hat, alle Bewohner/innen anzusprechen, zeigt sich dennoch deutlich, dass bestimmte Gruppen bevorzugt kommen:
Die regelmäßigen Gruppen des Monatsprogramms werden vor allem von Senior/innen wahrgenommen, für die auch im Rahmen der Vorstudie des *WohNach-Projektes* der größte Bedarf festgestellt wurde. Insofern wurde eine wichtige Zielgruppe erreicht. Möchte man darüber hinaus noch andere Grup-

pen ansprechen, muss über weitere Angebote nachgedacht werden. Spezielle Serviceleistungen, die bereits angeboten werden, gehen in diese Richtung. So nimmt das Nachbarschaftszentrum bereits Post für die umliegenden Ladenlokale und Bewohner/innen entgegen und bietet regelmäßig Sprechstunden der Polizei und des Mietervereins an.

Die ebenfalls regelmäßig stattfindenden Abendveranstaltungen (ein- bis zweimal jeden Monat) werden darüber hinaus auch von berufstätigen Erwachsenen besucht. Das Angebotsspektrum reicht hier von kulturellen und kulturhistorischen Beiträgen bis hin zu praxisorientierten Beratungs- und Informationsveranstaltungen. Leider gibt es noch zu wenige Besucher/innen aus der ehemaligen Bundesrepublik. Auch von der Seite der Rummelsburger Bucht kommen bisher nur wenige, weil es vor allem den Älteren zu weit ist. Hier müsste noch eine gezieltere Ansprache der Bewohner/innen stattfinden. Darüber hinaus müsste über intelligente Mobilitätskonzepte nachgedacht werden, die es den Älteren ermöglichen, die Entfernung zu überwinden (z.B. Wassertaxis).

In Zukunft wird das Nachbarschaftszentrum weiterhin *funktionale Netze* fördern, die nicht an eine aktive Teilnahme am regelmäßigen Monatsprogramm gebunden sind. Diese könnten auch für andere Bewohnergruppen, z.B. für sehr beschäftigte Berufstätige oder für Familien mit Kleinkindern, interessant sein.

Zum Zusammenführen unterschiedlicher Gruppen sind darüber hinaus Feste oder weitere Aktivitäten, wie z.B. gemeinsame Wanderungen oder Führungen geeignet.

Erschwerend wirken sich Abgrenzungstendenzen unterschiedlicher Gruppen aus. Diese zeigten sich im Rahmen unserer Interviews sowohl auf der Seite der ehemaligen DDR Bewohner/innen, die den Großteil der Bewohnerschaft ausmachen, gegenüber den „reichen Wessis" als auch umgekehrt.

Auf der Grundlage unserer oben dargestellten Erfahrungen kann für die *Förderung der sozialen Nachhaltigkeit in Wohngebieten* das Folgende geschlussfolgert werden:

- Erfolgreich für Projekte im Wohngebiet ist die partizipative Erarbeitung und Bereitstellung zielgruppenspezifischer Angebote für bestimmte Gruppen, die man vorrangig erreichen möchte (z.B. Senioren).
- Möchte man darüber hinaus erreichen, dass unterschiedliche Gruppen zusammenkommen (z.B. Ost und West, Alt und Jung), müssen Angebote gefunden und formuliert werden, die mit den Interessen dieser verschiedenen Gruppen korrespondieren. Gemeinsame Aktivitäten müssen organisiert werden, ggf. gemeinsame Interessen und Ziele gesucht und gefun-

den werden (z.B. Feste, u.ä.). Darüber hinaus ist eine gewisse zeitliche Kontinuität Voraussetzung für die Entstehung sozialer Bezüge.

- Wichtig sind auch die in der Nachbarschaftshilfe beschäftigten Personen: Es fällt in der Regel leichter, Kontakt zur Gruppe, der man selbst angehört, aufzunehmen. Bei festen Einrichtungen sollte personelle Kontinuität gewährleistet sein. Viele Nutzer entwickeln persönliche Bindungen an bestimmte Personen. Wenn diese dann weg sind, verliert die Einrichtung ihre Besucher. Die Bedeutung solcher persönlichen Bindungen an Bewohner wurden von den Mitarbeiter/innen des Nachbarschaftszentrum als äußerst zentral und wichtig hervorgehoben.
- Es ist darüber hinaus sinnvoll, durch Bürger/innen, welche die entsprechenden Fähigkeiten mitbringen, Mediation/ Konfliktmanagement bei unterschiedlichen Interessenslagen anzubieten.
- Wichtig für feste Einrichtungen ist die personelle Präsenz vor Ort: Viele spätere Besucher sind zunächst Leute, die zufällig am Laden vorbeikommen und mal reinschauen wollen. Ist der Laden dann geschlossen, kommen sie nicht wieder. Wichtig sind auch die Empathie und die Offenheit der Mitarbeiter/innen: Viele Leute kommen einfach mal so vorbei und gucken rein, halten dann ein Schwätzchen und, wenn sie sich wohlfühlen, kommen sie wieder.
- Wichtig ist darüber hinaus die partizipative Entwicklung eines Programms: Das Angebot im Nachbarschaftszentrum *Am Nixenkai* ist nicht zuletzt darum erfolgreich, weil es in enger Zusammenarbeit mit Bewohner/innen entwickelt wird.
- Attraktive Räumlichkeiten laden zum Verweilen ein! Darüber, was schön ist, haben die Menschen allerdings sehr unterschiedliche Vorstellungen. Darum sollte eine Einrichtung, die verschiedene Gruppen ansprechen soll, nicht zu stark durch die ästhetischen Merkmale eines bestimmten Milieus geprägt sein.
- Ebenso wichtig sind vielfältige Nutzungsmöglichkeiten. Die Räumlichkeiten des Nachbarschaftszentrums *Am Nixenkai* können für verschiedenste Anlässe (Familienfeste, Vereinstreffen u.ä.) gemietet werden.
- Wenn man möglichst viele Bewohner/innen erreichen möchte, sollten die Räumlichkeiten darüber hinaus leicht zugänglich und gut sichtbar sein.
- Die räumliche Nähe zu den Bewohner/innen ist sehr wichtig: Gerade für ältere Personen muss ein Angebot sehr nah zur Wohnung sein, wenn es genutzt werden soll. Ist dies nicht der Fall, sollte über Mobilitätsangebote nachgedacht werden.

- Wichtig ist auch die Öffentlichkeitsarbeit: Flyer, Plakate, Stände auf Festen, Präsenz bei wichtigen Veranstaltungen etc., um bekannt zu werden und zu bleiben.

Anmerkungen

1 Der im *WohNach-Projekt* zugrunde gelegte Nachhaltigkeitsbegriff lehnt sich an die im Koalitionsvertrag der Bundesregierung genannten Richtlinien und Messgrößen einer Politik unter dem Leitbild der Nachhaltigkeit an. Darin werden drei Bereiche hervorgehoben, die die Dimensionen des Begriffs deutlich machen:
- Verbesserung der wirtschaftlichen Leistungsfähigkeit (**ökonomischer** Aspekt);
- Sicherung der sozialen Gerechtigkeit (**sozialer** Aspekt);
- Bewahrung der natürlichen Lebensgrundlagen (**ökologischer** Aspekt).

Aus Sicht der Enquete-Kommission ist Nachhaltigkeit in erster Linie als regulative Idee zu verstehen, als normativer, aber zugleich offener Begriff, für den es nur Teil- und Zwischenbestimmungen geben kann.

2 Der Begriff Kiez bezeichnet in Berlin ein Quartier, dem sich die Bewohner/innen aufgrund seiner räumlichen Struktur, Infrastruktur und anderer Bezugspunkte zugehörig fühlen.

3 Unter Prompts werden Hinweisschilder verstanden, die auf ein bestimmtes erwünschtes Verhalten hinweisen, z.B. „Hier erholt sich die Natur – Picknickplätze 500m weiter".

4 Unter funktionalen Netzen sind soziale Beziehungsgefüge zu verstehen, die ganz bestimmte Funktionen übernehmen (z.B.: Austausch bestimmter materieller Güter oder Serviceleistungen z.B. Babysitting, Notfalldienst, Kinderkleidertauschbörse, Blumengießen, Gerätetausch u.Ä.).

C.3

Gropiusstadt: Maßnahmen gegen Anonymität im Hochhaus

Hans Joachim Harloff, Martin Müller, Katrin Theiss

3.1 Sinn und Zweck der Interventionen

Der Zwickauer Damm 12 gehört zu den Gebieten, in denen eine „große" Intervention stattfand (vgl.. Felbinger u. Hinding 2000, S 211ff). Sie erstreckte sich über ca. 9 Monate von Oktober 2000 bis Juni 2001. Das genannte Bauobjekt ist ein Punkthochhaus in der Gropiusstadt, d.h. einer typischen Großsiedlung am Stadtrand, wie sie vor 30-40 Jahren in fast allen Großstädten Deutschlands errichtet wurden.

Wie bei allen anderen Interventionsmaßnahmen war auch hier das Ziel, durch Beeinflussung der Bewohner nachhaltiges Konsumverhalten zu initiieren und zu stärken. Allerdings – das wussten wir aus der Literatur und insbesondere aus unserem Pretest (vgl. Harloff et al. 2000, und dort besonders die Artikel von Gruner u. Sass, S. 139ff. sowie von Graf et al., S.150ff.) – würde es hier besonders schwer werden, das Verhalten der Individuen über die Wohngruppen zu modifizieren, da die Menschen in solchen Großsiedlungen in aller Regel anonym nebeneinanderher wohnen. Soziale Netze oder gar Nachbarschaftsgruppen sind so gut wie nicht ausgeprägt. Daher würden sich unsere Bemühungen darauf konzentrieren müssen, das Entstehen sozialer Netze im Haus (und der weiteren Nachbarschaft) zu fördern. Das wiederum bedeutete, dass sich unsere Interventionen zumindest ebenso stark, wenn nicht stärker,

auf die Wohnungsbaugesellschaft und nicht so sehr auf die Mieterschaft richten mussten. Konkret sollte es darum gehen, solche strukturellen Veränderungen im sozialen Bereich (z.B. Errichtung eines Mieterbeirates) und im physischen Wohnumfeld (z.B. Veränderungen im Hauseingang) zu bewirken, von denen zu hoffen wäre, dass sie das Miteinander der Bewohner im Haus, d.h. deren soziale und räumliche Identität stärken.
Die geplanten Maßnahmen wurden mit der Wohnungsbaugesellschaft (es handelt sich um eine der größten Berlins) auf den unterschiedlichsten Hierarchieebenen besprochen. Sie erhielten insbesondere auf höchster Ebene Unterstützung, da sich das Unternehmen von ihnen eine Verbesserung des Wohnklimas, Verminderung von Vandalismus und Fluktuation und somit eine Minderung der Betriebskosten erhoffte. Es zeigte sich (siehe unten), dass wir mit unseren Eingriffen zum Teil an bereits laufenden Maßnahmen (Einrichtung der Pförtnerloge) anknüpfen konnten.
Schließlich hatten wir das Ziel, die Wirkung unserer Intervention zu kontrollieren und ihr Ausmaß zu messen. Das setzte, methodisch gesehen, ein klassisches Vorher-Nachher-Design (mit je einer Erhebung vor und nach der Intervention) und die Auswahl eines Vergleichsobjektes (ohne Intervention) voraus, um beobachtete Wirkungen strikt auf unsere Eingriffe zurückführen zu können.

3.2 Detaillierte Objektbeschreibung

Die Gropiusstadt war in ihrer Entstehungsgeschichte ein Zeichen für modernes Leben und Wohnen. Mittlerweile leidet die zwischen 1962 und 1975 im sozialen Wohnungsbau entstandene Hochhaussiedlung zunehmend unter sozialen Missständen. Seit einigen Jahren versuchen die beteiligten Wohnungsbaugesellschaften, den Verwahrlosungstendenzen in der Gropiusstadt mit einem Konzept, das dem Quartiersmanagement ähnlich ist, entgegenzuwirken. In den letzten drei Jahren wurden ca. 45 Mio. DM in die Bausubstanz der über 30 Jahre alten Trabantenstadt investiert. Doch um den heutigen Anforderungen der Nutzer gerecht zu werden, reichen rein bauliche Maßnahmen nicht mehr aus. Bereits im Oktober 1999 eröffnete eine Gesellschaft ein Stadtteilbüro. Ein mit dem Stadtteilmanagement befasstes Unternehmen hat den Auftrag, durch einen Imagetransfer zu einem zentralen familiengerechten Wohnort, zu einer besseren Akzeptanz und zur Stabilisierung des Gebietes beizutragen. Langfristig sollen die Nachbarschaften in der Haussiedlung gestärkt, deren Image verbessert und neue Bewohner aus der Mittelschicht gefunden werden.

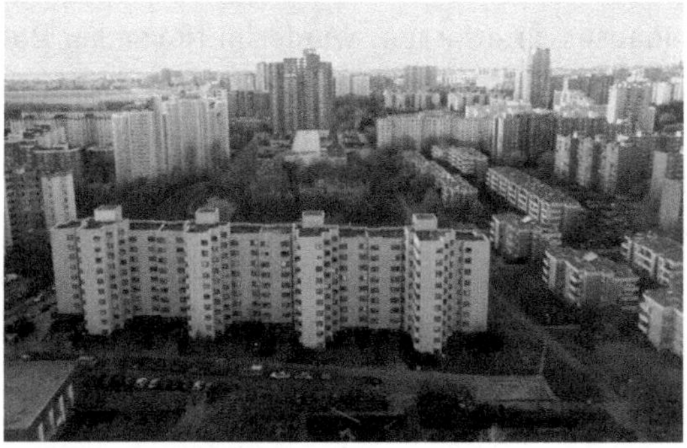

Abb. 3.1: Gropiusstadt

Insgesamt 4438 Wohnungen in der Gropiusstadt werden von der mit uns kooperierenden Wohnungsbaugesellschaft verwaltet. Darunter befinden sich auch die 304 Wohnungen in dem Punkthochhaus am Zwickauer Damm 12.

Dieses 26-stöckige Hochhaus wurde 1971 fertiggestellt. Die Wohnungsgrößen variieren überwiegend zwischen Ein-Zimmer-Wohnungen mit ca. 54m^2 und Zwei-Zimmer-Wohnungen mit ca. 75m^2. Zu Beginn unserer Untersuchungen standen davon noch etwa 14 Wohnungen leer. Am 01.09.2000 wurde nach Umbaumaßnahmen im Foyer des Hauses eine Concierge-Loge in Betrieb genommen. Zunächst sollte der Sicherheitsaspekt dieses vom Arbeitsamt finanzierten Projektes im Vordergrund stehen. Zusätzlich wurden insgesamt 17 Kameras im Haus angebracht, die eine 24-stündige Überwachung der Flure, Eingänge und Fahrstühle ermöglichen. Zur Koordination des Personals der Concierge-Loge und als weitere Beratungsstelle für die Mieterschaft wurde das nahegelegene SIS-Büro (Sicherheit – Information – Service) eröffnet. Seit letztem Jahr befindet sich auch ein Müllplatz direkt hinter dem Wohnhaus. Hier stehen den Bewohnern ein Papier-, ein Altglas-Container sowie eine „Gelbe -Tonne“ für die Mülltrennung zur Verfügung.

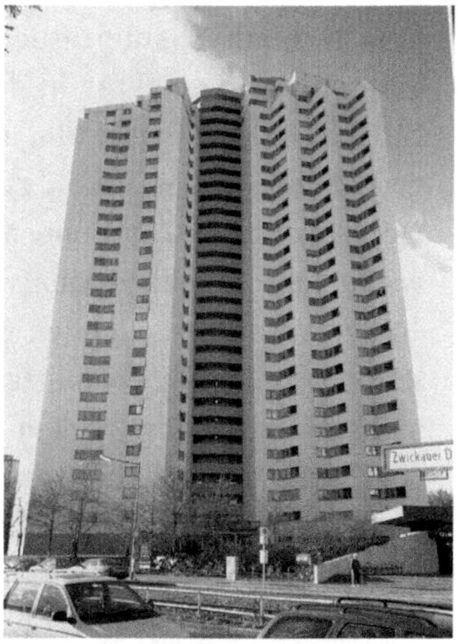

Abb. 3.2: Zwickauer Damm 12

Direkt neben dem Hauseingang befindet sich der U-Bahnhof Zwickauer Damm und eine kleine Ladenpassage, in der einige Einzelhändler unterschiedliche

Waren des täglichen Bedarfs anbieten. Auch hier machte sich im Oktober 2000 ein Leerstand von Ladenflächen bemerkbar. Den größten Teil der Bewohner dieser Gegend zieht jedoch weiterhin eine Filiale des Discount-Lebensmittelhändlers ALDI Nord an.
Um die Mieterstruktur des Hochhauses zu erfassen, wurde im November 2000 von dem für die Gropiusstadt zuständigem Stadtteilbüro des Unternehmens eine Bestandsstichprobe über die Merkmale der Haushaltsvorstände durchgeführt. Diese Stichprobe erbrachte folgende Informationen:

- Altersstruktur: ca. 41% der Bewohner sind über 60 Jahre alt
- Wohndauer: ca. 32% der Bewohner sind erst im Jahr 1999 oder 2000 eingezogen, ca. 10% leben schon seit über 30 Jahren in diesem Hochhaus (Erstbezieher)
- Nationalität: 96% der Bewohner sind Deutsche
- Geschlecht: 59% Männer / 41% Frauen.

3.3 Konzeptentwicklung der Interventionen

Das Hochhaus am Zwickauer Damm 12 wird schon seit längerem intensiv von dem Wohnungsbauunternehmen betreut und hat deswegen den Charakter eines Vorzeigeobjektes in der Gropiusstadt. Das erklärte Ziel der Gesellschaft für dieses Haus lag darin, die freien Wohnungen zu vermieten und die Mieterfluktuation langfristig zu senken. Das WohNach-Projekt erkannte hier die Möglichkeit, in Zusammenarbeit mit dem Eigentümer ein Konzept zur Entwicklung von Interventionsmaßnahmen im Zwickauer Damm 12 zu erstellen. In den Voruntersuchungen wurde deutlich, dass die Interventionen in diesem durch Anonymität gekennzeichneten Gebäude vor allem im Bereich der Kohäsionsförderung anzusiedeln sind. Den Bewohnern des Hauses sollten verstärkt Möglichkeiten geboten werden, miteinander in Kontakt zu treten, um Informationen auszutauschen und gemeinsam vorhandene Interessen zu teilen. Die nachhaltige Verbesserung des Images des Hauses sollte durch den Aufbau von sozialen Netzen gefördert werden. Durch Interviews mit einigen interessierten Mietern wurde ein tieferer Einblick in die Situation des Hauses gewährt. Um jedoch ein gemeinsames Konzept mit der Gesellschaft entwickeln zu können, waren Gespräche mit den verschiedensten Ebenen des Unternehmens notwendig, um Aufgabenbereiche auszuloten und gemeinsame Interessen zu erkunden. Aus der Sicht unseres Projektes ergaben sich daraus vier Interventionsschwerpunkte:

- **Das Concierge-Konzept:** Welche Informations- und Serviceaspekte können die Pförtner gegenüber den Mietern anbieten?
- **Haussprecher/Mieterbeirat:** Zunächst sollten interessierte Mieter gefunden werden, um im weiteren Verlauf einen Mieterbeirat zu gründen.
- **Gesellschaftsraum:** Wie und wo kann ein Gemeinschaftsraum für die Mieterschaft eingerichtet werden?
- **Mülltrennung/Müllvermeidung:** Wie können diese Aspekte bessere Akzeptanz unter den Mietern annehmen? Kann man die Nutzung der hausinternen Müllschlucker einschränken?

In weiteren Gesprächen mit dem Eigentümer wurde klar, dass nicht alle diese Maßnahmen erwünscht waren. Grundsätzlich war es im Interesse der Unternehmung, den Dienstleistungsbereich der Concierge-Loge auszubauen. Als ebenso interessant wurde die Gründung eines Mieterbeirates aufgenommen, der die Bewohner des Zwickauer Damm 12 gegenüber der Gesellschaft vertreten würde. Für die Bereitstellung eines Gemeinschaftsraumes gäbe es jedoch laut Eigentümer keinen Platz. Die leerstehenden Läden in der Ladenpassage sollten an Gewerbetreibende vermietet werden und nicht den Mietern zur Verfügung stehen. Ein Gesellschaftsraum würde wahrscheinlich nur von einigen wenigen Personengruppen intensiv genutzt werden. Die Nutzung würde darüber hinaus auf versicherungstechnische Probleme stoßen. Somit wurde dieser Vorschlag nicht weiter verfolgt. Auch Maßnahmen zur Förderungen der Mülltrennung wurden mit der Begründung abgelehnt, dass der Müllplatz hinter dem Haus gerade erst aufgebaut wurde und zur Zeit keine weiteres Interesse von Seiten der Gesellschaft bestände, die Müllproblematik intensiver zu untersuchen. Aufgrund der Ergebnisse aus den Vorgesprächen wurde relativ deutlich, welche Art von Maßnahmen von dem Wohnungsbauunternehmen erwünscht waren und welchen finanziellen Aufwand diese erfordern durften. Jede neue Idee musste mit den Verantwortlichen diskutiert und genehmigt werden, ehe ihre Umsetzung geplant wurde.

3.4 Beschreibung der Interventionen

3.4.1 Concierge-Loge

Die Concierge-Loge war am 01.09.2000, d.h. kurz vor unserem Eingreifen, in Betrieb genommen worden. Dieses vom Arbeitsamt bis Ende September 2001 voll finanzierte Projekt ermöglicht 10 Arbeitslosen, eine Beschäftigung zu finden. Schon damals war bekannt, dass diese finanzielle Förderung nur für insgesamt drei Jahre möglich ist. Die vollverglaste Loge ist in dem Eingangsbereich des Hauses platziert (siehe Abb. 3.3) und mit mehreren Überwachungsmonitoren ausgestattet.

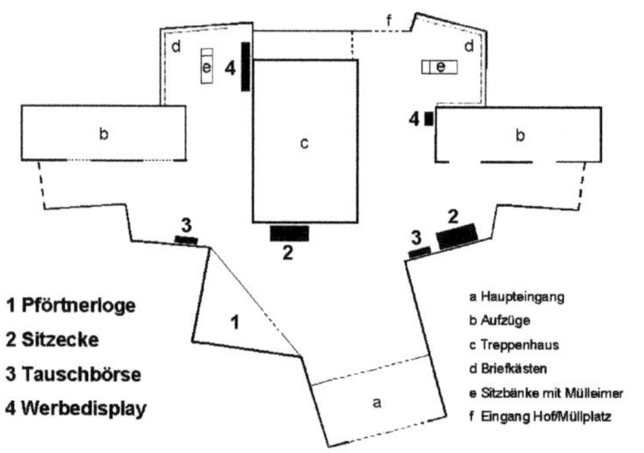

Abb. 3.3: Grundriss

Anfangs konnte man sie von der Straße aus einsehen. Mittlerweile wurde sie jedoch von außen mit einer Spiegelfolie beschichtet, so dass sie nur noch vom Foyer her einsehbar ist. Aufgrund von zunehmendem Vandalismus, starker Anonymität und vermehrt auftretenden Problemen mit alkoholisierten Bewohnern sollte die Loge hauptsächlich zwei Funktionen ausüben:

- Zugangskontrolle von Nicht-Mietern und
- Unerwünschtes Verhalten der Mieter verhindern.

Die Mitarbeiter wurden in Sicherheitsfragen, zum Verhalten in Konfliktsituationen und zum Umgang mit den Mietern geschult. Somit wurde eine 24-stündige Überwachung des Gebäudes gewährleistet. Angeregt von den Ideen des WohNach-Projektes sollten die Concierge einige Serviceleistungen anbieten. Der einfachste Service ist, die Hilfsbereitschaft der Pförtner zu erhöhen, wie z.B. das Öffnen der Eingangstüre für Mieter. Ein Sonntagsbrötchen-Service wurde im November 2000 auf einer Mieterversammlung bekannt gegeben. Die Mieter konnten gegen Vorkasse Brötchen bei der Pförtnerloge bestellen und sie dort am Sonntagmorgen abholen. Nach zwei Wochen wurde dieses Angebot wieder gestrichen, da es von den Mietern kaum genutzt wurde. Allerdings ist zu bemerken, dass dieses Angebot bei den Mietern nicht ausreichend bekannt gemacht wurde und dass es wahrscheinlich einer längeren Anlaufzeit bedarf, bis ein solches Angebot regelmäßig genutzt wird. Das von den Mietern mehrmals angesprochene kurzfristige Aufbewahren von Hausschlüsseln in der Pförtnerloge wurde aus rechtlichen Gründen von der Wohnungsbaugesellschaft abgelehnt.

3.4.2 Sitzecke

Zur Stärkung der Kohäsion innerhalb der Mieterschaft wurde im November 2000 eine Sitzecke im Foyer geplant.
Sie sollte aus einer Sitzgelegenheit und einem kleinen Tisch bestehen, die den Mietern die Möglichkeit geben sollte, sich kurz auszuruhen, auf jemanden zu warten oder auch Zeitung zu lesen. Somit würde für die Bewohner des Hauses ein Raum geschaffen werden, um untereinander in Kontakt zu treten. Der Kontakt zu dem Pförtner würde ebenso gefördert werden. Die Wohnungsbaugesellschaft wollte diesen Vorschlag schnell umsetzen und finanzieren. Jedoch dauerte es sehr lange bis sich in dieser Hinsicht etwas tat. Anstatt eines einladenden und optisch ansprechenden Sofas, von dem ursprünglich die Rede war, wurden zwei gebrauchte Metallbänke im Foyer angebracht. Es stellte sich heraus, dass diese schon vor zehn Jahren einmal vor dem Haus standen und später im Keller aufbewahrt wurden. Eine Bank wurde direkt im Eingangsbereich, die andere vor einem der beiden Aufzüge aufgestellt. Ein Tisch oder wenigstens Kissen für die unbequemen Metallbänke wurden aus finanziellen Gründen vom Eigentümer nicht mehr angeschafft. Auch die Idee, eine Zeitung auf dem Tisch für die Mieter bereitzulegen, wurde verworfen.

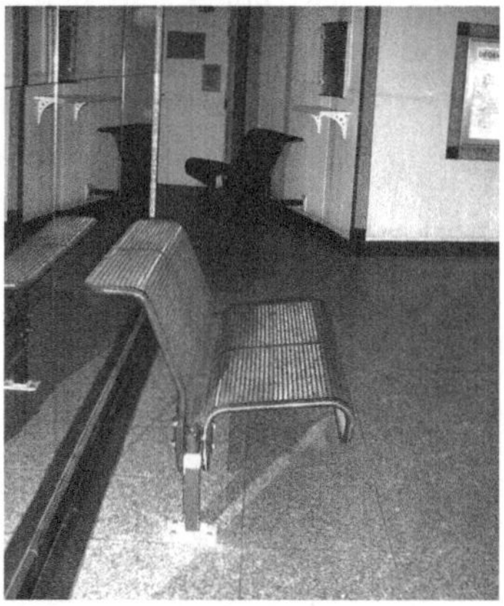

Abb. 3.4: Sitzecke

3.4.3 Tauschbörse

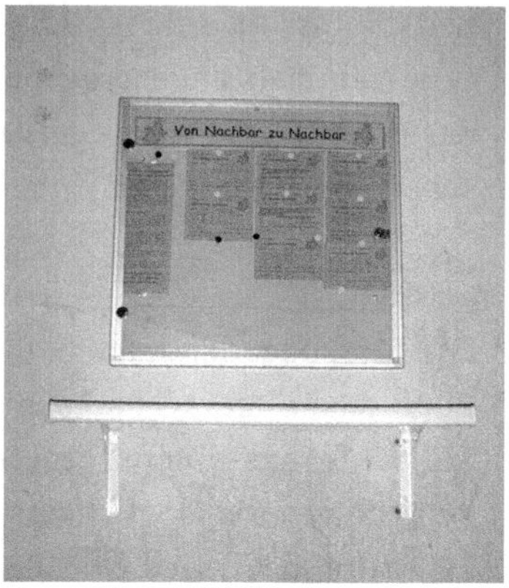

Abb. 3.5: Tauschbörse

Eine Tauschbörse soll das soziale Netzwerk im Haus stärken. Dazu wurde im Foyer ein Aushangskasten angebracht, an dem jeder interessierte Mieter Gebrauchsgegenstände oder Dienstleistungen anbieten oder suchen kann.
Man inseriert kostenlos, wie im Kleinanzeigenteil einer Zeitung, nur dass die Anzeige sofort erscheint und die Entfernung zum Interessenten im Haus viel kürzer ist. Die vorgedruckten Karteikarten, in die man den Text eintragen kann, können beim Pförtner abgeholt werden. Dieser übernimmt die Aufgabe, die Karteikarten aufzuhängen und alte oder Karteikarten von schon verkauften Artikeln wieder abzuhängen. Es wurde zunächst ein Aushangskasten im rechten Flügel des Hauseinganges vor dem Aufzug angebracht. Der Aushangskasten, in den 12 Karten passen, war von Anfang an fast immer voll belegt, so dass man sich für einen zweiten im linken Flügel entschied. Zugleich sollten kleinere Karten eingesetzt werden, um insgesamt mehr Angebote aushängen zu können. Die Tauschbörse entwickelte sich in kürzester Zeit zu einem „Selbstläufer".

3.4.4 Werbedisplay

Schon bei den ersten Besichtigungen des Hochhauses im Zwickauer Damm 12 fielen die Bereiche der Briefkästen auf. Es war zu erkennen, dass zu viele Werbezettel in die Briefkästen geworfen wurden, denn die dort aufgestellten Mülleimer waren meistens überfüllt. Zum Teil lag Werbematerial verstreut auf dem Boden herum. Auch die Mieter äußerten sich in den Gesprächen negativ über den lästigen Müll, der ihre Briefkästen täglich verstopfe und

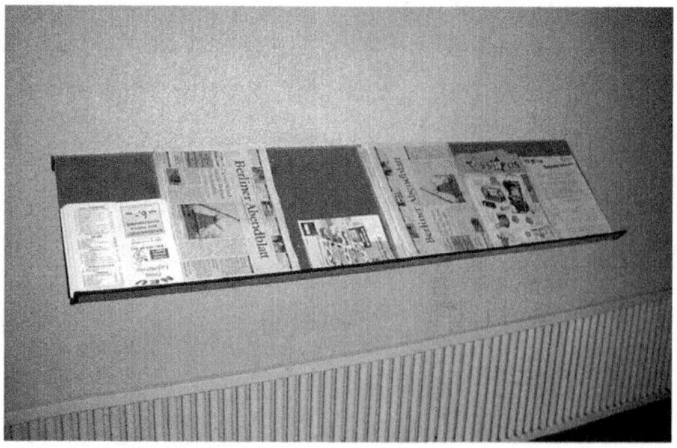

Abb. 3.6: Werbedisplay

letztendlich doch nur weggeworfen würde. Dadurch entstand die Idee, ein Brett im Foyer anzubringen, auf dem jegliche Werbung und kostenlose Zeitungen ausgelegt werden dürfen, ohne die privaten Briefkästen in Anspruch zu nehmen.
Den Mietern wäre aber weiterhin die Möglichkeit gegeben, erwünschte Werbezettel mitzunehmen und anzuschauen. Das gesamte Aufkommen an Werbemüll würde deutlich gesenkt werden. Der Pförtner würde täglich die von den Mietern nicht erwünschte Werbung entfernen und ordnungsgemäß entsorgen, um Platz für neue Werbezettel zu schaffen. Im März 2001 wurde je ein Werbedisplay im Briefkastenbereich im linken und rechten Flügel des Hauses installiert. Die Auswirkungen auf den Briefkastenbereich wurden relativ schnell deutlich. Die Anzahl der Werbezettel in den Briefkästen konnte drastisch reduziert werden und die Mülleimer waren nicht mehr von Werbezetteln überfüllt. Darüber hinaus kann der Pförtner in Zukunft (durch die Kontrolle des Werbezettelangebots mittels Werbedisplay) aus Erfahrung erkennen, welche Werbung von den Mietern wie stark nachgefragt wird und auf welche man von vornherein verzichten kann. Dadurch wäre es möglich, dass nur die tatsächlich nachgefragte Anzahl von Werbezetteln für die Mieter bereitgelegt und somit unnötiges Werbezettelaufkommen vermieden wird.

3.4.5 Mieterbeirat

Ein Anliegen des Eigentümers ist es, die Mieterschaft in der Gropiusstadt wieder enger an ihr Wohnviertel zu binden. Um den Informationsfluss zwischen den Mietern und der Wohnungsbaugesellschaft auszubauen, wurden vom Stadtteilbüro schon seit längerer Zeit Haussprecher gesucht, die sich ehrenamtlich für die Belange der Hausgemeinschaft einsetzen. In Absprache mit den Mitarbeitern des Stadtteilbüros wurde versucht, engagierte Mieter des Hochhauses im Zwickauer Damm 12 zu finden, die eine Mieterinitiative gründen und die Wahl eines Mieterbeirates vorbereiten. Auf der Mieterversammlung am 30.11.2000 erklärten wir den anwesenden Mietern die Bedeutung, die rechtlichen Grundlagen und die Vorteile eines Mieterbeirates. Es bildete sich eine Mieterinitiative, die, in Zusammenarbeit mit dem Stadtteilbüro, die Wahl eines Mieterbeirates vorbereitete. Erfreulicherweise erklärten sich insgesamt 9 Kandidaten bereit, für einen Sitz im Mieterbeirat zu kandidieren. Die Wahl im April 2001 entschied über die 7 Mitglieder des Mieterbeirates. Die Arbeit des Mieterbeirats konnte aufgrund des zeitlichen Rahmens des Projektes nicht weiter untersucht werden.

3.5 Die Begleitstudie zu den Interventionen

3.5.1 Annahmen und Vorüberlegungen zur Begleitstudie

In der ersten Phase des WohNach-Projektes wurden in zwölf Erhebungsgebieten, darunter auch im Zwickauer Damm, eher offene, leitfadengesteuerte Interviews durchgeführt. Damals bestanden die heute vorhandenen Einrichtungen noch nicht. In der dritten Projektphase wurde im Rahmen einer Diplomarbeit (vgl. Theiss 2001, „Mieterfreundliche Veränderungen in einem Hochhaus der Gropiusstadt – eine psychologische Begleitstudie") ein Fragebogen im Haus verteilt, um festzustellen, inwieweit die Interventionen auf Akzeptanz in der Mieterschaft stoßen, und um zu prüfen, ob sie sich positiv auf die Nachbarschaft auswirken konnten. Wir nahmen an, dass sich die 2 ausgesuchten Häuser (Zwickauer Damm 12 und ein ähnliches Gebäude ohne Interventionen) in Bezug auf die ausgewählten Konstrukte anfänglich nicht, später, nachdem mehrere Veränderungen in einem der Häuser vorgenommen wurden, aber doch signifikant voneinander unterscheiden.

Joachim-Gottschalk-Weg 1

Das Vergleichsobjekt hat 24 Stockwerke, davon sind 23 bewohnt. Im obersten Stockwerk befindet sich ein Gemeinschaftsraum für die gesamte Gropiusstadt, der z. B. für Mieterversammlungen zur Verfügung steht. Im Haus sind 228 Wohnungen. Dies sind zur Hälfte 1-Zimmer-Wohnungen, ein Drittel sind 2-2½-Zimmer-Wohnungen, der Rest hat 3 oder mehr Zimmer. Der Ausländeranteil mit gut 16% liegt deutlich höher als im Zwickauer Damm, aber altersmäßig sind die Mieter vergleichbar. 45% sind hier älter als 60 Jahre, und 20% der Mieter leben schon seit mehr als 30 Jahren im Haus. 23% der Mieter sind erst im Jahr 2000 oder 2001 eingezogen. Zwei Drittel der Haushaltsvorstände sind männlich, ein Drittel ist weiblich. Seit kurzem (ca. Mai 2001) gibt es im Haus einen Haussprecher. Im Erdgeschoss des Hauses befinden sich mehrere kleine Geschäfte (Friseur, Zoohandel). Ein separater Eingangsbereich für das Kundenzentrum der Wohnungsbaugesellschaft liegt etwas seitlich. Die im Eingangsbereich für die Mieter angesiedelte Pförtnerloge besteht seit August 1999 als reine Sicherheitsloge und ist zur Straße hin verspiegelt, zum Foyer hin aber einfach verglast (ähnlich wie im Zwickauer Damm). Der Bereich um die Briefkästen und vor den Fahrstühlen ist hier wesentlich kleiner als im Zwickauer Damm. Das Haus liegt an einem Ende des Wutzky-Centers, einer kleinen Einkaufspassage, die an Geschäften etwas mehr Vielseitigkeit bietet als die Ladenpassage am Zwickauer Damm. Auch direkt am Wutzky-Center gibt es einen U-Bahnhof. Auf dem dazugehörigen Vorplatz findet mehrmals wöchentlich ein Markt statt.

3.5.2 Die Erhebungsphasen

Die erste Erhebungsphase fand im Dezember 2000 statt. Die am 30. November abgehaltene Mieterversammlung des Zwickauer Damms konnte genutzt werden, um den anwesenden Bewohnern eine Fragebogenerhebung anzukündigen und um möglichst hohe Beteiligung seitens der Mieterschaft zu werben. Zunächst wurden Bögen für jedes zweite Stockwerk der Häuser in die Briefkästen eingeworfen und durch die Diplomandin eingesammelt. Da es sehr schwierig war, genügend Fragebögen zurückzubekommen, wurden dann die ausgelassenen Stockwerke nachverteilt. Um mehr Aufmerksamkeit zu erzielen, wurde ab diesem Zeitpunkt immer das Deckblatt des Fragebogens handschriftlich mit dem jeweiligen Namen versehen und es wurden handschriftlich beschriebene Umschläge benutzt. Inzwischen bestand so guter Kontakt zu den Pförtnern, dass eine Einwurfsbox für die Fragebogenrückgabe in den Logen aufgestellt werden konnte. Nach mehrfacher Leerung wurden beide Boxen am 02.01.01 endgültig eingesammelt, es hatten sich 60 Bewohner des Zwickauer Damms und 43 Mieter des Joachim-Gottschalk-Weges beteiligt.
Die zweite Erhebungsphase fand vom 16.04.01 bis zum 02.05.01 statt. In dieser Verteilungsphase wurden gleich komplett alle Briefkästen bestückt, und es gab auch sofort eine Einwurfsbox bei den Pförtnern für die Rückgabe. Die Verteilungsdauer konnte erheblich reduziert werden. Es beteiligten sich diesmal 47 Mieter des Zwickauer Damms und 36 Bewohner des Joachim-Gottschalk-Weges.
Beim Vergleich der untersuchten Stichprobe mit der von der Wohnungsbaugesellschaft aufgestellten Bestandsstichprobe fällt auf, dass sich an der Untersuchung im Zwickauer Damm eher ältere Bewohner beteiligt haben. Der Anteil der über 60jährigen in der Studie beträgt 52% bzw. 51% in erster und zweiter Erhebung (Diese und folgende Prozentangaben beziehen sich immer auf die vorher angegebenen Absolutzahlen. In einigen Fällen waren die Absolutwerte wegen einzelner fehlender Angaben noch zu mindern). In Bezug auf die Wohndauer sind die untersuchte Stichprobe und die Bestandsstichprobe sehr ähnlich: 10% der Befragten wohnen schon länger als 30 Jahre im Haus, 28,3% sind vor weniger als 2 Jahren eingezogen.

Im Joachim-Gottschalk-Weg haben unterschiedliche Gruppen in erster und zweiter Erhebung teilgenommen. Im ersten Durchgang haben sich 37,6% Neumieter (Wohndauer kürzer als 2 Jahre) und 18,6% Erstbezieher (Wohndauer über 30 Jahre) beteiligt, im zweiten Umlauf dann 11% Neumieter und 28% Erstbezieher. In der ersten Erhebung waren 26% der Befragten unter 30 und 19% über 60, in der zweiten Erhebung sind es 25,7% unter 30 und 25,7% über 60 Jahren. Im Vergleich mit der Bestandsstichprobe, die im Juli 2001 für den Joachim-Gottschalk-Weg aufgestellt wurde, scheinen in Bezug auf das Alter der Befragten deutlich mehr jüngere Bewohner teilgenommen zu haben. Ihr Anteil im Haus beträgt laut Bestandsstichprobe nur 10%. Die älteren Mieter, deren Anteil 45% betragen soll, haben sich anteilig nicht repräsentativ beteiligt. Der Ausländeranteil in der Studie entspricht in etwa dem Anteil aus den Bestandsstichproben. Im Joachim-Gottschalk-Weg waren es in der zweiten Erhebung sogar etwas mehr (19,4%) als die Bestandsstichprobe erwarten lässt (16,6%).

3.5.3 Methode: der Fragebogen

Der Fragebogen umfasst in seiner ersten Version 8 Seiten plus einem Deckblatt und einer Schlussseite, welche Angaben zu soziodemographischen Daten erfragt. Das Deckblatt ist mit dem TU-Zeichen, dem Logo des WohNach-Projektes und einem Portraitfoto der Diplomandin ausgestattet. Ein kurzes Anschreiben informiert grob über Anlass und Inhalt des Fragebogens und versichert den Teilnehmern die Wahrung der Anonymität ihrer Angaben. In der zweiten Erhebung enthält das Deckblatt auch den handschriftlich eingetragenen Namen des angesprochenen Bewohners und den Hinweis, dass eine Einwurfsbox beim Pförtner aufgestellt wurde. In den Fragebogen sind 6 inhaltlich passende Clip-Arts eingefügt. In der ersten Erhebung waren die Fragebögen in beiden Häusern gleich, in der zweiten Erhebung gab es kleine Unterschiede. Die zweite Version im Zwickauer Damm enthält zwei zusätzliche Seiten, in denen es um die stattgefundenen Veränderungen geht; und es sind zudem zwei Fotos (Werbedisplay und Tauschbörse) eingefügt. Die zweite Version im Joachim-Gottschalk-Weg enthält eine zusätzliche Seite, auf der die Teilnehmer nach Veränderungswünschen befragt werden.

Der Fragebogen ist aus dem größeren Fragebogen der quantitativen Erhebung des WohNach-Projektes entstanden. Er enthält 8 der dort entwickelten Skalen und 1 bzw. 2 Komplexe aus neukonstruierten Fragen, die sich einerseits auf die Pförtnerloge und andererseits auf die stattgefundenen bzw. erwünschten Veränderungen beziehen. Die übernommenen Anteile beinhalten 12 Fragen zur

Kohäsion in der Nachbarschaft („Ich weiß über die meisten meiner Nachbarn hier auf der Etage ein bisschen Bescheid"). Die vorgegebenen Antwortmöglichkeiten stufen die Antworten in 5 Schritten von „trifft sehr zu" bis „trifft nicht zu" ab. Die gleichen Antwortvorgaben stehen für die 11 Fragen zur Integration in die Nachbarschaft („Ich habe Nachbarn, auf die ich mich im Notfall verlassen kann."), für die 4 Fragen zur Erfassung der sozialen Identität („Meine Nachbarn sind für mich sehr wichtig") sowie für die 4 Fragen zur wahrgenommenen Homogenität („Viele meiner Nachbarn interessieren sich für ähnliche Dinge wie ich") zur Verfügung. Das wahrgenommene Image der Wohngegend (6 Items) soll, ähnlich wie die Einrichtung der Pförtnerloge (3 Items) und die Person des Pförtners (3 Items), auf einer nicht einzeln betitelten 9-stufigen Skala mit den Endpunkten gut vs. schlecht bzw. freundlich vs. unfreundlich eingestuft werden. Weitere 6 Items zum Thema Pförtner („Ich fühle mich jetzt sicherer im Haus als früher") haben 5 verschiedene Antwortmöglichkeiten von „ja" bis „nein". 4 Fragen zu bestehenden organisatorischen Einrichtungen („Bei uns im Haus gibt es eine Tauschbörse") können nur mit „ja" oder „nein" beantwortet werden, Fragen bezüglich der Mülltrennung (7 Fragen der Art „Ich sammle den Grünen Punkt extra") und der Müllvermeidung (8 Fragen, z. B. „Ich kaufe Nachfüllpackungen") werden 5-stufig auf einer Skala von „nie" bis „immer" eingestuft. 2 Fragen , die sich auf die wahrgenommene nachbarschaftliche Norm zum Thema Müll („Meine Nachbarn trennen den Müll sorgfältig") beziehen, werden von „sehr wahrscheinlich" über insgesamt 5 Stufen bis „sehr unwahrscheinlich" erfasst. Diese Skala wurde nicht in die zweite Erhebung übernommen, da es hier im ersten Durchlauf viele fehlende Antworten gegeben hatte. Der Fragebogen enthält zusätzlich 3 Validierungsitems zur Kohäsion („Hat einer Ihrer Nachbarn einen Schlüssel zu Ihrer Wohnung?"). In der zweiten Version können die Bewohner des Zwickauer Damms über die vorgenommenen Veränderungen urteilen. Hier gibt es je zwei 9-stufige Skalen mit den Polen „gut" und „schlecht", sowie „wichtig" und „unwichtig" und zudem ist anzukreuzen, ob man diese Veränderungen benutzt oder nicht. Zum Mieterbeirat gibt es zusätzlich 4 Items („Der Mieterbeirat soll sich um meine Beschwerden kümmern"), denen entweder „ja" oder „nein" zuzuordnen ist. Die Bewohner des Joachim-Gottschalk-Weges können in der zweiten Erhebung ihre Meinung zu den in anderen Häusern stattgefundenen Veränderungen (Tauschbörse, Werbedisplay, Sitzecke, Mieterbeirat) in der Art kundtun, dass sie entweder „finde ich überflüssig" oder „sollte bei uns auch eingeführt werden" zu den Maßnahmen ankreuzen können.

Zur Skalenbildung wurden Reliabilitäts- und Itemanalysen sowie Faktorenanalysen durchgeführt, auf die hier nicht eingegangen werden kann (s. Diplomarbeit Theiss 2001).

3.5.4 Beobachtete und abgefragte Ergebnisse der Interventionen

Die Einrichtung der Pförtnerloge im Zwickauer Damm ist auf jeden Fall ein Erfolg. Es bestehen viele Kontaktpunkte zwischen den Mietern und den Pförtnern, sei es durch Paketannahme, Reparaturmeldungen, Tür öffnen, Tauschbörse, Begegnungen im Haus, etc. Besonders positiv fällt auf, dass einer der Pförtner selbst Mieter des Hauses ist und somit seine bestehenden nachbarschaftlichen Kontakte mit in den Dienst hineintragen kann.

Die Sitzgelegenheit ist in ihrer Ausführung weniger ansprechend ausgefallen als geplant war bzw. zu wünschen wäre. Anfangs stand neben der Bank im Foyer noch der Weihnachtsbaum, der ihr einen positiven Charakter gab. Jetzt ist sie alleine, d. h. ohne Tisch, Grünpflanzen, Zeitung, vor der großen Spiegelwand platziert und lädt nur wirklich erschöpfte Menschen zum kurzzeitigen Verweilen ein. Die andere Bank, die vor dem einen Fahrstuhl angebracht ist, findet öfter Gebrauch, weil die älteren Bewohner sich dort gern hinsetzen bis der Fahrstuhl kommt. Insgesamt ist zwar nicht davon auszugehen, dass die Bänke für mehr als 5 Minuten benutzt werden, weil sie ohne Sitzauflagen einfach zu hart sind, aber sie können doch zu neuen Kontakten verhelfen.

Die Einrichtung der Pförtnerloge wird in der ersten Fragebogenerhebung in beiden Häusern von ca. 70% der Befragten als „sehr gut" bezeichnet, in der zweiten Erhebung steigert sich diese Beurteilung in beiden Häusern auf ca. 80% „sehr-gut"-Antworten. Diese verbesserten Beurteilungen finden sich auch auf den anderen Dimensionen, auf denen die Loge und die Pförtner beurteilt werden. Notwendig-überflüssig steigert sich im Zwickauer Damm von 73,6% auf 79,1% für „sehr notwendig", im Joachim-Gottschalk-Weg sind es zunächst 79,1%, dann 85,7% „sehr-notwendig"-Antworten; freundlich-unfreundlich von 57,6% auf 68,9% für „sehr-freundlich" im Zwickauer Damm und im Joachim-Gottschalk-Weg von 57,1% auf 61,1% „sehr-freundlich"-Einstufungen. Bei „hilfsbereit-ablehnend" sind es erst 55,4%, dann 66,7% der Mieter im Zwickauer Damm, die den Pförtner als „sehr hilfsbereit" empfinden, im Joachim-Gottschalk-Weg steigt die Zahl von 51,2% auf 58,3% „sehr-hilfsbereit"-Antworten. Die Frage, wie zuverlässig der Pförtner ist, wird im Zwickauer Damm zunächst von 50% der Befragten dann von 55,8% als „sehr zuverlässig", angegeben, im Joachim-Gottschalk-Weg steigern sich die „sehr-zuverlässig"-Antworten von 42,9% auf 55,6%.

Die Tauschbörse beurteilen 87,2% der Mieter, die sich hierzu äußerten, als „eher gut", „gut", die meisten (61%) sogar als „sehr gut". Sie wird von 70,7% der Befragten auch als „eher wichtig", „wichtig", oder „sehr wichtig" bezeichnet. 17 Bewohner geben an, dass sie die Tauschbörse manchmal benutzen, 25 Bewohner dagegen benutzen sie nicht.
Die Sitzgelegenheit wird von 84,7% der Befragten als „eher gut", „gut" oder „sehr gut" (63% „sehr gut") eingestuft. 76,1% meinen, das ist eine Neuerung, die „eher wichtig", „wichtig" oder auch „sehr wichtig"(47,6% „sehr wichtig") erscheint. Die Sitzgelegenheit wird von 22 Bewohnern, die hierzu Angaben machten, manchmal benutzt, 23 der befragten Bewohner benutzen sie nicht.
Diese schon sehr positiven Beurteilungen von Tauschbörse und Sitzgelegenheit werden noch übertroffen, wenn man die abgegebenen Meinungen zum Werbedisplay betrachtet: 95,8% begrüßen das Werbedisplay mit der Beurteilung „eher gut", „gut" oder sogar „sehr gut" („sehr gut": 80,9%!). Es wird auch von den meisten als „sehr wichtig" (63,4%) insgesamt von 85,4% als „eher wichtig", „wichtig" und „sehr wichtig" empfunden. Nur 5 der Befragten benutzen das Werbedisplay nicht, aber auch sie haben den Vorteil, dass die Werbung nicht mehr in ihre Briefkästen gelangt. 36 Bewohner nutzen das Werbedisplay manchmal.
Zum Mieterbeirat befragt, äußern sich 85% positiv im „eher gut"-, „gut"- bzw. „sehr gut"- (62,5% „sehr gut") Bereich der Skala. Auf der Skala mit den Polen „notwendig-überflüssig" kreuzen 86,1% der Befragten im Bereich „eher notwendig", „notwendig" und „sehr notwendig" („sehr notwendig": 67,4%) an.
Die befragten Mieter im Joachim-Gottschalk-Weg favorisieren das Werbedisplay, 77,8% möchten auch für ihr Haus diese Einrichtung bekommen. Eine starke Zustimmung würde auch der Vorschlag, einen Mieterbeirat zu bilden, finden. Hier sind 71,4% der Meinung, dass es so etwas im Haus geben sollte. Der Etablierung einer Tauschbörse stehen 64,7% der Bewohner, die an der Studie teilgenommen haben, positiv gegenüber. Eine Sitzgelegenheit im Eingangsbereich wünschen sich nur 30,6% der Befragten. Dieses Ergebnis ist höchstwahrscheinlich von der baulichen Situation im Eingangsbereich des Joachim-Gottschalk-Weges beeinflusst. Dort ist es zu beengt, als dass man eine gemütliche Ecke zum Sitzen finden könnte.
Entgegen den Annahmen unterschieden sich die beiden Häuser schon in der ersten Erhebung signifikant voneinander. Im Zwickauer Damm sind die Skalen zum wahrgenommenen Image der Wohngegend, zur sozialen Identität, zu den wahrgenommenen Normen in der Nachbarschaft und zur Mülltrennung sehr signifikant höher bewertet worden als im Joachim-Gottschalk-Weg. Auch das

Alter der Teilnehmer sowie der Anteil der nicht Berufstätigen sind im Zwickauer Damm sehr signifikant höher als im Joachim-Gottschalk-Weg. Eine Subskala zur wahrgenommenen Homogenität und die zwei Einzelitems „Ins Haus kommen nur noch Leute, die hierher gehören" und „Ich fühle mich sicherer als früher" erreichen einfache Signifikanz. Die Mieter des Zwickauer Damms erteilen hier stärkere Zustimmung als die im Joachim-Gottschalk-Weg. Die Kohäsionsskala hat eine Tendenz zu höherer Bewertung im Zwickauer Damm, erreicht aber keine Signifikanz. Diese zuletzt genannten Unterschiede können auf die schon vor unseren Interventionen im Zwickauer Damm neu eingerichtete Pförtnerloge zurückgehen.
In der zweiten Erhebung ergaben sich in Bezug auf die Skalen keine signifikanten Unterschiede zwischen den Häusern.
Im Zwickauer Damm werden die Fragen „Gibt es im Haus eine Tauschbörse" und „Gibt es regelmäßige Treffen von Mietern?" in der zweiten Erhebung sehr signifikant öfter mit „ja" beantwortet als in der ersten Erhebung. Die Frage „Gibt es ein schwarzes Brett?" erreicht nahezu signifikante Veränderungen von vorher „nein" nach nachher „ja". Somit ist davon auszugehen, dass die Interventionen „Tauschbörse" und „Bildung eines Mieterbeirates" von den Bewohnern bemerkt wurden.
Bei den Skalen ließen sich im Zwickauer Damm keine signifikanten Unterschiede zwischen erster und zweiter Erhebung finden.
Im Joachim-Gottschalk-Weg erreichen die Teilnehmer der zweiten Erhebung auf der Skala „Mülltrennung" sehr signifikant höhere Werte als die Teilnehmer der ersten Befragung. Auch das Image der Wohngegend sowie das Item „Ich fühle mich sicherer als früher" werden in der zweiten Erhebung signifikant positiver beurteilt als in der ersten Erhebung. In der zweiten Befragung haben signifikant mehr Nicht-Berufstätige teilgenommen als in der ersten Befragung.

Informationen aus der Beantwortung der offenen Fragen

In beiden Häusern gefällt den Mietern vornehmlich die nahegelegene U-Bahn-Anbindung sowie die damit verbundenen guten Einkaufsmöglichkeiten, außerdem werden preiswerte Mieten genannt und herrlich anzuschauende Sonnenaufgänge beschrieben.
Die Wünsche, die zum Thema „weiteren Service durch den Pförtner" genannt werden, sind besonders im Zwickauer Damm recht vielfältig. Hier werden verschiedene Punkte der Hausordnung (v.a. Ruhezeiten und Hausreinigung) angesprochen, für deren Einhaltung der Pförtner sorgen soll. Weitere Ideen be-

ziehen sich auf Paketannahme bzw. bei Urlaub den Briefkasten zu leeren, die Wohnung zu betreuen, Schlüssel an Verwandte oder Handwerker weiterzuleiten etc. Generell als Ansprechpartner oder als Helfer für Notfälle soll der Pförtner möglichst immer da sein. Auch Sonntagsschrippen und -zeitungen werden gewünscht. Im Joachim-Gottschalk-Weg werden bezüglich der Post- oder Paketannahme und Durchsetzung der Hausordnung ähnliche Wünsche geäußert.

Die Mieter im Zwickauer Damm haben auch Vorschläge und Anregungen in Bezug auf die Neuerungen geäußert. Viele möchten eine Polsterauflage für Sitz und Lehne der Bänke haben Auch Grünpflanzen im Eingangsbereich werden angesprochen. Das Werbedisplay könnte stabiler angebracht sein und eine breitere Kantleiste würde sinnvoll sein, um noch mehr dort ablegen zu können. Die Tauschbörse ist besonders auf einer Hausseite nicht gut beleuchtet. Als erste Verbesserungen werden hier hellere gelbe Karten vorgeschlagen. Der Mieterbeirat soll sich nach Meinung mehrerer zunächst dafür einsetzen, dass der Müllschlucker in der Zeit von 19.00 oder 22.00 Uhr bis 6.00 Uhr nicht benutzt wird, denn hier besteht eine erhebliche Lärmbelästigungsquelle. Ein anderer Punkt ist die Hausreinigung, die sich, nachdem das Hausmeisterehepaar in Rente gegangen ist, erheblich verschlechtert hat. Sie sollte wieder ordentlicher durchgeführt werden. Vom Mieterbeirat wird allerdings auch erwartet, dass er sich dafür einsetzt, dass die Mieten nicht steigen und Ungeziefer (Tauben auf dem Balkon) und Wohnungsmängel verschiedener Art bekämpft werden. Er soll dafür sorgen, dass die Pförtnerloge erhalten bleibt und eine gute Atmosphäre zwischen den Mietern herrscht, wobei er bei kleineren Streitigkeiten unter Nachbarn vermitteln könnte. Auch die Organisation von Tierpflege bei Urlaub könnte der Mieterbeirat übernehmen. Ein paar Mieter möchten, dass weniger Ausländer im Haus wohnen, bzw. dass bei Neueinzug nur noch Deutsche zugelassen werden. Es wird der Vorschlag gemacht, einen Info-Stand im Vorraum aufzubauen, damit der Mieterbeirat im Haus besser bekannt gemacht wird und für die Mieter gut zugänglich ist.

3.5.5 Ergebnisdiskussion

Die Annahmen der Studie konnten nur zum Teil durch die gefundenen Ergebnisse bestätigt werden. Hierbei ist zu bedenken, dass nicht exakt dieselben Mieter zweimal befragt wurden, d.h. es fand keine Längsschnittstudie statt. Anhand der soziodemographischen Angaben konnten für den Zwickauer Damm nur 19 Paare gebildet werden. Das ist ca. ein Drittel der Befragten, die sich an beiden Erhebungen beteiligt haben. Im Joachim-Gottschalk-Weg waren es

sogar nur 4 Mieter, die an beiden Befragungen teilgenommen haben. Diese Verschiedenheit der Stichproben kann als Erklärung herangezogen werden, warum sich in der zweiten Erhebung nicht die Unterschiede finden lassen, die es in der ersten Stichprobe zwischen den Häusern gegeben hat. Die Tatsache, dass in der ersten Erhebung im Zwickauer Damm Skalen bezüglich des Images der Wohngegend, der wahrgenommenen Homogenität und Normen in der Nachbarschaft, der sozialen Identität sowie zwei einzelne Items zur Pförtnerarbeit höher bewertet wurden als im Joachim-Gottschalk-Weg lässt auch die Vermutung zu, dass zum Zeitpunkt der ersten Erhebung im Zwickauer Damm eine besonders positive Stimmung im Haus geherrscht haben könnte. Dies scheint plausibel, wenn man bedenkt, dass die erste Erhebung sich direkt an eine Mieterversammlung anschloss, auf der meistens eher engagierte Bewohner anwesend sind und hier wahrscheinlich ein größerer Anteil der Menschen zu finden ist, die sich auch an der dort angekündigten Fragebogenstudie beteiligt haben. Zudem hat zum Zeitpunkt der ersten Erhebung auch das Einweihungsfest für die Pförtnerloge stattgefunden, die Sitzbänke und eine der Tauschbörsen wurden in dieser Zeit angebracht. Es kann eventuell von einer Art Aufbruchsstimmung oder Anfangseuphorie gesprochen werden, die sich 3 $^1/_2$ Monate später, zum Zeitpunkt der zweiten Erhebung, wieder gelegt hatte. Besonders die sehr positive Einschätzung des Items „Ich fühle mich sicherer als früher" kann auf konkrete Vorfälle (Brände im Müllschacht), die eine Notwendigkeit der Pförtner sowie deren Aufmerksamkeit und Zuverlässigkeit (schnell und richtig zu reagieren) bestätigten, zurückgeführt werden.
Das angedachte Vorher-Nachher-Design konnte also nicht genau eingehalten werden. Es gab Abstimmungsschwierigkeiten mit der Wohnungsbaugesellschaft in dem Sinne, dass Teile der Interventionen bereits stattgefunden hatten, bevor wir erheben konnten. Das hat dazu geführt, dass die erste Erhebung positiver ausgefallen ist als wir erwartet haben.

3.5.6 Ausblick

Weitere Auswertungen der Daten derjenigen, die an beiden Erhebungen teilgenommen haben sind geplant (siehe Diplomarbeit Theiss 2001). Auch ein Vergleich der Gruppe, welche die Interventionen benutzt („benutzen" bezieht sich hier auf Sitzbank, Tauschbörse und Werbedisplay) mit denen, die sie nicht benutzen, wäre sinnvoll. Zu fragen ist auch, ob sich die geschilderten Veränderungen im Hauseingangsbereich überhaupt und vor allem in so kurzer Zeit auf Konstrukte wie Kohäsion, Integration und soziale Identität der Mieter auswirken können. Eine erneute Befragung mit ca. einem Jahr Abstand wäre interessant, besonders wenn der jetzt vom Mieterbeirat angestrebte Gemeinschaftsraum doch noch ins Leben gerufen werden könnte.

3.6 Bewertung der Interventionen

Einen sehr positiven Beitrag zur Verbesserung der Wohnsituation in der Gropiusstadt konnte das WohNach-Projekt dadurch leisten, dass wir der kooperierenden Wohnungsbaugesellschaft viele konkrete Empfehlungen geben konnten. Auf einem Abschlusstreffen im Juni 2001 mit Vertretern der Gesellschaft und des Stadtteilbüros wurden erste Ergebnisse aus der Fragebogenstudie wie auch aus unseren weiteren Beobachtungen dargestellt und diskutiert. Hier stand die Frage im Mittelpunkt, welche der Interventionen sich besonders bewährt hat und somit für Mieterschaft und Eigentümer eine sinnvolle Verbesserung darstellt. Aufgrund der beschriebenen positiven Einstellungen der Mieter im Zwickauer Damm zu den im Haus durchgeführten Veränderungen sind ähnliche Interventionen auch für andere Häuser zu empfehlen. Dies wird bestätigt durch die Befragten im Joachim-Gottschalk-Weg. Auch sie würden sich die vorgestellten Veränderungen in ihrem Haus wünschen.

Literatur

Felbinger D, Hinding B (2000) Handlungsspielräume – Auswahl und Feinplanung der Interventionen. In: Harloff HJ, Christiaanse K, Wendorf G, Zillich K (Hrsg) Wohnen und Nachhaltigkeit. Interdisziplinäre Forschung vor der Haustür. Eigenverlag der Technischen Universität Berlin, Berlin, S 211-219

Graf B, Gruner S, Hinding B, Felbinger D (2000) Zur Entstehung von sozialen Netzen und nachhaltigen Konsummustern im Wohnumfeld: Ergebnisse einer qualitativen Exploration. In: Harloff HJ, Christiaanse K, Wendorf G, Zillich K (Hrsg) Wohnen und Nachhaltigkeit. Interdisziplinäre Forschung vor der Haustür. Eigenverlag der Technischen Universität Berlin, Berlin, S 150-157

Gruner S, Sass S (2000) Untersuchungsgebiet Zwickauer Damm. In: Harloff HJ, Christiaanse K, Wendorf G, Zillich K (Hrsg) Wohnen und Nachhaltigkeit. Interdisziplinäre Forschung vor der Haustür. Eigenverlag der Technischen Universität Berlin, Berlin, S 139-148

Harloff HJ, Christiaanse K, Wendorf G, Zillich K (Hrsg) Wohnen und Nachhaltigkeit. Interdisziplinäre Forschung vor der Haustür. Eigenverlag der Technischen Universität Berlin, Berlin

Theiss K (2001) Mieterfreundliche Veränderungen in einem Hochhaus der Gropiusstadt – eine psychologische Begleitstudie (Unveröffentlichte Diplomarbeit im Fach Psychologie, Technische Universität Berlin, Berlin)

C.4

Haselhorst – Süd: Entwürfe zwischen den Zeilen

Hanjo Koch, Olaf Saphörster, Gabriele Wendorf

4.1 Auswahl des Untersuchungsgebietes

Im Rahmen des Forschungsprojektes entstand die Idee, auch Studentinnen und Studenten an den Erfahrungen unserer transdisziplinären Forschungsarbeit partizipieren zu lassen. Es wurde daher ein Seminar konzipiert, in dem 12 Studierende der Architektur und 15 Wirtschaftsingenieurstudenten einen Pflichtschein für ihr Hauptstudium erwerben konnten.

Durch Gespräche mit verschiedenen Wohnungsunternehmen wurde ein geeignetes Untersuchungsgebiet gesucht, in dem einerseits die von uns präferierte Zeilenbebauung der 50er oder 60er Jahre vorhanden ist und andererseits keine besonderen denkmalpflegerischen Auflagen existieren, die den Planungsspielraum extrem einschränken könnten. Darüber hinaus sollte das Gebiet möglichst in der nächsten Zeit modernisiert werden, so dass zumindest theoretisch die Möglichkeit bestünde, dass die erarbeiteten Ergebnisse in die Planung einfließen könnten.

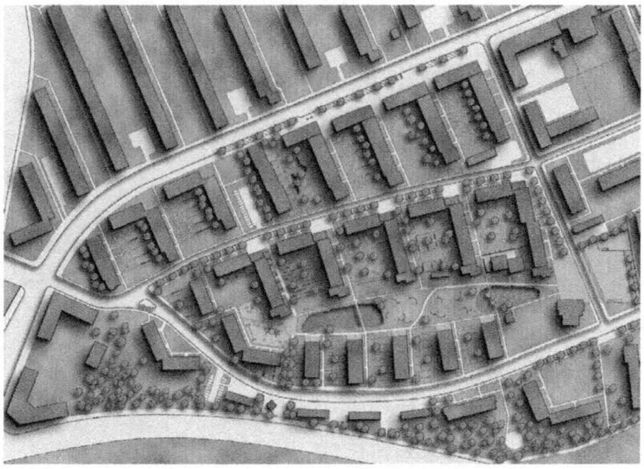

Abb. 4.1: Lageplan mit studentischen Entwurf

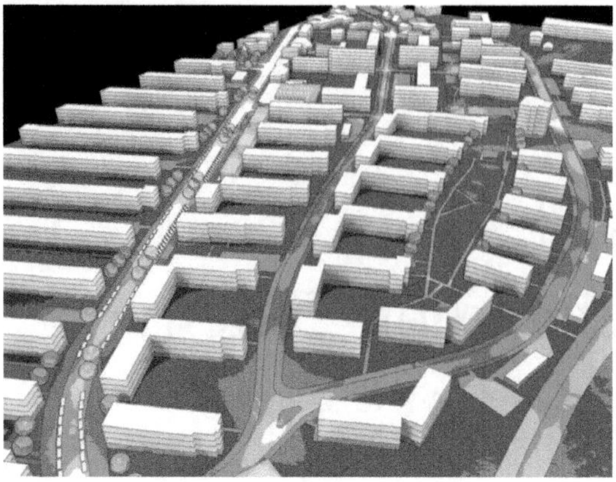

Abb. 4.2: Gesamtansicht Haselhorst

Eine Siedlung, die diese Voraussetzungen erfüllte, fand sich in Haselhorst-Süd.
Die zwischen 1954 und 1962 erbauten Gebäude sind zu geringen Teilen bereits modernisiert und werden durch die Wohnungsbaugesellschaft zur Zeit auch privatisiert. Neben der Betrachtung des gesamten Siedlungsgebietes, auch mit seiner Anbindung an das Umfeld, wurde ein Teilbereich einer näheren Untersuchung unterzogen, der in ein bis zwei Jahren zur Moderniseirung ansteht. Gegenstand der Lehrveranstaltung waren die vielfältigen sozialen und ökologischen Aspekte des Wohnens in diesen Mehrfamilienhäusern.
Die Beschäftigung mit dem Mehrfamilienhausbestand der Nachkriegszeit, der etwa 2/3 des Mehrfamilienhausbestandes ausmacht (GRE 2001, S.14ff, eigene Berechnungen), hat dabei zwei Ursachen: Auf der technisch-ingenieurwissenschaftlichen Ebene wird sich in absehbarer Zeit eine weitgehende Umgestaltung ergeben, da man einen Sanierungsstau diagnostizieren kann. Die Notwendigkeit einer technischen Sanierung für die Nachkriegsgebäude ist von allen Wohnungsunternehmen erkannt. Auf der sozialen Ebene werden diese Quartiere durch zweierlei Trends erhebliche Umstrukturierungen erfahren: Allgemeine gesellschaftliche Trends, wie die Pluralisierung der Lebens- und Arbeitsstile, wirken auf den gesamten Wohnbestand. Darüber hinaus sind die Nachkriegssiedlungen in besonderem Umfang durch die demographische Entwicklung betroffen, da sie häufig eine relativ homogene Mieterstruktur mit einem hohen Anteil an Erstbezüglern aufweisen. Durch den Auszug oder

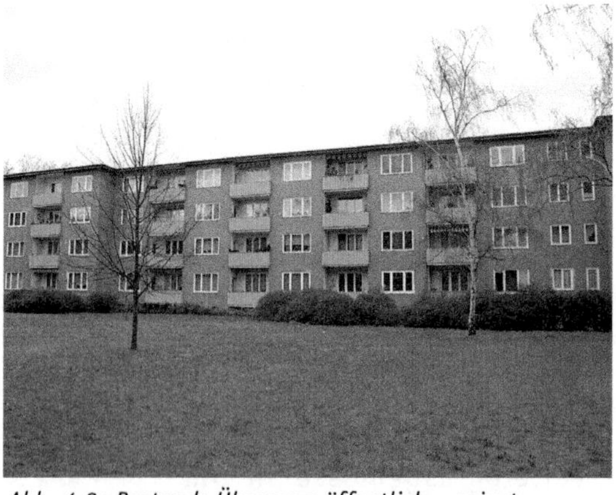

Abb. 4.3: Bestand: Übergang öffentlich – privat

das Wegsterben dieses Personenkreises werden die Wohnungsunternehmen in den nächsten zehn Jahren eine immense Herausforderung erleben. Während die Großsiedlungen schon in der Vergangenheit als städtebauliches und soziales Problemfeld identifiziert wurden, gilt dies für die kleinteiligeren Nachkriegssiedlungen wie Haselhorst-Süd bisher nicht.
In der Lehrveranstaltung wurden die in der Siedlung schlummernden gesellschaftlichen und ökologischen Innovationspotenziale von den Studierenden herausgearbeitet.
Diese sind als konzeptionelle Ergänzung oder Alternative zu der Sanierungspraxis der Wohnungsunternehmen zu verstehen. Das Innovationspotenzial der Wohnungswirtschaft scheint durch verwaltungsähnliche Strukturen, interne Ressorttrennung sowie Budgetrestriktionen beschränkt zu sein. Die Planungspraxis endet allzu oft in einer „Farbeimersanierung" und ist abhängig von der Phantasie und dem Engagement einzelner Verwaltungsangestellter oder der neu geschaffenen Gebietsmanager der einzelnen Wohnungsbauunternehmen.
Die von uns vorgegebene Aufgabenstellung einer phantasievollen Anpassung der Nachkriegssiedlung in Haselhorst an zeitgemäße architektonisch-soziale und ökologische Erfordernisse berührt die Maßstabsebenen der Stadt, der Siedlung, des Hauses und der Wohnung.

4.2 Maßstabsebene Stadt

Studierende und das Betreuungsteam haben anhand statistischer Daten einen das konkrete Planungsgebiet übergreifenden Handlungbedarf hinsichtlich der demographischen Entwicklung und der Forderung an eine nachhaltig orientierte Stadtentwicklung für das Gebiet erarbeitet.

4.2.1 Demographische Entwicklung – Parameter zum Handeln

Zur Zeit stehen in Berlin ca. 100.000 Wohnungen leer. Dies stellt bei einem Bestand von 1.850.000 Wohnungen noch kein großes Problem dar, zumal eine Fluktuationsreserve von ca. 2% vorgehalten werden sollte, damit eine Marktbewegung stattfinden kann. Für die Zukunft heißt dies jedoch, den Wohnungsmarkt genauer zu betrachten und empirische Daten bezüglich ihrer Zukunftsaussagen zu untersuchen.
Quantitativ läßt sich für Berlin feststellen, dass die Zu- und Abwanderungsbewegungen von Personen nach der Wende per Saldo keinen gravierenden Ein-

flussfaktor darstellen. Dem Fortzug von Menschen –vor allem ins nahegelegene Brandenburg- stand ein Zuzug vorrangig ausländischer Mitbürger gegenüber. Trotzdem verlor Berlin per Saldo einige 10.000 Mitbürger im Jahr. Dieser Trend hat sich nun auf einem Verlustpegel von jährlich ca. 10.000 Menschen eingestellt.

Die Sterberate liegt, bezogen auf die Gesamteinwohnerzahl, auf einem niedrigen Niveau. Dies lässt sich zum einen auf den durch Krieg bedingten geringen Anteil älterer Menschen an der Gesamtbevölkerung und zum anderen auf die Erfolge des Gesundheitssystems im Bezug auf die Lebenserwartung zurückführen.

Die Anzahl der Geburten liegt in Deutschland mit 9,4 Geborenen je 1.000 Einwohner im Jahr unter den der Sterbefälle mit 10,3. Dies drückt sich zum einem in einem Bevölkerungsschwund wie auch in einer Verschiebung der Bevölkerungsstruktur aus. Diese Problematik trifft Deutschland jedoch nicht allein, vielmehr ist dies ein weltweites Phänomen, wobei die industrialisierten Staaten am stärksten betroffen sind. Erst im Februar dieses Jahres plädierte der niederländische Staatssekretär Dick Benschop für eine gemeinsame Strategie innerhalb der EU als Reaktion auf den stattfindenden demographischen Wandel. Hierbei stellte er die Affinität zwischen Bevölkerungswachstum und Wirtschaftswachstum heraus. Dieser Zusammenhang hat speziell für die Bauwirtschaft dramatische Folgen.

Abb. 4.4: Demographische Entwicklung in Deutschland

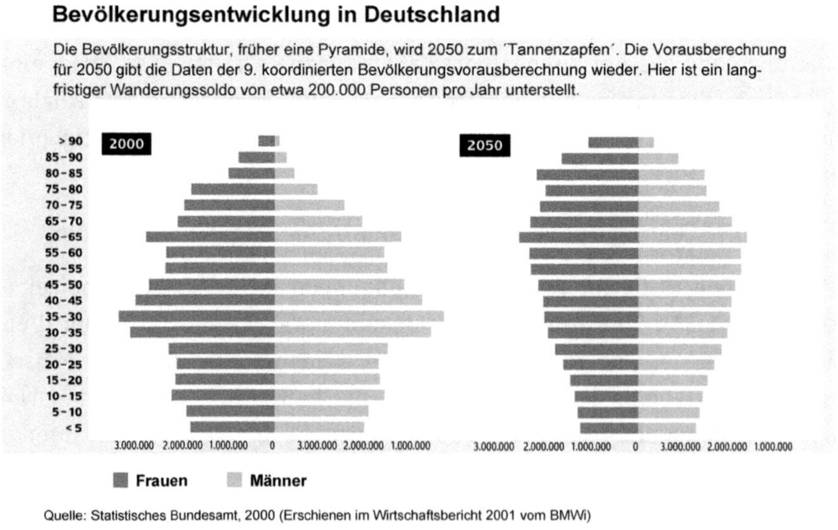

Abb. 4.5: Altenquotienten in unterschiedlichen Wirtschaftsräumen

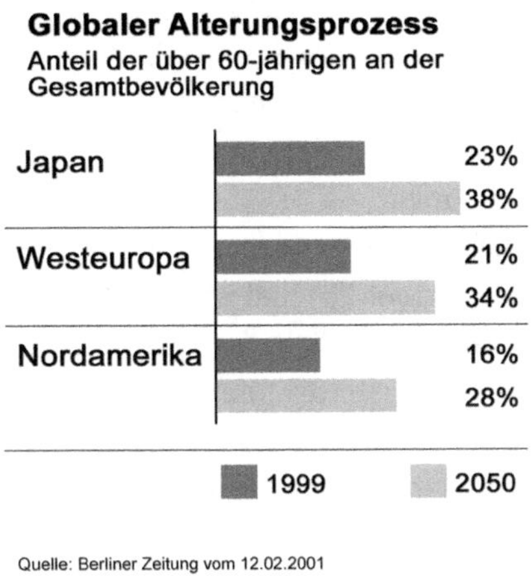

Der Wohnungsneubau erlebte nach der Maueröffnung einen unvergleichlichen Aufschwung. Für Berlin wurde ein Bevölkerungsanstieg von mehreren hunderttausend Menschen prognostiziert. Die hieraus resultierenden staatlichen Zuschüsse führten zu einem Bauboom, der 1997 mit 578.179 fertiggestellten Wohnungen bundesweit einen Höhepunkt fand. Seitdem ist ein stetiger Rückgang in allen Bereichen des Wohnungsbaus festzustellen. Trotzdem wird zukünftig die Förderung von Seiten des Staates abnehmen, da die Notwendigkeit einer Unterstützung -aufgrund des Leerstandes- nicht mehr gegeben ist.

Tabelle 4.1: Fertiggestellte Wohnungen 1992-2000

	1992	1993	1994	1995	1996	1997	1998	1999	2000
Deutschland	386.052	455.451	572.883	602.757	559.488	578.179	500.690	472.805	359.238
alte Bundesländer	374.575	431.853	505.179	498.543	416.122	400.350	372.243	369.907	287.963
neue Bundesländer	17.477	23.598	67.704	104.214	143.366	177.829	128.447	102.898	71.275

Maßnahmen am Bestand sind mit eingeschlossen

Quelle: Statistisches Bundesamt (Erschienen in Wirtschaft in Zahlen 2001 vom BMWi Bundesministerium für Wirtschaft und Technologie

Haushaltsneugründungen werden vornehmlich von jüngeren Leuten durch Auszug aus dem Elternhaus vorgenommen. Während früher die Geburt des er-

sten Kindes den Auszug erforderlich machte, ist es heute die Entscheidung, als „Single“ sein eigenes Leben eine Zeitlang zu gestalten. Die Anzahl der Haushaltsgründungen ist somit im Wesentlichen von der Anzahl der möglichen Haushaltsgründer, also der ca. 20- bis 30-Jährigen abhängig. Diese Zahl wird jedoch – wie die demographische Grafik zeigt - aufgrund der kommenden, geburtenschwächeren Jahrgänge drastisch sinken.
Die oben beschriebenen Aspekte wirken in Ihrer Gesamtheit auf den Wohnungsmarkt ein. Eine zuverlässige Aussage über Zu- und Abwanderung ist aufgrund von politischen Entscheidungen nicht möglich. Der kürzlich gemachte Vorschlag von Otto Schily zur Zuzugsregelung stellt ein erstes Signal in Richtung einer Einwanderungsregelung dar und wird sich im Ergebnis auf die Wohn- und Arbeitsnachfrage auswirken. Der bestehende Leerstand von Wohnungen könnte zu einer Reduzierung von Mietforderungen führen, und es den Bewohnern ermöglichen, eine größere Wohnung als vorher zu bewohnen. Aufgrund der schon hohen Quadratmeterzahl je Einwohner ist ein signifikanter Anstieg nicht mehr zu erwarten.

Abb. 4.6: Wohnflächenanstieg je Einwohner in Berlin

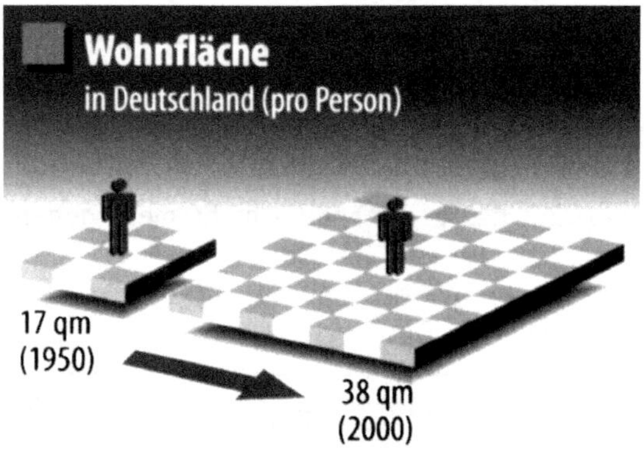

Quelle: Senatsverwaltung für Stadtentwicklung Berlin in "Zehn Jahre Transformation und Modernisierung"

Dies könnte das Volumen an leerstehendem Wohnraum jedoch reduzieren. Die verstärkte Nachfrage nach kleinen 2- bis 3-Zimmerwohnungen von vor allem jungen, finanziell schwächer gestellten Familien könnte zu einem Engpass in diesem Marktsegment führen. Diese Neigung wird jedoch nur noch kurze Zeit, ca. fünf Jahre anhalten, da dann geburtenschwächere Jahrgänge (s. Abbildung) nur noch in einem geringeren Umfang diesen Wohnungstyp nachfragen werden. Auch im Bereich der sozialen Infrastruktur müssen bei zunehmenden Schwund, vor allem jüngerer Bevölkerungsteile, Eingriffe vorgenommen werden. Schulen, Hallenbäder, Kindergärten, Jugendeinrichtungen u.v.m. können – nicht zuletzt bei dem derzeit angespannten Haushalten der Kommunen – nicht mehr betrieben werden (vgl. Häußermann u. Siebel 1987 S. 122). Die zukünftige Entwicklung der Stadt muß an einem Schrumpfungsprozeß ausgerichtet werden. Eine Ausweitung der Städte ins Umland kann es bei einer abnehmenden Bevölkerung nicht mehr geben, vielmehr steht nun der Umbau der vorhandenen Substanz im Vordergrund. Für den Eigentümer einer Immobilie heißt dies, den Markt und seine Konkurrenten genau zu studieren und möglichst frühzeitig in Form von Modernisierung und weitergehender Qualitätssteigerung bestehende und zukünftige Mieter an sich zu binden. Dem Auszug von Mietern kann durch ein entsprechendes Preisleistungsverhältnis vorgebeugt werden, zumal die Mieter bei Umzug die Transaktionskosten allein zu tragen haben und sie dies vielfach an einem frühzeitigen Auszug hindert.

4.2.2 Forderungen an eine nachhaltig orientierte Stadtentwicklung

Wie die oben dargestellte demographische Entwicklung zeigt, wird die zukünftige Aufgabe der Bauschaffenden in der Auseinandersetzung mit der bestehenden Stadtstruktur liegen. Anstelle einer Neuausweisung von Flächen am Rande der Stadt gilt es nun, die Binnenentwicklung zu forcieren. Vorteil ist die Ausnutzung der bestehenden Infrastruktur und die direkte Einbeziehung der Bewohner (Kundenorientierung). Die Zersiedelung der Landschaft kann gestoppt werden. Wohnungsnot und Verkehrschaos sinken in ihrer Bedeutung. Es entstehen neue Handlungsfelder in der Qualifizierung des Vorhandenen. Eine Übernutzung ist genauso wenig erstrebenswert wie das Entstehen größerer Brachflächen. Tätigkeitsschwerpunkte liegen hierbei in der Aufwertung, Umnutzung und nachträglichen Verdichtung vorhandener Strukturen. Den neuen räumlichen Fokus bilden nun innerstädtische Quartiere und aufgelassene Industrieareale. Anders als beim Neubau auf der grünen Wiese muss hier das vorhandene Gefüge genau untersucht und bewertet werden. Fehleinschätzungen können zur Entwertung des gesamten Quartiers führen. Bei der Diagnose bestehender Strukturen sind Fragen an die sich nun anschließenden Funktionen im städtischen Raum zu stellen.

Der Umbau einer Stadt greift nicht nur in die Gebäudestruktur sondern auch in die Lebenszusammenhänge der dort Lebenden ein. Bestehende soziale Netze sowie Verbindungen zwischen Gewerbetreibenden und Kundschaft stellen neben ökonomischer Sicherheit auch ein Stück sozialer Milieubindung her. Wird dieses Gefüge zerstört, geht mit ihr auch die Identität in dem Gebiet verloren. Eine funktionierende Sozialstruktur ist somit identitätsstiftend. Zu ihrer Stärkung und Erhaltung dienen unter anderem wohnstandortnahe Versorgungseinrichtungen. Das Einkaufen dient beispielsweise nicht nur der Deckung von Bedürfnissen, sondern erfüllt auch die Funktion des Sichbegegnens und der Kommunikation. Ein quartiersorientiertes Zentrum ist somit Träger einer Verpflechtung von unterschiedlichsten Aufgaben. Ökonomischer Raum wird hier zum sozialen Erlebnisraum. Eine Mischung von Lebensbereichen sollte auch eine soziale Mischung zur Folge haben. Hemmschwellen, die dieser Forderung im Wege stehen, gilt es zu beseitigen. Die Frage der Abgrenzung zwischen öffentlichem und privatem Raum ist hierbei von entscheidender Bedeutung. Eine ausgewogene Balance zwischen diesen Bereichen ist anzustreben. Eine hohe bauliche Dichte führt meist zu einem starkem Bedürfnis nach Abgrenzung, wohingegen große räumliche Distanzen eine Kontaktaufnahme erschweren. Übergangsräume zwischen privaten und öffentlichen Bereichen können hierbei eine Lösung darstellen. Plätze, Ruheräume, Arkadengänge, Spielbereiche, gemeinschaftliche Gärten usw. bilden eine Art Pufferzone und begünstigen die Herausbildung von nachbarschaftlichen Netzen. Wichtig bei allen gut gemeinten Planungen ist die Berücksichtigung von möglichen Entwicklungspotentialen. Eine Open-End-Strategie ist besser als ein Gebiet ‚perfekt' zu beplanen. Residuen sind in einem Quartier genauso wichtig wie gut durchdachte Konzepte. Eine ‚fertige' Stadt ist eine tote Stadt. In einer Zeit zunehmender Arbeitslosigkeit, vor allem bei Menschen geringer Qualifikation, ist die Möglichkeit, sich Freiräume aneignen zu können, von elementarer Bedeutung. Freiräume sind zudem auch Chancen der Weiterentwicklung und Transformation. In ihnen kann sich neues Gewerbe ansiedeln, was einer Forderung nach wohnstandortnaher Beschäftigung entgegen kommt. Im zunehmenden Maß ist eine Verschlechterung der finanziellen Lage der öffentlichen Hand festzustellen. Privatisierungen und Verlagerung von öffentlichen Aufgaben aus der Hand von staatlichen Einrichtungen nehmen zu. Die Beteiligung von Bürgern und NGO´s (Nichtregierungsorganisationen) muß neu überdacht und geregelt werden, damit keine einseitige Planung unter Ausschluss der Betroffenen erfolgt und die Fehler der Vergangenheit (Monostrukturen etc.) wiederholt werden.

Mit der Gestaltung von innerstädtischen Naturräumen kann die Chance ergriffen werden, den Bewohnern die Bedingungen ökologischer Zusammenhänge zu verdeutlichen (Jahresgang der Vegetation, Umwelteinflüsse, etc.). Hierbei könnte das Element Wasser ‚durch Sichtbarmachung' einen Beitrag leisten. Ziel ist es, den Wert der Natur zu steigern und eventuelle Störungen im Na-

turhaushalt sichtbar zu machen (Rückkopplungseffekt). Aufheben der Distanz zwischen gebauten und ‚ungebauten' Räumen.
Die einzelnen Räume von Arbeit, Wohnen und Natur sollten in einer Beziehung als erlebtes und sich gegenseitig beeinflussendes Raumsystem gebracht werden. Die Vernetzung der einzelnen Funktionen führt hierbei auch zum besseren Verständnis der einzelnen Bereiche untereinander.
Eine Funktionstrennung, wie sie der CIAM (Internationale Kongresse für Moderne Architektur) vorschlug, ist aufzuheben. Ihr Paradigma ist für die monofunktionale, funktionsgeteilte Stadt verantwortlich. Die hieraus resultierenden sozialen wie auch ökologischen Folgen sind als problematisch anzusehen. Enormer Mobilitätsbedarf, hohe Zeit- und Energieverluste, extensiver Flächenverbrauch usw. sind nur einige Punkte, die die hierdurch resultierenden Probleme beschreiben. Die zur Zeit steigende Tertiärisierung – verursacht zu einem erheblichen Teil durch den IT-Sektor – kann einen wesentlichen Teil zu einer Funktionsmischung beitragen. Die räumliche Verbindung von Wohnen und Arbeiten führt zu umweltentlastenden Effekten und fördert die Ausbildung eines lebendigeren Stadtteils über den gesamten Tag hinweg. Trotzdem muss beachtet werden, dass die eigene Wohnung Schutz vor einem zu viel an äußeren Einflüssen bietet. Soziale Kontakte und Kontrolle findet hier unter Selektion des Bewohners statt. Neue Konzepte sind gefragt, um die im zunehmenden Maße, neben der Wohnfunktion, aufzunehmende Funktion des Arbeitens in der Wohnung zu integrieren.

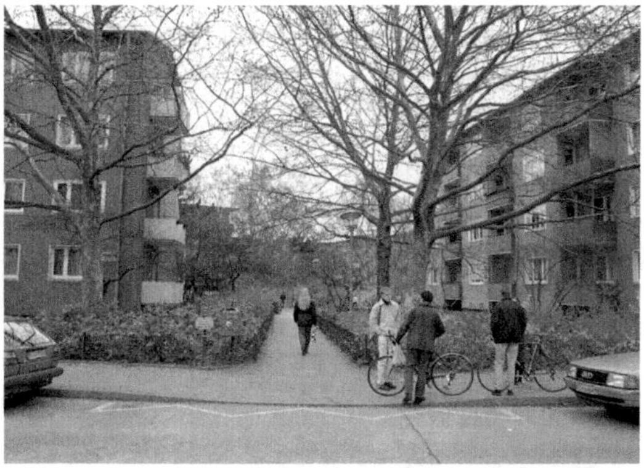

Abb. 4.7: Bestand: Zuweg

Der umweltverträglichste Verkehr ist der nicht vorhandene Verkehr. Verkehrsvermeidung sollte somit oberstes Ziel sein. Hierdurch werden viele negative Einflüsse wie: Lärmprobleme, Zeitverbrauch, Luftverschmutzung, Ressourcenverbrauch usw. beseitigt. Verkehrsvermeidung hat somit zeitlich, ökonomisch und ökologisch positive Effekte. Ursache ist

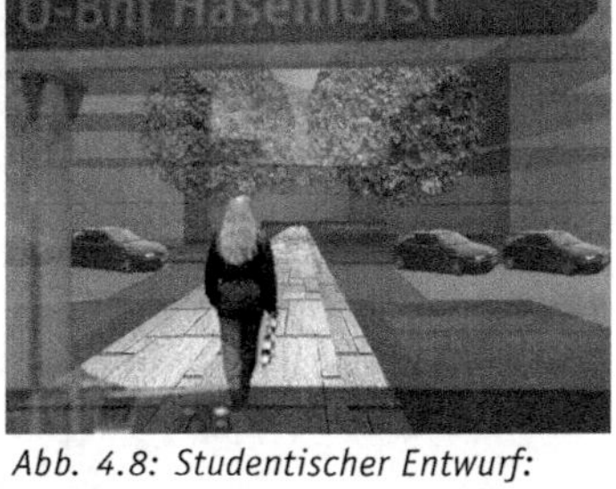

Abb. 4.8: Studentischer Entwurf: Zuweg

die räumliche Trennung von Funktionen. Die Umgestaltung eines Gebiets zu einem differenzierteren Angebot an Lebensfunktionen stellt hier die notwendige Lösung dar. Eine Stadt der ‚kurzen Wege' führt auch zu einer höheren Interaktion der Bewohner untereinander und fördert deshalb auch deren Kohäsion. Hierzu ist es erforderlich, dass sich die verschiedenen Lebensbereiche, Wohnen, Arbeit, Freizeit, Einkaufen usw. räumlich durchdringen. Ein Verzicht auf das Auto kann real werden, wenn der ÖPNV, das Radwegenetz oder eine Car-Sharing-Einrichtung als ein räumlich vernetztes System geplant und ausgebaut wird.

4.3 Maßstabsebene Siedlung

Alle Studierenden haben nach einer gemeinsamen Begehung des Untersuchungsgebietes ein städtebauliches Gesamtkonzept für Haselhorst erarbeitet und dies in verschiedenen Detaillierungsgraden bis hin zu möglichen Wohnungsveränderungen vertieft.
Die gesamte von uns betrachtete Siedlung besteht dabei aus weit mehr als 1000 Wohneinheiten, von denen über 300 in den kommenden Jahren privatisiert werden sollen. Letztere wurden bereits zu kleineren Eigentümergemeinschaften zusammengefasst. Für die Lehrveranstaltung ist die in den Jahren 2002/2003 zur Renovierung anstehende Eigentümergemeinschaft ausgewählt worden. In ihren ca. 100 Wohneinheiten wurden dreißig fragebogengestützte Interviews durchgeführt, um die Situation und die Bedürfnisse der Bewohner besser einschätzen zu können.

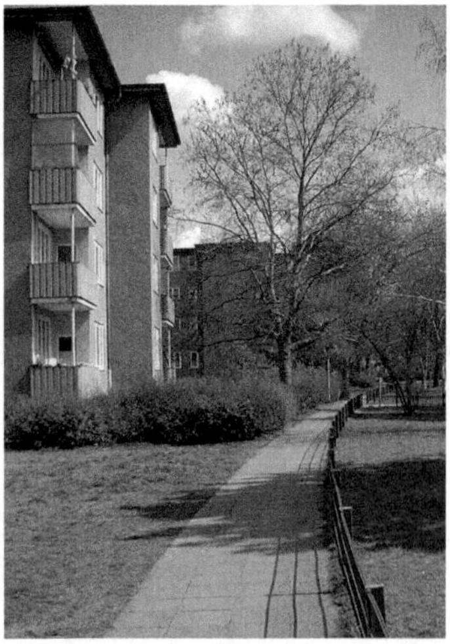

Abb. 4.9: Bestand: Grenzen

Neben der statistischen Analyse ist als Ergebnis einer ‚interpretativen Analyse' ein Defizit in der Versorgung mit wohnungs- bzw. hausbezogenen Freiflächen festgestellt worden.
Flächenpotenziale, um dieses Defizit zu beheben sind vorhanden. So beschreibt die Wohnungsbaugesellschaft in einer Werbebroschüre das Gebiet wie folgt: „Die Anlage zwischen Simonring, Faucherweg und Gorgasring

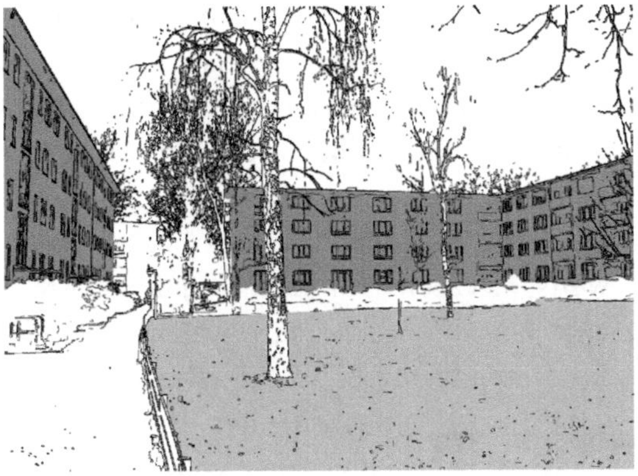

Abb. 4.10: Analyse: Übergang öffentlich – privat

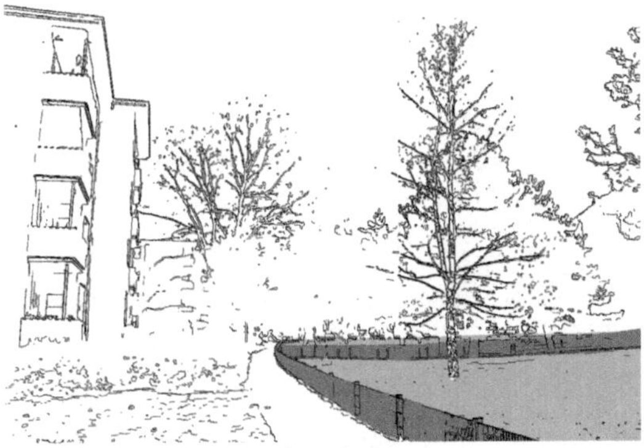

Abb. 4.11: Bestand: Analyse der Grenzen

ist durch ost-west-orientierte Gebäude aus straßenbegleitenden Flügel- und hofseitigen Kopfbauten geprägt. Die Häusergruppen sind um eine Art Anger angelegt, so dass der Außenraum durch einen großen, verbindenden Zentralbereich und kleinere, hausnahe Räume gegliedert wird."

Die interpretative Analyse kam jedoch zu dem Ergebnis, dass das die Gebäude umgebende Angebot an Grünflächen als reines Abstandsgrün dient. Die ‚kommunikative Mitte' der Siedlung – ein Anger im Park – ist abgezäunt und wird somit der Benutzung des Bewohners entzogen.

Auch eine Nutzung des anfallenden Regenwassers liegt nicht vor, obwohl sie erheblich zur Steigerung der Freiraumqualität beitragen könnte.

Als Reaktion hierauf sieht das städtebauliche Konzept fast aller Studienarbeiten die Ausstattung der Siedlung mit einem erhöhten Maß an wohnungsbezogenen Freiflächen durch die Einrichung von Mieter- oder Hausgärten vor.

(Hier sei erwähnt, dass auch die Sanierung durch die Wohnungsbaugesellschaft großzügig zugeteilte Gartenflächen mit Sondernutzungsrechten für die Erdgeschoßwohnungen vorsieht.) Manche Konzepte gehen jedoch noch weiter und sehen erweiterte Balkone oder terrassenähnliche Zugangswege (ebenerdig auf der Etage) vor.

Mit diesen Maßnahmen soll, verbunden mit Wohnungszusammenlegungen, eine marktfähige Alternative zum Reihenhaus am Stadtrand entstehen.

Eine erste Umwandlung von Distanzgrün in Mietergärten mit direktem Wohnungszugang innerhalb der Siedlung in Haselhorst ist auf große Zustimmung seitens der Mieter gestoßen. Die Größe der Gartenparzelle übersteigt das An-

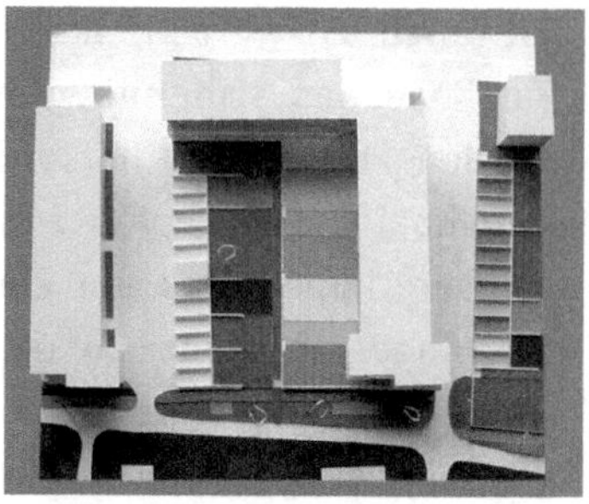

Abb. 4.12: Studentischer Entwurf: Privatisierung der Freiflächen

gebot des klassischen Reihenhausgartens um bis zu 100 %. Darüber hinaus schafft der alte Baumbestand eine Freiraumqualität, auf die eine neue Reihenhaussiedlung mindestens zwanzig Jahre warten muss.

Die Frage der Grenzziehung zwischen den jeweils privaten Freiflächen und der Grenze zwischen öffentlich und privat wird von den Studierenden z.B. durch Niveausprünge, Hecken oder die geschickte Plazierung von Außenraummobiliar gelöst.

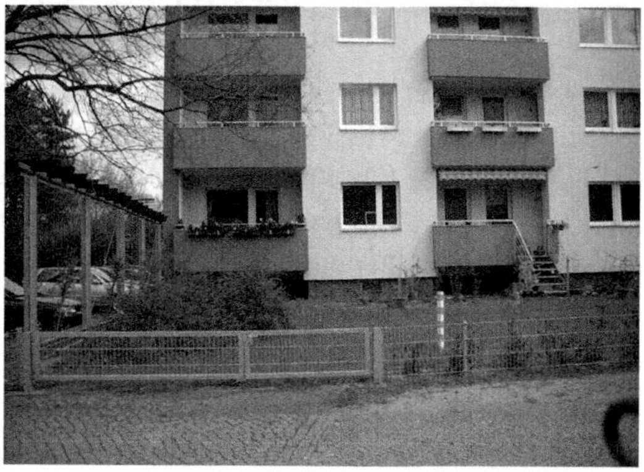

Abb. 4.13: Sanierung mit direktem Gartenzugängen

Für die öffentlichen Freiflächen wird insgesamt eine Qualitätssteigerung eingefordert. Dies bedeutet den uneingeschränkten Zugang sowie eine Intensivierung der Nutzung durch neu entworfene Freiflächen wie Liegewiesen, Spiel- und Sportflächen. Die öffentlichen Freiflächen werden in den Entwürfen nicht singulär sondern als zusammenhängende Einheiten wie ‚grüne Bänder oder Streifen' thematisiert. Damit entsteht ein städtebaulich – landschaftsplanerisches Gesamtsystem, in dem Themengärten und die Nutzung des Elementes Wassers eine besondere Bedeutung erlangen.

Die Entwürfe zeigen, wie mit Phantasie aus einem homogen ‚langweiligen' Distanzgrün eine Stadtlandschaft entstehen kann, die einerseits mit Mieter- und/oder Hausgärten Platz für persönliche Gestaltung bietet, und andererseits ein öffentlich-nutzbares Freiraumgeflecht als Treffpunkt der Nachbarschaft entstehen kann.

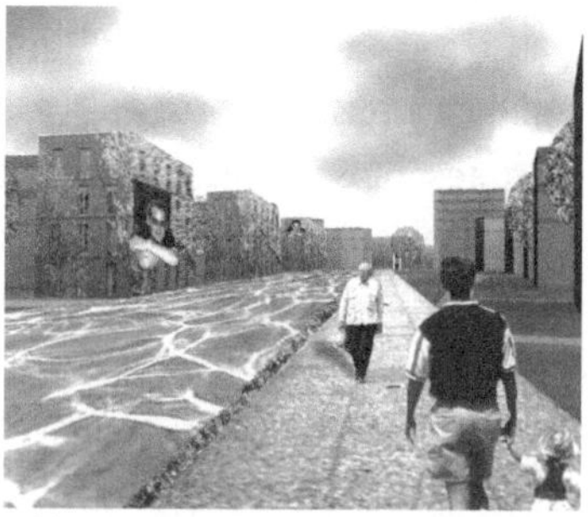

Abb. 4.14: Studentischer Entwurf: Aufwertung des Angers

Die Siedlung in Haselhorst-Süd ist streng nach dem Prinzip der Funktionstrennung errichtet worden. So finden sich fast ausnahmslos alle Geschäfte und Dienstleistungsangebote in eingeschossigen Pavillons ent-

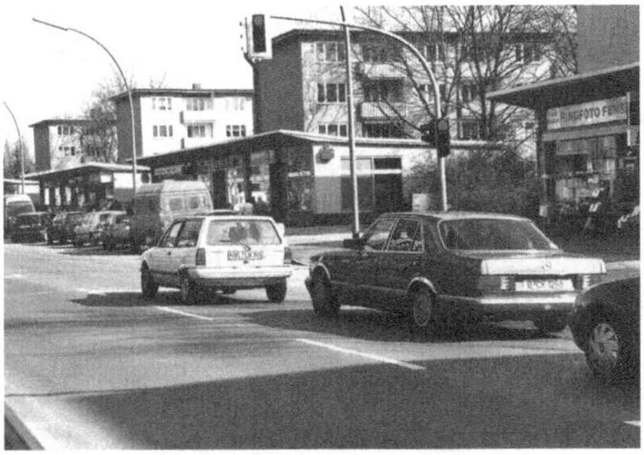

Abb. 4.15: *Nahversorgung am Siedlungsrand*

lang einer Durchgangsstraße am Siedlungsrand. Aufstockungen und eine Verdichtung von Gewerbe-, Büro- und Einkaufsflächen sollen den festgestellten, höheren quantitativen Bedarf decken. Die Interviews zeigten vor allem einen Bedarf an wohnungsnahen Freizeitmöglichkeiten und Treffpunkten, wie Cafés. Einige Konzepte gehen insofern weiter, als dass sie die Konzentration von Dienstleistungen, Einkaufen und kulturellen wie öffentlichen Einrichtungen an einem zentralen Ort vorschlagen, der gleichzeitig als städtischer Platz zur ,neuen Mitte' für die Gesamtsiedlung werden könnte.

Damit die Siedlung in ihrem internen Bereich nicht weiterhin eine reine Wohnmonokultur bleibt, sehen einige Entwürfe neu hinzugefügte Baukörper zwischen den Wohnungsbauzeilen vor, in denen Büronutzungen oder Einrichtungen wie Jugend- oder Seniorentreff sowie Werkstätten Platz finden.

Mischung und Nutzungsneutralität als Gegenpol zu bestehender funktionaler Vorbestimmung könnte gemäß den studentischen Entwürfen ein Schlüssel für die Zukunftsfähigkeit einer Siedlung wie Haselhorst-Süd werden. Das Prinzip sollte sein, Regeln zu definieren, in denen aus persönlichen Gestaltungsmöglichkeiten Vielfalt entstehen kann. Über die städtebauliche Ebene hinaus kann dies auch auf die Gebäudeebene übertragen werden.

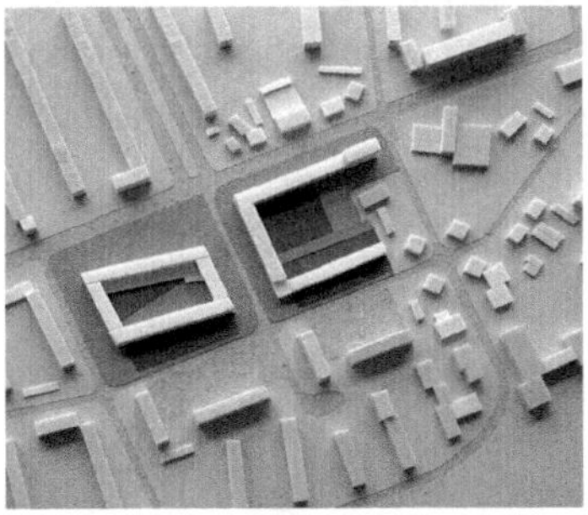

Abb. 4.16: Studentischer Entwurf: Stadtteilzentrum als Block

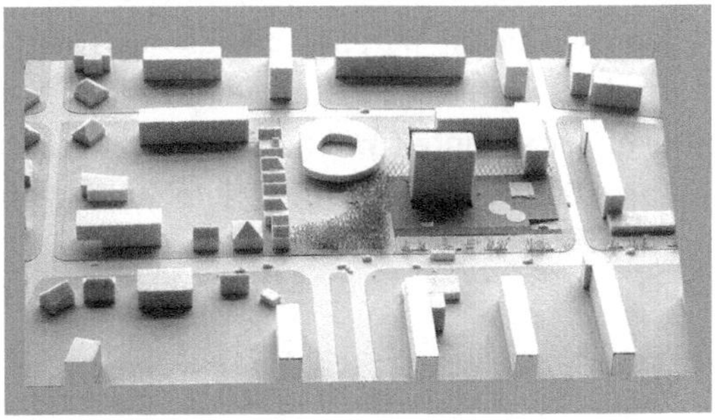

Abb. 4.17: Studentischer Entwurf: Stadtteilzentrum als Solitäre

4.4 Maßstabsebene Haus

Mit Phantasie sanieren heißt, den veränderten Wohnbedürfnissen und Lebensstilen – aber auch der demographischen Entwicklung – Rechnung zu tragen und beispielsweise altengerecht umzubauen. Damit die Siedlungen im Hinblick auf den Wohnungszuschnitt weiterhin normiert bleiben, und um sie auch für die Zukunft vermarktbar zu gestalten, müssen die Grundrissveränderungen nicht auf die bestehenden Wohnungsabschlüsse begrenzt bleiben. Die Studienergebnisse zeigen, wie mit Wohnungszusammenlegungen – horizontal oder vertikal – aus funktionsdeterminierten Kleinstwohnungen vielfältige Grundrisse entstehen können.
Durch die Zusammenlegungen von Kleinsteinheiten lassen sich Wohnungsgrößen erzielen, die auch das Zusammenleben mit mehreren Kindern ermöglichen. Dies erscheint als eine Grundvorraussetzung, um der einseitigen demographischen Entwicklung in Siedlungen wie Haselhorst entgegenzusteuern.
Mit Phantasie unter technisch-ökologischen Aspekten zu sanieren heißt mehr, als auf einer sowieso renovierungsbedürftigen Wetterseite Hartschaumplatten anzukleben, sie mit Kunstharzputz zu versehen und als ‚krönenden' Abschluss die Fassade mit Silikonharzfarbe bunt anzustreichen. Innerhalb des Seminars wurde im Rahmen eines Gastvortrages seitens des Lehrgebietes für ökologische Gebäudegestaltung und Entwerfen die Möglichkeiten erörtert, Solarenergie- und Nahwärmeversorgung sowie die regenerative Wassernutzung auf den verschiedenen Maßstabsebenen der Sanierungsmaßnahmen einzubeziehen.
Dem oft von der Wohnungswirtschaft vorgebrachten Argument, die Investition in neue Systeme zur Wärmeversorgung und Gebrauchswassersenkung diene lediglich der Nebenkostensenkung auf Mieterseite, kann mit Konzepten wie Energie-Contracting-Verträgen, einer langfristig kostenneutralen Alternative begegnet werden. Darüber hinaus muss natürlich auch eine mögliche Senkung der Nebenkosten als Wettbewerbsvorteil gesehen werden. In einem zunehmend entspannten Wohnungsmarkt, der sich vom Verkäufer- zum Käufermarkt wandelt, spielt die ‚zweite Miete' eine wachsende Rolle bei der Vermietbarkeit der Bestände.

4.5 Maßstabsebene Wohnung

Die Entwürfe der Studierenden zeigen die Möglichkeit auf, wie mit relativ einfachen landschaftsplanerischen und architektonischen Mitteln insbesondere die schwer vermietbaren Wohneinheiten im Erdgeschoss zu verbessern sind. So kann das Anlegen von Terrassen nicht nur einen direkten Übergang zum Mietergarten schaffen, sondern die Wohnung mit einem zusätzlichen barrierefreien Zugang ausstatten.
Es ist vorstellbar, dass bei phantasievoller Umgestaltung der Grundrisse, verbunden mit einer besseren Nutzungsmöglichkeit des umgebenen Grüns gerade die Erdgeschosswohnungen zu einer innerstädtischen Alternative für das Wohnen im Reihenhaus am Stadtrand werden kann.
Die bestehenden, relativ kleinen Wohnungsgrößen zwischen 34–82 qm können in verschiedenen Alternativen durch Zusammenlegung auf eine am Markt dauerhaft nachgefragte Größe erweitert werden. So kann z.B. eine Wohnküche die Wohnung familiengerecht machen oder ein zusätzliches Zimmer das Leben mit mehreren Kindern oder die Kombination von Wohnen und Arbeiten ermöglichen.
Ein erhöhtes Maß an Nutzungsneutralität kann in diesem Zusammenhang dann erreicht werden, wenn die Wohnungen bei der Sanierung eine Breitbandkabelanbindung bekommen und damit die technischen Grundvoraussetzungen für die Kombination von Wohnen und Arbeiten geschaffen werden.

Literatur

Gesellschaft für rationelle Energieverwendung e.V. (2001) (Hrsg) Energieeinsparung im Gebäudebestand. Bauliche und anlagentechnische Lösungen. Höhl Druck, Bad Hersfeld

Häußermann H, Siebel W (1987) Neue Urbanität. Suhrkamp, Frankfurt am Main

C.5

Nachbarschaften im Vergleich: Gruppenprozesse am Beispiel einer Energiesparmaßnahme

Barbara Hinding, Sabine Gruner, Doris Felbinger

5.1 Fragestellung und Zielsetzung

Interventionsmaßnahmen zur Verbesserung des Umweltverhaltens privater Haushalte finden in einem komplexen sozialen Umfeld statt. So viel dürfte bisher deutlich geworden sein. Wir vermuteten deshalb, dass ihr Erfolg nicht von Merkmalen der angesprochenen Haushalte allein abhängt, sondern auch von den Bedingungen in deren Nachbarschaft. Es ging uns um die Frage, ob eine eher herkömmliche Interventionsmethode in hoch kohäsiven Nachbarschaften erfolgreicher ist als in wenig kohäsiven. Da die Kohäsion von Nachbarschaften mit Baustrukturen zusammenhängt, lässt sich auch fragen: Gibt es einen Zusammenhang zwischen Baustruktur, Kohäsion und dem Erfolg von Interventionen? „Erfolg von Interventionen" soll hier zweifach verstanden werden. Erstens wird davon ausgegangen, dass sich Neuigkeiten (oder eben Handlungsanweisungen/-alternativen) in kohäsiven Nachbarschaften schneller und besser verbreiten als in weniger kohäsiven, und zweitens wird vermutet, dass sich dort mehr Haushalte an Aktionen beteiligen, wo mehr Menschen sich gut kennen. In kohäsiven Nachbarschaften, in denen gleichzeitig Interesse an Nachhaltigkeitsthemen besteht, werden solche Maßnahmen eher zum Gesprächsthema und es entsteht ein Gruppenprozess, in dessen Verlauf sich die Bewohner gegenseitig motivieren. Ziel ist die exemplarische Untersuchung dieser Sachverhalte in einer quasi-experimentell angelegten Feldstudie.

5.2 Vorgehen

Es wurde eine vergleichende Untersuchung in vier Nachbarschaften durchgeführt. Davon sollten zwei besonders kohäsiv und zwei besonders wenig kohäsiv sein. Entsprechend wurden zwei besonders kohäsive Zeilenbebauungen und zwei wenig kohäsive Großstrukturen ausgewählt. In allen vier Gebieten wurde eine identische Energiesparaktion durchgeführt, wobei nur einzelne, systematisch ausgewählte Haushalte angesprochen wurden. Die Hypothesen waren, (1) dass diese Haushalte in der kohäsiveren Zeilenbebauung mehr Nachbarn von der Aktion erzählen als in den weniger kohäsiven Großstrukturen, (2) auf diese Art weitere Interessenten gewinnen, und (3) dass, als Folge des Gruppenprozesses, in den kohäsiveren Zeilen größere Einsparungen erzielt werden. Aufschluss darüber sollte einerseits der wöchentliche Stromverbrauch geben, andererseits ein Fragebogen und ein Leitfadeninterview. Qualitative und quantitative Methoden wurden kombiniert.

5.2.1 Untersuchungsgebiete

Die untersuchten Nachbarschaften wurden als räumliche Einheiten ausgewählt. Untersuchungsobjekte sind ein Haus oder ein Ensemble benachbarter Gebäude. Damit wird ein übergreifender Zusammenhang hergestellt bzw. eine „Gruppe" definiert, mit der sich die Adressaten der Intervention identifizieren können. Um dies zu unterstreichen, wurden das Haus oder Wohngebiet und seine Bewohner auf allen verteilten Informationsmaterialien als eine besondere Einheit hervorgehoben. Als zusätzlicher Vorteil ergibt sich daraus, dass man es mit ähnlich ausgestatteten Wohnungen zu tun hat.
Ausgewählt wurden vier Gebiete, zwei hoch kohäsive Zeilenbebauungen und zwei niedrig kohäsive Hochhäuser, jeweils eines im Ostteil und eines im Westteil von Berlin. Grundlage für die Auswahl waren die Untersuchungsgebiete aus den vorangegangenen Befragungen. Es wurden mehrere Auswahlkriterien formuliert. Das erste und wichtigste war die Kohäsion. Die Kohäsion ist niedrig in Hochhäusern und im Durchschnitt hoch bis mittel in den drei anderen Baustrukturen. Am höchsten ist sie im Typ Reihengarten, am zweithöchsten im Zeilenbau. Wir haben uns für den Zeilenbau entschieden, weil die Sozial-

struktur dort jener in den Großstrukturen ähnlicher ist. Ein Vergleich zwischen Ost und West schien uns aus zwei Gründen sinnvoll: Zum einen zeigten sich in der quantitativen Studie Unterschiede zwischen Ost und West in einigen Bereichen des Umweltverhaltens und in der Bedeutung des Umweltmotivs, ähnlich, wie sie auch in anderen Arbeiten beschrieben wurden (vgl. z. B. Preisendörfer 1996, Preisendörfer u. Wächter-Scholz 1997), die sich auf das Interesse an Aktivitäten zum Umweltschutz auswirken könnten, zum anderen hat sich gezeigt, dass die Nachbarschaften in den Großstrukturen der Ostbezirke bei gleichzeitig höherer Wohndauer kohäsiver sind als jene in den Großstrukturen im Westen.
Darüber hinaus sollten die Gebiete ähnlich sein, was die sozialen Merkmale der Bewohner angeht, besonders, ob dort überwiegend Singles und kinderlose Paare wohnen oder ob es überwiegend Familien sind, aber auch Einkommen, Alter, Bildung etc. sollten so weit wie möglich übereinstimmen.
Die Kriterien ließen sich nur schwer erfüllen. Die ausgewählten Zeilen-Gebiete in den Bezirken Reinickendorf und in Treptow sehen sich zwar äußerlich ganz ähnlich. Neben der ähnlichen Grundstruktur gibt es in beiden Gebieten viel Grün und ruhige Straßen, beide wurden wohl vor einigen Jahren saniert (neue Farben). Im Rahmen der quantitativen Untersuchung (vgl. Teil B) wurde für das Gebiet in Reinickendorf eine mittlere Wohndauer von etwa 17 Jahren festgestellt. Das Altersmittel betrug 56 Jahre, wobei dort zwar viele ältere Menschen wohnen, zunehmend aber jüngere „nachziehen“. Das Bildungsniveau ist niedrig, das Durchschnittseinkommen mit knapp 3000 DM mittelmäßig. Ansonsten dominieren Ein- und Zweipersonenhaushalte. Im Untersuchungsgebiet in Treptow betrug die mittlere Wohndauer etwa 20 Jahre. Auch hier ist das Durchschnittsalter mit 50 Jahren hoch, wobei ebenfalls ein großer Range besteht. Das Bildungsniveau ist jedoch mittel bis hoch, das Durchschnittseinkommen mit 4200 DM ebenfalls etwas höher als in Reinickendorf. Es überwiegen Familien mit Kindern und ältere Paare.
Die ausgewählten Großstrukturen liegen in der Großsiedlung „Märkisches Viertel“, einer Stadtrandsiedlung im Nordwesten Berlins und im Innenstadtbezirk Friedrichshain. Im Märkischen Viertel wurde ein 16-geschossiges Punkthochhaus gewählt, in Friedrichshain ein 11-geschossiges Scheibenhochhaus. Im Gebäude im Märkischen Viertel beträgt die mittlere Wohndauer etwa 8 Jahre. Das Altersmittel liegt bei 50 Jahren, bei nur geringer Streuung. Das Bildungsniveau ist niedrig oder mittel, bei mittleren bis hohen Einkommen (im Mittel etwa 6000 DM). Es überwiegen Familien und ältere Paare. Im Hochhaus in Friedrichshain liegt der Altersdurchschnitt bei knapp 50 Jahren. Das Bil-

dungsniveau ist mittel bis hoch, das durchschnittliche Einkommen mit 3600 DM mittel, wobei auch viele hohe Einkommen vorkommen. Hinsichtlich der Lebenszyklusphase überwiegen ältere Familien und Paare. Die mittlere Wohndauer beträgt 15 Jahre.

5.2.2 Thema der Intervention

Inhaltlich ging es um „Energiesparen zu Hause". Energiesparen als Thema deshalb, weil die erforderlichen Handlungen im Vergleich zu anderen Themenfeldern (z. B. Ernährung) von den Adressaten nur einen kleinen Aufwand erfordern. Energiesparen findet zu Hause statt. Es gibt viele Sparmaßnahmen, die nur kleine Veränderungen erfordern. Beim Thema Ernährung, das alternativ diskutiert wurde, müsste man die Adressaten dazu bringen, ihre gewohnten Einkaufswege aufzugeben oder zu erweitern, um fortan auf dem Wochenmarkt oder im Bioladen einzukaufen oder sich eine Ökokiste zu bestellen, was uns deutlich aufwändiger erscheint als etwa das Waschen ohne Vorwaschgang, einen Schnellkochtopf zu benutzen etc. Energiesparen setzt sich außerdem aus vielen kleinen Einzelhandlungen zusammen, so dass sich jeder Haushalt genau diejenigen Maßnahmen aussuchen kann, die seinen Voraussetzungen entsprechen. So kann weitgehend vermieden werden, dass Haushalte, die schon sehr sparsam sind, keine Veränderungen mehr vornehmen können.
Die Intervention selbst besteht aus Elementen psychologischer Strategien zur Verhaltensänderung (Feedback, Commitment, Handlungsorganisation u.a.) und adressatenadäquater Kommunikation (z. B. durch Berücksichtigung der im Gebiet vorherrschenden Konsummotive) und wurden in weitaus aufwändigerer Form bereits erprobt (Klingner et al. 1995).

5.2.3 Durchführung

Die Auswahl der anzusprechenden Haushalte erfolgte anteilsmäßig entsprechend der Anzahl der Wohneinheiten im Untersuchungsgebiet. 20% der Haushalte in einer Untersuchungseinheit wurden ausgewählt. Die räumliche Verteilung der angesprochenen Haushalte wurde so gewählt, dass die „funktionale Nähe" zwischen den angesprochenen Haushalten möglichst gering war. Ein Beispiel soll dies illustrieren: Abbildung 5.1 zeigt den Innenflur des untersuchten Hochhauses im Märkischen Viertel. Die halbkreisförmigen Bögen kennzeichnen Wohnungseingangstüren, die schwarzen Linien abgetrennte Flurbereiche. Demnach lässt sich das Haus in grob zwei Hälften einteilen, die durch einen Durchgang, in dem sich auch die Müllschlucker befinden, voneinander getrennt sind. Im rechten Gebäudeflügel befindet sich außerdem neben dem Lift eine Glastür. Die funktionale Nähe ist hoch bei benachbarten Wohnungen und sie ist hoch bei den Nutzern der gleichen Liftanlage. Deshalb sollten die Aktionsteilnehmer aus verschiedenen Gebäudeteilen stammen. Die geschwärzten Bögen zeigen die Wohnungen, deren Bewohner bevorzugt angesprochen wurden. Erst wenn diese nicht zur Teilnahme bewegt werden konnten, wurde auf die unmittelbar angrenzenden Wohnungen ausgewichen.

Abb. 5.1: Auswahl von Aktionsteilnehmern im Märkischen Viertel

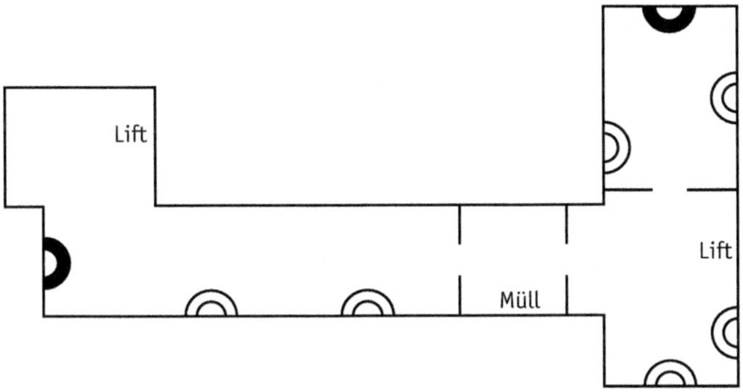

Untersuchung und Intervention wurden wie folgt durchgeführt:
Erste schriftliche Ankündigung: Die ausgewählten Haushalte erhielten ein Anschreiben von der Technischen Universität Berlin, in dem die Vorteile sparsamen Energiekonsums herausgestellt und mitgeteilt wurde, dass im Rahmen eines Forschungsprojekts kostenlos an einer Beratung zum Haushaltsenergieverbrauch und ihren Einsparmöglichkeiten teilgenommen werden kann. Dabei wurden zwei Motive besonders herausgestellt: Finanzielle Einsparungen und Umweltschutz. Der Besuch einer MitarbeiterIn wurde angekündigt.
Erster persönlicher Kontakt: Im ersten persönlichen Kontakt wurde die Energiespar-Aktion erläutert und, sofern die Bereitschaft zum Mitmachen vorhanden war, ein erstes Mal der Stromzähler abgelesen.
Zweiter Besuch: Im zweiten Besuch wurde die Möglichkeit zu einem „Energiecheck" anhand eines Leitfadens bzw. Fragebogens angeboten. Dieser wurde teilweise mit der MitarbeiterIn gemeinsam durchgeführt, meist alleine. Anhand einer darauf bezogenen Broschüre konnten Energiespartipps ermittelt werden, die auf die Situation im Haushalt passen. Am Ende sollten sich die TeilnehmerInnen eine oder mehrere Änderungen in ihrem Verhalten oder ihrem Haushalt vornehmen und dies ihrer BeraterIn mitteilen.

Dritter Besuch: Der Fragebogen zum Energiecheck wurde eine Woche später, bei einem dritten Besuch, persönlich abgeholt und gegebenenfalls noch einmal besprochen.
Vierter und fünfter Besuch: Ablesen der Zählerstände, Kontakt halten
Letzter Besuch: Bei einem letzten Besuch wurde ein Interview zum Aktionsverlauf geführt.

Abb. 5.2: Anleitung zur Energiesparaktion

1. **Schritt: Testen Sie Ihr Energiebewußtsein. Wo können Sie sich noch verbessern? Wo sind Sie sparsam? Wo verschwenden Sie Ihren Strom? Beantworten Sie hierzu die Fragen auf den folgenden Seiten.**

2. **Schritt: Wählen Sie, in welchen Bereichen Sie noch besser werden wollen. Suchen Sie sich aus der beiliegenden Broschüre die Tipps aus, mit denen Sie während der Aktion Energiesparpunkte sammeln wollen.**

3. **Schritt: Handeln Sie jetzt. Setzen Sie um, was Sie sich vorgenommen haben. Kontrollieren Sie dabei Ihren Erfolg. Lesen Sie einmal wöchentlich Ihren Stromzähler ab. Unsere Mitarbeiterinnen halten Vordrucke dafür bereit.**

4. **Schritt: Erzählen Sie uns Ihre Erfahrungen mit dem Energiesparen. Unsere Mitarbeiterinnen werden Sie über Ihre Bemühungen, Ihre Meinungen und Ihre Ergebnisse befragen.**

Das Ablesen der Stromzähler erfolgte wöchentlich, entweder durch die Mitarbeiter/innen, immer am gleichen Wochentag und zur gleichen Tageszeit, oder durch die Teilnehmer selbst. Auch diese wurden instruiert, immer am gleichen Tag und möglichst zur gleichen Zeit abzulesen. Die Formulare wurden wöchentlich abgeholt. Am Ende lagen Ablesedaten aus fünf Zeitpunkten vor, einmal vor der Intervention und viermal während bzw. direkt nach der Intervention.

5.2.4 Befragungen und Operationalisierungen

Im Rahmen des Energiechecks wurden die Ausstattung des Haushalts mit Elektrogeräten, die Nutzungsweisen einzelner Geräte sowie der Stromverbrauch im

Vorjahr ermittelt, darüber hinaus die Konsummotive für den Kauf von Elektrogeräten, Strom und Heizen. Nach dem Aktionsende wurden die aktiven Teilnehmer im Rahmen eines offenen Interviews zu ihrer Meinung über die Aktion befragt, darüber, welche Sparmaßnahmen sie ergriffen haben oder nicht, schließlich, ob sie anderen von der Aktion erzählt haben und wem und ob sie mit den Nachbarn darüber diskutiert haben. Gegebenenfalls wurden Fragen zum Gruppenprozess im Rahmen der Aktion in der Nachbarschaft gestellt. Schließlich füllten sie noch einen Fragebogen zum Nachbarschaftstyp, zur Kohäsion in der Nachbarschaft, ihrer Integration und Identifikation, den in der Nachbarschaft wahrgenommenen Normen zum Umgang mit Haushaltsenergie und den Wertorientierungen aus.

5.3 Ergebnisse

5.3.1 Beteiligung an der Aktion und sozio-demografische Beschreibung der Teilnehmer

Insgesamt konnten 31 Personen zur Teilnahme an der Energiespar-Aktion gewonnen werden. Angaben zur Person liegen jedoch nur von 30 Personen vor. Ihr Durchschnittsalter lag bei 58 Jahren, die jüngste Teilnehmerin war 30, die älteste 84 Jahre alt. Es beteiligten sich 20 Frauen und 10 Männer. Nur 30% waren voll erwerbstätig. Die übrigen sind zu mehr als 70% Rentner. Die Haushalts-Einkommen liegen zu über 80% in den Kategorien von 2000-6000 DM. Etwa die Hälfte fällt in die Kategorie von 3000-6000 DM. Das Bildungsniveau ist im Vergleich zum Berliner Durchschnitt eher hoch: 20% haben einen Hauptschulabschluss, 37% einen mittleren Schulabschluss und 40% Fachhochschulreife oder Abitur. Es handelt sich überwiegend um Paare (42%) und Singles (32%). Im Mittel gibt es 1,8 Personen pro Haushalt. Die durchschnittliche Wohndauer betrug 12 Jahre.
Die Gebiete wurden auf Unterschiede hinsichtlich dieser sozio-demografischen Variablen untersucht. Einen Überblick gibt Tabelle 5.1.

Tabelle 5.1

	Reinickendorf (Zeile)	Treptow (Zeile)	Märkisches Viertel (Hochhaus)	Friedrichshain (Hochhaus)
Anzahl Teilnehmer	5	9	7	9
Alter (Mittelwert)	59 Jahre	63 Jahre	48 Jahre	61 Jahre
Geschlecht	1m, 4w	3m, 6w	3m, 4w	3m, 6w
Bildung	gemischt	vorwiegend mittel	gemischt	vorwiegend hoch
Haushaltsgröße	1,6 Personen	1,3 Personen	2,6 Personen	1,8 Personen
Haushaltstyp	2 allein, 1 Paar, 2 Familien	5 allein, 3 Paare, 1 Familie	1 allein, 2 Paare, 4 Familien	2 allein, 7 Paare
Anteil nicht Erwerbstätiger	60%	78%	57%	78%
Einkommen < 2000 DM	1 Haushalt	2 Haushalte	1 Haushalt	1 Haushalt
Wohnfläche	60 qm	53 qm	97 qm	72 qm

Es gibt keine Unterschiede im Haushalts-Nettoeinkommen. Zieht man jedoch in Betracht, dass ein ähnliches Haushaltseinkommen in Treptow auf 1,3 Haushaltsmitglieder entfällt und im Märkischen Viertel auf 2,6 wird deutlich, dass der Lebensstandard besonders in Treptow, aber auch in den anderen Gebieten weitaus höher ist als im Märkischen Viertel. Keine Unterschiede gibt es im Erwerbsstatus. In allen Gebieten sind etwa 60-80 Prozent der Teilnehmer nicht oder nicht mehr erwerbstätig. Die Wohnfläche ist im Märkischen Viertel mit ca. 97 qm deutlich höher als in der Springbornstraße mit ca. 53 qm (F=62,6** bei df=3) und wie der t-Test zeigt, in den Hochhäusern insgesamt signifikant größer als in den Zeilen (t=6,5** bei df=28). Einen signifikanten Unterschied gibt es auch beim Alter (F=3,2* bei df=3). Dabei ist das Durchschnittsalter der aktiven Teilnehmer im Märkischen Viertel mit ca. 48 Jahren auffallend gering. In den drei übrigen Gebieten liegt es etwa bei 60 Jahren. Ebenfalls signifikant ist der Unterschied in der Haushaltsgröße (F=4,4* bei df=3). Die größten Haushalte gibt es dabei im Märkischen Viertel, die kleinsten und damit die meisten Einpersonenhaushalte in der Zeile in Reinickendorf und in der Zeile in Treptow. Insgesamt leben in den Haushalten der Aktionsteilnehmer in der Großstruktur im Mittel 2,1 Personen, in jenen in der Zeile 1,4 Personen (t=2,6* bei df=28). Hinsichtlich des Bildungsniveaus weicht lediglich das Hochhaus in Friedrichshain von den anderen etwas ab. Hier scheint das Bildungsniveau höher. Es gibt mehr Personen mit Fachhochschulreife oder Abitur als in den übrigen Gebieten. Der Unterschied ist jedoch nicht signifikant.

5.3.2 Kontrolle der Voraussetzungen und weitere Gebietsvergleiche

Die Untersuchungsgebiete wurden vor allem nach ihren Unterschieden in der Kohäsion innerhalb der Nachbarschaft ausgewählt. Es wurde davon ausgegangen, dass die Kohäsion in den Zeilen deutlich höher ist als in den Großstrukturen. Zur Kontrolle dieser Voraussetzung füllten die Aktionsteilnehmer den Fragebogen zur Kohäsion, außerdem zur Identifikation aus, wie er bereits in der quantitativen Feldstudie zum Einsatz gekommen war. Hinsichtlich der Kohäsion zeigte sich der erwartete Unterschied zwischen Großstruktur und Zeile ($AM_{groß}$=16,6 und AM_{zeile}=24,0 und t=-5,0** bei df=28). Die Kohäsion ist in den Zeilen deutlich größer als in den Hochhäusern. Dabei unterscheiden sich die beiden Hochhäuser und die beiden Zeilen nicht voneinander. Die Voraussetzung kann damit als erfüllt gelten.

Bei der Identifikation mit dem Wohngebiet zeigen sich die gleichen Unterschiede ($M_{groß}$=14,5 und M_{zeile}=19,7 sowie t=-3,0** bei df=26). Die Bewohner der Zeilen identifizieren sich stärker mit ihrer Nachbarschaft als die Bewohner der Hochhäuser. Auch hier gibt es zwischen den beiden Hochhäusern und den beiden Zeilen keine Unterschiede. Hierzu passt, dass die Wohndauer in den Hochhäusern signifikant geringer ist als in den Zeilen (t=-2,3* bei df=28).

Weiterhin wurde der Frage nachgegangen, ob sich die Aktionsteilnehmer der Untersuchungsgebiete in der wahrgenommenen sozialen Norm für Energiesparen, ihren Konsummotiven und ihren Wertorientierungen unterscheiden. Systematische Unterschiede etwa zwischen den Baustrukturen könnten den Verlauf der Intervention beeinflussen und die interne Validität der Untersuchung beeinträchtigen.

Die wahrgenommene soziale Norm für Energiesparen wurde mit den energiebezogenen Items aus dem Instrument der quantitativen Feldstudie erfasst. Mittels Reliabilitätsanalysen wurde eine Skala aus drei Items gebildet, welche die Bereiche Strom sparen, sparsames Heizen und energiebewusstes Kaufverhalten abdecken (Cronbach´s Alpha=.70; Trennschärfen .39-.63). Die Prüfung der Mittelwerte ergab keine signifikanten Unterschiede, weder auf der Skala „Wahrgenommene soziale Norm für Energiesparen" noch bei den verbliebenen Einzelitems, etwa, inwieweit man glaubt, dass die Nachbarn Ökostrom beziehen oder besonders viele Elektrogeräte besitzen.

Der Vergleich der Konsummotive wurde in ähnlicher Weise durchgeführt. Eine Faktorenanalyse ergab vier Faktoren mit einem Eigenwert über eins, die zusammen 63,5% der Varianz aufklären. Diese Faktoren lassen sich interpretieren als „Ökologische Orientierung", „Zeitersparnis", „Bequemlichkeit" und „Preisorientierung". Die Ergebnisse der Skalenanalysen zeigt Tabelle 5.2.

Tabelle 5.2: Skalen zur Konsumorientierung

Skala	Itemzahl	Cronbach´s Alpha	Trennschärfen
Ökologische Orientierung	3	.90	.77-.84
Orientierung an Zeitersparnis	3	.77	.43-.75
Bequemlichkeitsorientierung	4	.71	.49-.54
Preisorientierung	2	.38	.24

Zunächst zeigt sich ein tendenzieller Unterschied in der ökologischen Orientierung zwischen Großstruktur und Zeile ($AM_{groß}$=2,7 und AM_{zeile}=3,4; t=-1,9 bei df=28 und p=.07). Die ökologische Orientierung ist in der Zeile etwas größer. Weitere Unterschiede zeigt der Ost-West-Vergleich. Insbesondere die Preisorientierung ist in den beiden West-Berliner Gebieten stärker ausgeprägt (AM_{west}=3,9 und AM_{ost}=3,5; t=-2,7** bei df=26). Daneben ergab sich ein signifikanter Unterschied in der Bequemlichkeitsorientierung, die ebenfalls in den West-Berliner Gebieten stärker ausgeprägt ist (AM_{west}=3,5 und AM_{ost}=3,1; t=-2,1* bei df=26). Die Varianzanalyse zeigt keine signifikanten Unterschiede zwischen den vier Untersuchungsgebieten. Die Mittelwerte zeigen jedoch, dass die ökologische Orientierung in der Zeile in Reinickendorf (West) besonders hoch ist und im Hochhaus im Märkischen Viertel (West) besonders gering. Preis- und Bequemlichkeitsorientierung zeigen in den beiden West-Gebieten fast identische, in den Ostgebieten etwas niedrigere und ebenfalls fast identische Mittelwerte.

Auch die Instrumente zur Erfassung der Werthaltungen wurden aus der quantitativen Feldstudie übernommen. Ein signifikanter Unterschied zeigt sich lediglich in der Verantwortungsorientierung (t=-2,5* bei df=27). Diese ist bei einem arithmetischen Mittel von 10,6 in den Zeilen etwas höher als in den Hochhäusern (AM=9,3). Zwischen den beiden Zeilen und zwischen den beiden Hochhäusern gibt es keine Unterschiede.

Der Stromverbrauch des Vorjahres gibt Aufschluss über den Konsumlevel und die Einsparmöglichkeiten eines Haushalts. Gemeinhin wird davon ausgegangen, dass Vielverbraucher das größere Einsparpotenzial haben. Das Einsparpotenzial wiederum kann ausschlaggebend sein für den Effekt von Energiesparmaßnahmen. Unterschiede zwischen den Baustrukturen gibt es jedoch nicht. In den Gebieten in Zeilenbauweise wurden im Vorjahr pro Haushalt im Mittel 1660,3 kWh verbraucht, in den Großstrukturen 2319,7 kWh. Diese Differenz ist nur der Tendenz nach signifikant (t=2,1⁺ bei df=21). Größer sind die Unterschiede zwischen Ost und West: Während in den Untersuchungsgebieten im ehemaligen Ost-Berlin 1657,7 kWh verbraucht wurden, waren es in den Westberliner Bezirken 2766,7. Dieser Unterschied ist sehr signifikant (t= -3,6** bei df=21). Der Absolutverbrauch muss jedoch auch an der Wohnfläche und an der Haushaltsgröße relativiert werden. Der Verbrauch je Quadratmeter Wohnfläche zeigt keinen signifikanten Unterschied zwischen den Baustrukturen, jedoch zwischen den Stadtlagen (t=-2,1* bei df=20), wobei der Verbrauch in den Untersuchungsgebieten Ost geringer ist. Ein ähnliches Bild zeigt sich beim Pro-Kopf-Verbrauch. Auch hier gibt es keinen Unterschied zwischen Großstruktur und Zeile. Der Unterschied zwischen Ost und West ist nur der Tendenz nach signifikant (t=-2,1⁺ bei df=20). Unterschiede im Vorjahresverbrauch sind also wesentlich auf Unterschiede in der Wohnfläche und in der Haushaltsgröße zurückzuführen.

Stromverbrauch und Sparmöglichkeiten hängen mit der Ausstattung eines Haushalts mit elektrischen Geräten zusammen. Diese wurde deshalb im Rahmen des Energiechecks ermittelt. Dabei zeigte sich, dass alle Teilnehmer an der Energiespar-Aktion einen Fernseher haben und keiner ein elektrisches Heizgerät. Nur ein Haushalt hat keine Waschmaschine, ebenso nur ein Haushalt keinen Kühlschrank und ein Haushalt keinen Elektroherd. In der Zeile in Reinickendorf haben alle Wohnungen eine elektrische Warmwasserbereitung. Außerdem gibt es dort in allen befragten Haushalten ein Gefriergerät. In der Großstruktur in Friedrichshain gibt es dagegen ausgesprochen wenige Gefriergeräte (nur 3 von 9 Haushalten). In den übrigen Untersuchungsgebieten liegt die Ausstattung mit diesen Geräten bei etwa 80%, was etwas über dem Berliner Durchschnitt liegt. Im Hinblick auf alle anderen erfragten Geräte gibt es keine Unterschiede. Zusätzlich wurde ein Summenindex über alle Geräte mit Ausnahme von Fernseher und elektrischen Heizgeräten gebildet. Die Varianzanalyse zeigt keine signifikanten Unterschiede für die vier Gebiete (F=1,7 bei Alpha=.18), der t-Test weist jedoch einen signifikanten Ost-West-Unterschied aus (t=-2,1* bei df=28). Die Haushalte in den beiden Untersuchungsgebieten im ehemaligen Ost-Berlin haben eine etwas geringere Ausstattung mit Elektrogeräten. Das erklärt auch den etwas geringeren Stromverbrauch in den Gebieten im Ostteil.

Neben dem Verbrauchsniveau und der Ausstattung kann auch das Verhalten im Umgang mit Energie für den Effekt einer Intervention von Bedeutung sein. Im Rahmen des Energie-Checks wurden Verhaltensweisen zu mehreren Verbrauchsbereichen (Waschen, Kühlen und Gefrieren, Kochen und Backen, Körperpflege, Stand-by, Beleuchtung, Heizen und Lüften u.a.) erfasst sowie die Intentionalität, also ob man sich bemüht, sparsam mit Strom und/oder Heizung umzugehen. Insgesamt gab nur eine Person an, nicht grundsätzlich sparsam mit Strom umzugehen (Hochhaus Friedrichshain) und eine zweite Person, nicht grundsätzlich sparsam zu heizen (Hochhaus Märkisches Viertel). Die einzelnen abgefragten Verhaltensweisen wurden einerseits nach Verbrauchsbereichen zu Indikatoren für die Sparsamkeit des Waschens, Heizens etc. zusammengefasst, andererseits zu einem globalen Energiesparindikator. Der globale Indikator zeigt keine signifikanten Unterschiede zwischen den Untersuchungsgebieten und zwischen den Stadtlagen. Für die Baustrukturen zeigt der t-Test jedoch einen tendenziellen Effekt, wobei in der Zeile intensiver gespart wird als im Hochhaus ($t=-1{,}8$ bei $df=18$ und $p=.09$). Die Analyse über die einzelnen Verbrauchsbereiche zeigt, dass dies vorwiegend auf Unterschiede im Umgang mit Warmwasser zurückzuführen ist. Die Varianzanalyse zeigt hier einen signifikanten Unterschied zwischen den Gebieten ($F=2{,}9^{*}$ bei $df=3$), wobei im Hochhaus im Märkischen Viertel besonders wenig gespart wird. Insgesamt wird in den Zeilen sparsamer mit Warmwasser umgegangen als in den Hochhäusern. Dieser Unterschied ist signifikant ($t=-2{,}9^{**}$ bei $df=26$). Weitere statistisch bedeutsame Verhaltensunterschiede wurden nicht festgestellt.

5.3.3 Die Entwicklung des Stromverbrauchs

Der durchschnittliche Stromverbrauch betrug in der ersten Woche 41,7 kWh und in der vierten Woche 38,8 kWh, ist also geringfügig gesunken. Dieser Unterschied ist lediglich der Tendenz nach signifikant ($t=1{,}9^{+}$ bei $df=30$). Abbildung 5.3 zeigt die Entwicklung in den vier Untersuchungsgebieten, Tabelle 5.3 die wöchentlichen Durchschnittsverbräuche. Demnach ist der Stromverbrauch während des Aktionszeitraums in den beiden Großstrukturen und in der Zeile in Treptow etwas zurückgegangen, und in der Zeile in Reinickendorf hat er sogar etwas zugenommen.

Abb. 5.3: Entwicklung des Stromverbrauchs

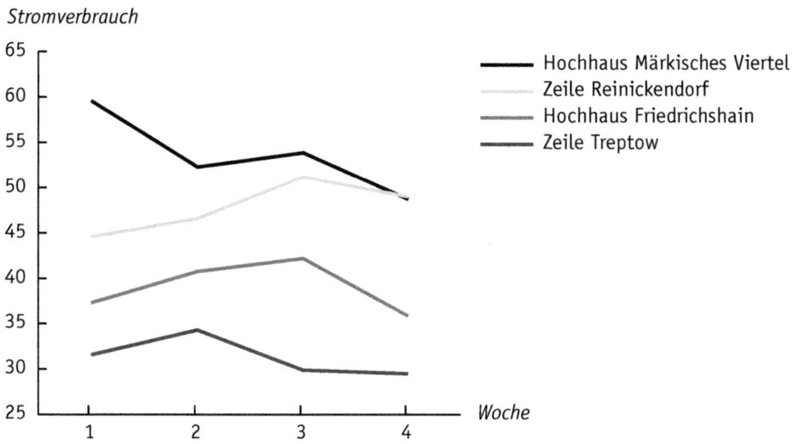

Entsprechend zeigt die Varianzanalyse über die Gebiete (Messwiederholungsdesign) einen signifikanten Effekt des Zeitpunkts (F=4,6** bei df=3) und eine signifikante Interaktion (F=2,6** bei df=9). Der Stromverbrauch hat sich über die Messzeitpunkte also verändert, wobei es zwischen den Gebieten Unterschiede im Verlauf gibt. Darüber hinaus gibt es einen signifikanten Unterschied im Stromverbrauch zwischen den Gebieten (F=3,4* bei df=3). Wie die Abbildung zeigt, ist der Stromverbrauch in der Großstruktur im Märkischen Viertel am höchsten und in der Zeile in Treptow am geringsten. Eine multivariate Analyse mit der Baustruktur und Ost/West weist eine signifikante Interaktion zwischen Ablesezeitpunkt und Baustruktur aus (F=3,2* bei df=3), d.h. die Entwicklung des Stromverbrauchs verläuft in den beiden Baustrukturen verschieden. Entgegen der eingangs formulierten Hypothese wurde in den Großstrukturen am Ende der Aktion signifikant weniger Strom verbraucht als vorher. Zwischen Ost und West gibt es keine Unterschiede im Verlauf. Darüber hinaus ist jedoch auch die Dreifach-Interaktion (Woche x Baustruktur x Stadtlage) signifikant (F=4,6**). Das bedeutet, dass der Aktionsverlauf gebietsspezifisch zu betrachten ist.

Tabelle 5.3: Mittlerer wöchentlicher Stromverbrauch nach Gebieten und Baustrukturen

Gebietsnummer	kWh-Verbrauch 1. Sparwoche	kWh-Verbrauch 2. Sparwoche	kWh-Verbrauch 3. Sparwoche	kWh-Verbrauch 4. Sparwoche
Zeile Reinickendorf	44,60	46,60	51,20	49,00
Hochhaus Friedrichshain	37,33	40,78	42,22	35,89
Hochhaus Märkisches Viertel	59,57	52,29	53,86	48,71
Zeile Treptow	31,57	34,30	29,90	29,50
Zeilen	35,91	38,40	37,00	36,00
Hochhäuser	47,06	45,81	47,31	41,50
Insgesamt	41,67	42,23	42,32	38,84

Anhand der Abbildung 5.3 und den mittleren Verbrauchswerte in Tabelle 5.3, wird deutlich, dass vor allem das Hochhaus im Märkischen Viertel einen sinkenden Stromverbrauch aufweist. Im Hochhaus in Friedrichshain steigt der Verbrauch zunächst sogar an, um dann in der letzten Aktionswoche um etwa eine Kilowattstunde unter das Anfangsniveau zu gehen. In der Zeile in Treptow steigt der Verbrauch zunächst ebenfalls und nimmt dann geringfügig ab. In der Zeile in Reinickendorf steigt der Verbrauch.

Um diesen Befund näher zu beleuchten, wurden die Interviews, die mit den aktiven Teilnehmern geführt wurden, vergleichend ausgewertet.

Hierbei fällt insgesamt auf, dass – analog zu den Fragebogendaten – über alle Gebiete hinweg fast alle Teilnehmer berichten, schon vorher sehr viel gespart zu haben (s.o.). In jedem der vier Untersuchungsgebiete gibt es nur eine oder maximal zwei Personen, die nicht ausdrücklich betonen, vorher schon sehr viel gespart zu haben. Das sparsame Verhalten der Teilnehmer reduziert die Spanne möglicher Energieeinsparungen und erklärt wohl die relativ geringen Veränderungen, die sich in den Zählerständen zeigen. Ca. die Hälfte der Teilnehmer berichtet trotzdem, noch mindestens einen neuen Energiespar-Tipp ausprobiert zu haben. Bei den meisten beschränken sich die neuen Verhaltensweisen jedoch auf ein bis zwei einzelne Einsparungen, wie z.B. dass jemand während der Aktion seinen Kühlschrank abgetaut hat und auch in Zukunft regelmäßiger abtauen will oder dass jemand die Herdplatte früher ausstellt, um die Restwärme zu nutzen. Nur wenige Teilnehmer erzählen, dass sie viele Tipps gleichzeitig ausprobiert haben, so dass auch wirklich deutliche Einsparergebnisse zu erwarten wären.

Die Bereiche, die am häufigsten für neue Einsparungen genannt wurden, sind: Kochen (die Restwärme der Herdplatten beim Kochen nutzen bzw. auch die passende Topfgröße für die jeweilige Herdplatte benutzen sowie einen passenden Deckel zum Topf), Stand-by (Geräte wie Computer, Deckenfluter, Fernseher ganz ausschalten anstatt sie auf Stand-by stehen zu lassen) und Beleuchtung (Energiesparlampen anschaffen, schwächere Birnen benutzen, Licht nur anlassen, wenn es wirklich gebraucht wird). Viele Teilnehmer berücksichtigen seit der Aktion auch Spar-Tipps für die Bereiche Kühlschrank (regelmäßig abtauen und Temperatur höher einstellen) und Waschen (Sparprogramm, kein Trockner, Maschine ganz voll machen). In der Zeile Reinickendorf nannten alle Teilnehmer den Bereich warmes Wasser sparen. Hier berichten alle, sich über den hohen Verbrauch des Warmwasser-Boilers zu ärgern.

Die Auswertung der Interviews läßt also am ehesten eine sehr geringe Senkung des Verbrauchs erwarten – in allen Gebieten.

Am meisten überrascht darum, dass in der Zeile in Reinickendorf der Stromverbrauch im Verlauf der Aktion sogar anstieg anstatt zu sinken. Dies erklärt sich auch nur zum Teil durch zusätzliche Informationen aus den Interviews oder Beobachtungen der Interviewer. Tatsächlich haben alle aktiven Teilnehmer in diesem Gebiet ab der zweiten Sparwoche mehr Strom verbraucht als in der ersten, obwohl in diesem Gebiet alle berichten, mindestens eine neue, energiesparende Verhaltensweise ausprobiert zu haben. Die beliebtesten Tipps sind hier, beim Kochen die Herdplatte früher abzustellen und so die Restwärme zu nutzen sowie weniger warmes Wasser zu verbrauchen (beim Händewaschen, Zähneputzen, Duschen).

Der Anstieg von zweien der insgesamt fünf Teilnehmer erklärt sich darüber, dass diese in den betreffenden Wochen mehr Zeit zu Hause verbrachten: Ein Teilnehmer war krankgeschrieben und verbrauchte in dieser Zeit 6 bzw. 4 kWh mehr als in der ersten Woche. Ein Teilnehmer hatte Urlaub. Sein Verbrauch stieg in seiner Urlaubszeit um 15 kWh. Bei den übrigen drei Teilnehmern finden sich weder im Interview noch in den Anmerkungen der Interviewer mögliche Ursachen über die gestiegenen Verbräuche. Der einzige Teilnehmer, der nicht angibt, vorher schon viel gespart zu haben, verbrauchte in der zweiten Woche 13 kWh mehr als in der ersten. Sein Verbrauch sinkt danach wieder ab und liegt aber auch in der letzten Woche noch 6 kWh über dem der ersten Woche. Dieser Teilnehmer berichtet, nach und nach immer mehr Energiespar-Tipps befolgt zu haben, um nicht zu viel auf einmal zu machen und sich die einzelnen Sachen besser merken zu können. Zuerst habe er alle Dinge, die das Bad betreffen, ausprobiert und anschließend neue Verhaltensweisen in der Küche. Bei den zwei anderen Teilnehmern sind nur jeweils leichte Anstiege zu vermerken (3 bzw. 6 kWh), die auch durch normale Schwankungen zustande kommen können, wie z.B. eine Waschmaschine mehr zu waschen oder ähnliches. Trotzdem überrascht der einheitliche Anstieg des Verbrauchs aller Bewohner und läßt sich insgesamt nicht erklären.

Der Verbrauch der Teilnehmer der Zeile in Treptow ist in der ersten Woche leicht angestiegen und zur letzten Woche hin nur minimal gesunken. Es kann sich hierbei ebenfalls um normale Schwankungen handeln. Ein Grund für diese sehr geringe Senkung des Stromverbrauchs kann das ohnehin schon – selbst im Vergleich zu den sparsamen Teilnehmern der anderen Gebiete – extrem sparsame Energieverhalten der teilnehmenden Bewohner sein. Sieben der acht Bewohner haben vorher schon sehr viel gespart und die meisten der Tipps bereits vorher schon befolgt. Zwei der Teilnehmer notieren bereits seit Jahren regelmäßig ihren Zählerstand, um ihren Verbrauch zu kontrollieren. Drei Teilnehmer geben an, während der Aktion gar nichts geändert zu haben, da sie wirklich alle Energiespar-Tipps vorher schon befolgt haben. Fünf Teilnehmer haben sich jeweils mindestens eine neue Verhaltensweise herausgesucht: Den meisten Anklang fanden hierbei Tipps um den Kühlschrank herum, wie z.B. die Temperatur höher zu stellen, so dass die Butter streichzart ist, sowie regelmäßiges Abtauen. Außerdem wurden genannt: die Restwärme beim Kochen zu nutzen, schwächere Birnen zu benutzen, die Waschmaschine ganz voll zu machen und den PC nicht auf Stand-by-Betrieb laufen zu lassen.

Ebenfalls sehr geringe Schwankungen finden sich beim Stromverbrauch der Bewohner des Hochhauses in Friedrichshain. Auch hier sind die Bewohner sowieso schon sehr sparsam. (Der insgesamt höhere Verbrauch liegt eher in der Haushaltsgröße begründet (s.o.)). Das von den Teilnehmern genannte Wissen zum Energiesparen untermauert deren Angabe, auch vorher schon viel gespart zu haben. Auch hier berichten drei der Teilnehmer, gar keine neuen Tipps gefunden und auch nichts Neues ausprobiert zu haben. Die Teilnehmer, die neue Sachen ausprobiert haben, nannten insbesondere Stand-by-Betrieb abstellen, Restwärme am Herd nutzen und Energiesparlampen anschaffen. Außerdem wurden genannt: den Kühlschrank abtauen und die Heizung nicht mit Möbeln zustellen.

Abb. 5.4: Energiespartipp

„Da werden Sie weich wie Butter!"	
Kühlen und Gefrieren *Was kann ich tun?*	*Energiesparpunkte*
○ Ich taue meinen Kühlschrank ab!	**40** (1x)
○ Ich stelle die Temperatur im Kühlschrank so ein, dass sie 7 Grad nicht unterschreitet!	**100** (1x)
○ Ich stelle den Kühlschrank an einen verhältnismäßig kühlen Standort (z.B. nicht neben einem Heizkörper oder Herd) und achte darauf, dass die Luft am Kühlschrank hinten gut zirkulieren kann!	**100** (1x)

Was sollte man hier noch beachten?:

- Wie Sie sehen, lassen sich beim Thema „Kühlschrank" eine Menge Punkte sammeln! Jedes Grad weniger bedeutet 10% mehr Stromverbrauch!
  Falls Sie die Gradzahl im Kühlschrank nicht ablesen können: die optimale Temperatur hat Ihr Gerät, wenn die Butter im Butterfach streichfähig bleibt!
- Besitzen Sie einen Gefrierschrank oder eine Gefriertruhe? Auch hier kann man durch richtiges Einstellen der Temperatur Energie und damit Geld sparen: die optimale Temperatur beträgt –18 Grad C!
- Stellen Sie nur abgekühlte Speisen in den Kühlschrank!
- Tauen Sie ihren Kühlschrank regelmäßig ab!
- Schalten Sie im Urlaub Ihren Kühlschrank ab. Sie sparen in 20 Tagen 24 kWh! Wenn Sie z.B. von der BEWAG Strom zum Tarif „Klassik" beziehen, sparen Sie hier 7,70 DM, beim Tarif „Mulit-Connect" sind es 5,90 DM.

Die größten Einsparungen finden sich im Hochhaus im Märkischen Viertel. Da hier insgesamt der Verbrauch am höchsten ist, ist auch das Einsparpotenzial am größten. Hier haben sich alle Teilnehmer neue Verhaltensweisen vorgenommen. Besonders häufig genannt wurden Energiesparlampen, Kühlschrank abtauen, Stand-by-Betrieb ausschalten, beim Licht sparen und die Restwärme beim Kochen nutzen. Die Gründe dafür, warum nur die Bewohner dieses Gebietes deutlichere Einsparungen ihres Stromverbrauchs zu verzeichnen haben, sind den Angaben der Teilnehmer letztendlich nicht zu entnehmen.

Deutlichere Gebiets-Unterschiede als bei den Einsparungen finden sich bei den Motiven für das Stromsparen.

Die sich in den quantitativen Daten zeigende stärkere Preisorientierung der Bewohner der ehemals zum Westen gehörenden Gebiete bestätigt sich in den Interviews: In der Zeile Reinickendorf (West) sparen von fünf Bewohnern drei wegen Geld und zwei wegen der Umwelt. Im Hochhaus Märkisches Viertel (West) ist für sechs Teilnehmer Geld sparen das wichtigste Motiv zum Stromsparen und für einen Teilnehmer die Orientierung an der Umwelt.
Im Vergleich dazu überwiegt bei den Bewohnern des ehemaligen Ostens die Orientierung an einem maßvollen Umgang mit den Dingen oder auch an der Umwelt: Im Hochhaus Friedrichshain sparen fünf Teilnehmer, weil sie einen maßvollen Umgang mit den Dingen sinnvoll finden, zwei wegen der Umwelt und zwei, um Geld zu sparen. In der Zeile Treptow steht dreimal das Umweltmotiv im Vordergrund, zweimal ein maßvoller Umgang mit den Dingen und dreimal das Sparen von Geld.
Interessante Informationen geben auch die weiteren Fragen zur Haltung zum Stromsparen:
Nur eine Teilnehmerin empfindet Stromsparen klar als Verzicht. Um Geld zu sparen, ist sie bereit, diesen zu leisten. Alle anderen Teilnehmer verneinen heftig die Frage, ob sie Stromsparen als Verzicht erleben.
Die Teilnehmer der verschiedenen Gebiete unterscheiden sich hierbei in ihrer Argumentation:
In der Zeile Reinickendorf beschreiben die Teilnehmer Stromsparen als „Hobby" oder „Sport". „90,-DM weniger (als die Nachbarn) im Monat – das ist schon eine Leistung."
Im Hochhaus Märkisches Viertel steht ganz klar die Lebensqualität im Vordergrund. Es fallen Begriffe wie „die Bedürfnisse müssen erfüllt sein", „ich will meine Lebensqualität nicht einschränken" oder „ich möchte nicht bis an die Schmerzgrenze gehen, da hab ich was gegen. Es gibt bei mir ´ne Wohlfühlgrenze, wo ich sage, bis dahin kannst Du gehen."[1]
Ähnlich verläuft die Argumentation im Hochhaus Friedrichshain, wo trotz Sparen der Stromverbrauch für bestimmte Dinge als Luxus oder auch als Trost gesehen wird, den man sich gönnt. „Jeder hat seinen persönlichen Luxus. Der eine möchte Mercedes fahren, der andere braucht Schuhe, die 500,- DM gekostet haben, und für mich ist eben ein Luxus ein Wäschetrockner, wo jeder normale eben sparen kann" oder „da ich alleine bin, hab ich sowieso schon zu leiden. Wenn ich dann auch noch solche Sparmaßnahmen (mache), also dann habe ich überhaupt nichts mehr vom Leben." Davon abgesehen wird Stromsparen aber auch einfach als vernünftige Verhaltensweise angesehen, die weder etwas mit Verzicht zu tun hat noch mit Spaß oder Sport.

Ebenso in der Zeile in Treptow, wo häufig der maßvolle Umgang mit den Dingen betont wird: Drei der Teilnehmer hier bezeichnen sich selbst und auch ihre Nachbarn als Kriegs- bzw. Nachkriegsgeneration, der die Sparsamkeit einfach anerzogen wurde. „Im Krieg, wo ich ein junges Mädchen war, haben wir sparen müssen. In der Nachkriegszeit haben wir sparen müssen. Und dann ist das drinne." „Ich glaube nicht, dass einer von denen hier Energie verschwendet. Das sind alles Leute von der Generation, die sowieso sparsam sind," oder „aber für mich ist es eher eine Einstellung, dass ich mit Energie nicht so umgehen möchte, als hätten wir zuviel davon."
Die Verknüpfung zwischen Stromsparen und Umweltschutz sowie die Motivallianz zwischen Geldsparen und Umweltschützen beim Energiesparverhalten wird nur von knapp der Hälfte der Teilnehmer gesehen. „Da hab ich sowieso keinen großen Einfluss auf diesen Umweltschutz, wenn´s um´s Stromsparen geht", äußert z.B. ein sehr sparsamer Bewohner der Zeile in Treptow.

3.4 Die Diffusion in der Nachbarschaft

Unsere Annahme war, dass sich in den Gebieten mit hoher Kohäsion die Energiespartipps in der Nachbarschaft herumsprechen, während in den Gebieten mit geringer Kohäsion keine bzw. wenig Kommunikation über die Aktion oder die Tipps stattfindet. Also wurden die Teilnehmer befragt, ob sie sich mit anderen über die Aktion ausgetauscht haben.
Geht man rein nach der prozentualen Auszählung intendierter Kommunikation mit den Nachbarn, wurde unsere Annahme bestätigt: In den kohäsiveren Zeilengebieten führten jeweils 40% (Reinickendorf) bzw. 38% (Treptow) der Teilnehmer mit ihren Nachbarn von ihnen initiierte Gespräche über die Energiesparaktion. In den wenig kohäsiven Großstrukturen fingen dagegen nur jeweils 14% (Märkisches Viertel) bzw. 22% (Friedrichshain) der Teilnehmer mit ihren Nachbarn Gespräche über die Aktion an.
Die folgende Tabelle zeigt die Ergebnisse im Überblick:

Tabelle 5.4: Absolute und prozentuale Häufigkeiten der Gespräche mit Nachbarn über die Energiesparaktion

	Kohäsion	
	hoch	niedrig
Gespräche mit Nachbarn	Zeile Reinickendorf	Hochhaus Märkisches Viertel
	Ja: n = 2 40%	Ja: n = 1 14%
	Nein: n = 3 60%	Nein: n = 6 86%
Gespräche mit Nachbarn	Zeile Treptow	Hochhaus Friedrichshain
	Ja: n = 3 38%	Ja: n = 2 22%
	Nein: n = 5 62%	Nein: n = 7 78%

Dennoch zeigt sich in allen vier Gebieten – unabhängig von der Kohäsion – das gleiche Muster: Jeweils ein bis drei Teilnehmer haben mit Nachbarn über die Aktion gesprochen. Die Gespräche wurden nur mit Nachbarn geführt, zu denen enge Kontakte bestehen. Mit weniger gut bekannten Nachbarn fand keine Kommunikation statt, außer zwei sehr kurzen Gesprächen im Hochhaus Märkisches Viertel, die sich zufällig im Zusammenhang mit dem Ablesen des Zählerstands ergaben (da diese kurzen Gespräche nicht von den Teilnehmern bewusst intendiert waren, sondern sich eher zwangsläufig durch die Situation ergaben, wurden sie in obiger Tabelle nicht mitgezählt). Zudem haben sich in jedem der vier Gebiete jeweils einige Teilnehmer mit Familie, Freunden oder auch Arbeitskollegen über die Energiesparaktion unterhalten. Die Unterschiede zwischen den kohäsiven und nicht kohäsiven Gebieten treten nicht so deutlich zu Tage, wie wir es erwartet hätten.

Interessante Unterschiede ergeben sich hingegen zwischen den ehemaligen Ost- und den ehemaligen Westgebieten: Insgesamt erwecken die Interviews den Eindruck, dass die Energiesparaktion bzw. das Thema Energiesparen – unabhängig von der Kohäsion in den Gebieten – von den Teilnehmern der früher zu Ostberlin gehörenden Gebiete intensiver mit Nachbarn, Freunden, Kollegen oder Verwandten diskutiert wurde als in den Gebieten des früheren Westteils. Die direkte Frage, ob die Nachbarn für sie eine Orientierung für das eigene Energiesparverhalten darstellen, verneinen fast alle Teilnehmer. Nur vereinzelt wird geäußert, dass man sich schon an den Nachbarn orientieren und versuchen würde, gleich viel oder weniger zu verbrauchen. Der Verbrauch der Nachbarn oder auch generell anderer Leute ist aber durchaus für viele Teilnehmer

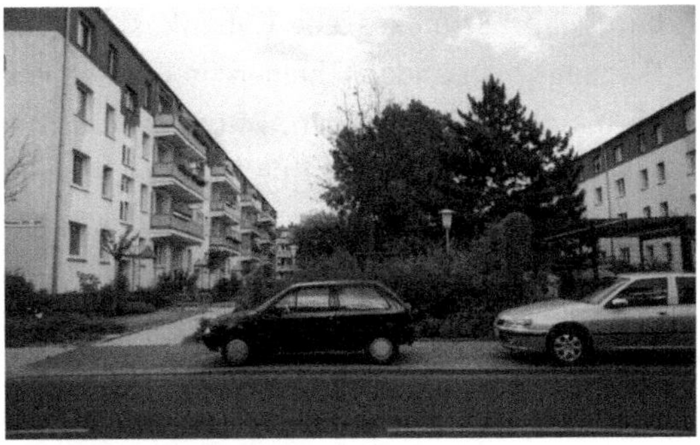

Abb. 5.5: Zeile Treptow

interessant. Auch dies wird deutlicher in den zwei ehemaligen Ost-Gebieten geäußert als in den zwei ehemaligen West-Gebieten.

In der Zeile in Treptow (Ost) z.B. haben drei der acht Teilnehmer mit Nachbarn über die Aktion gesprochen.

Ein Ehepaar hat einer Nachbarin erzählt, dass sie sehr begeistert waren von dem Tipp, die Kühlschranktemperatur höher einzustellen. Dieses Ehepaar hat schon vorher häufiger versucht, ihre Nachbarn auf Energieverschwendungen aufmerksam zu machen. Z.B. haben sie sie immer wieder auf den Verbrauch bei Stand-by-Einstellungen hingewiesen – allerdings erfolglos. Darum haben sie mittlerweile resigniert und auch über die aktuelle Aktion nicht mehr so viel erzählt. Interviewer: „Haben Sie denn vor dieser Energiesparaktion schon mal mit Nachbarn über Energiesparen gesprochen?" Teilnehmer: „An sich ja, aber meist ohne Erfolg. Ich meine, das Problem war immer diese Stand-by-Schaltung. Ich hab meine Meinung dazu gesagt, inwieweit nun einer sich dann anschließt und sagt ‚ich mach das auch', schwierig. Wer also Jahrzehnte gewohnt ist, beispielsweise immer das rote Lämpchen am Fernseher zu sehen, und dann schnell mal auf die Fernbedienung zu drücken, der ist schwer zu überzeugen." Ein Teilnehmer bat unseren Mitarbeiter, auch seinen Nachbarn anzusprechen, der bestimmt auch gerne an der Aktion teilnehmen möchte, was dieser dann auch tatsächlich tat. Ein anderer Teilnehmer hat alle drei Nachbarn, die er näher kennt, über die Aktion informiert: „dass sie ja hier, wie gesagt, irgendwie prüfen müssen, wo man Energie sparen kann." Ein Nachbar bedauerte daraufhin: „Wieso kommt der bei uns nicht?"

Zwei weitere Teilnehmer haben die Energiespartipps nicht an Nachbarn weitergegeben, wohl aber an Familienmitglieder (die nicht im Haushalt wohnen). Ein Teilnehmer hat die Broschüre mit den Tipps mit zum Arbeitsplatz genommen und ist mit seinen Kollegen alles durchgegangen, um zu sehen, wo diese noch sparen können. Nur zwei Teilnehmer haben mit keinem über die Aktion gesprochen.

Um zu erfahren, ob generell Energiesparen ein Thema in der Nachbarschaft ist und ob sich die Nachbarn in ihrem Stromverbrauch aneinander orientieren, wurden die Teilnehmer gefragt, ob vor der Aktion schon Gespräche mit Nachbarn über Stromkosten, Nebenkosten (inkl. Heizung) oder andere Themen im Bereich Energiesparen geführt wurden. In der Zeile in Treptow sind die Kosten für die Stromrechnung in der Regel Thema in der Nachbarschaft: „Die sind zu hoch" und „alle wollen sparen". Nur zwei Teilnehmer unterhalten sich mit ihren Nachbarn nicht hierüber.

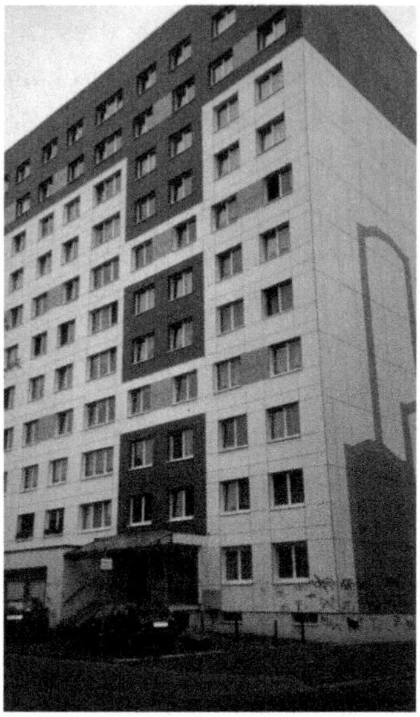

Abb. 5.6: Hochhaus Friedrichshain

Fünf der Teilnehmer geben an, sich für den Verbrauch der Nachbarn oder generell anderer Leute zu interessieren. „Es wäre schon interessant zu wissen, ob die meisten Leute mehr verbrauchen" oder „Was sagt denn die Statistik zu unserem Verbrauch?" sind typische Äußerungen in diesem Zusammenhang. Ein Teilnehmer guckt sich auch mal zwischendurch die Zählerstände der Nachbarn an. Ein anderer meint: „Also weniger als wir verbraucht keiner."

Ähnliche Äußerungen finden sich in dem Hochhaus Friedrichshain: „Es gibt nur eine, die weniger verbraucht als ich – und da habe ich gestaunt", äußert ein Teilnehmer, der schon immer die Zählerstände vergleicht. Zwei Teilnehmer würden sich schon mit ihren Nachbarn über ihren Verbrauch unterhalten und sich an ihnen orientieren, tun dies aber aufgrund der anonymen Situation im Haus nicht. Ein Teilnehmer orientiert sich am Verbrauch und Verhalten der Verwandten. Ein Teilnehmer weiß, dass der Nachbar weniger verbraucht, fühlt sich dadurch aber nicht angespornt, ebenfalls weniger zu verbrauchen: „Nein, ich tu mir keinen Zwang an – mach ich nicht."

Zwei Teilnehmer haben sich mit Nachbarn über die Energiesparaktion unterhalten. Ein Teilnehmer hat sich mit einem Nachbarn über die Tipps ausgetauscht. Ein anderer Teilnehmer hat sowohl mit einem Nachbarn im Haus als auch mit einem Nachbarn im Gartenhaus die Tipps besprochen. Dieser und ein weiterer Teilnehmer vergleichen mit Nachbarn im Haus auch die Stromrechnung und überlegen, wie der höhere Verbrauch der Nachbarn zustande kommen könnte. Die anderen Teilnehmer beschreiben die Nachbarschaft als so anonym, dass sie sich sowieso kaum mit jemandem unterhalten und dann eben auch nicht über das Thema Energiesparen.

Darüber hinaus haben sich aber die meisten Teilnehmer mit Familie, Freunden oder Kollegen über die Aktion ausgetauscht. Ein Teilnehmer hat auch hier wieder die Broschüre mit zum Arbeitsplatz genommen und mit Kollegen besprochen. In der Familie wurden Tipps weitergegeben. Zum Teil wissen die Teilnehmer ganz gut über das Energiesparverhalten ihrer Nachbarn, Kollegen, Freunde oder Familienmitglieder Bescheid – insbesondere dort, wo finanziell gespart werden muss: „Meine Mutter hat wenig Rente. Die dreht auch überall das Licht aus." „Ich habe eine Kollegin, die muss auch für sich alleine sorgen, die hat auch Energiesparlampen und drosselt die Heizung." Es wird von Diskussionen über das Thema berichtet: „Gestern abend hatten wir Besuch, da habe ich das erzählt. Da haben wir uns allgemein über Verbrauch und Geräte unterhalten." Es wurden Tipps weitergegeben, wie z.B. beim Kauf von Geräten auf deren Verbrauch zu achten oder den Stand-by-Betrieb abzuschalten. Insgesamt unterhält sich ca. die Hälfte der Teilnehmer im Hochhaus Friedrichshain mit ihren Nachbarn über ihre Nebenkostenabrechnung.

In den zwei Gebieten, die im ehemaligen Westen liegen, wurden kaum intensive Gespräche über die Aktion oder über Energiesparen generell geführt. Ein Austausch über die Nebenkosten bzw. ein Interesse für den Verbrauch der anderen besteht nur bei wenigen Teilnehmern:

Im Hochhaus Märkisches Viertel haben sich drei Teilnehmer mit je einem Nachbarn über die Aktion unterhalten. Es handelte sich dabei zweimal um zufällige Kontakte: Einer führte ein kurzes Gespräch mit dem Nachbarn, der den Schlüssel zum Zählerraum hat und der auch schon von unserer Mitarbeiterin angesprochen wurde. Diesem erzählte er, dass er an der Aktion teilnimmt und auch, dass er Energiesparlampen hat, aber der Nachbar zeigte nicht viel Interesse an dem Thema. Ein Gespräch fand statt, als eine Nachbarin einen Teilnehmer dabei beobachtete, wie dieser seinen Zählerstand notierte. Auch dieses Gespräch war sehr kurz und ging nicht über die Auskunft hinaus, dass eine Energiesparaktion stattfindet. Ein anderer hat sich mit einem eng befreundeten Nachbarn kurz darüber unterhalten, ob man mitmacht oder nicht – aber weniger im Sinne einer gegenseitigen Beratung oder Beeinflussung als vielmehr nur als kurze Information. Vier Teilnehmer haben sich mit niemandem über die Aktion unterhalten.

Die meisten unterhalten sich auch nie mit Nachbarn über die Nebenkostenabrechnung – weder über die Stromrechnung noch über die Betriebskostenabrechnung – oder generell über das Stromsparen. Ein Teilnehmer interessiert sich sehr für den Verbrauch der anderen. Er äußert dann aber eher vage, dass man da ja dann auch mal was sagen könne, wenn die anderen einen viel höheren Verbrauch haben. Für ihn sind die Nebenkosten auf jeden Fall ein Thema unter den Nachbarn, zumal es gerade vorher eine Erhöhung gegeben hatte. Er sowie ein weiterer Teilnehmer fänden es sehr gut, wenn über diese Themen mehr Gespräche zwischen Mietern und Wohnungsbaugesellschaft stattfinden würden. Man könnte dann viele energiesparende Maßnahmen einleiten, z.B. die Heizungsrohre besser isolieren oder auch die Beleuchtungszeit im Treppenhaus reduzieren. „Denn es könnte sicherlich einiges gemacht werden, gerade jetzt auch in dem Bereich Heizkosten sparen, wenn es zu mehr Gesprächen zu diesen Sachen kommen würde."

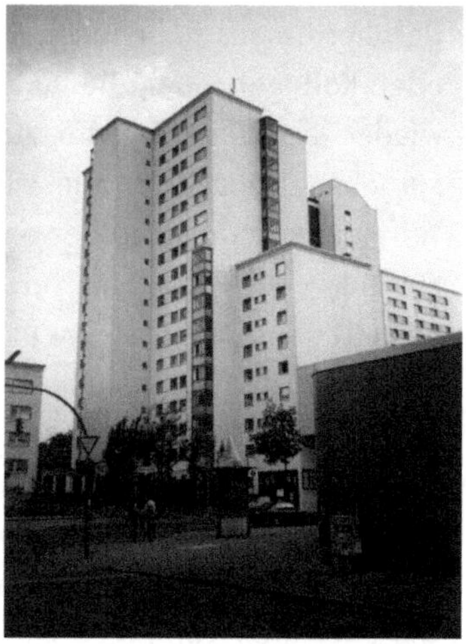

Abb. 5.7: Hochhaus Märkisches Viertel

Zwei Teilnehmer bemängeln die Sammelabrechnung im Haus für den Verbrauch von Heizenergie und Wasser und beschreiben, dass sie unter diesen Umständen auch nicht einsehen, zu sparen: „Das mit diesen Heiz- und Wasserkosten (...) ich hab eigentlich das ganze Jahr meine Heizung nicht an und ich bezahle trotzdem. Also ich wäre eigentlich nur dafür, wenn das gemessen werden würde, und man würde dann nach seinem Verbrauch bezahlen."

Auch in der Zeile in Reinickendorf fanden lediglich zwei kürzere Gespräche über die Aktion statt, bei denen die jeweiligen Gesprächspartner aus der Nachbarschaft kein besonderes Interesse zeigten.

In dem einen Gespräch erzählte der Teilnehmer einem Nachbarn, dass er bei der Aktion mitmacht und diese interessant findet. Der Nachbar zeigte sich wenig interessiert. In dem anderen Gespräch wurde der Teilnehmer von einem Nachbarn gewarnt, dass er sich nichts aufschwatzen lassen solle. Drei Teilnehmer haben sich gar nicht mit Nachbarn über die Aktion unterhalten. Als Gründe hierfür wurden genannt, dass die Nachbarn sich nicht dafür interessieren würden und dass sie es auch nicht nötig hätten, Strom zu sparen, weil genug Geld vorhanden sei. Außerdem sei

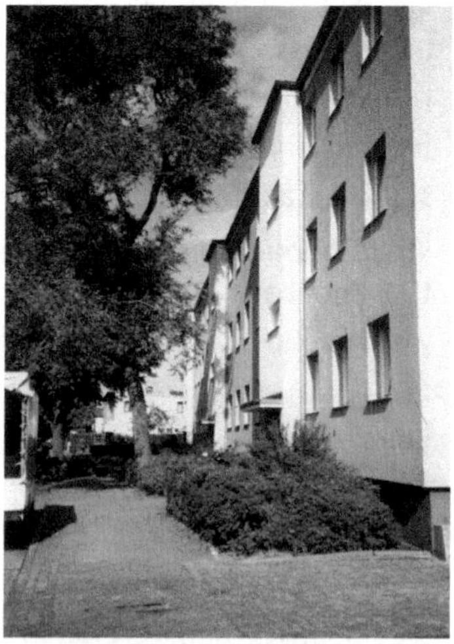

Abb. 5.8: Zeile Reinickendorf

man unsicher, wie die das aufnehmen würden. Zwei Teilnehmer unterhalten sich ab und zu mit ihren Nachbarn über die Nebenkostenabrechnung. Die Äußerungen beziehen sich hier einerseits auf die Betriebskostenabrechung, die auch die Heizkostenpauschale enthält, andererseits auch auf die Stromrechnung. „Da bin ich immer ganz scharf drauf", berichtet ein Teilnehmer, dessen Äußerungen auch zeigen, dass er das Verhalten seiner Nachbarn registriert: „Die haben kein Licht an beim Fernsehen." Er berichtet, dass sich im Nachbarhaus, in dem die Bewohner engen Kontakt zueinander haben, immer alle sofort absprechen, wenn die Nebenkostenabrechnung kommt. Ein anderer Teilnehmer erzählt, dass er schon mal seinen Nachbarn Tipps gegeben hat, wie z.B. Geräte nicht auf Stand-by-Betrieb stehen zu lassen. Sie würden sich aber nicht danach richten. Er selber ist für Tipps, die er auch in Gesprächen mit seinen Freunden bekommt, dankbar. Ein anderer Teilnehmer führte mit einem Nachbarn Gespräche über einen Wechsel des Stromanbieters.

Insgesamt zeigte sich also, dass die Energiesparaktion nur in geringem Ausmaß zum Thema nachbarschaftlicher Unterhaltungen wurde. In allen Gebieten fanden vereinzelt Gespräche statt, meist mit eng befreundeten Nachbarn, ab und zu aufgrund von Situationen, die sich zufällig ergaben. Zudem unterhielten sich in allen Gebieten einige Teilnehmer mit Freunden, Familie oder auch Arbeitskollegen über die Energiesparaktion oder generell über das Energiesparen. Mehr und intensivere Gespräche fanden in den beiden Gebieten statt, die im ehemaligen Ostteil Berlins liegen. Zusammenhänge mit der Kohäsion finden sich hier nicht. Ob die Unterschiede tatsächlich auf Ost-West-Unterschiede zurückzuführen sind, lässt sich jedoch auf der Basis der Einzelvergleiche nicht entscheiden.

Eine Orientierung an den Nachbarn oder auch an anderen Personen findet nur bedingt statt. Die Verneinung der Frage, ob man sich an Nachbarn orientiere, liegt allerdings nahe, da sonst der Anschein erweckt werden könnte, man habe keine eigene Meinung. Ein Teilnehmer aus einem Gebiet aus dem ehemaligen Osten Berlins erzählt auch, dass es vor der Wende mehr Austausch über solche Themen gab. Seit der Wende mache verstärkt „jeder seins", und man traue sich kaum noch danach zu fragen, wieviel jemand verdiene oder wieviel Nebenkosten jemand verbrauche. Dennoch belegen Äußerungen wie „das würde mich schon interessieren" und „ich sehe mir manchmal die Zählerstände an", dass bei einigen durchaus Interesse am Verbrauch der anderen besteht. Eine Orientierung des eigenen Verhaltens am Verbrauch oder Verhalten der anderen wird vereinzelt deutlich. So etwa in Aussagen wie der des Teilnehmers in der Zeile Reinickendorf, der es als Leistung ansieht, monatlich 90,- DM weniger zu verbrauchen als seine Nachbarn (s.o.). Ein anderer erzählt, sehr von seinen Verwandten zur Teilnahme an der Energiesparaktion motiviert worden zu sein, die ihn vorher schon häufig auf Möglichkeiten zum Stromsparen hingewiesen hätten und froh wären, dass er die Tipps jetzt systematisch ausprobieren wollte. Auch gibt es Hinweise darauf, dass einige schon vor der Aktion versucht hatten, ihre Nachbarn zum Stromsparen zu motivieren. Insbesondere hatten einige ihre Nachbarn auf Stromverschwendung durch Stand-by-Betrieb aufmerksam gemacht – dies allerdings durchgehend ohne Erfolg, so dass sie es nach einigen Versuchen aufgegeben haben.

3.5 Diskussion

3.5.1 Zum Stromsparen

Außer drei Ausnahmen haben alle Teilnehmer vor der Energiesparaktion bereits großen Wert darauf gelegt, Strom zu sparen. Dies zeigt deutlich, dass diese Art der Intervention eher Bewohner motiviert, die sich bereits für das Thema Energiesparen interessieren und auch schon viel darüber wissen. Wenig geeignet ist sie, um ‚neue' Bewohner/innen für das Thema zu interessieren und zu aktivieren.

Die erwartete Senkung des Stromverbrauchs zeigt sich lediglich in einem Gebiet, im Hochhaus im Märkischen Viertel. Die Teilnehmer der anderen Gebiete haben während der Aktion entweder nur sehr geringfügig weniger bzw. (in der Zeile in Reinickendorf) sogar mehr Strom verbraucht. Dieses Ergebnis lässt sich nicht vollständig klären, ist jedoch zu einem großen Teil darauf zurückzuführen, dass das Einsparpotenzial aufgrund des vorher schon sparsamen Verbrauchs der Teilnehmer von vornherein sehr gering war.

Es zeigt sich aber auch, dass vielen der ‚Sparer' gar nicht bekannt oder bewusst ist, dass Stromsparen auch Umweltschutz ist. Oft wird es „nur" gemacht, um Geld zu sparen – dies insbesondere im ehemaligen Westen -, oft aus anerzogener Abneigung gegen Verschwendung allgemein. Letztendlich kommt es zwar für die Umwelt auf dasselbe heraus. Dennoch wäre eine stärkere Verbreitung des Wissens, dass Stromsparen auch Umweltschutz ist, gewinnbringend. Gerade dann, wenn diese Verhaltensweise als sinnvoll, vernünftig, intelligent etc. betrachtet wird, könnte so dazu beigetragen werden, das Image des Umweltschutzes zu verbessern. Klischees wie „Umweltschutz gleich Müsli-essen und Frösche über die Strasse tragen" können so aufgeweicht und Umweltschutz einer breiteren Bevölkerung schmackhaft gemacht werden. Die Sensibilisierung hinsichtlich anderer Umweltschutz-Bereiche würde dadurch gefördert. So können zusätzlich Bevölkerungsschichten angesprochen werden, die weder ‚auf die Mark gucken müssen' noch die anerzogene Sparsamkeit der Nachkriegszeit verinnerlicht haben.

3.5.2 Zu Gruppenprozessen

Unsere Annahme, dass sich in hoch kohäsiven Gebieten mehr Bewohner an der Aktion beteiligen als in niedrig kohäsiven Gebieten oder dass aufgrund gegenseitiger Motivationsprozesse die Teilnehmer in hoch kohäsiven Gebieten mehr Energie einsparen als in niedrig kohäsiven Gebieten, wurde nicht bestätigt.
Die Annahme, dass in den Gebieten mit einer hoch kohäsiven Nachbarschaft die Informationen der Energiesparaktion stärker in die Nachbarschaft diffundieren würden als in den Gebieten mit geringer Kohäsion, bestätigten sich ebenfalls nur tendenziell. Betrachtet man alleine die prozentualen Häufigkeiten der von den Teilnehmern intendierten Gespräche, fand in den hoch kohäsiven Nachbarschaften mehr Kommunikation statt. Dennoch werden insgesamt wenig Unterschiede zwischen hoch und niedrig kohäsiven Gebieten bzgl. der Kommunikation über die Energiesparaktion deutlich. Nur bei engen Kontakten findet eine Kommunikation über die Energiespar-Tipps oder auch über das Stromsparen generell statt. Hier gibt es keinen Unterschied zwischen den hoch und niedrig kohäsiven Gebieten: Auch in kohäsiven Nachbarschaften beschränken sich die wirklich engen Kontakte auf einige wenige Nachbarn. Ansonsten werden Gespräche eher mit Freunden, Familienangehörigen oder Arbeitskollegen geführt. Da beinahe alle Teilnehmer sehr interessiert am Thema Energiesparen waren, liegt das geringe Ausmaß an Kommunikation mit den Nachbarn über das Thema wohl weniger an Desinteresse als an anderen Gründen. Stromsparen scheint kein unverfängliches Thema zu sein – darüber unterhält man sich nicht mit lockeren Bekannten, z.T. aus Angst, dem Anderen „auf den Schlips zu treten" – „es macht eh jeder seins" – oder auch weil es um Geld geht und das Thema deshalb als indiskret empfunden wird oder weil man der Meinung ist, „die haben´s eh nicht nötig."
Heißt dies, dass Gruppenprozesse unbedeutend sind für die Durchführung bzw. den Erfolg von Interventionen? Keinesfalls. Vielmehr verdeutlicht es die Notwendigkeit, bei Interventionen von vornherein stärker die Gruppe einzubeziehen, anstatt nur Einzelne. Matthies & Krömker (2000) haben bereits ge-

zeigt, dass der Erfolg von Interventionen durch die Einbeziehung von Gruppen gesteigert werden kann. Bei ihrer Intervention verwandten sie die an der Universität Bochum entwickelte Heuristik für Interventionen im geschlossenen Setting, deren zentrale Idee es ist, die Zielgruppe direkt in die Planung und Durchführung der Intervention einzubeziehen. Thema war hier die Verbesserung der Mülltrennung in einem Studentenwohnheim. Wie in Teil B, Kapitel 3 und 5 deutlich geworden ist, ist das Thema Mülltrennung wesentlich stärker Gesprächsthema in der Nachbarschaft als das Thema Energiesparen. Nicht zuletzt die Beobachtbarkeit des Mülltrennungs-Verhaltens ist dafür verantwortlich, dass dieses Verhalten stärker als andere Verhaltensbereiche und so auch stärker als der Bereich Energiesparen durch nachbarschaftliche Normen beeinflusst wird. Die Heuristik umfasst die drei Phasen „Analyse des Verhaltens und Diskursanalyse", „Ankoppeln an die Zielgruppe" und „Beratung bei der Aktion". Die Äußerungen der Teilnehmer in den Interviews lassen den Schluss zu, dass auch im Bereich Energiesparen und im geschlossenen Setting Nachbarschaft eine solche Interventionsdurchführung Früchte tragen könnte. Ein Teilnehmer schlug vor: „Sie hätten gemeinsam mit der Wohnungsbaugesellschaft alle Mieter im Haus zum Mitmachen auffordern sollen." Dies war in dieser Intervention nicht das Ziel. Ziel war es, zu untersuchen, welche Gruppenprozesse sozusagen ‚von selbst' stattfinden, und ob sich diese in hoch kohäsiven Nachbarschaften von denen unterscheiden, die in niedrig kohäsiven Nachbarschaften zu finden sind. Ohne weitere Impulse durch das Projekt wurden hier jedoch nur ansatzweise Prozesse gefunden, die in Gruppen wirksam werden, wie gegenseitiger Informationsaustausch, Motivierung oder auch Konkurrenz, die in eine Art Wettbewerb münden kann. Wo keine engen Nachbarschaftskontakte bestehen, fand Kommunikation über die Aktion mit Nachbarn nur dort statt, wo sich zufällige Anlässe fanden, sich über die Aktion zu unterhalten, z.B. beim Zählerablesen. Ähnlich wie generell Kontakte über die Erleichterung zufälliger Begegnungen gefördert werden können (Teil B, Kapitel 2), wird auch über die Erhöhung der Wahrscheinlichkeit zufälliger Gespräche bzgl. Stromsparen, die Kommunikation hierüber und der Erfolg der Intervention begünstigt. Offensichtlich kommen Gruppenprozesse bzgl. des Themas Energiesparen selbst in hoch kohäsiven Nachbarschaften von alleine wenig in Gang, bzw. nur dort, wo Nachbarn auch dem engeren Freundeskreis angehören. Um in größerem Ausmaß Gruppenprozesse anzukurbeln, bedarf es stärkerer Anstöße von außen.

Ein anderes interessantes Ergebnis ist der Befund, dass in den ehemaligen Ostgebieten intensivere Gespräche stattgefunden haben als in den ehemaligen Westgebieten. Dies mag daran liegen, dass es dort früher eine andere Gesprächskultur gab, wie ein Teilnehmer bemerkte: Vor der Wende sei so etwas stärker Thema gewesen, heute sei es „schon ein Verbrechen, wenn man jemandem nach seinem Gehalt fragt." Zum anderen fanden in der DDR innerhalb der Nachbarschaften viele gruppenbezogene Aktivitäten statt. Man war gewohnt, gemeinsam mit den Nachbarn z.B. die Grünflächen zu bewirtschaften, das Haus zu renovieren oder ähnliches. Diese Kultur existiert im Westen – abgesehen von eher ausgefallenen Wohnprojekten – kaum.

Anmerkungen

1 Bei den folgenden Zitaten in Anführungsstrichen handelt es sich um Ausschnitte aus den geführten Interviews. Aus Gründen der Anonymität werden hierbei keine Angaben zu den jeweiligen Interviewpartnern gemacht.

Literatur

Matthies, E, Krömker, D (2000) Participatory Planning – A heuristic for adjusting interventions to the context. Journal of Environmental Psychology 20: 65-74.

Klingner C, Glaser U, Rehmet C (1995) Handeln statt reden. Energiesparaktionen in Miethaushalten. Unveröffentlichter Projektbericht aus dem Projekt „KlimaKampagne" der KEBABgGmbH.

Preisendörfer P (1996) Ökologisches Bewußtsein in Ost- und Westdeutschland. Zeitschrift für Umweltpolitik und Umweltrecht, 19, 1-20.

Preisendörfer P, Wächter-Scholz F (1997) Umweltbewußtsein und Umweltverhalten. Sozialwissenschaftlicher Ergebnisbericht zur Umfrage „Umweltbewußtsein in Deutschland". UNESCO-Verbindungsstelle für Umwelterziehung, Umweltbundesamt, Berlin.

C.6

Bewertung des Hypothesenmodells anhand der Interventionen: eine theoretische Reflektion

Bettina Graf und Barbara Hinding

Im Folgenden sollen unsere Erfahrungen im Rahmen der Interventionen vor dem Hintergrund des Hypothesenmodells näher betrachtet und theoretisch reflektiert werden. Dabei soll überlegt werden, ob und inwiefern die Ergebnisse der Interventionen mit unseren theoretischen Vorannahmen in Übereinstimmung zu bringen sind bzw. wie diese modifiziert werden müssen. Zu den folgenden Interventionen soll hierbei Stellung genommen werden:

- Aufbau des Nachbarschaftszentrums *Am Nixenkai*/ Fotowettbewerb/ Initiierung funktionaler Netze in der Rummelsburger Bucht,
- Evaluierung der Aneignung und Nutzung wohnungsnaher kollektiver Freiflächen in Französisch Buchholz,
- Förderung des Energiesparens in verschiedenen Nachbarschaftskontexten.

6.1 Aufbau des Nachbarschaftsvereins *Am Nixenkai*, Fotowettbewerb und Initiierung sozialer Netze (Rummelsburger Bucht)

Die Forschungsaktivitäten des *WohNach-Projektes* zur Begleitung und zum Aufbau des Nachbarschaftsvereins, zur Durchführung des Fotowettbewerbs und zur Förderung funktionaler Netze setzten hier im Bereich organisatorisch-institutioneller Einflussfaktoren an. Über spezielle durch die Wasserstadt GmbH gesteuerte Maßnahmen sollte die Entstehung von Nachbarschaften im

Neubaugebiet gefördert werden. So wurde das Projekt „Leben an der Rummelsburger Bucht" initiiert, aus dem später das Nachbarschaftszentrum *Am Nixenkai* hervorging. Ziel von Projekt und Nachbarschaftszentrum ist die Förderung sozialer Kontakte und die Schaffung einer lokalen Identität bei den Bewohner/innen des neuen Quartiers.

Soziale Netze entstehen nach unseren theoretischen Überlegungen durch ein Zusammenspiel sozialer, räumlicher und organisatorischer Faktoren, moderiert durch die Transaktionskosten, die ihrerseits räumliche, soziale und organisatorische Faktoren mit einbeziehen.

Im Falle der Intervention an der Rummelsburger Bucht stand die Beziehung zwischen organisatorisch-institutionellen Maßnahmen, hier der Gründung des Nachbarschaftszentrums *Am Nixenkai,* und der Bildung sozialer Netze im Zentrum des Forschungsinteresses.

Durch das Nachbarschaftszentrum wurde eine neue Einrichtung geschaffen, die auf Grundlage einer partizipativen Angebotsentwicklung das soziale Leben fördern soll; der Fotowettbewerb wurde organisiert, um Kontakte zwischen verschiedenen Bewohner/innen herzustellen und darüber hinaus den Bekanntheitsgrad des Nachbarschaftsvereins zu steigern. Die Ergebnisse dieser Intervention finden sich im Teil C, Kapitel 2.

Ansatz und Ziel der durchgeführten Intervention lassen sich wie folgt darstellen:

Abb. 6.1: Die Förderung sozialer Netze durch organisatorisch-institutionelle Einflussfaktoren: Ziel und Ansatzpunkt der Intervention in der Rummelsburger Bucht

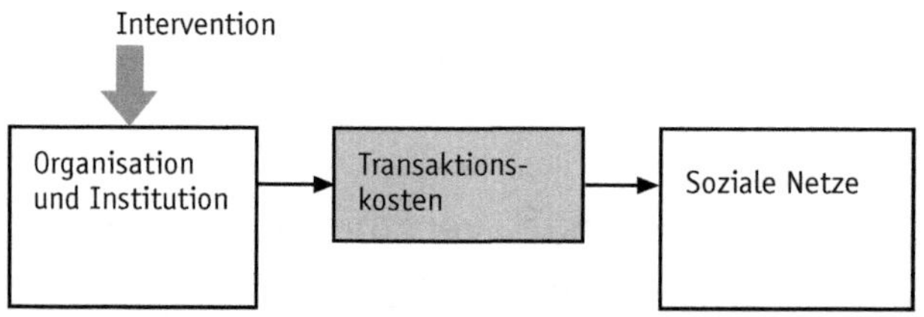

Unser Beispiel zeigt, dass die Maßnahmen in der Rummelsburger Bucht (genauer vgl. Teil C, Kapitel 2) geeignet sind, soziale Netze zu initiieren und zu stärken. Dabei kommt es zur Bildung einzelner Netze. Um eine dichtere Vernetzung im Quartier insgesamt zu erreichen, bedarf es jedoch einer Vielzahl weiterer Initiativen und Netze sowie Zeit. Es ist aber anzunehmen, dass sich über ‚Schneeballeffekte' aus den zunächst initiierten Netzen neue Interessengruppen herausbilden werden. Wenn bereits eine Vielzahl lockerer Kontakte besteht, können diese nach aktuellem Bedarf aktiviert werden. Je mehr Kontakte bereits vorhanden sind, desto geringer sind die Transaktionskosten für die Initiierung neuer Netze und desto wahrscheinlicher wird es, dass diese auch wirklich entstehen.

In der Rummelsburger Bucht kam es zur Bildung spezifischer Gruppen, deren Mitglieder ähnlichen Bevölkerungsgruppen (ältere, ehemalige DDR-Bürger/innen) angehören und die durch gemeinsame Interessen verbunden sind. Netze von Personen, die sich als ähnlich wahrnehmen, entstehen offensichtlich am leichtesten.

Funktionale Netze sind solche Netzwerke, die bestimmte Funktionen für die Lebensgestaltung und Alltagsbewältigung ihrer Mitglieder erfüllen, wie z.B. Kinderbetreuung, Freizeitgestaltung, Jobvermittlung. Nur so werden Nachbarschaftsnetze für einen Großteil der Bevölkerung attraktiv. Es geht bei der Netzwerkbildung darum, Personen zu finden, die in einem bestimmten Lebensbereich durch ähnliche Interessen verbunden sind.

Im Beispiel des Nachbarschaftszentrums Am Nixenkai an der Rummelsburger Bucht haben sich Gruppen von ‚Gleichgesinnten' (Homogenität) gebildet, die über zeitliche Ressourcen verfügen (Rentner). Verschiedene Gruppen (Jung und Alt, Ost und West) zusammenzubringen ist schwierig, wenn keine gemeinsamen Interessen gefunden werden können. Ebenso ist es schwierig, die vielbeschäftigten Berufstätigen zu erreichen.

Die Bedeutung sozialer und räumlicher Einflussfaktoren für das Gelingen einer organisatorischen Maßnahme zeigte sich deutlich. Als bedeutender räumlicher Einflussfaktor im Wohngebiet zeigt sich die *Nähe*: Angebote werden nur dann angenommen, wenn sie nah genug an der Wohnung liegen (und die Transaktionskosten entsprechend gering sind). Je näher ein/e Bewohner/in am Nachbarschaftszentrum wohnt, desto größer ist die Wahrscheinlichkeit, dass er oder sie es kennt und vielleicht auch Angebote wahrnimmt. Mit der räumlichen Entfernung nimmt die Intensität der Kommunikation über das Nachbarschaftszentrum ab. Der Nachbarschaftsverein *Am Nixenkai* auf der Halbinsel Stralau hat Schwierigkeiten, die Bewohner/innen der anderen Seite der Rummelsburger Bucht zu erreichen. Nachbarschaftseinrichtungen erreichen die Bewohner/innen offensichtlich am besten, wenn sie in direkter Nähe der Wohnung gelegen sind und in bis zu 5 Minuten zu Fuß erreichbar sind.

6.2 Wohnungsnahe kollektive Freiflächen und ihr kontaktstiftendes Potenzial (Französisch Buchholz)

Im Rahmen unserer Intervention in Französisch Buchholz stand der Einfluss räumlicher/ baulicher Merkmale auf die Entstehung sozialer Kontakte im Zentrum des Untersuchungsinteresses. Inwieweit sind wohnungsnahe Freiflächen geeignet, zur Entstehung sozialer Kontakte beizutragen?
Es zeigte sich auch hier die wichtige Bedeutung sozialer Faktoren: Dort, wo viele Bewohner/innen leben, die in einer ähnlichen Lebenssituation sind und außerdem über Zeit verfügen, entsteht schnell Kontakt („Rentnerblock“).

Abb. 6.2: Der Einfluss von Merkmalen der räumlichen Struktur auf die Bildung sozialer Netze

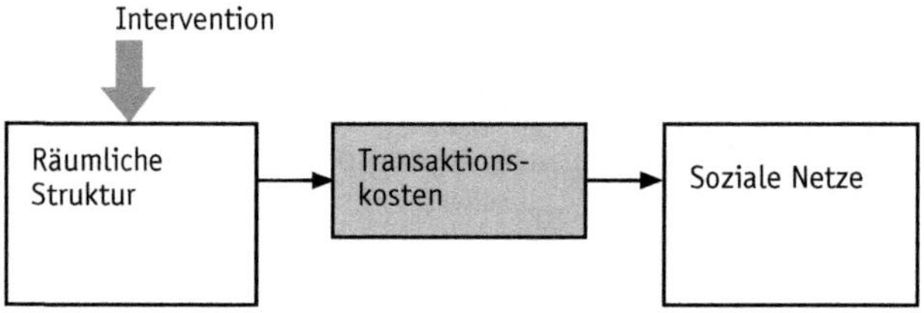

Weiter zeigte sich, dass auf wohnungsnahen Freiflächen nur dann Kontakte entstehen, wenn bestimmte Bedingungen gewährleistet sind. Zum einen muss für die Bewohner/innen klar sein, wer Anspruch auf welche Fläche hat. Ist dies unklar, so verwaisen die Freiflächen. In Französisch Buchholz wurden negative Einflüsse von Verboten, Unklarheiten und uneindeutigen Nutzungsmöglichkeiten bzw. Nutzungsansprüchen festgestellt. Dies steht sowohl der Aneignung als auch der Kontaktaufnahme auf den wohnungsnahen Freiflächen entgegen. Darüber hinaus können auch gestalterische Fehler verhindern, dass wohnungsnahe Freiräume genutzt werden. Im Extremfall werden Angebote für Bevölkerungsgruppen bereitgestellt, die es in einem Wohngebiet gar nicht gibt. So finden sich z.B. im Wohngebiet Rummelsburger Bucht außerordentlich viele Spielplätze für Kleinkinder. Dort wohnen aber fast ausschließlich ältere Erwachsene und Rentner/innen. Im Wohngebiet Französisch Buchholz versperren Milchglasfenster die Sicht auf Freiflächen vor der Haustür. Diese Sichtsperre wird als Barriere wahrgenommen, die eine Aneignung des Raums vor der Haustür erheblich erschwert.

Auch bestimmte soziale Faktoren wirken sich hinderlich auf die Belebung wohnungsnaher Freiflächen aus. So entsteht z.B. dort, wo die Bewohner den ganzen Tag außer Haus beschäftigt sind, auch kein soziales Leben im Wohnungsumfeld. Lebensstile wirken sich hier unmittelbar aus: Gerade wo ein großer Teil der Bevölkerung aus Vollzeitberufstätigen besteht, reicht das bloße Vorhandensein wohnungsnaher Freiflächen nicht aus, um soziale Kontakte entstehen zu lassen. Am besten scheint es vielmehr bei Rentner/innen und bei Müttern/ Vätern, die zu Hause Kleinkinder betreuen, zu funktionieren.

6.3 Eine Intervention zur Förderung des Energiesparens in verschiedenen Nachbarschaftskontexten

Im Unterschied zu den übrigen erprobten Interventionsmethoden ging es bei dieser Maßnahme um den zweiten Teil des Hypothesengerüsts, um den Zusammenhang von Nachbarschaft und der Nachhaltigkeit des Konsumverhaltens. Von Interesse waren hier vor allem die Rahmenbedingungen der Durchführung, besonders die Frage, ob eine kommunikative Maßnahme zur Verhaltensänderung in Abhängigkeit von der Kohäsion einer Nachbarschaft eine andere Dynamik entfaltet. Die Interventionsmaßnahme selbst setzte am Konsummotiv an. Die Teilnehmer wurden über zwei Motive - Umweltschutz und Geld sparen - zum Mitmachen motiviert. Es wurde vermutet, dass Personen, die sich an einer solchen Aktion beteiligen, hoch motiviert sind und versuchen, auch andere Menschen zu überzeugen, mindestens jedoch davon erzählen. In kohäsiven Nachbarschaften sollten zu diesem Personenkreis auch die Nachbarn gehören. Energiesparen müsste so zu einem „Thema" in der Nachbarschaft werden, das andere gewissermaßen „ansteckt". Als Folge wurde erwartet, dass in den kohäsiveren Gebieten mehr Energiesparaktivitäten an den Tag gelegt werden und der Stromverbrauch stärker abnimmt. Dieser Prozess wird in Abbildung 6.3 durch den Doppelpfeil zwischen Konsummotiv und Gruppenprozess symbolisiert.

Abbildung 6.3: Der Einfluss der Kohäsion auf Konsummotive, Gruppenprozesse und das Konsumverhalten

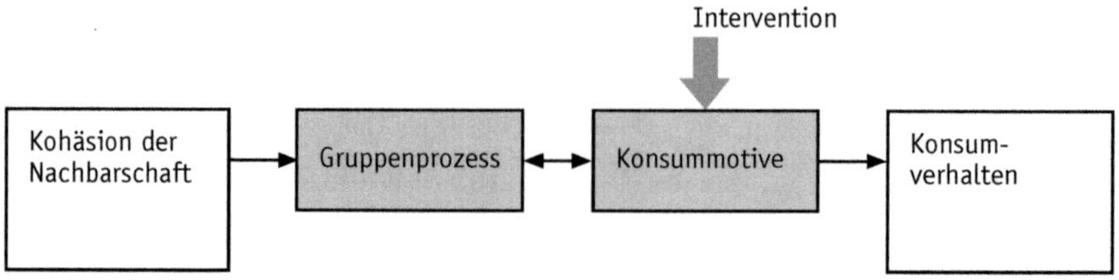

Die Ergebnisse stimmen nur teilweise mit unseren Modellannahmen überein. In den kohäsiven Gebieten wurde nicht mehr gespart als in den weniger kohäsiven. Weder in den kohäsiven noch in den weniger kohäsiven Nachbarschaften kam es in größerem Umfang zu Gruppenprozessen im Sinne einer gemeinsamen Auseinandersetzung mit dem Thema. Aufschlussreich für das Modell sind jedoch die Gründe dafür. Gespräche über die Aktion gab es nur mit Freunden, mit Verwandten und mit *engen* Nachbarn, unabhängig von der wahrgenommenen Kohäsion der Nachbarschaft. Wir gehen davon aus, dass das mit dem Thema selbst – Energiesparen – zu tun hat. Dies wurde vor allem in den Einzelinterviews deutlich, wo mehrfach auf eine konnotative Bedeutung des Energiesparens hingewiesen wurde: Sparsamkeit schlechthin und damit das Einkommen und der soziale Status. Als Gesprächsthema hat das einen vertraulichen Charakter. Es setzt eine Nähe zwischen den Gesprächspartnern voraus, wie sie in den Nachbarschaften offenbar nur selten gegeben ist, und zwar in den kohäsiven und in den nicht kohäsiven Gebieten gleichermaßen. Dieses Ergebnis bedeutet also nicht, dass Gruppenprozesse für die Dynamik von Interventionen keine Rolle spielen würden. Ein anderer Inhalt – Mülltrennung etwa – hätte hier womöglich zu ganz anderen Ergebnissen geführt. Das zeigt sich ganz konkret auch daran, dass einige Aktionsteilnehmer sich für den Stromverbrauch ihrer Nachbarn interessieren (sozialer Vergleich), vereinzelt auch versuchen, Nachbarn vom Energiesparen zu überzeugen.

6.4 Einschätzung des theoretischen Modells anhand der Interventionen

Nach Bell et al. (1996) erfüllen Theorien drei wesentliche Funktionen. Zum einen helfen sie uns, Beziehungen zwischen Konzepten und Variablen vorherzusagen. Wenn wir z. B. bestimmte räumliche Merkmale verändern, sollte dies zu mehr Kontakten unter den Bewohnern führen.
Außerdem fassen Theorien große Mengen empirischer Daten zusammen. Darüber hinaus helfen sie uns über einzelne Beobachtungen hinaus generalisierbare Aussagen zu machen. Sie sollen auch, und das ist für die anwendungsorientierte Forschung besonders wichtig, Lösungsmöglichkeiten für praktische Probleme implizieren.
Inwieweit kann unser auf der Grundlage deskriptiver Forschung entwickeltes Hypothesenmodell diese Funktionen erfüllen?
Im Rahmen der korrelativen Forschung (vgl. Teil B) konnten einzelne der vorhergesagten Zusammenhänge gefunden werden, andere jedoch nicht. Hier muss eine Differenzierung der theoretischen Konzepte erfolgen sowie über methodische Probleme nachgedacht werden.
Es ist schwierig, im Rahmen eines so komplexen Forschungszusammenhangs wie dem des *WohNach-Projektes,* in dessen Rahmen ausschließlich Felderhebungen durchgeführt wurden, isolierte Zusammenhangsbeziehungen oder gar Ursache-Wirkungsbeziehungen zu finden. Die Ergebnisse der Interventionen sowie die Ergebnisse der quantitativen Untersuchungen lieferten aber einige Belege dafür, dass die im Modell dargestellten Zusammenhänge für die Entstehung von Nachbarschaften und für deren Einfluss auf Konsumverhalten bedeutsam sind.
Das Zusammenfassen der empirischen Befunde ist auch nach der Durchführung der Interventionen ohne eine Erweiterung der Theorie gewährleistet.
Die Generalisierbarkeit der Aussagen kann dabei jedoch immer nur begrenzt verstanden werden. In unterschiedlichen Umwelten werden sich auch veränderte Beziehungen finden, so sind die hier dargestellten Beziehungen allenfalls als Regeln, nicht aber als Gesetze zu verstehen (vgl. Girtler 1984, Mayring 1990). Da die Konzepte des Hypothesenmodells allerdings einen hohen Abstraktionsgrad aufweisen, ist die Möglichkeit der Generalisierung auch eher hoch.
Im Rahmen der interdisziplinären Forschung erfüllen Theorien aber eine weitere wichtige Funktion: Sie schaffen eine kommunikative Grundlage für die

beteiligten Wissenschaftler/innen, von der aus argumentiert, diskutiert und über Lösungsvorschläge nachgedacht werden kann. Gerade diese Funktion hat das Hypothesenmodell besonders gut erfüllt.
Zusammenfassend kann festgehalten werden, dass das Modell seine kommunikativen und pragmatischen Funktionen gut erfüllt und dass die qualitativ erhobenen Ergebnisse im Rahmen der Interventionen gut mit ihm übereinstimmen; der Nachweis korrelativer oder gar kausaler Beziehungen bleibt jedoch schwierig.

Literatur

Bell P, Greene T, Fisher J, Baum A (1996) Environmental Psychology. Harcourt Brace College Publishers, Fort Worth

Girtler R (1984) Methoden der qualitativen Sozialforschung. Anleitung zur Feldarbeit. Böhlau, Wien

Mayring P (1990) Einführung in die qualitative Sozialforschung. Psychologie Verlags Union, München

D

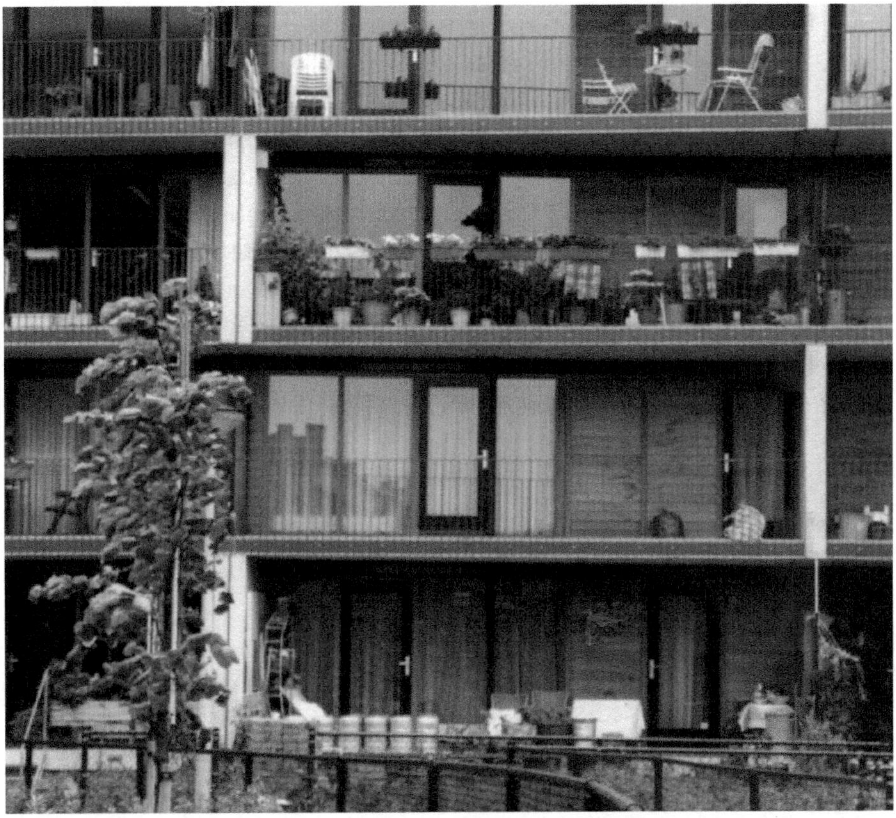

WohNach, wodurch, wohin? Gewonnene Erkenntnisse, offene Fragen und Empfehlungen für Akteure

Gewonnene Erkenntnisse, offene Fragen und Empfehlungen für Akteure

Der vierte und letzte Teil dieses Buches übernimmt die Aufgabe, die im Rahmen des Forschungsprojektes gesammelten Erfahrungen zusammenzutragen und daraus Empfehlungen für verschiedene Akteure abzuleiten. Kapitel eins vermittelt zu diesem Zweck einen Überblick über den Ablauf des Projekts. Es sollen nicht nur Erfahrungen dargestellt werden, die den Gegenstand der Forschung betreffen, sondern vielmehr auch Erfahrungen, die sich auf den Prozess der interdisziplinären Forschungstätigkeit beziehen. In Kapitel zwei wird daher der Forschungsprozess selbst genauer analysiert, indem Ergebnisse aus Interviews mit Praxispartnern dargestellt werden. Nach wie vor ist es eher die Ausnahme als die Regel, dass mehrere Disziplinen gemeinsam Modelle entwickeln und diese einem Praxistest unterwerfen. Die Zusammenarbeit des Forschungsteams WohNach war von Beginn an interdisziplinär. Dies schlägt sich in den in den vorangehenden Kapiteln dargestellten Ergebnissen nieder. Dennoch soll abschließend auch noch ein eher disziplinär ausgerichteter Blick auf die Forschungstätigkeit von Seiten der beteiligten Planer erlaubt sein. Dies geschieht in Kapitel drei. Den Abschluss bildet mit Kapitel vier ein Rückblick auf das Projekt aus Sicht des Projektsprechers.

D.1

Erfahrungen aus drei Jahren interdisziplinärer Forschungsarbeit

Gabriele Wendorf

Das Forschungsprojekt gliederte sich zeitlich im Wesentlichen in zwei Projektphasen. Die erste Phase dauerte ein Jahr und widmete sich der Entwicklung eines interdisziplinären Hypothesenmodells, während die zweite Phase der Modellüberprüfung durch eine quantitative Untersuchung und durch Interventionen diente.

Nach der gemeinsamen Erstellung eines Kriterienkatalogs für die Untersuchungsgebiete wurden zwei Wohngebiete aus den Niederlanden und 12 Berliner Gebiete in eine qualitative Untersuchung einbezogen. Die Ergebnisse der umfangreichen Interviews mit Bewohnern und Schlüsselpersonen, wie Hausmeistern, Hausverwaltungen oder Gewerbetreibenden in den Wohngebieten wurden gemeinsam ausgewertet und zu einem Hypothesenmodell zusammengefasst. Während dieser Projektphase und zu ihrem Abschluss fanden zwei Workshops statt, um Erfahrungen der Praxispartner und anderer Wissenschaftler in unser Projekt einfließen zu lassen und gleichzeitig erste Ergebnisse zu kommunizieren.

Aus unserer Sicht hat es sich dabei bewährt, den Diskussionprozess auch durch schriftliches Material zu unterstützen. Der Workshop zum Abschluss der ersten Projektphase wurde durch eine ca. 50-seitige, vorab verschickte Broschüre vorbereitet. Schon in diesem Stadium zeigte sich, dass die frühzeitige Publikation zur Intensivierung der persönlichen Kontakte beitragen konnte.

Ergebnis der ersten Projektphase war einerseits die Entwicklung eines Hypothesenmodells, das in Teil A dieses Buches genauer dargestellt wurde.

In der zweiten Projektphase wurden zeitgleich zwei Ziele verfolgt: Einerseits die quantitative Überprüfung des Modells in 60 ausgewählten Untersuchungsgebieten (Gegenstand von Teil B) und andererseits die Planung und Durchführung von Interventionen (Gegenstand von Teil C). Die Erfahrungen und Handlungsempfehlungen, die sich hier bezüglich des Forschungsgegenstands ergeben haben, waren bereits Gegenstand der vorangegangenen Kapitel in Teil B sowie C und werden in Kapitel D.4 nochmals ergänzt. Abschließend verbleibt daher vor allem die Aufgabe, die Erfahrungen aus dem Forschungsablauf darzustellen.

Die Erarbeitung der Erhebungsinstrumente erforderte eine intensive interdisziplinäre Vorbereitung, während die Durchführung und Auswertungen hauptsächlich durch die Mitarbeiterinnen der Umweltpsychologie getragen wurde. Gleichzeitig wurden für die Interventionen jeweils Teams zusammengestellt, die aus den verschiedenen Disziplinen zusammengesetzt waren. Alle Mitarbeiterinnen und Mitarbeiter waren daher zeitgleich jeweils in mehrere Arbeitsabläufe eingebunden, was die zeitliche Belastung phasenweise erheblich werden ließ. Dabei hat die gemeinsame Unterbringung in den Räumen des Zentrums Technik und Gesellschaft an der TU-Berlin dazu beigetragen, dass spontane Terminabstimmungen und der Austausch von Erfahrungen aus den verschiedenen Interventionen oft auch formlos beim Kaffee oder Mittagessen stattfinden konnten.

Die hochgesteckten Ziele, die die Anzahl der Untersuchungs- und Interventionsgebiete betreffen, hatten im Nachhinein betrachtet auch den Preis, dass die Potenziale der Interdisziplinarität nicht völlig ausgeschöpft werden konnten. Das betrifft vor allem den disziplinär orientierten Diskurs über die wissenschaftlichen Ergebnisse innerhalb der beteiligten Fachdisziplinen. Dies wäre jedoch nur bei einer höheren personellen Ausstattung möglich gewesen (die Umweltpsychologie war mit einer Stelle, die Architektur mit einer halben und die Ökonomie mit einer drittel Stelle ausgestattet).

Während und nach der ersten und zweiten Projektphase wurden unterschiedliche Maßnahmen ergriffen, um das Projekt nach außen zu präsentieren. Diese Maßnahmen sollen im Folgenden dargestellt werden.

Der erste Schritt in der Liste der Veröffentlichung der Forschungstätigkeiten stellte die Publikation des Forschungsantrags im Rahmen einer Diskussionspapierreihe der TU-Berlin dar (Harloff et al. 1999). Nach den positiven Erfahrungen mit der ersten Broschüre zum Workshop am Ende der ersten Projektphase wurde die Veröffentlichung der Ergebnisse in Form eines Zwischenberichts konzipiert. Umfangreiche grafische und empirische Ergebnisse zu den Untersuchungsgebieten konnten mit selbsterstellten mehrfarbigen Illustrationen zu einem Zwischenbericht gestaltet werden, der mit mehr als 250 Seiten

in 300 Exemplaren eine schnelle Verbreitung durch den Eigenverlag der TU-Berlin erfuhr (Harloff et al. 2000).
Eine weitere Broschüre wurde zum Interventionsgebiet Französisch-Buchholz verfasst und stellt die Forschungsergebnisse zu dem Neubauprojekt in Niedrigenergiebauweise dar. Insbesondere verfolgt die Veröffentlichung auch das Ziel, die für verschiedene Akteure entwickelten Handlungsempfehlungen zu kommunizieren. Hierzu wurden 150 Exemplare der 60-seitigen Broschüre beim TU-Verlag in Auftrag gegeben (Hoogland et al. 2001). Auch zu der im Stadtentwicklungsgebiet Rummelsburger Bucht durchgeführten Intervention wurde eine Broschüre vorbereitetet (Felbinger u. Graf, in Vorbereitung). Weitere Veröffentlichungen fanden beispielsweise in Tagungsbänden statt.
Den Abschluss der Publikationen stellt das hier vorliegende Buch dar, das durch den Verlagsvertrieb die Möglichkeit einer noch weitergehenden Verbreitung der Forschungsergebnisse ermöglicht.
Darüber hinaus wurden auch andere Wege der Kommunikation beschritten, die im Folgenden durch eine auszugsweise tabellarische Aufstellung Erwähnung finden sollen.

Vorträge auf Kongressen und Kooperationstreffen des Projektträgers:

03/99	Vorstellung des Projektes bei den 5. UBA-Fachgesprächen
07/99	Workshop mit Vertretern der Wohnungswirtschaft
07/99	Vorstellung des Projektes auf einer Tagung der Heinrich Böll Stiftung
11/99	Workshop bei der Wasserstadt GmbH mit Vertretern aus Wissenschaft, Praxis und Kooperationsprojekten
05/00	Präsentation beim Kooperationsprojekt in Stuttgart
09/00	Präsentation beim Projektträger in München
10/00	Präsentation beim Kooperationsprojekt in Bremen
03/01	Ergebnisdiskussion beim Kooperationsprojekt in Frankfurt
07/01	Nachhaltigkeits-Workshop des Zentrums Technik und Gesellschaft u.a. mit Vertretern der Gewerkschaft und Wissenschaftlern verschiedener Disziplinen
08/01	Präsentation der Entwurfsergebnisse zum Untersuchungsgebiet Haselhorst bei der zuständigen Wohnungsbaugesellschaft GEWOBAG-EB

Fachexkursionen, Besichtigungen, Bewohnerinformation:

05/99	Exkursion in die Niederlande (Amersfoort, Amsterdam, Rotterdam)
03/00	Exkursion nach Frankfurt (ökologische Sanierung im Bestand)
02/01	Gemeinsame Begehung des Untersuchungsgebiets Französisch-Buchholz mit Fachingenieuren und dem Stadtentwicklungssenator von Berlin
02/01	Ergebnispräsentation und Begehung mit den Bewohnern in Französisch-Buchholz
04/01	2-tägige Interviewphase mit Projektmitarbeitern zur Vorbereitung einer einstündigen Sendung zum Thema Nachbarschaft und Wissenschaft im Deutschlandfunk
05/01	Gemeinsame Begehung mit Vertretern der Wasserstadt GmbH und Nachbarschaftsvertretern der Rummelsburger Bucht

Die Handlungsempfehlungen, die sich aus dem Projekt für verschiedene Akteure aus der Praxis ableiten lassen, sind bereits in den verschiedenen Kapiteln der Teile B und C dargestellt worden. Die Handlungsempfehlungen für interdisziplinäre Forschungsteams können aus unserer Sicht wie folgt zusammengefasst werden: Eine gemeinsame räumliche Unterbringung in Projekträumen ist dringend empfehlenswert, auch wenn Mitarbeiterinnen und Mitarbeiter anderweitig durch Teilzeitstellen bereits Büroräume innehaben. Die Möglichkeit für spontane Abstimmungen, Rückfragen und Diskussionen lässt sich durch eine effiziente Nutzung des Internets zwar teilweise substituieren aber nicht gänzlich. Vor allem das Zusammentreffen von mehr als zwei Projektbeteiligten ist bei gemeinsamer Unterbringung wahrscheinlicher als bei einer Kommunikation über Telefon oder Internet.

Die interne Kommunikation wurde auch durch ein wöchentliches Treffen aller Beteiligten forciert. An diesen Termin schlossen sich mehr oder weniger spontan gebildete Teamsitzungen zu den aktuell wichtigsten Arbeitserfordernissen an. Die interne Abstimmung wurde zusätzlich durch ganztätige interne Workshops ergänzt. Zu diesen Workshops hatte jeder Mitarbeiter vorab Texte an die anderen Mitarbeiter verteilt und Kurzreferate vorbereitet. Diese Art des internen Austauschs hat sich als ausgesprochen effektiv herausgestellt, war jedoch aufgrund des „aktuellen Tagesgeschäfts" aus unserer Sicht zu selten möglich.

Die zentrale Empfehlung zum Umgang mit Praxispartnern lautet aus unserer Sicht vor allem: Frühzeitig Anknüpfungspunkte zu den Praxispartner suchen und verschiedene Materialen zur Unterstützung des Diskussionsprozesses einsetzen. Dies können einerseits zielgerichtete Publikationen sein. Andererseits haben wir auch gute Erfahrungen mit computergestützten Präsentationen und klassischen Architekturmodellen zur Entwurfsdarstellung sammeln können. Stundenlange Gespräche mit Führungskräften der Wohnungswirtschaft wurden unserer Ansicht nach erst durch diese Hilfsmittel ausreichend anschaulich und interessant und daher in diesem Umfang möglich. Diese Erfahrung wurde vor allem in den letzten beiden Projektmonaten im Anschluss an die gemeinsame Lehrveranstaltung gemacht. Sie konnten deshalb in dem nun folgenden Beitrag zur Koordination von Hochschulforschung und Praxis nicht berücksichtigt werden, da die Präsentationen nach Ablauf der für den Beitrag durchgeführten Interviews stattfanden.

Literatur

Harloff HJ, Christiaanse K, Wendorf G, Zillich K (Hrsg) (1999) Die Bedeutung von Wohngruppen für die Bildung nachhaltiger Konsummuster. Veröffentlichungsreihe der Technischen Universität Berlin: Forschungbericht aus der Abteilung Psychologie im Institut für Sozialwissenschaften Nr. 1-99, ISSN 1433-9218, http: //www.gp.tu-berlin.de/psy7/pub/reports.htm

Harloff HJ, Christiaanse K, Wendorf G, Zillich K, Dienel H-L (Hrsg) (1999) Wohnen und Nachhaltigkeit. Arbeitsbericht zum ersten Querschnittsworkshop

Harloff HJ, Christiaanse K, Wendorf G, Zillich K, Dienel H-L (Hrsg) (2000) Wohnen und Nachhaltigkeit. Interdisziplinäre Forschung vor der Haustür. Technische Universität Berlin, Universitätsbibliothek, Abt. Publikationen, Berlin, ISBN 3 7983 1842 5

Hoogland C, Saphörster O, Wendorf G (2001) Eroberung eines Niedrigenergiehauses, Wohnprojekt in Französisch Buchholz. Technische Universität Berlin, Universitätsbibliothek, Abt. Publikationen, Berlin, ISBN 3 7983 1869 7

Felbinger D, Graf B: Stärkung der sozialen Nachhaltigkeit in Wohngebieten. Dossier zur Intervention im Entwicklungsgebiet Rummelsburger Bucht. Veröffentlichung in Vorbereitung

D.2

Good Old Boys and Girls Networks: Koordination von Hochschulforschung und Praxis

Hans-Liudger Dienel und Yanina Pashkouskaya

2.1 Einleitung: Stärkung nachhaltiger Konsummuster als Beteiligungsproblem

Die Forschergruppe WohNach (Bedeutung von Wohngruppen für die Bildung nachhaltiger Konsummuster) erforscht und entwickelt seit etwa drei Jahren innovative Kombinationen von sozialen und räumlichen Wohn(siedlungs)-strukturen zur Stärkung nachhaltiger Konsummuster.

Von Anfang an definierten die Projektpartner die Problemstellung als grundlagen- und anwendungsorientierte Aufgabe, deren Bearbeitung eine hochgradig multidisziplinäre Arbeitsweise innerhalb der Forschergruppe (Beteiligung von Psychologie, Archtitektur, Ökonomie und Technik und Gesellschaft als wiss. Disziplinen) und darüber hinausgehend eine intensive Beteiligung von Praxispartnern und Integration ihrer Perspektiven in den Forschungsprozess erfordert. Innovative Lösungen für die Stärkung nachhaltiger Konsummuster in Wohn(siedlungs)gruppen sollten durch Perspektivenvergleich entwickelt und validiert werden.

Wie hat diese multidisziplinäre und multiperspektivische Kooperation zwischen den wissenschafltichen Disziplinen und Praxispartnern funktioniert? Die folgenden Seiten berichten über die Formen und Erfolge der Kooperation von Hochschul- und Praxispartnern in den vergangenen Jahren. Die empiri-

sche Basis für den Beitrag sind 20 anonymisierte Interviews, die mit Mitarbeitern der WohNach-Forschergruppe und Praxispartnern geführt wurden.
Die Evaluation der Zusammenarbeit baut auf einer Untersuchung aus dem Jahr 2000 auf, die sich insbesondere mit der multidisziplinären Kooperation unter den Hochschulpartnern der Forschergruppe beschäftigt hat: dem Zeitaufwand, den gegenseitigen Lernprozessen und insbesondere den Vor- und Nachteilen der im Hochschulkontext noch immer unüblichen aber hier durchgesetzten gemeinsamen räumlichen Unterbringung der Forschergruppe (Dienel/Schröder 2000).
Die Kooperation mit den Praxispartnern steht also im Vordergrund des Beitrags. Die interne Multidisziplinarität bleibt aber insofern ein Thema, als sie einer der prägenden Einflussfaktoren für diese Zusammenarbeit ist.
Denn die vier beteiligten Disziplinen haben sich auf eine auch zeitlich intensive Form der Kooperation eingelassen, mit regelmäßigen inhaltlichen Diskussionen zu terminologischen Fragen und der Berechtigung von disziplinären Perspektiven, dem wöchentlichen Projektseminar, ganztägigen Projektkolloquien, gemeinsamen Auftritten auf (internationalen) Tagungen, einzelnen Arbeitsgruppen und insbesondere gemeinsamen Befragungen und Interventionen. Die alte Verwaltungsgrundregel „Innendienst geht vor" kann bei multidisziplinären Forschungsgruppen den Kontakt zu den Praxispartnern auch schwächen. Im Rückblick auf die Forschungsarbeit zeigt sich, dass in den ersten eineinhalb Jahren der Kontakt zu den Praxispartnern vermutlich wegen der Dominanz interner Kooperationen weniger intensiv war als geplant. Auf der anderen Seite erhöht die multidisziplinäre Struktur aber auch die Oberfläche nach außen, einfach deshalb, weil die beteiligten Disziplinen ihre externen Kontakte einbringen und damit die Zahl der „gemeinsamen Freunde" steigt. Diese Stärkung der Kooperation durch neue externe Partner hat insbesondere in den zweiten eineinhalb Jahren die Arbeit der Forschergruppe nachhaltig befruchtet und geprägt.
Einmal mehr zeigte sich, dass multiperspektivische Forschung etwas langsamer in Fahrt kommt als die monodisziplinären Varianten, aber (getreu dem empirischen Befund über Kreuzberger Nächte: erst fang'se janz langsam an, aber dann, aber dann...) mittelfristig mehr und intensivere Interaktionschancen zwischen Wissenschaft und Praxispartnern entwickelt.
Das Forschungsprojekt WohNach zielte in seiner zweiten, in diesem Sammelband dokumentierten Phase auf die Entwicklung und den Test von Interventionen zur Stärkung nachhaltiger Konsummuster. Die enge Einbindung von Praxispartnern aus den Wohngebieten war eine Voraussetzung für die Bearbeitung dieser Aufgabenstellung. Die Forschergruppe hat hier unterschied-

lichste Formen der Integration ausprobiert und diskutiert. Dazu gehörten qualitative Befragungen, (teilnehmende) Beobachtungen vor Ort, Workshops mit den Praxispartnern, Strategiegespräche und Beratungen bis hin zu gemeinsam entwickelten (und z.T. gemeinsam durchgeführten) konkreten Interventionen. Die Entwicklung, Auswahl, Fokussierung, Durchführung und Optimierung der Interventionen war damit zu einem gewichtigen Teil ein Beteiligungsproblem. Welche Perspektiven sich wann einbringen und Geltung verschaffen sollten und konnten bzw. wann und in welcher Intensität zur Kooperation bereit waren, bestimmte die Inhalte der Maßnahmen. Über die Beteiligung wurden somit Projektinhalte gesteuert bzw. bestimmt. Denn die inhaltliche Gesamtkonzeption und mehr noch die sichtbaren Erfolge der anwendungsorientierten Beiträge des WohNach-Projektes ergaben sich aus den gemeinsamen Bemühungen von wissenschaftlichen und Praxispartnern. In diesem Sinne ist die Untersuchung und Optimierung der Kooperation ein inhaltlicher Beitrag zur Stärkung nachhaltiger Konsummuster im Wohngebiet.

2.2 Beteiligungsmotive von Praxispartnern am Verbundvorhaben WohNach

Welche Praxispartner haben sich warum am Verbundvorhaben WohNach beteiligt? Wir können formal zwei Gruppen von Praxispartnern unterscheiden: Zum einen Praxispartner, die schon zum Zeitpunkt der Antragstellung mit einem letter-of-intent ihre Kooperationsbereitschaft signalisiert hatten und in den folgenden drei Jahren beiratsähnlich das Projekt in Workshops und Einzelberatungen begleiteten – wir nennen sie im folgenden Kooperationspartner, und zum zweiten Partner, die für konkrete Interventionen in der zweiten Projektphase gewonnen wurden. Sie werden im folgenden Interventionspartner genannt. Zwischen beiden Gruppen gibt es dabei personelle Überschneidungen. Zu der erstgenannten Gruppe gehörten zudem auch einzelne Partner, die keinen „letter-of-intent" geschrieben sondern erst nachträglich in das Projekt und den Beirat integriert wurden. Eine dritte relevante Gruppe waren die Mitarbeiter der anderen vom BMBF geförderten Konsummuster-Projekte, die in mehreren Workshops die WohNach-Zwischenergebnisse diskutierten und kommentierten. Die Effekte der Vernetzung der Verbundprojekte ist aber ein eigenständiges, hier ausgespartes Thema. Verwiesen sei in diesem Zusammenhang auf eine anstehende Studie von Karl-Werner Brand (MPS) zum Thema.

Neben der referierten Typologie wären aber auch weitere Einteilungen der Praxispartner möglich. Wir könnten z.B. nach der Intensität der Zusammenarbeit differenzieren und auf der Bandbreite zwischen einem engagierten Kern und einer im weitesten Sinne interessierten Peripherie gewichten. Eine dritte Typologie bezieht sich auf das Zustandekommen und die Motivation der Zusammenarbeit. Hier gibt es Partner, die ausschließlich wegen der Inhalte der WohNach-Forschung die Nähe zum Projekt suchten bzw. von den WohNach-Mitarbeitern kontaktiert wurden, und zweitens Partner, die aufgrund positiver Vorkontakte, zum Teil langjähriger Freundschaften zusätzlich zur Kooperation motiviert waren. Im Bezug auf diese dritte Typologie lässt sich feststellen, dass die zweite Gruppe im WohNach-Verbundvorhaben überwog: Zu den meisten Kooperationspartnern war der Kontakt durch persönliche Bekanntschaften von Projektleitern und wissenschaftlichen Mitarbeitern entstanden. Gerade die intensiven und dauerhaften Kontakte waren auch durch persönliche Beziehungen von Projektleiterseite abgestützt. Mit der Kooperation waren in diesem Fall auch strategische Überlegungen verbunden, die über das WohNach-Projekt hinausgingen. Verallgemeinernd kann man feststellen, dass die projektübergreifende Netzwerkbildung ein wesentlicher Impetus für die Kooperationsarbeit war. Nur eine Minderheit der Partner, insbesondere die Interventionspartner, lernten die Mitarbeiter später durch die Kooperationspartner kennen. Die Bekanntschaft mit den meisten Interventionspartnern dagegen kam als Ergebnis der Zusammenarbeit in der ersten Projektphase.
Neben den o.g. persönlichen Motiven für die Kooperation war laut Befragung die Aktualität des Themas „Wohnen und Nachhaltigkeit“, der mögliche Erfahrungsaustausch, die „Gemeinsamkeit der Ziele“[1], die Nutzung neuer Ideen und wissenschaftlicher Erkenntnisse, die „Signalisierung der Offenheit“ der Wissenschaftler/innen und ganz generell der attraktive Kontakt zur Wissenschaft ausschlaggebend für die Bereitschaft zur Investition von Zeit und Geld in die Zusammenarbeit. Die für das Projekt wichtigsten Partner, die Wohnungsbaugesellschaften, konnten ihre Interessen an der Kooperation noch weiter präzisieren. Sie versprachen sich Antworten auf das Problem, wie sie „zu einer konstanten Mieterschaft kommen“ bzw. Konstanz erhalten können, etwa Vorschläge:

- zu Befragungs- und Beobachtungsergebnissen zur Mieterzufriedenheit
- zur Klimaverbesserung und Attraktivität des Wohnens, neue Ideen für Umgestalltung von Wohngebieten, aber auch
- zum Kostensparen (Verhinderung des Vandalismus, Mülltrennung).

Für die Interventionspartner war es wichtig, „eine andere Sicht auf die eigene Arbeit zu gewinnen", Erfahrungen auszutauschen, Kritik zu hören, eigene Nachteile und Vorteile zu konkretisieren und auch die Ergebnisse der Befragungen zu bekommen.

2.3 Beteiligungsformen: Ein Blick auf die Literatur und das WohNach-Projekt

Bevor wir die rückblickende Bewertung der Kooperation weiter referieren, wollen wir unseren Fokus etwas erweitern und auf die Literatur zu Beteiligungsformen zwischen Produktentwicklern (z.B. von Interventionen) und Kunden (z.B. Mietern) blicken. Denn die anwendungsorientierte Zusammenarbeit von Hochschule und Praxis im WohNach-Verbundvorhaben kulminierte in der Entwicklung, dem Test und der Optimierung von Interventionen. Diese Maßnahmen lassen sich im weiteren Sinne als Produktkonzeptions- und Produktentwicklungsprozess begreifen, wobei mit Produkten auch Dienstleistungen mitgemeint sind.

Bei der Integration der verschiedenen Akteure und der Kunden in die für eine erfolgreiche Produktentwicklung entscheidenden Phasen der Produktplanung und Aufgabenklärung gibt es in der gewerblichen Wirtschaft nach wie vor große Defizite. Akteure und insbesondere die Kunden kommen noch zu häufig erst in einem recht späten Stadium der Produkt- und Dienstleistungskonzeption ins Spiel.

Zahlreiche Forschungsarbeiten zur Verbesserung der Kooperation von Anbietern und Verbrauchern befassen sich mit der Integration von verschiedenen Funktionen innerhalb der Wertschöpfungskette (hier Dienstleistungen) und mit der Integration von Kunden als Objekt der Analyse. In den meisten Betrachtungen wird der Kunde nach wie vor als extern zum eigentlichen produktentwickelnden System, d.h. den Unternehmensfunktionen oder den Funktionen innerhalb des Produktentwicklungsnetzes, gesehen. Gegenwärtige Ansätze sind darauf ausgerichtet, singuläre Kundenbedürfnisse immer stark ausgerichtet an dem zu besetzenden Marktsegment oder Produktspektrum zu analysieren. Das Umfeld, in dem sich der potenzielle Kundenkreis befindet, wird durch Marktsegmentierungsmerkmale wie z.B. Einkommensklasse, Haushaltsgröße, Berufsgruppe, Alter ermittelt (Kramer, 1987; Brockhoff 1998). Kundenbedürfnisse werden oft auf Basisfunktionen reduziert (Beispiel: ‚Energie sparen', s. Kramer, 1987, S.113) und somit bereits in einer technisierten Form erfasst.

Clausing (1994, S.114-117) schlägt zur Integration von und Interaktion mit Kunden das Interview und die kontextuelle Beobachtung vor. Er betrachtet damit also auch den Kunden als ein Untersuchungsobjekt und nicht als ein Subjekt, das den Ablauf einer Produktentstehung wissentlich aktiv beeinflusst.

Einen partizipativen Ansatz verwirklichten dagegen Untersuchungen zur Team- und Gruppenarbeit. So haben Untersuchungen von Forschungsgruppen der TU Darmstadt und der Uni Karlsruhe (Frankenberger, 1996; Gruner, 1997; Gemünden, 2001) Team- und Gruppenarbeitsprozesse empirisch untersucht. Modernes, integratives Kooperationsmanagement entwickelt in diesem Sinne neue Formen der aktiven Einbindung von Praxispartnern und Nutzern in die Konzeption von Interventionen von Anfang an. Dafür haben Böhm et al. (1999) eine Reihe von Methoden aus dem Bereich der politischen Partizipation übernommen (s.a. Trojan, 2001).

Für die Auswahl der partizipativen Methoden und die Abfolge ihres Einsatzes, also für die systematische und zeitliche Struktur des partizipativen Kooperationsmanagements sind zwei Faktoren entscheidend: die Beteiligung nach innen und außen und die alternierende Abfolge von visions- und konzeptorientierten Phasen einerseits und test- und bewertungsorientierten Phasen andererseits.

Mit der Beteiligung nach innen ist insbesondere die innerwissenschaftliche Partizipation mehrerer wissenschaftlicher Disziplinen gemeint. Aber auch die Beteiligung von Mitarbeitern im Unternehmen, etwa einer Wohnungsbaugesellschaft, würde von uns als Partizipation nach innen verstanden, solange gleichsam die Anbieter bzw. die Experten unter sich sind und ähnliche Vorverständnisse unterstellt werden können.

Die Integration der Nutzer bezeichnen wir dagegen als Beteiligung nach außen. Diese Unterscheidung zwischen innen und außen differenziert typologisch eine Expertenwelt und eine Außenwelt. Die Beteiligung der Wohnungsbaugesellschaften bei der Konzeption von Interventionen ist dabei in mancher Hinsicht aber auch eine Partizipation nach außen (Wohnungsbaugesellschaften als Kunden der Hochschulforschung), in anderer Hinsicht aber eine Beteiligung nach innen. Innerhalb der Expertenwelt herrschen nämlich andere Vorverständnisse und Sprachspiele als außerhalb. Zwar gibt es auch unter den Experten von Hochschule und Praxis ganz unterschiedliche Positionen, disziplinäre Hintergründe und Interessen. Dennoch kann die Partizipation hier von

gemeinsamen Voraussetzungen ausgehen bzw. diese Voraussetzungen gemeinsam erarbeiten. Die Partizipation nach außen, die Beteiligung der Nutzer, führt dagegen zu weiteren Perspektivenwechseln.
Zu den Beteiligungsformen nach innen gehören etwa die Modelle und Szenarios, die multidisziplinäre Validierung, die gemeinsamen Seminare und Kolloquien, der Beirat, die Experteninterviews und die interne Projektevaluation. Zur Beteiligung nach außen gehören die qualitativen und quantitativen Befragungen, die Beobachtungen im häuslichen Kontext und die gemeinsamen Interventionen.

2.4 Bewertung der Kooperationen durch Akteure

Nach knapp drei Jahren gemeinsamer Arbeit wurden von der Projektkoordination semistrukturierte, leitfadengestützte Interviews mit den externen Kooperations- und Interventionspartnern sowie mit den Hochschulmitarbeitern der Forschergruppe durchgeführt. Thema der Befragung war die Zusammenarbeit der Hochschulmitarbeiter mit den Kooperations- und Interventionspartnern.
Die Befragten wurden darüber informiert, dass die von ihnen geäußerten Ansichten zur Kooperationsarbeit gesammelt, bearbeitet und in einem Artikel zusammengefasst vorgestellt würden. Alle Interviews fanden in der für die Befragten jeweils gewohnten Arbeitsumgebung statt, was die Gesprächsführung erleichterte. Bei der Befragung wurden zwei Interviewleitfäden verwendet (einer für externe Kooperationspartner und ein zweiter für die Hochschulmitarbeiter).
Bei der Auswertung zeigten sich deutliche Unterschiede zwischen den drei oben bereits vorgestellten Gruppen: den Kooperationspartnern (Körperschaften, einzelne Architekten und Wohnungsbaugesellschaften), den Interventionspartnern (Nachbarschaftsvereine, Wohnungsbaugesellschaften) und den Hochschulmitarbeitern der multidisziplinären Forschergruppe (Architekten, Psychologen, Ökonomen, Technikforscher). Das Gesamtbild der Kooperationsarbeit zwischen Praxispartnern und Hochschule setzt sich aus diesen unterschiedlichen Perspektiven zusammen.
In der ersten Projektphase wurden von dem Projekt zwei größere Workshops durchgeführt, auf denen das Konzept und die Zielsetzung der Projektforschung präsentiert wurden. Die schriftlichen Ausarbeitungen, Materialien und

Prospekte, welche die in den Sitzungen beteiligten Vertreter von Kooperationsinstitutionen bekamen, wurden von den Kooperationspartnern positiv bewertet. Einige Kooperationspartner, welche die Workshops nicht besuchen konnten, klagten aber später über Informationsmangel. Deshalb fanden in mehreren Fällen Besuche der wissenschaftlichen Mitarbeiter bei den externen Partnern unmittelbar in ihren Büros statt. Dort wurde das Projekt und die Zwischenergebnisse präsentiert. Nach der Meinung der befragten Mitarbeiter fanden die (z.T. zukünftigen) Kooperationspartner auf diesen Präsentationen die Fragestellung des Projekts sehr aktuell und wichtig.
Die Frage nach der Informiertheit wurde deshalb in der Regel positiv beantwortet, wie die folgende Tabelle zeigt, die auf 17 Interviews beruht. Defizite wurden dagegen sichtbar, wenn nach der Vernetzung des Projektes bei den Praxispartnern gefragt wurde. In der Regel war nur jeweils eine Person im kooperierenden Unternehmen über das WohNach-Projekt informiert. Das Projekt hatte damit bei den Praxispartnern eine vergleichsweise geringe Eindringtiefe.

Tabelle 2.1: Informiertheit und Vernetzung im WohNach-Forschungsvorhaben

Frage	Kooperations-partner		Interventions-partner		Frage	Mitarbeiter	
	ja	nein	ja	nein		ja	nein
Waren Sie über die Ziele des Projekts ausreichend informiert?	4	1	3	-	Waren die Praxispartner aus Ihrer Sicht über die Ziele des Projekts gut informiert?	6	3
Wären Sie gern häufiger zu Diskussionen eingeladen worden?	4	1	3	-	Wären aus Ihrer Sicht die Praxispartner gern häufiger zu Diskussionen eingeladen worden?	6	3
War in Ihrem Haus außer Ihnen noch jemand an der Kooperation beteiligt?	1	4	1	2	-	-	-

Trotz dieser Einschränkung wurde der gegenseitige Erfahrungsaustausch von den meisten Befragten besonders positiv bewertet und oft hinzugefügt, dass

die Erfolge der Kooperationsarbeit auf einem intensiven Informationsaustausch beruhten.
Eine weitere Gruppe von Fragen betraf den Grad der Anwendungsorientierung des Projekts. Hier waren die Antworten durchaus unterschiedlich. Die Antwort der Mitarbeiter der Wohnungsbaugesellschaften als Kooperationspartner bezeichneten das Projekt als „zu wenig anwendungsorientiert und seine Fragestellung (ist) unpräzise". „Vielleicht ist das praktische Niveau", so eine Vermutung, „für die Universität ausreichend, aber nicht für Wohnungsbaugesellschaften." Die Interventionspartner hielten das Projekt dagegen für sehr anwendungsorientiert und hatten dem Projekt sogar ein noch stärkeres Engagement bei der Zusammenarbeit zugetraut, das allerdings auf Kapazitätsprobleme bei den Interventionspartnern selbst stieß. Ein Teil der befragten Kooperationspartnern bezeichnete das Projekt als „uneingeschränkt anwendungsorientiert", „sonst hätten wir mit euch nicht kooperiert."
Kommen wir nun zu den konkreten gegenseitigen Anregungen. Grundsätzlich bestätigten die Befragten, dass das WohNach-Vorhaben und auch die Praxispartner jeweils viele Ideen von der anderen Seite erhalten hätten. Die von den Kooperationspartnern in das Projekt eingebrachten wichtigsten Fragen und Ideen, die sich im Prozess der Befragung herausbildeten, waren dabei aus der Sicht der Befragten:

- das Hypothesenmodell „Öffentlich und Privat"
- Untersuchungen in Übergangszonen zwischen öffentlichem und privatem Bereich, Analyse der existierenden Wohntypen
- Minimierung von Betriebskosten (so wurde eine ineffiziente Lüftung in einem Gebäudekomplex bei der Intervention berücksichtigt)
- Mitarbeit im Nachbarschaftsverein
- aktivierende Funktion von Umfragen und Interviews
- konkrete Anregungen und Empfehlungen auf der Interventionsebene.

Die meisten der befragten Praxispartner hatten auch selbst das gute Gefühl, dem WohNach-Projekt inhaltlich weitergeholfen zu haben.
Alle Befragten bewerteten die Kooperation insgesamt positiv und waren in der Lage, konkrete positive und negative Momente zu nennen. Zu den positiven gehören: Hilfsbereitschaft der externen Partner bei den Interventionen („alle Türen standen offen"), die Übernahme von Verantwortung und das Engagement der Wohnungsbaugesellschaften („Es wurden freizügig eigene Zeit, freie Räume, Information und Unterstützung zur Verfügung gestellt."), der gute Kontakt und die Abstimmung mit Projektleitern und die beiden Workshops.

Die Intensität der Zusammenarbeit war sehr unterschiedlich. Die Zusammenarbeit in der ersten Projektphase wurde von den zwei gemeinsamen Workshops geprägt, die der zweiten Projektphase von den konkreten (bilateral diskutierten) Interventionen, die aber für einige, nicht involvierte Praxispartner nicht sichtbar waren, die deshalb eine „Abflachung der Kooperation" in der zweiten Phase konstatierten.

Das Hauptproblem der Kooperation nach der Aussage der Vertreter von Wohnungsbaugesellschaften war von Anfang an der Zeitmangel bzw. anders ausgedrückt, eine zu geringe zeitliche Priorität für die Kooperation auf beiden Seiten. Im Rückblick bewerteten sowohl Kooperationspartner als auch die Hochschulmitarbeiter die Zahl der gemeinsamen Sitzungen als zu niedrig. Dagegen war der Kontakt mit den Interventionspartnern in der zweiten Projektphase sehr intensiv. Jeden Monat fanden die Treffen statt, jede Woche bzw. auch jeden Tag gab es in der „heißen Phase" zumindest telefonische Kontakte.

Fast allen Befragten war es bewusst, dass sie der Zusammenarbeit nicht genug Zeit gewidmet und diese Tatsache die Kooperationsarbeit geschwächt habe. Die Hierarchie in den Institutionen ermöglichte zudem nicht, auf allen Innenebenen zu kooperieren („Von der Verwaltungs- zur Dienstleistungsebene ist ein langer Weg."). Viele Mitarbeiter bemerkten eine Schwächung der Kooperation in der letzten Projektphase. Von der Mitarbeiterseite wurde auch selbstkritisch angemerkt, dass es „vielleicht (gab es) nicht genug Aufwand bei der Präsentation des Projekts" nach außen gab. Alle befragten Kooperationspartner äußerten den Wunsch, zukünftig häufiger zu Diskussionen mit dem Forschungsteam eingeladen zu werden.

In den Inteviews wurden auch Vorschläge zur Verbesserung der Kooperationsarbeit gemacht, die im Folgenden zusammengefasst werden. Von Mitarbeiterseite kam der Vorschlag, in der Zukunft den Rückkoplungsprozess Theorie/Praxis mehr zu kultivieren. Ein Vorschlag wäre hier, dass „man die Partner in die Arbeit richtig einbinden muss, möglichst als gleichberechtigte Projektpartner" (mit eigenen Bewilligungsbescheiden durch den Förderer), damit sie ihre eigenständige Rolle im Projekt deutlicher einnähmen.

Die Durchführung ganztägiger interner Workshops mit Tagesordnung, vorbereiteten Vorträgen und schriftlichem Vorlauf wurde sehr positiv beurteilt, als eine „außerordentlich intensive Diskussionsmöglichkeit, die erhebliche Kreativitätspotenziale wecken kann."

Aus der Sicht der Wohnungsbaugesellschaften sollte das Praxisniveau ge- und verstärkt werden. Dazu gehöre die richtige Wahl der Fragestellung („des Ausgangspunkts“) und eine sorgfältige(re) Praxispartnerauswahl.
Die Interventionspartner würden gern in Zukunft die studentischen Kräfte stärker in die Zusammenarbeit miteinbeziehen. Die studentische Teilnahme an den Veranstaltungen wurde im Nachbarschaftsverein sehr positiv aufgenommen. Nicht zuletzt kam der Hinweis auf die Bedeutung der persönlichen Sympathien für den Erfolg der Kooperation („Man muss die richtigen Leute für Kontakte aussuchen.“).

2.5 Na, und? Ausblick auf künftige Kooperationen in der Nachhaltigkeitsforschung

Die Zusammenarbeit von Hochschulforschung und Praxispartnern im WohNach-Verbundvorhaben, die sich im Verlauf von drei Jahren intensivierte und in konkreten Interventionen kulminierte, ist von den Beteiligten insgesamt sehr positiv erlebt worden. Gleichzeitig haben fast alle Partner eine intensivere und gleichberechtigtere Zusammenarbeit als angemessen für ein so anwendungsorientiertes Projekt wie WohNach bezeichnet. Diese Vorschläge laufen auf eine Aufwertung der Praxispartner im Projektverbund hinaus.
Deutlich geworden ist in der Evaluation der Kooperation zudem die langfristig strategische, projektübergreifende Motivation zur Zusammenarbeit bei den Praxispartnern und der Hochschulforschung. Ein großer Teil der zu intensiverer Zusammenarbeit bereiten Praxispartner war den Hochschulmitarbeitern bereits vor dem Projekt bekannt. Dieser Befund hat Konsequenzen für die projektorientierte Förderung von Theorie-Praxis-Verbundvorhaben. Der projektbegleitenden Netzwerkbildung sollte eine strategische Funktion auch bei der Projektevaluierung zukommen. Oft führt erst das zweite gemeinsame Projekt zu intensiven praxisorientierten Implementationen. Bei den moortrockenlegenden Kolonistenbauern des 18. Jahrhunderts galt die Regel: dem Ersten der Tod, dem Zweiten die Not, dem Dritten das Brot. In der Forschung in drei Generationen zu denken ist vielleicht unangemessen. In Projektgenerationen allerdings sollte gedacht, geplant und gefördert werden. Die Etablierung von Good Old Boys and Girls Networks, die für die Zusammenarbeit bei praxisorientierten Implementationen notwendig scheinen, dauern länger als drei

Jahre. Sicher ist die Förderung dieser Netzwerkbildung auch mit Gefahren verbunden. Sie müssen für die Erreichung praxisorientierter Ziele offensichtlich in Kauf genommen werden.

Anmerkungen

1 Bei den folgenden Zitaten in Anführungsstrichen handelt es sich um Ausschnitte aus den geführten Interviews. Aus Gründen der Anonymität werden hierbei keine Angaben zu den jeweiligen Interviewpartnern gemacht.

Literatur

Beck R, Schwarz G (1997) Konfliktmanagment. Sandmann, Alling

Böhm B, Janßen M, Legewie H (1999) Zusammenarbeit professionell gestalten : Projektleitfaden für Gesundheitsförderung, Sozialarbeit und Umweltschutz. Lambertus, Freiburg im Breisgau

Brockhoff K (1998) Der Kunde im Innovationsprozeß. Göttingen

Bungard W (Hrsg) (1997) Mitarbeiterbefragung. Ein Instrument des Innovations- und Qualitätsmanagements. Beltz , Mannheim

Clausing D (1994) Total Quality Development. ASME Press, New York

Dienel HL, Schröder C (2000) Kohabitation und multidisziplinäre Forschung. Innovation durch Perspektivenvergleich. In: Harloff HJ,Christiaanse K, Wendorf G, Zillich K (Hrsg) Wohnen und Nachhaltigkeit. Interdisziplinäre Forschung vor der Haustür. Eigenverlag der Technischen Universität Berlin, Berlin, S 48-59

Dienel HL (1999) Bedingungen und Erfolgsfaktoren für Forschung im Themenfeld Technik und Gesellschaft an einer Technischen Hochschule. In: Kerner M, Kegler K (Hrsg) Der vernetzte Mensch. Sprache, Arbeit und Kultur in der Informationsgesellschaft. Aachen, S 63-81

Dienel HL (1999) Systeminnovationen durch interkulturelle Vergleiche. In: Meyer-Krahmer F, Lange S (Hrsg) Geisteswissenschaften und Innovationen. Physica, Heidelberg , S 263-274

Dienel PC (1997) Die Planungszelle. Der Bürger plant seine Umwelt. Westdeutscher Verlag , Opladen

Frankenberger E, Badke-Schaub P (1996) Influences on Industrial Product Development - Empirical Investigations of Teamwork in Engineering Design Practice. In: S. Ottosson (ed) Proceedings of the Third International Symposium in „Product Development in Engineering Education". Halmstad

Gemünden HG (Hrsg)(2001) Management von Teams. Theoretische Konzepte und empirische Befunde. Gabler, Wiesbaden

Gruner K (1997) Kundeneinbindung in den Produktinnovationsprozeß. Bestandsaufnahme, Determinanten und Erfolgsauswirkungen. Gabler, Wiesbaden

Harloff HJ (Hrsg)(1993) Psychologie des Wohnungs- und Siedlungsbaus: Psychologie im Dienste von Architektur und Stadtplanung. Verlag für Angewandte Psychologie, Göttingen

Kramer F (1987) Innovative Produktpolitik. Springer, Berlin

Linné H (1993) Wahl geeigneter Kooperationspartner: ein Beitrag zur strategischen Planung von F&E-Kooperationen. Lang, Frankfurt/Main

Nowotny H (2000) Es ist so. Es könnte auch anders sein: über das veränderte Verhältnis von Wissenschaft und Gesellschaft. Suhrkamp, Frankfurt/ Main

Trojan A, Legewie H (2001) Nachhaltige Gesundheit und Entwicklung: Leitbilder, Politik und Praxis der Gestaltung gesundheitsförderlicher Umwelt- und Lebensbedingungen. VAS, Frankfurt/Main

Wildemann H (1997) Entwicklungsprozeß. Leitfaden für ein kundenorientiertes Redesign. TCW, München

D.3

Resumee der Leiter des planerischen Teilprojekts

Kees Christiaanse und Klaus Zillich

Dieses Kapitel soll einen Einblick in die Forschungstätigkeit aus Sicht der beteiligten Hochschullehrer aus dem Teilprojekt Architektur darstellen. Es verbindet einen disziplinär orientierten Rückblick auf die Erkenntnisse aus dem Projekt mit Empfehlungen für Akteure im Planungsbereich. Abschnitt 3.1 stellt dabei unter anderem die Anknüpungspunkte zu niederländischen Projekten aus Sicht des Architekten und Stadtplaners Prof. Christiaanse dar. In Abschnitt 3.2 kommt Prof. Zillich vor allem auf den Aspekt der Nachbarschaftsbildung durch Architektur zu sprechen.

3.1 Anknüpfung an niederländische Erkenntnisse

Kees Christiaanse

Vor vier Jahren wurde Prof. Zillich (Entwerfen von Hochbauten einschl. Stadtteilplanung und Stadterneuerung) und Prof. Christiaanse (Entwerfen von Hochbauten einschl. städtebauliches Entwerfen) von Prof. Hans Joachim Harloff angeboten, sich an dem Forschungsvorhaben zu „nachhaltigem Konsumverhalten von Wohngruppen" zu beteiligen.
Nach einigen Gesprächen wurde deutlich, dass es sich hier einerseits um die Forschung nach Einflussfaktoren und andererseits um die Entwicklung von Instrumenten handelte, die einen nachhaltigen Umgang von Bewohnern miteinander und mit ihrer Wohnumgebung stimulieren.
In den Niederlanden hatten wir gerade ein „nachhaltiges Wohnviertel" in Amsterdam realisiert, das GWL-Gelände. Durch eine frühzeitige Exkursion des For-

schungsteams zu diesem Gebiet, konnten Erkenntnisse und Anregungen in die Projektarbeit in den Berliner Untersuchungsgebieten einfließen. Das GWL-Gelände kombiniert eine hohe Dichte mit einem grünen Charakter und enthält ein breites Spektrum an Wohnungstypen und Bewohnern. Der Freiraum wird soviel wie möglich von den Bewohnern selbst gepflegt. Dies geschieht in Form von kleinen Schrebergärten, die zwischen den Gebäuden liegen. Die Erschließung der Gebäude ist so entworfen, dass, soweit möglich, Haustüren im Erdgeschoß liegen, und dass die Zahl der Haustüren pro Treppenhaus minimal ist. Ziel ist die Schaffung einer attraktiveren Wohnumgebung, für die die Bewohner sich verantwortlich fühlen, und welche die soziale Interaktion und soziale Sicherheit stimuliert.

Das GWL-Gelände weist parallele Aspekte zu einigen Berliner Wohnungsbauprojekten aus der unmittelbaren Vergangenheit auf, wie der Siedlung Spruch von Engel und Zillich und der Siedlung Pulvermühle in der Wasserstadt Oberhavel. Diese Parallele näher zu untersuchen, schien nicht zuletzt deshalb interessant, um auch die Unterschiede im Umgang mit dem Thema Wohnungsbau zwischen Deutschland und den Niederlanden zu betrachten.

Auch unser Wohngebäude Koekoek-Spreeuw in Amersfoort, das die Tradition des Experimentierens mit Erschließungstypologien im holländischen Wohnungsbau fortführt, wobei auf der Basis von Erfahrung und Intuition ein gestaffelter Übergang von öffentlich nach privat entwickelt wurde, schien sehr geeignet, um empirisch auf seine Annahmen überprüft zu werden.

Für Architekten ist es sehr interessant, ihre Projekte als Objekt einer Untersuchung auf dem Gebiet der Bewohnerstruktur und der Nutzung, was wir die „Software" eines Gebäudes nennen, zu beobachten.

Ich muss gestehen, dass ich noch nie an empirischer Forschung teilgenommen hatte. Architekten und Städtebauer betreiben normalerweise „fröhliche Wissenschaft". Sie verstecken sich alternierend hinter rationalen und künstlerischen Argumenten. Darum haben sie immer recht. Diese Eigenschaft ist gleichzeitig ihre Schwäche: weil ihre Argumente nicht immer hart und konsequent sind, haben sie Füße aus Lehm.

Ich bin der Meinung, dass städtebauliche und architektonische Entwürfe oft zu wenig rationalen Argumenten unterliegen. Ich denke oft an Architekt Aldo van Eyk's Aussage „der Schritt von dem beschämend Bekannten in das mühsame Unbekannte ist gewiss ein ästhetischer Schritt". In unserer Entwurfsmethodik versuchen wir daher, das Bekannte so gut wie möglich zu benennen, damit das Unbekannte so weit wie möglich isoliert wird.

Insbesondere im Wohnungsbau können Entwurfsentscheidungen die Qualität des Lebensraums und der Wohnumgebung weitgehend beeinflussen.
Da unsere Entwürfe, wie schon erwähnt, durchaus auf einer Kombination von Erfahrung und „Common Sense" basieren, wollten wir gerne wissen, ob neben einem Vergleich der Leistungen der ausgewählten Projekte, Kriterien gefunden werden könnten, die bei dem Entwerfen instrumentalisiert werden können. Wir hatten dabei nicht allzu hohe Erwartungen: wir erwarteten nicht viel mehr als eine Bestätigung von Annahmen und Ausgangpunkten, die wir durchaus verwenden. Diese Erwartungen wurden erfüllt. Dies soll aber nicht negativ aufgefasst werden: es ist gerade gut, dass auf „Common Sense" basierende Annahmen unabhängig als richtig bestätigt werden. Ich nenne einige Beispiele dieser Annahmen:

- Ein qualitätsvoller gemeinschaftlicher Erschließungsraum (Treppenhaus usw.) wirkt stimulierend auf die Neigung zur nachhaltigen Pflege durch die Bewohner. Ein vergleichbarer sozialer Hintergrund (Familie, Alter, Einkommen, Ausbildung) haben hierauf auch einen positiven Einfluss.
- Die Lage der Wohnung in der Stadt in Bezug zu Kiezbildung, sozialem Milieu und der typologischen Mischung der Bebauung und Dichte hat einen großen Einfluss („positive Ghettobildung"). Wie entscheidend z.B. Bevölkerungszusammenstellung und Variation in der Typologie sind, wird klar, wenn man das Märkische Viertel in Berlin mit dem Bijlmermeer in Amsterdam vergleicht: Obwohl es sich in beiden Fällen um „Großwohnsiedlungen" handelt, ist das Märkische Viertel hinsichtlich Bevölkerung und Typologie ein durchmischtes Viertel ohne nennenswerte Probleme, während das Bijlmermeer eine einseitige Zusammenstellung und viele soziale Probleme hat.
- Im Allgemeinen wird der Übergang zwischen dem öffentlichen und dem privaten Raum bei Wohnungsbaugebieten entweder durch einen gemeinschaftlichen oder einen privaten Charakter gekennzeichnet. Ein gestaffelter Übergang mit halb-öffentlichen, „privatisierbaren" Zonen stimuliert einen nachhaltigen Umgang der Bewohner mit dem Umfeld.
- Überdachte kollektive Innenräume wie Atrien in Kombination mit dem Eingang und der Wohnungserschließung stimulieren das Entstehen von dauerhaften sozialen Strukturen und Aktivitäten.
- Kontrolle und Pflege größerer Komplexe durch einen Hausmeister haben einen katalysierenden Effekt auf die Aufmerksamkeit der Bewohner für die unmittelbare Wohnumgebung. Die Investition in einen Hausmeister amor-

tisiert sich durch die geringeren Unterhaltungskosten (Vermeidung von Vandalismus usw.).

- Sichtbare Verringerung des Energieverbrauches durch energiesparende Technologien verringert auch die „normalen" Verbrauchsquoten. Eine zu hohe Ambition (z.B. gemeinschaftliches Autofahren) hat zur Zeit noch wenig Akzeptanz.
- Hinsichtlich des Energieverbrauchs entstand auf dem GWL-Gelände eine tragik-komische Situation: die Stadt entschied, wegen des Vorhandenseins von Fernwärme und eines Heizkraftwerks, kein Erdgas in dem Viertel anzubieten. Die Investition eines Erdgasnetzes, das auschließlich zum Kochen dienen würde, war kostentechnisch und ökologisch nicht zu verantworten. Die Bewohnerinitiative forderte aber Gas und wies die ökologische Verantwortung nach mit einer Berechnung, in der das Abschreiben von alten Gasgeräten und der notwendige Kauf von elektrischen Geräten insgesamt mehr Geld und Energie kosten würden, als das Anlegen eines Gasnetzes. Die Stadt legte ein Gasnetz, aber ohne Messpunkte, weil die Pflege und die Kontrolle des Gasverbrauches teuerer sind als der unbeschränkte Gasverbrauch durch die Bewohner. Das Vertrauen in die Eigenverantwortung der Bürger ist hier unbegrenzt.
- Viertel mit einem hohen Maß an Mischung und Nähe zu Versorgungseinrichtungen haben eine günstigere Prognose hinsichtlich nachhaltiger Entwicklungen. Auch der Maßstab spielt hierbei eine wichtige Rolle.

Die obengenannten Erfahrungen wurden durch das Forschungsprojekt größtenteils bestätigt. Die Erwartung, dass konkrete Instrumente als Hilfe beim Entwerfen aus der Forschung hervorkommen würden, war vielleicht etwas naiv, obwohl die Untersuchungen in Holland und die Forschungsergebnisse zum Untersuchungsgebiet Französisch Buchholz diesen Erwartungen ziemlich nahe kamen. Für uns war es eine bereichernde Erfahrung, mit unterschiedlichen Disziplinen zu arbeiten, die sich mit sozialen Strukturen und der Nutzung von Stadtvierteln und Gebäuden beschäftigen. Dabei sehe ich interessante Kombinationsmöglichkeiten zur weiteren Untersuchung. Vielleicht ist es in Zukunft sogar möglich, die digitale Analyse von Luftbildern und Stadtplänen (von Prof. Weckwerth) an die Wahrnehmung oder Vorhersage von nachhaltigen Nachbarschaftaktivitäten zu koppeln.

Eine wichtige Arbeit unsererseits war es, eine Dokumentations- und Zeichenweise zu entwickeln, die die zu vermittelnden Informationen optimal darstellt und auch für Laien verständlich macht. Eine Kombination von schematischen

Darstellungen durch „comic“-Diagramme und transparente Perspektiven mit Fotos und Grundrissen der Projekte, parallel zu den Texten, stellte sich als erfolgreich heraus.
Am Ende der Forschungtätigkeiten haben unsere Fachgebiete mit dem Teilprojekt Ökonomie (Dr. Wendorf) ein Seminar mit Architektur- und Wirtschaftsstudenten für ein Gebiet in Spandau durchgeführt, wobei Vorschläge entwickelt wurden, wie Ergebnisse aus der Forschung in konkreten Revitalisierungsmaßnahmen umzusetzen wären. Dabei mussten wir aber auch feststellen, dass die Studenten hinsichtlich der Thematik einigermaßen überfordert waren. Dennoch entstanden einige interessante Lösungen, die auf großes Diskussionsinteresse bei unterschiedlichen Ansprechpartnern stießen.
Letztlich soll hier noch der Hoffnung Ausdruck geben werden, dass wir in Zukunft wieder zusammenarbeiten können und die Erfahrungen aus dem WohNach-Projekt auch in weitere Projekte einfließen.

3.2 Nachbarschaftsbildung und Architektur

Klaus Zillich

Für den Architekten als Partner des Wissenschaftler-Teams war die Arbeit an diesem Forschungsprojekt in doppeltem Sinne faszinierend und lehrreich. Aus Sicht des entwerfenden Architekten konnte ich zwei in jüngerer Zeit realisierte Wohnungsbauprojekte des eigenen Büros Engel und Zillich als Feldforschungsobjekte in das Gesamtprojekt einbringen.
Dabei konnten die eigenen Vorstellungen zu den baulich-räumlichen Dispositionen von Wohnnachbarschaften am Beispiel zweier sehr unterschiedlicher Wohnungsbauprojekte zur Diskussion gestellt werden.
Aus Sicht des Forschungsteams konnte ich die Seite wechseln und mit kritischem Wissenschaftlerblick die realisierten Wohnnachbarschaften hinterfragen und die Auswirkung baulich-räumlicher Angebote auf die Förderung oder Behinderung von nachbarschaftlichen Verhaltensweisen vergleichend erforschen. Die distanzierte Sicht aus dem Blickwinkel der Nutzer auf die eigenen und ausgewählten anderen Modelle in der Praxis des Bewohnens offenbart das ganze Ausmaß der Verantwortung, die dem Städtebauer und Architekten jenseits des physischen Häuserbaus bei der Herausbildung sozialer und nachbarschaftlicher Strukturen und Verhaltensmuster zukommt.

Als Nachbarschafts-Macher begibt sich der Architekt immer auf eine heikle Gratwanderung zwischen den beiden Extremen der nutzerneutralen Anonymität gleichförmiger Wohnungsansammlungen und dem Zwang der maßgeschneiderten Wohngemeinschaft. Er kann sich dabei auf kein gültiges Modell von Nachbarschaft mehr beziehen. Das genossenschaftliche Nachbarschaftsmodell des sozialreformerischen Wohnungs- und Siedlungsbaus zu Beginn des 20. Jahrhunderts wurde in den nationalsozialistischen Kameradschaftssiedlungen zur totalen Kontrollinstanz ideologischer und sozialer Homogenität pervertiert. Nach dem 2. Weltkrieg galt nachbarschaftliche Nähe als Inbegriff dörflicher oder kleinstädtischer Zwanghaftigkeit und Spießigkeit, die Anonymität und Neutralität sozialer Wohnungsbaukomplexe wurde als Befreiung von diesen Zwängen empfunden und als zeitgemäßes großstädtisches Nachbarschaftsmodell massenhaft realisiert.
Mit dem Wandel des Leitbildes des Familienwohnens zum Ende des 20. Jahrhunderts kommt das Modell der kleinteiligen, überschaubaren Nachbarschaft wieder zu Ehren, allerdings in modernisierter Form als Lebensmodell, Wahlverwandtschaft, Hausgemeinschaft oder Wohnprojekt.
Die hier vorgelegten Forschungsergebnisse können angesichts der neuerlichen Wiederentdeckung der Innenstädte als Wohnorte wertvolle Erkenntnisse zu aktuellen Nachbarschaftsverhältnissen liefern.
Dabei werden gerade auch bauliche Angebote und Optionen von Gemeinschaftsbereichen, die aus der Distanz der Privatheit heraus zwanglos und freiwillig genutzt werden können, für die Herausbildung nachbarschaftlicher Strukturen eine immer größere Rolle spielen. Wie sich das Vorhandensein von weichen Übergangsbereichen und Räumen zwischen der Privatsphäre und öffentlichen Sphäre – Wohnwege, interne Erschließungsnetze, Vorgärten, Arkaden, kleine Plätze usw. – positiv auf die Herausbildung nachbarschaftlicher Kontakte auswirken kann, belegen ausgewählte Felduntersuchungen, insbesondere auch im Untersuchungsgebiet Französisch Buchholz, eindrucksvoll.
Bereits während der Laufzeit des Projektes sind die Zwischenergebnisse auf breites wissenschaftliches Interesse gestoßen:

- In einem 60-minütigen Beitrag des Deutschlandfunks zum Thema Nachbarschaft ist die Öffentlichkeit über kommunikative und nachhaltige Wohnformen und über das Projekt informiert worden.
- Der Zwischenbericht „Wohnen und Nachhaltigkeit“ sowie der eben fertiggestelle Sonderbeitrag „Französisch Buchholz – Eroberung eines Niedrigenergiehauses“ werden bereits nachgefragt.

- Diverse Präsentationen an deutschen Universitäten und bei den Projektpartnern haben Interesse an den Forschungsergebnissen geweckt.
- In gemeinsamen Lehrveranstaltungen der Architekten und Wirtschaftswissenschaftler sind die Forschungserkenntnisse in die studentischen Entwurfsarbeiten eingeflossen.
- Fachexkursionen und Mieterberatungen von im Forschungsprojekt betrachteten Wohngruppen haben zur Vertiefung des Forschungsgegenstandes beigetragen.

Mit Vorliegen des Schlußberichtes werden die Forschungsergebnisse durch eine breite Palette von Publikationen komprimiert zur Diskussion gestellt. Insbesondere für die Akteure des aktuellen Wohnungsbaugeschehens, Architekten, Städtebauer, Energieplaner, private und öffentliche Investoren, Wohnungsbauunternehmen, Hochbau- und Stadtplanungsämter, Nutzergruppen, Bauherrengemeinschaften etc. können die Ergebnisse und Erkenntnisse als wesentliche Handlungsanleitungen genutzt werden.
Damit würde die Forschung – aus ihrem Elfenbeinturm heraus – auf die experimentelle Entwicklung und Erprobung neuer Nachbarschaftsmodelle steuernd einwirken können und das große Projekt der Wohnlichen Stadt des 21. Jahrhunderts nachhaltig befördern.

D.4

Projektbeurteilung aus der Sicht des Sprechers

Hans Joachim Harloff

Es gibt eine Fülle von Gründen für den erfolgreichen Abschluss des Forschungsvorhabens, von denen ich die wichtigsten nennen möchte. Sie sind *inhaltlicher* (4.1) und *organisatorischer* (4.2) Art:

4.1

Inhaltlicher Art, das meint: Der von uns beim BMBF eingereichte Antrag wurde von den beteiligten Gutachtern und dem betreuenden Projektträger für das Forschungsministerium (die GSF in München) mit der Auflage verbunden, mit fünf anderen Projekten, die sich ebenfalls mit der Thematik „Nachhaltigkeit und Konsum" beschäftigten, zusammenzuarbeiten. Diese Zusammenarbeit, die sich in der wechselseitigen Zurverfügungstellung von Zwischenergebnissen und der Organisation halbjährlicher Querschnittsworkshops mit Beteiligung von Mitarbeitern und Leitern aller Projekte dokumentierte, war aus unserer Sicht außerordentlich fruchtbar, obschon die Vorbereitung und Durchführung der Workshops eine in den Forschungsanträgen nicht vorgesehene erhebliche Arbeitsbelastung mit sich brachte.

Dass unser Antrag die Gremien passierte, lag, denke ich, an der in sich stimmigen theoretischen Grundlage, die durch einen Pretest leicht modifiziert, sodann in einer großen quantitativen Überprüfung bewährt und schließlich mit Hilfe unserer Kooperationspartner in praktisches Handeln umgesetzt werden konnte.

Was das theoretische Konzept angeht, gingen wir – abgeleitet aus primär architektur- und sozialpsychologischen Vorergebnissen – davon aus, dass Gruppenkohäsion plus ökologische Orientierung zu nachhaltigem Konsum führen und dass das Ausmaß an Kohäsion durch Faktoren der Bau- und der Sozialstruktur bestimmt wird. An dieser Stelle ließe sich einwenden, in dieser Schlichtheit habe sich unser Modell keineswegs bewährt; und das ist bedingt richtig (siehe die entsprechenden Beiträge des Zwischen- und dieses Endberichts). Wir sind in der empirischen Arbeit auf wichtige Moderatoren und Mediatoren gestoßen, die sowohl bei der quantitativen Überprüfung als auch der Umsetzung in praktisches Handeln berücksichtigt werden mussten. Im Grunde ist unser Modell dreimal modifiziert worden und wurde dabei immer komplexer:

- zunächst aufgrund der qualitativen Vorstudie,
- dann durch die quantitative Überprüfung und
- schließlich duch die Interventionen zur Erzielung und Stärkung nachhaltigen Konsumverhaltens. Bei diesen ergab sich z.B., dass neben den bereits enthaltenen Faktoren (ökologische Orientierung insgesamt, Kohäsion, Baustruktur u.a.m.) auch der jeweilige Ausgangsstatus eine Rolle spielt. So zeigten etwa die Interventionen speziell zum Sparen beim Stromverbrauch nur bei den Bewohnern Erfolg, die schon vor der Intervention intensiv gespart hatten. Folglich war jedoch bei diesen Bewohnern der Spielraum für Einsparungen eher gering.

Wichtige Ergänzungen erfuhr unser Modell in allen drei Bereichen (Ökonomie, Psychologie und Architektur). In der Ökonomie sind es die Faktoren *Transaktionskosten* und *Trittbrettfahren*, die sich gut ergänzen mit psychologischen Einflussfaktoren wie der tatsächlichen und wahrgenommenen *Kontrolle* sowie dem Hang zur *Bequemlichkeit*. Andere psychologische Einflussfaktoren, die im Grundmodell noch nicht enthalten waren, sind u.a. die *Identifikation* der Bewohner mit der physischen und sozialen Umgebung, das Ausmaß der *Integration* in die jeweilige Nachbarschaft, die *wahrgenommene Homogenität* der Bewohner und das *Image* des Wohngebietes. Im Bereich Architektur erwiesen sich Grünflächen und die Gestaltung der Hauseingangsbereiche als bedeutsame ergänzende Variablen. Diese und u.U. zusätzliche, hier jetzt nicht aufgeführte Faktoren aller Disziplinen sind als Moderatoren bzw. Mediatoren des Grundmodells wichtig, falsifizieren dessen Aussage jedoch nicht.
Die herausragende Bedeutung der Transaktionskosten soll auch an dieser Stelle noch einmal hervorgehoben werden (siehe aber vor allem Teil B, Kapitel 4). Nur leicht überspitzt kann man formulieren: Nachhaltiges Konsumver-

halten kann man erst dann in größerem Umfang erwarten, wenn die Preise der entsprechenden Produkte einschließlich aller Nebenkosten (d.h. einschließlich der Wege-, der Zeit- und der Informationsgewinnungskosten) nicht oder nur geringfügig höher sind als die Preise der bisher gekauften nicht-nachhaltigen Produkte. Eher psychologisch formuliert würde man sagen, nachhaltiges und nicht-nachhaltiges Handeln müssen gleich „bequem" sein. Erst dann wirken sich andere psychologische Faktoren wie die ökologische Orientierung, entsprechende Einstellungen usw. (siehe die betreffenden Beiträge dieses Bandes) in größerem Umfang aus und nur oder insbesondere dann haben einschlägige „Interventionen", d.h. letztendlich Beeinflussungsversuche, eine vielversprechende Chance, wobei die Beeinflussung über die sozialen Netze der Nachbarschaften besonders günstig erscheint. Ein Beispiel aus einem unserer Partnerprojekte (Stuttgart: „Rommelmühle") belegt die Bedeutung der Transaktionskosten eindrucksvoll. Dort wohnen Familien in den Obergeschossen einer umgebauten ehemaligen Mühle sowie in zusätzlich errichteten Gebäuden in unmittelbarer Nachbarschaft. Gleichzeitig gibt es in den Untergeschossen der Mühle eine Fülle ökologisch ausgerichteter Läden (Lebensmittel, Farben, Möbel usw.). D.h. die Rahmenbedingungen des Einkaufsverhaltens sind geradezu umgekehrt. Es ist bequemer, die zwar teureren aber ökologisch produzierten Waren in der unmittelbaren Nachbarschaft zu erwerben als zum nächsten traditionellen Geschäft zu gehen oder zu fahren. Es nimmt kaum Wunder, dass unter solchen Bedingungen nachhaltiges Konsumverhalten eher die Regel als die Ausnahme ist.

Schließlich möchte ich hervorheben, dass der Erfolg unserer Projektarbeit neben allen zuvor genannten Faktoren auch abhängig war von unserem Mut zur Änderung ursprünglicher Vornahmen. Das wird demjenigen deutlich werden, der sich die Mühe macht, die Inhalte unseres Antrages (Harloff et al. 1999, Die Bedeutung von Wohngruppen für die Bildung nachhaltiger Konsummuster. Forschungsbericht Nr. 1-99 aus der Abteilung Psychologie im Institut für Sozialwissenschaften an der TUB) mit jenen des genannten Zwischenberichtes und dieser Abschlußpublikation zu vergleichen. Abgesehen von den Modifikationen des theoretischen Modells ergab sich z.B. bei der praktischen Umsetzung der zuvor erzielten Ergebnisse im Hinblick auf die Interventionen in einigen Fällen der Zwang, nicht so sehr auf Wohngruppen einzuwirken als vielmehr zugleich oder primär auf die beteiligten Wohnungsbaugesellschaften. Das galt in Sonderheit für unsere „großen" Interventionen und deckte sich mit den Interessen der Praxispartner. Dieses Vorgehen bedurfte längerer interner Diskussionen, da die Wohngruppen in diesen Fällen nur indirekt und über folgenden Zusammenhang Adressat der Interventionen waren: Dort, wo es keine sozialen Netze in Nachbarschaften gibt, müssen diese zunächst gebildet werden, denn eine integrierte und lebendige Nachbarschaft ist die Voraussetzung für nachhaltiges bzw. zukunftsfähiges Konsumhandeln. Kontaktfreudige Nachbarschaften bieten Unterstützung in vielen Alltagssituationen: Hilfe beim Einkauf, bei der Kinderbetreuung und weitere kleine Dienstleistungen wie das Leihen von Gegenständen und das Weitergeben nicht mehr benötigter Dinge. Das schont die Umwelt (Nachhaltigkeit!) und entlastet die Einzelnen, so dass das Eingebundensein in solche Netzwerke zusätzlich gesundheitsförderlich ist. Über diese Einsicht waren also auch jene großen Interventionen gerechtfertigt, in denen es primär um die Gestaltung des Rahmens für die Entstehung sozialer Netze ging.

4.2

Was die organisatorischen Gründe für das Gelingen unseres Forschungsvorhabens angeht, ist auf mehrere Punkte hinzuweisen.

4.2.1

Es erwies sich als ausgesprochen günstige Entscheidung, das Projekt in die Forschungssaktivitäten des Zentrums für Technik und Gesellschaft (ZTG) der Technischen Universität Berlin einzubetten und sich dessen Koordinationsfunktion zu bedienen. Das war durchaus nicht selbstverständlich und hat zu Missstimmung beim damaligen Fachbereich des Sprechers geführt, weil es an der TU üblich ist, bei der Zuteilung räumlicher und personeller Ressourcen den Umfang an nachgewiesener Drittmittelforschung zu berücksichtigen. Vorteilhaft war die Einbindung in das ZTG bereits bei der Antragstellung insofern als entscheidende Hilfe durch Herrn Dienel, den Leiter des ZTGs gegeben wurde, und mehr noch bei dessen Durchführung, bei der uns auch Frau Adams (Sekretariat) stets hilfreich zur Seite stand. Ohne Nutzung dieses Know-hows bei der organisatorischen, insbesondere auch finanziellen Abwicklung von Forschungsprojekten dieser Größenordnung wären wichtige Kapazitäten der Leiter der Teilprojekte und insbesondere des Sprechers für diese Aufgaben gebunden worden und hätten bei der inhaltlichen Arbeit gefehlt.

4.2.2

Als gleichermaßen förderlich erwies sich die Entscheidung, die personellen und apparativen Ressourcen, die gewährt worden waren, räumlich im ZTG zu bündeln. Die MitarbeiterInnen saßen in ihren Projektzeiten beieinander und lernten darüber die Fachsprache der anderen Disziplinen schnell. Informationen über gefundene Ergebnisse der Teilprojekte konnten direkt und informell weitergegeben werden, z.B. auch beim gemeinsamen Mittagessen oder beim Plausch im Nachbarbüro. Als nützlich erwiesen sich darüber hinaus auch die Kontakte zu Mitarbeitern anderer Projekte des ZTG, die ökologische Fragestellungen bearbeiteten.

4.2.3

Schließlich ist hinzuweisen auf die gute Zusammenarbeit mit den Kooperationspartnern, die sich zwar manchmal zu wenig informiert fühlten, z.B. wenn wir als Forschungsgruppe bei großen Erhebungen und Auswertungen über längere Zeiträume nur „mit uns" beschäftigt waren. Die Partner wurden über eigene, für sie durchgeführte Kolloquien und postalische Mitteilung von Zwischenergebnissen auf dem Laufenden gehalten und äußerten sich daher schon jetzt (wesentlich werden sie profitieren, wenn sie diesen Abschlussbericht in Händen haben) über die Durchführung des Projektes positiv (siehe Teil D, Kapitel 2). Die Zusammenarbeit mit den Kooperationspartnern begann schon in der Phase der Antragstellung, wobei z.T. auf Kontakte im Rahmen früherer Forschungen zurückgegriffen werden konnte.

Hinweisen muss ich allerdings in diesem Zusammenhang auf eine Schwierigkeit, die sich dann ergibt, wenn es sich bei dem Kooperationspartner um eine große Institution handelt. Die DeGeWo z.B. in Berlin bewirtschaftet ca. 28.000 Wohnungen und hat einen Verwaltungsapparat vergleichbar einer kleineren bis mittleren Stadt. Teile der Verwaltung sind dezentralisiert (Kundendienstzentrum). Bestimmte Aufgaben wurden gar an externe Institutionen delegiert. Ein Stadtteilbüro übernimmt beispielsweise den Kontakt zur Bezirksverwaltung, zu „Lokalen Agenda"-Gruppen, einem „Runden-Tisch" u.a. Ein privater „Dienstleistler" wurde mit PR-Maßnahmen, der Einrichtung von Überwachungsdiensten in Hochhäusern und Siedlungen (bei Vandalismus und Übergriffen auf Mieter) u.a.m. betraut. Bei dieser vielschichtigen und von uns so nicht erwarteten Verteilung von Kompetenzen an der Basis mussten wir erfahren, dass einige Mitarbeiter, als wir ihre Mithilfe für eine Intervention gegenüber den Mietern eines bestimmten Hochhauses in der Gropiusstadt

brauchten, von der Kooperation zwischen der DeGeWo und unserem Projekt noch nie gehört hatten. Diese Angestellten an der Basis mussten auf einer durch die Geschäftsleitung für sie einberufenen Sitzung informiert und eingestimmt werden, bevor die Interventionen beginnen konnten. Dabei konnte die Reserviertheit uns gegenüber bei den meisten Beteiligten abgebaut und eine positive, unterstützende Haltung erzielt werden.
Auf der anderen Seite erwies es sich als ausgesprochen wichtig, eine Gratwanderung zwischen Rückendeckung durch die Wohnungsbaugesellschaft und Neutralität ihnen gegenüber zu beschreiten. Dies ist die Voraussetzung, um Zugang zu den Bewohnern zu erhalten, die beispielsweise Angst vor Mietererhöhungen haben. Sie dürfen Interviewer der Forschungsinstitution auf keinen Fall als Handlanger des Wohnungsunternehmens wahrnehmen.
Abschließend bleibt Folgendes zu betonen: Offen ist die Frage, wie es weitergehen wird mit der Entwicklung hin zu einer nachhaltig konsumierenden Gesellschaft. Die Problematik ist zu komplex, um mit Hilfe dieses einen, in seiner Fragestellung eingeengten Forschungsprojektes beantwortet werden zu können. Wir konnten aber zeigen, dass Beeinflussungen über die Nachbarschaften möglich sind und welche psychologischen, ökonomischen und baustrukturellen Faktoren dabei eine Rolle spielen. Wenn nach allgemein gültigen Erkenntnissen gefragt wird, wann die Bedingungen für Nachhaltigkeit in Nachbarschaften günstig sind und wann nicht, ob ganz bestimmte soziale, psychologische, ökonomische oder bauliche Gegebenheiten wichtiger sind als andere und somit vorrangig erfüllt sein müssen, damit nachhaltige Konsumstile sich durchsetzen können, dann wird auch hier die Beantwortung schwierig und muss sehr allgemein bleiben. Soviel, denke ich, lässt sich jedoch sagen: Es müssen überschaubare Einheiten mit sozialen Netzen vorhanden sein. Günstige Bedingungen für das Entstehen von Wir-Gefühl in den Gruppen und Netzen sollten angestrebt werden. Ökonomisch fomuliert würden wir sagen, die Transaktionskosten sowohl für die Kontaktaufnahme unter den Nachbarn als auch für den Zugang zu ökologisch hergestellten Produkten müssen möglichst niedrig sein (das gilt natürlich auch für die Preise dieser Güter selbst). Baustrukturell ist neben den überschaubaren Einheiten noch einmal auf die Bedeutung der sanften Übergänge („soft edges") von öffentlichen zu halböffentlichen, zu halbprivaten und schließlich zu privaten Räumen hinzuweisen. Unsere Ergebnisse zeigen, dass diese Bedingungen am ehesten bei der parkartigen Bebauung bzw. der verdichteten Kleinstruktur erfüllt sind. Groß- und Blockstruktur bzw. Zeilenbauweise schneiden in der Regel schlechter ab. Immer gibt es jedoch Ausnahmen. Grundsätzlich können auch die drei ande-

ren Strukturtypen aufgrund zahlreicher gestalterischer Elemente so beschaffen sein, dass Überschaubarkeit, sanfte Übergänge, Gruppierungen, u.a.m. gegeben sind. Ein Beispiel aus einem ganz anderem Zusammenhang mag das demonstrieren. Als es in einem Entwicklungsland darum ging, am Stadtrand Siedlungen für den Menschenzustrom aus ländlichen Regionen zu schaffen, wurde gefordert, in der Baustruktur „dörfliches" Sozialleben zu ermöglichen und es wurde behauptet, im Extrem ließen sich auch Hochhäuser so bauen, dass dies möglich würde.
Unsere eigenen Untersuchungsergebnisse geben Anlass zur Hoffnung, dass dies zumindest für den normalen Geschosswohnungsbau nicht Utopie bleiben muss. Eine Mieterin eines viergeschossigen Niedrigenergiehauses, das von einem unserer Projektleiter geplant wurde, äußerte aufgrund der gelungenen fließenden Übergänge von privaten zu öffentlichen Räumen: „Hier zu wohnen, ist wie ein Sechser im Lotto."
Diese Ausführungen zeigen nochmals die Vielschichtigkeit und damit Schwierigkeit von allgemeingültigen Empfehlungen an betroffene Akteure. Wenn z.B. Mitarbeiter von Wohnungsbaugesellschaften und Architekten vor der Frage stehen, wie durch Änderungen im Bestand in einer konkreten Siedlung Nachhaltigkeit gefördert werden kann, dann kommt man nicht umhin, über eine sozialwissenschaftliche Erhebung die Ausprägung der hier aufgezeigten zahlreichen sozialpsychologischen und ökonomischen Einflussfaktoren zu erheben. Erst auf der Grundlage der damit gewonnenen Daten sowie der organisatorischen und baulichen Veränderungsmöglichkeiten können Ansatzpunkte für erfolgversprechende Interventionen erarbeitet werden.

GPSR Compliance

The European Union's (EU) General Product Safety Regulation (GPSR) is a set of rules that requires consumer products to be safe and our obligations to ensure this.

If you have any concerns about our products, you can contact us on ProductSafety@springernature.com

In case Publisher is established outside the EU, the EU authorized representative is:

Springer Nature Customer Service Center GmbH
Europaplatz 3
69115 Heidelberg, Germany

Batch number: 10815974

Printed by Printforce, the Netherlands